ANDROGINIA

Rumo a uma Nova Teoria da Sexualidade

JUNE SINGER

ANDROGINIA

Rumo a uma Nova Teoria da Sexualidade

Introdução
SHELDON S. HENDLER

Tradução
CARLOS AFONSO MALFERRARI

EDITORA CULTRIX
São Paulo

Título do original:
Androgyny
Toward a New Theory of Sexuality

Edição	Ano
1-2-3-4-5-6-7-8-9-10	91-92-93-94-95

Impresso nas oficinas gráficas da Editora Pensamento.

Para minha mãe
Regine Kurlander

Sumário

Prefácio

Androginia é o resultado da minha insatisfação com aspectos que ficaram por resolver em meu último livro, *Boundaries of the Soul*. Nessa obra, eu me debati com um capítulo sobre as imagens interiores de homens vivenciadas por mulheres e as imagens interiores de mulheres vivenciadas por homens. Por ter partido de uma postura do século XX, encontrei dificuldade para compreender o significado que está por trás das rápidas transformações na maneira como as pessoas encaram sua própria sexualidade. E encontrei dificuldades ainda maiores para interpretar as novas maneiras das pessoas encararem a sexualidade do sexo oposto. Depois de reescrever diversas vezes um capítulo intitulado "Jamais conseguirá um sexo compreender o outro?", fui forçada a concluir que não havia como chegar a conclusão alguma. Entretanto, para que livros sejam publicados, chega um momento em que seu autor tem de desligar a máquina de escrever e datilografar F-I-M. Assim, embora eu houvesse encerrado o capítulo com o Masculino e o Feminino cingidos um ao outro num abraço apertado, como Yang e Yin, as questões não resolvidas destacavam-se como o ponto branco em meio ao Yin e o ponto negro em meio ao Yang. Esses pontos, os opostos contendores dentro dos opostos contentados, foram os germes do que se tornaria minha nova obra, *Androginia*.

O dinamismo inerente na integração masculino-feminino nasce não só do amplexo da dualidade no seio da unidade, mas também do germe de oposição que há no seio dos contrários. Mundos dentro de mundos, mundos abarcando mundos. Novos estudos sobre a psicologia masculina ou sobre a psicologia do feminino não parecem mais ser necessários. Estamos aqui lidando com Eros; e Eros – o deus bissexual – desconhece fronteiras. Eros não admite em si limitações, por maior que seja o vigor e a energia com que as sociedades tentem impô-las. O amor fará sempre as coisas a seu modo; e em toda parte as pessoas estão novamente tentando compreender esse modo.

Investiguei as páginas da história e da mitologia para descobrir o que as pessoas pensaram sobre o Amor, e em toda parte deparei-me com o andrógino fitando-me com seu enigmático sorriso, um sorriso não inteiramente masculino nem inteiramente feminino. Serão os livros o espelho da alma, ou apenas da *minha* alma ao lê-los? Essa foi uma pergunta que fiz a mim mesma, mas deixarei ao leitor que decida qual é a resposta.

Dos muitos exemplos de androginia que vão despontando após longos anos de trevas e repressão, só foi possível incluir alguns neste livro. Certamente outros momentos de coexistência harmoniosa entre masculino e feminino num único indivíduo poderiam ter sido escolhidos, e eles teriam sido igualmente convincentes. Mas esta obra, como a anterior, precisava ter um fim. Eu aqui concluí apontando alguns novos caminhos para uma compreensão do Amor, veredas que consideram mais do que as meras relações entre pessoas. Essas novas veredas levam para dentro, para que o indivíduo vivencie no interior da sua psique as relações entre todas as partes do seu ser orgânico; mas levam também para fora, para que ele possa vivenciar uma relação de amor com tudo o que existe fora de si no universo. Essas novas veredas levam inevitavelmente a uma teoria da sexualidade humana baseada na androginia, pois as teorias antigas, fundamentadas na dominação de um dos sexos e na submissão ao outro, provocaram na sociedade um desequilíbrio que precisa ser remediado. A revolução sexual contemporânea pode parecer uma reação contra as injustiças dos últimos um ou dois séculos, mas eu procurei mostrar que ela é uma mera manifestação superficial de um princípio fundamental que existe há tanto tempo que podemos dizê-lo inerente na natureza do organismo humano. O princípio da androginia não é reativo, mas intrínseco.

Nesta minha obra, *Androginia*, fui ajudada e encorajada por muitos amigos, aos quais desejo agradecer. Werner H. Engel leu o manuscrito à medida que ia sendo escrito, discutiu comigo muitas das questões abordadas e ofereceu inúmeras idéias úteis e proveitosas do seu enorme cabedal de sabedoria. Louise Bode ouviu toda a minha litania de frustrações e ajudou-me a clarear as idéias com boas perguntas e incontáveis xícaras de chá. Lee Roloff ofertou-me a sua habilidade de enxugar a linguagem e sugeriu diversas alterações, estilísticas ou não. Reginald Ray assessorou-me no Capítulo 14. Anne Wilmot preparou o manuscrito e entreteve-me com reações extravagantes ao seu conteúdo.

Quero ressaltar particularmente minha dívida para com meus analisandos, que partilharam comigo suas dúvidas e temores secretos acerta da sua sexualidade, ajudando-me a confirmar minhas convicções sobre a tirania da convenção. Muitos deles descobriram sua androginia psicológica para logo negarem-na, pois desconheciam qualquer contexto ideológico onde ela pudesse se encaixar. Pensando neles, e em mim mesma, eu senti que tinha de encontrar razões para o que os sentimentos pronunciaram ser verdadeiro: que o Amor é uma energia vasta e ilimitada que, quando verdadeiramente livre, transborda de todos os receptáculos ideológicos que a sociedade constrói para contê-lo.

June Singer
Whitewater, Wisconsin
Chicago, Illinois
1976

Introdução

Sheldon S. Hendler

> Estranha é a nossa condição aqui na Terra. Cada um de nós vem para uma curta visita, sem saber por que, embora às vezes pareçamos entrever um propósito.[1]
>
> *Albert Einstein*

Em *Androginia*, June Singer partilha conosco o propósito que ela entreviu. "Nossa tarefa", diz ela, "é tornarmo-nos conscientes de como existimos no desígnio do cosmos." Para isso, temos de começar explorando as premissas das nossas opiniões. E, ao fazê-lo, vamos tomando consciência dos muitos aspectos de nós mesmos, de quem realmente somos e não do que supomos ser. Quando nos tornamos conscientes, passamos a perceber e a conhecer as dualidades que moldaram nossa psique: atividade/passividade, competição/cooperação, independência/dependência, lógica/intuição, e muitas outras. Entretanto, há uma dualidade que parece ser a geradora de todas as dualidades psíquicas, a saber, a dualidade masculino/feminino. Singer, uma analista profissional, está preocupada com a cura e a integridade das pessoas. Para ela, a resolução de nossas dualidades psíquicas não está no embate entre elas, mas no amor ativo de uma pela outra, ou seja, no estado de Androginia.

Há uma antiquíssima tendência de se estabelecer um dos lados da dualidade como bom ou superior ou primordial, e o outro como mau ou inferior ou secundário. A mão esquerda é a mão sinistra, errada ou má. A direita é a mão boa. Singer nos conta que as mitologias e as religiões estão cheias de modelos patriarcais e matriarcais para explicar a Criação. E encontramos essas cisões também na ciência. Pouco depois que o esperma humano foi visto pela primeira vez por Hamm e Leeuwenhoek em 1677, dois partidos opostos surgiram explicando o seu papel na geração de uma criança. Um dos lados argumentava que o esperma já continha a criança em miniatura (o Homunculus) e que o papel do óvulo era apenas nutri-lo. O outro lado acreditava que era o óvulo que continha tal miniatura e que o papel do esperma era apenas o de estimular seu desenvolvimento. Ambos argumentos eram viciosos. Muitos anos se passaram até Spallanzani mostrar que ambos eram necessários.

Essa tendência irrefletida de buscar uma dominação polarizada provocou contendas entre sexos, raças, idades e inclinações políticas, e provavelmente todas as cisões causadoras de descontentamentos, agonias, carnificinas e uma infinidade de almas vazias e insatisfeitas. Que lugar maravilhoso seria este planeta se homens e mulheres, negros e brancos, velhos e jovens, soubessem valorizar e amar uns aos outros, não como objetos, mas como participantes de uma mesma viagem cósmica. Singer insiste que exploremos nossas psiques, que examinemos os elementos que lutam entre si, que busquemos nossa própria cura, que nos tornemos íntegros, que nos tornemos andróginos. Nos últimos anos têm surgido muitas pessoas com a coragem de honestamente explorarem as dualidades que já cindiram a humanidade por um tempo longo demais. A androginia talvez seja, de fato, o princípio norteador da Nova Era.

Androginia não é apenas uma solução temporária para problemas contemporâneos. É muito mais que isso. Para Singer, como para C. G. Jung, uma verdade psíquica é uma recapitulação de uma verdade cósmica. Se a Androginia é uma verdade cósmica, deve ter sido revelada muitas vezes, de várias maneiras diferentes e em diversos lugares distintos. Num percurso que nos leva ao Tao, ao Gnosticismo, à Qabalah, à Alquimia, à Astrologia, ao Tantra tibetano, ao Yoga Kundalini e a Platão, Freud e Jung, Singer demonstra o papel-chave que o arquétipo da Androginia desempenhou em toda a história conhecida. E verificamos com ela que até mesmo no primeiro capítulo do Gênesis – que Singer, como Santo Agostinho muito antes, sentiu-se impelida a ler – Deus criou homem *e* mulher à sua própria imagem, a de um andrógino.

Certo amigo meu, um pintor, ao ser perguntado como ele faz para formar sua idéia de um quadro, respondeu que não lhe era muito difícil. Se um quadro lhe diz algo, ele gosta; se o quadro nada lhe diz, ele não gosta. *Androginia* me diz algo.

Tendo crescido na década de 1940, eu fui impregnado com todos os estereótipos da época. Ao rever alguns de meus desenhos daquele período, constatei que o Super-homem aparecia em muitos deles, e também gangsters e cowboys, além de uma ou outra mulher nua: os heróis e heroínas do cenário mental americano. Lembro de meu pai e minha mãe discutindo acirradamente de quais atividades seu único filho deveria participar. Minha mãe enfatizava as ocupações intelectuais e culturais. Meu pai achava que eu devia estar jogando bola e lutando boxe em vez de passar tanto tempo lendo. Ele não queria que eu me tornasse um maricas. Eu não compreendia essas discussões, pois não via por que um livro e uma bola deveriam ser inimigos.

Quando eu saía para a rua, verificava que os conselhos de meu pai eram bem fundados. Eu não poderia ser amigo dos outros garotos se não jogasse bola com eles. E assim passei a jogar bola e a praticar alguns esportes de pista, chegando a ser o editor esportivo do jornalzinho do meu colégio. Mas ao mesmo tempo eu lia, estudava música, aprendia a tocar o trompete e a compor música, escrevia poesias e desenhava.

Tocar trompete foi muito importante para mim. A música era suave e feminina. Mas o trompete era vigoroso, muito masculino. Em retrospectiva, vejo que para mim tocar trompete foi uma tentativa de unir os pólos masculino e feminino na minha psique. Eu amava o jazz; Charlie Parker tornou-se o meu ídolo. Ele parecia forte, bastante masculino, e ninguém poderia acusá-lo de ser um maricas. Mas a música saía do seu saxofone sob a forma da mais bela das mulheres.

Vendo o passado com os olhos de hoje, percebo que o que ocorria comigo era a diferenciação e o desenvolvimento das diversas polaridades da minha psique, especialmente da polaridade masculino/feminino; era o esforço constante para impedir que um dos lados adquirisse domínio; e era a busca de uma maneira de conjugar essas polaridades. Mas eu me sentia atormentado. Havia quem comentasse as atividades aparentemente antagônicas que me ocupavam, mas a maioria das pessoas não me compreendiam – e, o que era pior, eu mesmo não conseguia me compreender.

Um poema que escrevi nos anos 50 acabaria por revelar o problema e o caminho. Inspirei-me após ler – ou, para ser honesto, após tentar ler – *Finnegans Wake* de James Joyce, uma narrativa de Androginia. Fiquei particularmente intrigado com Shem e Shaun, "filha-filhos" de Humphrey Chimpden Earwicker e Anna Livia Plurabelle. Chamei o poema de *No-Oneder.*

poor Shem — *poor Shaun*
hopelessly — *haplessly*
shopping — *stopping*
swimming — *shoring*

neither
on
the
boat

poor Shem — *poor Shaun*

each
the
other's
me

poor Shem — *poor Shaun*

No-Oneder

agenbitten Shem
Heidigging
Suzeeking
Sartroree

mu mu mu
to
you
agenbiting Shaun

poor Shem — *poor Shaun*

fu Hso
fu Sho
Fusing

No início dos anos 60, comecei a estudar seriamente bioquímica. A ciência sempre me fascinara pela sua lógica e pela sua magia. Senti-me atraído pela bioquímica porque acreditava que ela me levaria a algumas verdades importantes.

Para a maioria das pessoas, a ciência é a expressão máxima da lógica. No entanto, a ciência é uma atividade humana produzida por seres humanos. A mensagem de *Androginia* é que a psique humana é constituída de muitas dualidades diferentes que precisam ser mantidas em equilíbrio para que o indivíduo seja íntegro, para que ele seja verdadeiramente humano. Tanto a lógica quanto a intuição têm que trabalhar juntas, têm que se amar mutuamente, na evolução e na diferenciação de um ser humano. Portanto, segue-se que a ciência mais humana é a produzida pelo Andrógino. Albert Szent-Györgyi expressou isso muito bem: "A pesquisa raramente é guiada pela lógica. Ela é guiada mais por conjecturas, pressentimentos e intuição. Por outro lado, se chegarmos a algo e quisermos apresentar nossos resultados, preferimos apresentá-los como uma seqüência lógica. Se o curso do nosso trabalho tivesse que ser traçado, nós o traçaríamos como uma linha reta."[2]

É uma infelicidade que se tenha confundido ciência com os avanços tecnológicos deste século: bombas capazes de aniquilar completamente a vida neste planeta ou dispositivos capazes de invadir nossos momentos mais íntimos, lado a lado com tudo aquilo que reconhecidamente melhorou nossa qualidade de vida. Este é um lado da ciência. O que segue é um resumo de ponderações de homens e mulheres de ciência.

A ciência, assim como a mitologia e a religião, também faz a pergunta: "Onde tudo começou?" E como não haveria de fazê-la? Os que praticam a ciência, e os que criaram os mitos e as religiões, são todos seres humanos. O questionamento acerca da criação é uma indagação humana. A criança que quer saber de onde veio está dando os primeiros passos para tornar-se um ser humano. Mais tarde ela há de perguntar por que está aqui.

Os cosmologistas acreditam que nosso Universo surgiu cerca de quinze bilhões de anos atrás de um núcleo superquente e supercondensado de matéria, numa violenta explosão que passou a ser conhecida como *big-bang* (grande estouro) – embora eu prefira o termo "orgasmo cósmico". Esse é o princípio do tempo científico e nada podemos conceber antes dele. A ciência nada tem a dizer sobre o que existia antes desse evento. É o estado "Mais obscuro que qualquer Mistério/O Portal de onde manaram todas as Essências Secretas" mencionado no taoísmo; é o estado vago, vazio e sem forma do Antigo Testamento; é o Incognoscível que não pode ser nomeado da Qabalah.

Todos os elementos que hoje ocupam o Universo formaram-se dessa explosão no princípio do tempo, e o próprio espaço foi criado pela expansão do núcleo original da matéria. O Universo ainda permanece imerso no calor da explosão. Foi, portanto, uma fonte "incognoscível" de energia que criou matéria, tempo, espaço e luz. Poderíamos denominar isso de Gênesis.

Os elementos, isto é, as unidades de toda matéria, são formados por três partículas básicas: prótons e nêutrons, que determinam a sua massa; e elétrons, que determinam a sua reatividade química. No entanto, provavelmente somente duas dessas partículas, os prótons e os nêutrons, foram necessárias para a criação dos elementos. O "caldo" cósmico primordial era quase com certeza formado principalmente de nêutrons. Um nêutron sem carga pode decair (i.e., transformar-se) em um próton positivo ao emitir um elétron negativo. No princípio do tempo, os nêutrons cindiram-se em prótons e elétrons, e surgiu o primeiro elemento, o hidrogênio, que até hoje é o mais abundante no Universo. Subseqüentemente, prótons e nêutrons interagiram produzindo o primeiro isótopo do hidrogênio, o deutério, e em seguida o segundo elemento, o hélio.

Esses elementos leves vagaram pelo espaço, coalescendo-se ocasionalmente em moléculas e pequenas partículas de pó e gás. Condensações posteriores criaram nuvens, que acabaram por se tornar suficientemente maciças para gerarem um novo processo físico, a gravidade. A gravidade, por sua vez, fez com que essas nuvens se contraíssem, transformando-as em estrelas, que acabaram por gerar novos elementos, luz e as sementes que produziriam novos filhos em outras partes do Universo. Quando o Universo já tinha dez bilhões de anos, surgiu desse processo uma família, que nós denominamos sistema solar. Um membro dessa família, a Terra, nasceu cerca de cinco bilhões de anos atrás. Esta filha do cosmos, ricamente dotada com a alquimia de um longuíssimo tempo, nasceu com um núcleo denso, coberta por uma crosta, por água e, mais tarde, por uma atmosfera de vapor, metano, amônia, nitrogênio e dióxido de carbono. Era aquecida pelo sol e crepitava com trovões e relâmpagos.

Cerca de dois bilhões de anos após o nascimento de nosso planeta, uma outra explosão ocorreu, conferindo significado a tudo o que acontecera antes: um brado de vida. Talvez não tenha sido o primeiro lugar onde esse abençoado evento ocorreu, e talvez tenha ocorrido posteriormente em outros lugares. Mas, onde quer e quando quer que tenha acontecido, a sua significação foi a mesma.

Dos primórdios do tempo chegamos à origem da vida neste planeta. De um nêutron, que são duas partículas em uma, chegamos à geração da primeira forma de vida. O conceito de Dualidade na Unidade é a essência do Arquétipo da Androginia.

Voltemos àquele momento imediatamente anterior ao primeiro organismo vivo neste planeta, ao chamado período pré-biológico. No decorrer desse período, as interações entre as diversas moléculas que existiam na atmosfera, impelidas pela energia dos raios solares, dos raios e dos relâmpagos, produziram algumas moléculas que foram arrastadas para a água, onde produziram outras moléculas, entre as quais duas denominadas aminoácidos e nucleosídeos. Os aminoácidos e os nucleosídeos foram sazonados pelos sais das águas da Terra e, através de um processo desconhecido, os nucleosídeos polimerizaram-se formando ácidos nucléicos e os aminoácidos polimerizaram-se formando proteínas. Os ácidos nucléicos e as proteínas são as *duas* moléculas mais importantes da vida. Durante muitos anos, os pesquisadores perguntaram-se qual teria vindo antes, as proteínas ou os ácidos nucléicos. Trata-se mais uma vez de uma questão de prioridades; é novamente o caso do óvulo e do esperma.

Os ácidos nucléicos e as proteínas constituem a complementaridade básica da Vida. Mas para nós a linguagem dos ácidos nucléicos seria incognoscível se não fossem as proteínas. As proteínas são, por assim dizer, a tradução dessa linguagem. Ambos juntos, ácidos nucléicos e proteínas, tornam a vida possível. É improvável que na formação da vida um tenha precedido o outro. Ambos foram necessários. Na realidade, é possível que a molécula, ancestral direta do primeiro organismo vivo, tenha sido uma combinação de ácido nucléico e proteína, a Dualidade na Unidade.

Os primeiros organismos vivos viveram em águas destituídas de oxigênio. Esses organismos eram criaturas de uma única célula, possivelmente algo semelhantes às nossas bactérias. Não possuíam grande organização interna, nem um núcleo, nem mitocôndrios. Na realidade, não possuíam qualquer das organelas que nós hoje sabemos existir no interior de nossas próprias células. Entretanto, se nos deparássemos com tais organismos, diríamos que eram vivos, pois possuíam todas as qualidades que associamos à vida. Eles se moviam, replicavam-se, respiravam, alimentavam-se, reagiam, e talvez até se lembrassem. Com o tempo, algumas dessas criaturas evoluíram transformando-se em organismos capazes de criar oxigênio a partir da água. Esse novo gás parecia estimular algumas das criaturas a estabelecerem maior contato umas com as outras.

Isso faz perfeitamente sentido. Se o oxigênio hoje é essencial para a nossa vida, esse mesmo gás era veneno para os primeiros habitantes do nosso planeta. O aparecimento do oxigênio representava-lhes uma ameaça de extinção, exigindo deles extrema sagacidade para que sobrevivessem. Alguns buscaram nichos onde esse gás não estivesse presente, mas outros formaram colônias a fim de converterem tal veneno em nutrientes. Essa última opção foi evoluindo até resultar numa comunidade de uma única célula formada pelos elementos mais díspares. Foi essa comunidade de uma única célula que se tornou o protótipo das células dos nossos corpos, e também de todos os animais e da maioria das plantas. Os mitocôndrios de nossas células, que são responsáveis por gerarem a energia que nos permite jogar uma bola ou escrever um poema, são eles próprios descendentes daquelas longínquas formas primordiais de vida que precisaram se unir para continuarem existindo.

Nos dois parágrafos acima, tomei certas liberdades a fim de apresentar a chamada hipótese simbiótica da origem das células eucarióticas a partir de células procarióticas. Esta é uma das concepções mais fascinantes e, a meu ver, mais importantes da biologia que surgiu na última década. Antes dela, nosso pensamento era dominado por uma outra teoria sobre a origem de novas formas de vida, a famosa noção de que as novas espécies surgem em conseqüência das vantagens seletivas que sua dotação genética lhes confere no momento da ceifa, por assim dizer. Esta teoria, de importância fundamental para entendermos os mecanismos evolucionários, ressaltava a importância da competição na sobrevivência entre as espécies. A nova concepção sugere, por sua vez, um mecanismo alternativo, a saber, as interações cooperativas capazes de produzir novas formas de vida. Como tal, tanto a cooperação como a competição parecem ser fundamentais no processo de mudança. O mais eminente proponente dessa nova hipótese é a dra. Lynn Margulis,[3] uma mulher cujas contribuições intelectuais resultaram de um diálogo bem-sucedido entre a intuição e a lógica.

Nós encontramos muitos exemplos de Yin e Yang na biologia. Em todos os casos, para o bom funcionamento do organismo, os opostos têm que manter uma relação dinâmica e harmoniosa entre si. Se um deles se torna permanentemente dominante, o organismo terá problemas. O bom funcionamento do nosso sistema neuromuscular exige um equilíbrio dinâmico entre a parte sensorial e a parte motora. Dióxido de carbono e oxigênio têm que manter uma dada proporção para que o sistema respiratório funcione corretamente. O ritmo do nosso batimento cardíaco depende de um equilíbrio apropriado dos estímulos provenientes das partes simpática e parassimpática de nosso sistema nervoso autônomo. E recentemente despertou-se o interesse pela possibilidade de regularmos o crescimento celular mediante dois fatores contrários: um desses fatores parece inibir o crescimento celular e chama-se monofosfato cíclico de adenosina; o outro, que parece estimular o crescimento celular, é chamado monofosfato cíclico de guanosina. Ambos os fatores precisam existir em uma relação harmoniosa dinâmica para haver um crescimento celular saudável. Há indícios de que no câncer a relação entre os dois fatores torna-se unilateral, com o monofosfato cíclico de guanosina desempenhando o papel dominante.

No curso da evolução do Universo, que teve início na união de toda a matéria, surgiu neste planeta uma entidade que começou a contemplar o significado de tudo isso: a mente humana. Esse evento, a meu ver, constitui a terceira grande explosão no tempo, e é tão significativo quanto a origem do Universo e a origem da vida. É também igualmente misterioso. Justamente nas passagens entre o "nada" e a criação da matéria, entre não-vida e vida, entre não-mente e mente, é que encontramos os maiores mistérios e os mais importantes significados.

O homem dito primitivo certamente também se indagava acerca de suas origens. Sabemos que o seu cérebro não era assim tão diferente do nosso. Quando uma criança pergunta de onde veio, ela está dando os primeiros passos no sentido de tornar-se humana. E reproduz com esse questionamento o mesmo salto com que o homem primordial ingressou na história humana propriamente dita. Essa pergunta é o ponto de partida do qual derivarão as suas crenças acerca do significado da vida e a sua relação com o mundo em que vive. Da mesma forma, para o homem primordial, esse foi o ponto de partida do qual derivaram a mitologia, a religião, a filosofia, a arte e a ciência.

A criança aprende que foi criada através da união íntima do homem e da mulher. O pasmo e a admiração com que ela recebe essa revelação não pode ser muito diferente do que sentiu o homem primordial, e essa perplexidade fica evidente em nossas mitologias. O próprio mundo foi criado por uma união de divindades masculinas e femininas. Mas a mente humana não está excluída do processo evolucionário. Da mesma forma como o núcleo original de matéria condensada evoluiu produzindo todos os nossos elementos, e da mesma forma como as formas originais de vida evoluíram produzindo a multiplicidade de formas de vida do nosso planeta, também houve uma evolução nas idéias do ser humano acerca da origem do mundo e do lugar que ocupa dentro dele.

A astronomia nos ensinou que existem outros mundos afora o nosso. Copérnico mostrou-nos que nosso mundo não é o centro do Universo. Charles Darwin e Alfred Russel Wallace legaram-nos a noção de que o homem é um produto da evolução de outras formas de vida. Hoje achamos concebível que exista vida em outras partes do Universo. Temos conhecimento de átomos, moléculas e células, e podemos até duplicar algumas das proezas da Natureza em nossos laboratórios. Quando projetamos nossa configuração intelectual sobre o Universo, em busca de respostas sobre nossa origem, estamos projetando uma configuração muito diferente da do homem primordial. Mas não devemos jamais esquecer a dívida que temos com esse nosso ancestral, pois foi ele que provocou a explosão que ainda atiça as chamas que inflamam a nossa mente.

Para quem já provou a maçã da ciência, é difícil aceitar a idéia de uma criação divina. Mas, mesmo que a maçã não nos tenha sido dada por uma serpente, ela ainda assim ajudou-nos a desvendar a natureza da serpente que contém a mensagem da vida, o DNA (isto é, o ADN = ácido desoxirribonucléico). Além disso, ajudou-nos a descobrir que, embora essa serpente seja tão multíplice quanto as formas de vida que a contêm, cada uma dessas formas de vida lê a mensagem da vida exatamente da mesma maneira. A criação da forma de vida que chamamos homem não é um fenômeno singular, embora a criação da vida certamente o seja – independentemente de haver vida somente neste planeta ou em outras partes do Universo. O homem provavelmente não foi colocado neste planeta por um ato de criação divina, mas a vida certamente é divina. Nós realmente somos irmãos e irmãs; e somos irmãos e irmãs não só de seres semelhantes a nós, mas de todos os seres que já viveram, de todos os seres que hoje vivem e de todos os seres que ainda hão de viver. Não acho essa idéia perturbadora. Nem creio que ela me negue qualquer distinção. Muito pelo contrário. Minha esposa e eu estamos casados há dezesseis anos, a maior parte dos quais temos tentado conceber um filho, mas sem sucesso. Um mês após a morte de minha mãe no início deste ano, nosso primeiro filho foi concebido em um ato de amor. A mensagem não poderia ser mais clara. A vida é contínua. E assim como devemos pensar na vida em sua totalidade, também devemos pensar na mente em sua totalidade. Nosso panorama mental pode ser diferente, nossas palavras podem ser diferentes, mas nós, da mesma forma como o homem primordial, ainda nos perguntamos como tudo começou. Quando exploramos os recôncavos mais profundos de nossa mente com honestidade e coragem, quando reexaminamos as mitologias acerca da criação utilizando as novas palavras e os novos conceitos desenvolvidos através da história humana, quando realmente compreendemos o que é o processo criativo – seja ele uma ciência ou uma arte – quando nos indagamos o que é realmente que faz sentido, acabamos sempre nos deparando com uma mensagem irresistível e superior a todas as outras. Pierre Teilhard de Chardin expressou-a assim:

> Tudo no Universo é formado por união e geração – pela aproximação de elementos que se buscam um ao outro, que se fundem dois a dois e que renascem num terceiro.[4]

Jacob Bronowski expressa-se de outra maneira referindo-se ao ator:

> Vejo que o ato da criação jaz na descoberta de uma semelhança oculta. O cientista ou o artista toma dois fatos ou experiências separados, e descobre neles uma semelhança que não havia sido vista antes. Ele cria uma unidade revelando essa semelhança.[5]

E ao falar do espectador:

> O ato de apreciação reproduz o ato da criação. Nós somos (cada um de nós) atores; somos nós que o interpretamos.[6]

Vi isso escrito no muro de uma catedral em Cuernavaca, no México:

> Embora Deus nunca tenha sido visto por homem algum, o próprio Deus habita em nós se amarmos uns aos outros.[7]

No ato de criação, seja a criação do Universo ou de um poema, seja na concepção de um filho ou na elaboração da mais abstrusa teoria científica, faz-se sempre o mais íntimo contato possível entre duas entidades diferentes, e gera-se, por um instante efêmero de tempo, a "espantosa simetria" de que nos fala Blake. A intensa energia que é gerada por esse contato físico produz a cada vez algo novo no Universo. Dessa maneira, a longa jornada cósmica prossegue rumo, creio eu, à revelação do Infinito, do "Incognoscível".

Sheldon S. Hendler
LaJolla, Califórnia - 1975

Ó grande Olho
do Universo,
em torno do qual nada sou
senão um grânulo de pó em remoinho,
ajudai-me a saber que em minha pequenez
eu participo de Vossa Grandeza
e que em Vossa Grandeza
participais da
minha pequenez.

Parte I

ONTEM

1

ANDROGINIA COMO PRINCÍPIO NORTEADOR DA NOVA ERA

Alçando vôo espaço adentro.

Decolo de Chicago num jato de carreira, em direção ao oeste. Sinto o regozijo que vem de se fazer algo totalmente contrário à natureza humana. Uma *opus contra naturam*, como os alquimistas denominavam seu trabalho. A excitação de voar, algo a que o ser humano não foi destinado, permite à consciência ingressar num outro plano. Subindo a dez mil metros, disponho-me a pensar que o aparentemente impossível talvez não seja assim tão impossível. Lembro-me dos *Provérbios* de Blake: *"What is now proved was once only imagin'd."* *[1]

A sexualidade humana certamente é natural; ela parte da proposição de que somos ou homens ou mulheres – algo seguramente não controvertido. A androginia é uma obra contra a natureza, ou assim o parece. E o céu sobre o interior dos Estados Unidos é um lugar apropriado para iniciar uma consideração sobre o andrógino.

Recordo-me subitamente que também comecei meu primeiro livro (um romance que não chegou a ser publicado) enquanto voava, há cerca de quinze anos. Era o primeiro passo que eu dava para libertar-me de minha existência circunscrita de dona-de-casa e mãe, ainda que minha vida fosse menos limitada pelas circunstâncias do que a da maioria das mulheres da época, pois minhas aspirações de seguir uma carreira eram encorajadas – isto é, desde que não interferissem com as de ninguém mais. Algo me impelia a descobrir o que eu poderia realizar no mundo enquanto pessoa. Fiel aos estereótipos então em voga, eu vinha desempenhando o papel feminino e reprimindo a maioria das qualidades que nossa sociedade dizia serem "masculinas". Até que percebi que vinha vivendo apenas meia vida por mim mesma; a outra metade era vivida vicariamente através da minha família, de meus amigos e de minhas fantasias. E assim, insatisfeita em permanecer em casa, arrumei um emprego na cidade.

A hora passada no trânsito todas as manhãs e todas as tardes era a única do dia que eu podia considerar só minha. Essa hora eu não devia a ninguém, nem ao lar, nem ao marido, nem à família, nem ao patrão. Reivindiquei para mim esse tempo, e pus-me a fazer anotações num caderno, enquanto viajava sentada nas poltronas verdes e rotas de um trem de subúrbio sacolejando pelos trilhos mal-conservados.

* "O que hoje veio a ser outrora foi apenas imaginado." (N.T.)

Hoje, vendo minha caneta percorrer a folha de papel, estou viajando numa fina lâmina de alumínio reluzente que, furando as nuvens, voa rumo ao oeste. Meu estado de consciência atual difere do anterior na mesma medida em que esse meio de transporte, dentro do qual escrevo, é diferente do outro. As mudanças em minha consciência foram em grande parte reflexo das mudanças na consciência coletiva que vão preparando caminho para uma nova era, a que os astrólogos se referem como a "Era de Aquário". Talvez, num futuro distante, os críticos sociais olharão em retrospectiva para a época da qual estamos nos aproximando e a denominarão "Era da Androginia".

Gosto de voar.

Não sinto medo. Pasmo e maravilha talvez, ao olhar pela janela e perceber-me num espaço brilhante e revolto no qual nada se define. Aqui não há distância ou proximidade. Não há terra nem céu.

Não há coisa alguma. Não há nada.

Não há nada a temer, pois estou suspensa no universo. O universo é universal, está em toda a parte, portanto não posso cair dele. Eu estava no universo antes de nascer, e nele estarei depois de morta. O meu ser, aqui nesta forma de passageira de um avião, é apenas uma constelação de moléculas que se uniram no processo de tornarem-se uma pessoa, eu própria. E assim permanecerei até que a forma em que me encontro seja transformada em algo diferente. A estrutura de moléculas na qual eu me reconheço irá então desintegrar-se, propagando-se por todo o universo. Depois, as partículas se combinarão com outras partículas e se reagruparão de outras maneiras, formando outros seres, outras coisas, um outro "eu".

A vida parece bastante bela aqui do alto, longe, bem acima da superfície da Terra. Amo a vida, no entanto não temo o fim da minha existência pessoal. Recordo-me de um provérbio japonês citado muitas vezes por Alan Watts: "Ramos floridos crescem naturalmente, alguns curtos, outros longos." Enquanto dura a flor, ela deleita; mas a flor não se agarra ao galho. Medo de voar é medo de morrer. A morte só é vista como inimiga por aqueles que se colocam em oposição à Natureza. Todavia, a morte sendo um estágio no ciclo da vida através do qual um organismo se transforma, o que há para se temer?

Lá fora, apenas uma branquidão impenetrável, o nada. Tudo é Um, e até a Unicidade é tão ofuscantemente brilhante que não consigo olhar diretamente para ela.

Subimos agora, e ficamos acima das nuvens. Contemplo um milagre da natureza de estonteante beleza. O firmamento acima de nós separou-se do firmamento abaixo. Em cima, vejo uma extensão de claridade anil; em baixo, puro branco delicadamente mesclado com nuanças cinzas, como as penas no peito de uma pomba.

Se, em meu espaço interior, estou vivenciando o primeiro e segundo dias da criação, a natureza exterior brinda-me com imagens perfeitas para as idéias que quero transmitir. Um instante atrás eu mergulhara no espaço insondável, perscrutando uma tremenda e infinda vastidão, "a nuvem do desconhecimento", como já foi chamada. Uma Unicidade total e não-diferenciada encerrava tudo o que eu pudesse ver – e tudo o que sou, voando pelo espaço. Pode haver êxtase maior do que estar suspensa no seio do universo e ao mesmo tempo sentir-se protegida e confortável no ventre de uma sublime mãe de alumínio?

No instante em que o Um tornou-se Dois, conheci a dolorosa beleza da separação primordial. Há pouco, voando em meio às nuvens, pude enxergar além delas e vislumbrar a curvatura do horizonte sobre o qual o azul do céu formava um arco. Agora encontro-me na imensidão azul e posso ver as nuvens abaixo de mim. O organismo humano, *psique* e *soma*, é capaz de passar rapidamente de um para outro – pois os dois na realidade são um – se dispuser do veículo apropriado.

O tema sobre o qual escrevo vai se apresentando em imagens particularmente vívidas. Esse tema é a androginia, que no seu sentido mais amplo pode ser definida como o Um que contém o Dois, a saber, o masculino (*andro*) e o feminino (*gyne*). A androginia é um *arquétipo* inerente na psique humana. C. G. Jung declarou que o seu uso do termo *arquétipo* é uma paráfrase explicativa do *eidos* platônico, e é nesse sentido que eu o uso aqui. O termo *arquétipo* é útil nesse contexto pois indica a presença de um tipo arcaico ou primordial, de uma imagem coletiva e universal que existe desde os tempos mais remotos. Os arquétipos dão origem às imagens das tradições tribais primitivas, dos mitos e contos de fadas, e da mídia contemporânea. São, por definição, inconscientes; sua presença só pode ser intuída através de motivos e símbolos poderosos que conferem uma forma definida aos conteúdos psíquicos.[2] A androginia é um desses arquétipos, sendo continuamente representada em mitos e símbolos que, se reconhecidos e invocados, têm a capacidade de energizarem a potência criativa dos homens e das mulheres de maneira que a maioria de nós hoje mal pode imaginar.

A androginia talvez seja o mais antigo arquétipo do qual temos alguma experiência. Ela provém do arquétipo do Absoluto, o único a ter primazia sobre ela, pois o Absoluto está além da possibilidade da experiência humana e deve permanecer incognoscível para sempre. O arquétipo da androginia aparece em nós como um senso inato da unidade cósmica primordial, ou seja, a unicidade ou inteireza da androginia antecede qualquer separação. A psique humana é testemunha dessa unidade primordial e é, portanto, o meio através do qual podemos obter certa percepção da totalidade que inspira espanto e maravilha.

Inicialmente, não há existência alguma exceto o nada, o vazio indescritível, a inefabilidade do vácuo. Surge então a unidade primordial, o Um no qual estão contidos todos os contrários, ainda não-diferenciados. Como a gema e a clara dentro do ovo, estão entrelaçados, presos e imovíveis. No momento estipulado, a unidade primordial é rompida e passa a existir Dois, como contrários. Somente quando os Dois se estabelecerem como entidades separadas é que podem se afastar para se unirem de outra maneira, criando e disseminando assim a multiplicidade. Com o tempo, os pares de contrários tendem a se polarizar. As polaridades são expressas numa variedade de maneiras – por exemplo, claro e escuro, positivo e negativo, eterno e temporal, quente e frio, espírito e matéria, mente e corpo, arte e ciência, guerra e paz.

Um par, masculino/feminino, homem/mulher, serve como expressão simbólica do poder energético subjacente a todas as outras polaridades. A ordem não importa pois, como princípios criadores, um não é válido sem o outro. Para que a centelha de criação seja gerada, masculino e feminino têm que se unir em sua plena virilidade e feminidade sexuais. Antes que possam se unir, é preciso que tenham estado separados, distintos, afastados um do outro. Antes de serem separados, estavam aglutinados em um só corpo, o corpo do Andrógino Primordial.

A idéia de um Andrógino Divino decorre do conceito pelo qual o Ser Último consiste de uma unidade-totalidade. Nessa unidade-totalidade existem, conjugados, todos os pares de contrários em todos os níveis de potencialidade. A criação se dá quando o ovo cosmogônico se quebra. Nasce então o mundo. Ou a criação se dá quando masculino e feminino, associados num único corpo esférico, são separados pelo poder supremo da criação. É o anseio de cada um pelo outro que, como ondas, gera energia cósmica.

Podemos chegar a conhecer a qualidade primordial do andrógino a partir de seus resquícios nos mitos, nas lendas e nas tradições sagradas de muitos povos primitivos. A mitologia antiga é repleta de narrativas de uma época em que o eterno masculino e o eterno feminino estavam entrelaçados num amplexo infindo. Um certo mito grego fala-nos desse tempo – quando do Caos nasceram a Noite, e também Érebo, a profundeza insondável onde habita a Morte. Das Trevas e da Morte nasceu o Amor; e, do Amor, Luz. Surgiu então a Mãe-Terra que, deitando-se em união com o Pai-Céu, permaneceram abraçados por éons sem fim. Em outras versões, Terra-Céu é vista como uma divindade andrógina. Essa constituição não-dualista do Ser Primordial, contendo potencialmente em si a dualidade e a multiplicidade, também chegou até nós por meio de religiões mais sofisticadas, particularmente nos elementos do hinduísmo, do taoísmo e do budismo, bem como da tradição platônica do Ocidente.

O Andrógino foi quase totalmente expungido da tradição judeu-cristã, pois aparentemente ameaça a idéia de uma imagem patriarcal de Deus. A pedra fundamental desta civilização foi sempre a dominação masculina. Nossas principais instituições fora do lar têm sido concebidas e operadas primordialmente por homens, funcionando conforme determinados tipos de princípios e atitudes que costumam ser chamados de "masculinos". No entanto, é a androginia que corresponde mais fielmente ao arquétipo norteador do ser humano, não uma estrutura social baseada dominantemente no modo patriarcal de agir na qual a mulher tem um papel secundário. Assim, apesar de ter sido expungida, a androginia continuou a firmar-se, às vezes impetuosamente, diante de todas as tentativas de suprimi-la.

A androginia refere-se a uma maneira específica de juntar os aspectos "masculinos" e "femininos" de um único ser humano. Vemos hoje muitos indícios de uma tendência andrógina no Ocidente, seja nos hábitos e costumes sociais, na moral, ou na percepção de milhões de pessoas que buscam como expandir a consciência de si e do mundo em que vivem. O espírito profundamente tocante e instigante da androginia ainda não se tornou evidente, nem chega a ser familiar, na nossa época e lugar, embora seja mais antigo que a própria história. Em toda parte, sempre existiu como o "rio oculto",[3] tendo nutrido a religião e a literatura. De tempos em tempos vem à tona, às vezes como fonte de uma nova idéia, às vezes como reação torrencial contra uma situação política insuportavelmente tendenciosa e unilateral.

Mesmo na cultura judeu-cristã, a androginia tem periodicamente vindo à luz, ainda que até o momento não tenha sido suficientemente compreendida e, portanto, não tenha adquirido força suficiente para reassumir sua primazia original sobre os poderes patriarcais da nossa sociedade. A recente expansão da consciência andrógina, provocada em grande parte pelo efeito catalítico do Movimento Feminista, tornou-nos mais cientes da necessidade de se questionar a fortaleza quase inexpugnável dos valores masculinos. O Movimento Feminista colocou diante de nossos olhos o quanto as mulheres foram esmagadas através da história e clama para que aproveitemos a potência da mulher e do feminino em nossa sociedade. O Movimento Feminista talvez venha a ser o passo decisivo rumo à androginia, na medida em que enfrenta diretamente alguns dos obstáculos que jazem no caminho que leva a ela. Não sei se muitas mulheres sabem aonde vai dar esse caminho, especialmente no que se refere ao seu próprio desenvolvimento interior; não obstante, elas seguem em frente, guiadas pelo arquétipo no recôndito de sua psique – o arquétipo que, a seu modo, determina a realidade no mínimo tanto quanto os eventos do mundo exterior.

Somente neste século as mulheres começaram efetivamente a contestar esse estado de coisas em grande escala, embora no passado certas mulheres tenham ocupado posições de poder e influência em questões de estado. Até recentemente, a contestação feminina das estruturas de poder existentes era apenas nominal, e seu sucesso bastante restrito. No entanto, a partir da segunda metade do século XX, a veemência e firmeza de algumas mulheres começaram a deixar a sua marca. Aquelas mulheres que se libertaram das mais prementes tarefas domésticas, que conquistaram a oportunidade de obter uma melhor educação e que optaram por decidirem por si mesmas se e quando teriam filhos, puderam dedicar algum tempo e energia a refletirem sobre sua condição de mulher. Na nossa sociedade, a crescente insatisfação com o papel subordinado das mulheres estimulou o movimento feminista contemporâneo, cuja meta é ampliar a liberdade e as oportunidades das mulheres a um nível mais próximo ao dos homens.

Embora seu impacto seja atualmente mais gradual, o Movimento das Mulheres é revolucionário por natureza. Suas metas são radicais; sua primazia e sua vanguarda consistem em permitir que a mulher se conceba possuindo um potencial interior suficiente para tornar-se econômica e espiritualmente independente. A feminista radical de hoje nos lembra a Amazona mítica, a terrível guerreira capaz de derrotar o homem em seu próprio jogo. O princípio fundamental que impele o Movimento, como bem reconhece a sua ala mais liberal, é que, se a mulher conseguir superar sua condição de subserviência frente ao homem, ela poderá começar a relacionar-se com ele de uma maneira muito mais satisfatória para ambos – ou seja, como uma igual. Diz-se que a mulher da era vindoura será capaz de escolher muito mais livremente as maneiras em que participará de suas relações com os homens. Na realidade, este potencial já vem sendo realizado por muitas mulheres, especialmente as que nasceram depois da metade do século.

Tenho mantido contato com as lutas individuais e coletivas do movimento feminista porque há mais de uma década eu mesma venho me dedicando ativamente a tentar encontrar minha própria postura como psicoterapeuta e como mulher. Isso inclui definir a mim mesma de novas maneiras. Ainda assim, há algo sobre o movimento feminista que me deixa pouco à vontade, apesar de reconhecer e ter em alta estima as muitas vitórias que obteve no sentido de melhorar a condição das mulheres. O Movimento apóia a posição independente da mulher em contraste com a sua posição anterior de subserviência ao homem; mas isso freqüentemente tende a polarizar ainda mais as nossas imagens de homem e mulher, e da "masculinidade" e "feminilidade". O Movimento deixou de tratar primordialmente de questões de dominação e subserviência, e passou a envolver-se em questões de política, grupos de pressão e relações públicas. Algumas mulheres estão se tornando cada vez mais competentes naquilo que os homens têm feito há séculos. Certas mulheres chegam até a apropriar para si o modelo patriarcal, masculinizando-se tanto quanto é possível a uma mulher masculinizar-se. Mas há um limite além do qual isso não pode dar certo, pois em alguns determinados pontos a mulher é basicamente diferente, e ela sente essa diferença como uma irresistível onda nascendo dentro de si. Se não der ouvidos a esta advertência interior, toda a sua pessoa poderá naufragar.

O que o Movimento das Mulheres já conquistou e o que pretende para o futuro apontam para uma melhoria da qualidade de vida de milhões de mulheres e, espera-se, dos homens com quem convivem. O Movimento representa uma inversão de uma situação na qual inevitavelmente se esperava que a mulher fosse a parte dócil e complacente da relação homem-mulher para uma na qual a mulher não precisa ter medo de se afirmar e de fazer valer seus valores e suas crenças. Mas precisamos estar cientes que uma batalha foi travada – e que no decorrer dos próximos anos provavelmente haverá embates violentos.

Além da disputa pela dominação, além da polarização entre uma consciência *masculina* e uma consciência *feminina*, está a intuição de que deve haver algo mais, de que a consciência *humana* ainda precisa desenvolver-se mais. Essa intuição levanta questões que parecem aplicar-se à nossa época. No entanto, essas mesmas perguntas já foram feitas muitas vezes em tempos passados:

De onde surgiram as nossas concepções de uma personalidade masculina ideal e de uma personalidade feminina ideal?

As mulheres possuem aquilo que se chamou qualidades "masculinas" da consciência? E os homens possuem as qualidades ditas "femininas"?

O que pode potencialmente ocorrer se reconhecermos esses elementos aparentemente divergentes em uma única personalidade?

De onde vem o anseio ou desejo que sentimos pelo outro oposto, e que os seres humanos sempre reconheceram nas muitas formas de amor?

Será que uma nova alquimia poderá consumar uma união ou reunião dos elementos contrários, uma conjunção capaz de gerar uma nova imagem norteadora para a humanidade?

Qual seria a natureza de uma imagem que abarcasse o par de contrários masculino/feminino na consciência humana?

A imagem do andrógino começa a tomar nova forma diante dos olhos de muitas pessoas. Não descobriremos o andrógino voltando-nos para fora, ao mundo exterior, mas sim para dentro de nós mesmos. A androginia é um corpo sutil, o que vale dizer "não-material", imersa nas profundidades do domínio inconsciente que todos os seres humanos partilham coletivamente. O inconsciente coletivo só revela seus tesouros lentamente e é lá, em suas profundezas obscuras, que repousa o andrógino – que não pode ser facilmente imaginado, muito menos compreendido. Ele raramente emerge no plano cognitivo ou perceptivo e, se o faz, geralmente é reprimido, e por dois importantes motivos. Primeiro, a androginia é um estado de consciência muito distante do comum e, portanto, pode ameaçar o estado de equilíbrio de muitos. Segundo, a androginia põe em cheque diversos pressupostos acerca da nossa identidade enquanto homem ou mulher e, portanto, ameaça a nossa segurança. A maioria de nós se inclui aqui, nós que temos interesses adquiridos nas atitudes convencionais diante do sexo (virilidade e feminidade) e frente ao gênero (masculinidade e feminilidade).

São muitas as imagens do andrógino. Podem ser encontradas em toda uma rede de inquirições místicas e esotéricas na qual uma disciplina muitas vezes nutre as demais e é alimentada por elas. A alquimia, por exemplo, ou o gnosticismo, mantêm íntima relação com a literatura da Qabalah, e todas fazem uso de especulações astrológicas. Sempre que se promulgou e se impôs alguma ortodoxia, filósofos e místicos colocaram-se em oposição a ela e conceberam os seus sistemas próprios – sistemas que, ao conflitarem com a ortodoxia, muitas vezes se transformaram em "heresias". Seus escritos esotéricos eram propositalmente expressos em termos abstrusos, para que só fossem compreendidos pelo estudante que houvesse assumido um compromisso sério de estudá-los e que estivesse preparado a tolerar uma considerável ambigüidade.

Para descobrir e expor as fontes do princípio de androginia em diversas disciplinas esotéricas, e para investigar as implicações deste princípio na consciência contemporânea, não podemos depender apenas do raciocínio lógico ou do pensamento linear. Nós só aprenderemos a reconhecê-lo mergulhando no material, contemplando as imagens apresentadas e meditando sobre o seu significado. Subitamente, algum tipo de padrão tornar-se-á claramente visível, e é essa percepção intuitiva que causa aquela alegria que Buckminster Fuller tão claramente descreveu:

> Quando a mente descobre um princípio geral permeando campos inteiros de experiências singulares, essa relação descoberta possui uma beleza espantosa e cheia de júbilo, no nível pessoal, para quem a descobre, não só porque lhe era até então desconhecida, mas também por perceber intuitivamente o potencial do efeito que terá sobre o conhecimento humano e os benefícios que advirão para o esforço de sobrevivência e crescimento da humanidade no Universo.[4]

A alegria é como a experiência de voar em si. Nós a sentimos quando deixamos de lado as idéias convencionais, ligadas à terra, e encontramos uma perspectiva do espaço da qual, de longe e de cima, podemos ver tudo o que outrora estava tão próximo. De dentro do avião, não estamos percorrendo quilômetros após quilômetros a distância entre duas cidades. Estamos sim participando de um milagre da tecnologia que, diante de nossos olhos, transforma o futuro (para onde se vai) no passado (onde se esteve). E tudo isso enquanto a Terra se move sob a sombra da lâmina alada. Quilômetros e horas, tempo e espaço, transformam-se conforme a distância e podemos ver isso acontecendo quase como se estivéssemos em algum ponto cósmico fora do sistema.

O avião é, ele próprio, uma estrutura. É matéria, a matéria na qual ocorre essa transformação de tempo e de lugar. O avião tem uma função, a função de voar, um dispêndio de energia através do qual a distância relativa à nossa frente vai sendo constantemente convertida numa distância relativa já percorrida. O "futuro" vai sendo convertido em "passado" sem que um equilíbrio deixe de ser mantido. No avião, eu estou num "eterno presente", e a distância de um lugar a outro é a mesma de sempre, nem maior nem menor.

A própria jornada do avião pode ser vista como uma metáfora do caminho que leva à androginia. Poderíamos dizer que as qualidades da virilidade e da feminidade são a estrutura; elas mesmas não se modificam numa pessoa, embora mudanças provocadas sexualmente possam ocorrer nos homens e nas mulheres. Homens e mulheres atuam de certas maneiras, sendo que cada um possui capacidades funcionais masculinas e femininas. No processo de viver, essas qualidades – que por falta de um nome melhor nós chamamos de "masculinas" e "femininas" – também são conversíveis. A diferença é que as conversões podem se processar num único sentido, como acontece com o nosso avião, ou podem se processar em ambas as direções, oscilando tão rapidamente que se torna impossível discernir quando prepondera o "masculino" e quando prepondera o "feminino". Quando essas funções oscilam, a oscilação pode ser tão suave que faz nascer uma personalidade de graça descomunal, uma personalidade capaz de adaptar-se a cada situação por meio de um mecanismo norteador interno que pressente o que é e o que não é necessário em um dado momento qualquer. Poderíamos dizer que o mecanismo norteador dessa pessoa opera com base no princípio da androginia. É através desse dinamismo que um senso de equilíbrio pode vir a ser atingido.

Meu propósito aqui não é expor um método para se entrar em contato com um princípio abstrato. Antes, é buscar explorar um caminho que parte de uma imagem primordial caótica e difusa da androginia até chegar a uma nova consciência diferenciada cuja natureza é andrógina. Minha esperança é passar do caos para a clareza. Ao me propor esta tarefa, estou ciente de que, no intuito de encontrar uma nova perspectiva, qualquer tentativa de abandonar o ponto de referência normal – firme e seguro, por estar ligado à Terra – atrairá os demônios dos erros lógicos e da falibilidade humana. Como se trata de uma exploração, e como boa parte do território a ser explorado é estranho, o caminho será acossado por tentativas e erros, e muitas vezes poderemos repisar os nossos passos. Não obstante, há muito a ser aprendido procurando, e a própria busca gera a energia necessária para empreendê-la. Trata-se de um tipo específico de energia, como ficará mais claro à medida que prosseguirmos.

O movimento em direção à androginia que hoje vai surgindo decorre das tensões entre os elementos "masculinos" e "femininos" da sociedade ocidental contemporânea. Esse movimento é um giro em espiral sobre si mesmo que visa descobrir uma androginia mais antiga revelada na mitologia daquela época primordial em que masculino e feminino ainda não haviam sido separados na Divindade. Abordar essa nascente androginia sem levar em conta a antiga androginia seria tratar apenas de manifestações isoladas e sintomáticas sem perceber seus fundamentos arquetípicos, que herdamos de gerações há muito desaparecidas no esquecimento.

2

HERMAFRODITAS, BISSEXUAIS, ANDRÓGINOS E O BLOCO INTATO

Uma nova consciência vai surgindo do lodaçal de uma sociedade perplexa e em declínio, de uma sociedade que pendeu exageradamente para o racionalismo, para a tecnologia e para a obtenção de poder através da competição irrestrita – ou de quaisquer outros meios que a elite dominante considerou necessários para controlar aqueles tidos como menos sofisticados. A nova consciência está atenta para o desequilíbrio da nossa sociedade em favor das chamadas qualidades "masculinas" do caráter.

A nova orientação, cuja influência vai aumentando, pode ser caracterizada por sua ênfase nos valores "femininos" – valores que, ao menos no passado, eram mais associados à mulher do que ao homem. Entre eles estão uma preferência pela cooperação em vez da competição, pela resolução de problemas em equipe em lugar de uma abordagem estritamente individualista, pela intuição em vez de um processo deliberado de pensamento racional, e pela enfatização da sexualidade e dos relacionamentos em lugar do poder e da violência. Homens e mulheres sensibilizaram-se para o fato de que os valores masculinos ou femininos tornaram-se fatores sociais e políticos determinantes.

Para evitar mais uma discussão na guerra entre os sexos e resolver a batalha que temos hoje em mãos, teremos de rever nossas concepções acerca do caráter masculino e do caráter feminino. Ambas essas noções estão sendo contestadas por um outro princípio que as supera, o da androginia. Quando começamos a reconhecer a androginia como uma realidade essencial da natureza humana, começamos a caminhar para um mundo no qual os papéis individuais e os modos de comportamento pessoal podem ser livremente escolhidos. A androginia tem o poder de nos libertar dos grilhões daquilo que é considerado "apropriado".

Para compreender o que é androginia, talvez possamos partir sugerindo o que ela não é. Androginia não é hermafroditismo e não é bissexualidade, embora seja às vezes confundida com um ou com outro desses conceitos.

O termo *hermafroditismo* aplica-se à anormalidade *fisiológica* em que uma pessoa exibe características sexuais do sexo oposto ao seu. Os hermafroditas pertencem à categoria dos *intersexuais*, nos quais há um deslocamento significativo em direção ao sexo oposto de uma ou mais das suas qualidades sexuais. Essas qualidades sexuais incluem os órgãos genitais externos, os aparelhos sexuais internos, a natureza dos cromossomos, o equilíbrio hormonal e as características sexuais secundárias. No uso comum, o termo hermafroditismo aplica-se basicamente ao surgimento de órgãos genitais externos formados de maneira anormal e que se assemelham aos do sexo oposto. Na literatura e na mitologia, os hermafroditas são franzinos ou monstros; seja como for, são anomalias. Hermafrodito, um filho de Afrodite, servia à deusa e só assumia responsabilidade na ausência dela. Seus seios feminis, seus longos cabelos e o fato de às vezes vestir-se de mulher testemunhavam a sua subserviência. Essa figura excêntrica, grotesca e pouco respeitada foi um produto de um período de transição de uma sociedade que adorava as deusas para uma na qual jovens deuses masculinos, até então subalternos, começavam a assumir poderes próprios.

O termo *bissexualidade*, da maneira como o emprego aqui, aplica-se a uma condição *psicológica*. Se o termo *hermafroditismo* refere-se à não-diferenciação das características sexuais *físicas* – virilidade e feminidade – o termo *bissexualidade* aplica-se à falta de clareza na identificação sexual, ou seja, a uma confusão acerca da masculinidade e feminilidade. A bissexualidade diz respeito a pessoas que, em um dado momento de suas vidas adultas, sentiram uma forte atração sexual por membros de ambos os sexos. Freud equiparava a homossexualidade manifesta à bissexualidade, e também incluía a homossexualidade latente dos heterossexuais nessa categoria.[1] Classicamente, contudo, a bissexualidade diz respeito a pessoas que escolhem para seus parceiros *tanto* homens *como* mulheres.

Hoje tendemos a excluir desse grupo as pessoas que são exclusivamente homossexuais, seja em suas fantasias ou em seu comportamento sexual. Entretanto, em minha prática analítica, trabalhando com muitas pessoas que se consideram inalteravelmente homossexuais, eu raramente encontrei alguém cujos sonhos ou fantasias não dessem algum indício de bissexualidade. O mesmo pode ser dito acerca de pessoas que se consideram exclusivamente heterossexuais. Um jovem fez a seguinte observação:

> A bissexualidade virou moda. Mas não tenho bem certeza de como ela funciona. Não tenho bem certeza se ela se refere ao comportamento sexual mais do que à empatia entre pessoas. Digo mais, creio que o termo bissexualidade aplica-se à atitude que temos para com nós mesmos. Se tentarmos colocá-la em prática, haverá confusão; nem você, nem eu, nem ninguém sabe exatamente quem nós somos. Não se chega a parte alguma. Apenas perdemos nossas arestas.

Quando exploramos o material sexual nos níveis mais profundos da psique, inevitavelmente chegamos a um estado no qual os sentimentos sexuais são muito mais soltos e fluentes do que as pessoas normalmente se dispõem a admitir. A bissexualidade pode ou não envolver a prática efetiva de relações sexuais com membros de ambos os sexos; o fator que determina a bissexualidade é a propensão psicológica. Não estamos falando de um comportamento manifesto, e sim de uma questão de inclinação.

Por essa definição, não seríamos então todos bissexuais? Essa pergunta não se presta a uma resposta teórica. Minha experiência clínica sugere que a orientação bissexual é muito mais difundida do que a maioria acredita. Poucas são as pessoas que não nutrem sentimentos eróticos por parceiros reais ou potenciais de ambos os sexos.

No entanto, a bissexualidade é mais que isso. Ela inclui coisas que sentimos por todas as pessoas, sentimentos que não se enquadram nas categorias exclusivistas que muitos psicoterapeutas aplicam ao comportamento sexual. Inúmeros indivíduos bissexuais parecem decididos a romper as fronteiras das convenções sexuais, e o "bilib" (*Bi*sexual *Lib*eration) é amplamente proclamado como expressão de um estilo de vida liberado. Alguns daqueles que se dizem bissexuais sabem que as relações sexuais e a satisfação sexual não são apenas metas em si mesmas e por si mesmas, mas também expressões da estrutura total da personalidade. A maneira como um homem ou uma mulher concebe as relações humanas e os valores humanos assume uma forma e uma expressão no encontro sexual. A bissexualidade diz respeito basicamente a relações interpessoais. Bissexualidade absolutamente não é o mesmo que androginia.

A nova androginia também padece da confusão com uma imagem que costumava ser popular na arte e na literatura do Romantismo. A palavra *andrógino* tem sido erroneamente aplicada a rapazes delicados que se vestem como almofadinhas ou a mulheres com corpo e semblante de rapaz. A citação abaixo, de Susan Sontag, é típica desse gênero de confusão:

> O andrógino é certamente uma das grandes imagens da estética do artifício. Exemplos: as figuras magras, desfalecentes e sinuosas da pintura e poesia pré-rafaelista de estilo Art Nouveau; os corpos esbeltos, fluidos e assexuados em gravuras e *posters*, ou apresentados em relevo em lâmpadas e cinzeiros; a obsessiva vacuidade andrógina por trás da beleza perfeita de Greta Garbo.[2]

A definição de Sontag representa um estilo transitório que tem pouca ou nenhuma relação com a qualidade pessoal dos que reivindicarão a designação de *andrógino* no futuro. Ela nos recorda os romances de mau gosto da era romântica na Inglaterra e na França, que tratavam das patologias sexuais, do macabro e do diabólico. Refiro-me a obras como *Salomé* de Oscar Wilde, que dramatiza uma paixão vampiresca, e *Herodíade*, de Mallarmé; aos escritos de Péladan e Gautier, ambos obcecados pelo hermafrodita; à celebração do amor lésbico em Baudelaire; e ao interesse mórbido pela flagelação sexual em Sade e em Swinburne. E houve muitos outros.[3]

O andrógino era visto pelos autores decadentes simplesmente como um hermafrodita no qual ambos os sexos estão presentes anatômica e fisiologicamente. Esses autores não estavam interessados na "plenitude e fusão dos sexos, e sim numa superabundância de possibilidades eróticas", de acordo com Mircea Eliade, que prossegue dizendo:

> A temática desses autores não era o despontar de um novo tipo de ser humano, no qual a fusão dos sexos produziria uma nova consciência não-polarizada, mas sim uma pretensa perfeição sensual que resultaria da presença ativa de ambos os sexos em um só.
>
> Essa idéia do hermafrodita foi provavelmente estimulada pelo estudo de algumas esculturas antigas. Contudo, os autores decadentes não sabiam que, na antiguidade, o hermafrodita representou uma condição ideal que os homens ansiavam por atingir *espiritualmente* através de ritos imitativos; desconheciam que se, ao nascer, uma criança apresentasse qualquer sinal de hermafroditismo, era posta à morte pelos próprios pais. Em outras palavras, o hermafrodita de fato, o her-

mafrodita anatômico, era considerado uma aberração da Natureza ou um sinal da ira dos deuses. E era, portanto, eliminado. Somente o andrógino ritualístico representava um modelo, pois não implicava a exacerbação dos órgãos anatômicos e, sim, simbolicamente, a união dos poderes mágico-religiosos pertencentes a ambos os sexos.[4]

O novo andrógino não se sente confuso quanto à sua identidade sexual. Homens andróginos manifestam uma sexualidade masculina natural, espontânea e desinibida, enquanto mulheres andróginas podem ser totalmente femininas em sua própria sexualidade. No entanto, nenhum tende a extremos; os homens não ostentam uma atitude machista, nem as mulheres fingem um caráter ingênuo e dependente. Personalidades excessivamente polarizadas proliferam numa cultura que exige a repressão de certas tendências naturais no processo de desenvolvimento dos traços ditos "masculinos" e "femininos" que a sociedade considera apropriados para cada sexo. Os indivíduos andróginos deixam que essas repressões se esvaeçam, no intuito não tanto de preparar terreno para a liberação de seus impulsos sexuais, mas sim de permitir que o que havia sido reprimido possa voltar a ser reintegrado à percepção e cognição conscientes.

Poderia argumentar-se que quando uma modalidade de ser é reprimida e deixa de ser consciente, ela não pode ser recuperada simplesmente "permitindo" que retorne. Entretanto, minha experiência profissional, trabalhando com pessoas na área de suas repressões sexuais, levou-me a acreditar que a linha divisória entre consciência e inconsciência não é uma fronteira tão rígida quanto eu outrora imaginara. O estar aberto a sonhos e fantasias, e o respeito por outras manifestações da esfera não-racional de funcionamento, favorecem a passagem de conteúdos antes desconhecidos pelos portais da consciência. Nos anos 60, através do uso de drogas psicodélicas, nossa cultura presenciou e vivenciou em massa a dissolução de fronteiras tidas antigamente como intransponíveis. Hoje é bem sabido que existem muitos estados ou níveis de consciência. Muito do que se imaginava pertencer ao domínio do inconsciente já atravessara a fronteira e precisava apenas ser ativado para entrar no domínio pleno da apreensibilidade, da percepção e cognição conscientes. E esta apreensibilidade, longe de ser um "conhecer" estático, é capaz de ser expandida, aprofundada e aprimorada.

Os princípios denominados "masculino" e "feminino", respectivamente, são bem definidos em nossa estrutura social. Ou melhor, eram bem definidos até a revolução sexual, que mergulhou muitas pessoas num estado de perplexidade. Se pedirmos a um grupo qualquer de pessoas que arrolem as qualidades que acreditam enquadrar-se nos estereótipos de masculino e feminino, elas inevitavelmente incluirão agressividade, dominação, rigidez, lógica, competitividade, vontade de vencer, raciocínio, inventividade e razão no estereótipo masculino. E o estereótipo feminino certamente incluirá passividade, aceitação, brandura, emoção, cooperação, criação (no sentido de criar, cuidar e nutrir, i.e., de *nurturance*), intuição, conservação e ternura. Haveria pouca variação nas respostas de um ou outro grupo. Sempre que, em minhas palestras, apresento uma lista de tais qualidades, fica evidente a homens e mulheres que cada indivíduo possui uma mistura de qualidades de ambas as listas. Para a maioria, parece importante que, nos *homens*, as qualidades "masculinas" estejam em primeiro plano e que, nas *mulheres*, estejam as qualidades "femininas". Tradicionalmente, sempre se acreditou que é melhor que as qualidades contrassexuais (i.e., do sexo oposto) permaneçam em segundo plano para que uma forte identidade de gênero seja estabelecida e preservada. Mas os valores antigos já não têm tanto peso, e ainda não foram estabelecidos novos valores nos domínios do sexo e do gênero.

O andrógino encara esse problema reconhecendo que, fundamentalmente, as mudanças verdadeiras têm início *dentro da estrutura psíquica individual*. É aqui que o andrógino difere essencialmente do bissexual. Se o bissexual está voltado antes de tudo para o *interpessoal*, o andrógino volta-se para o *intrapsíquico*. O andrógino aceita conscientemente a interação dos aspectos masculino e feminino da psique individual: um é o complemento do outro, da mesma maneira que o esperma ativo e perscrutador é o complemento do óvulo, dócil e à espera. Na concepção, os dois princípios se combinam; no indivíduo, as naturezas ativa e receptiva coexistem enquanto durar a vida, ainda que nem sempre mantenham a mesma relação entre si.

Tradicionalmente, sexo e gênero quase sempre estiveram mais intimamente relacionados (i.e., os homens eram mais masculinos, as mulheres mais femininas) da puberdade até a maturidade do que na infância, na meia-idade ou na velhice. Mais uma vez, trata-se de um estereótipo; na realidade, há muitas exceções. Durante todo o período de fertilidade, o ímpeto biológico para a reprodução é forte. E assim acontece com freqüência que, justamente *por causa disso*, muitas jovens mulheres se recusam a ser classificadas de acordo com sua capacidade sexual, reprodutora e puerperal. Sem negar necessariamente tais capacidades, durante esses anos algumas mulheres se dedicam especialmente à conquista de um senso de independência e ao seu aprimoramento intelectual para que sua autonomia pessoal seja preservada. Ao mesmo tempo, os homens poderão ajudar suas companheiras em algumas das tarefas mais tradicionalmente "femininas", especialmente durante o período de educação dos filhos, entrando assim em contato com as potencialidades contrassexuais que têm dentro de si. O estereótipo do período "sexualmente latente" da infância também nem sempre se resolve numa falta de diferenciação entre masculinidade e feminilidade nas crianças. Até que ponto os garotos se tornarão "masculinos" e as garotas "femininas" dependerá em grande parte das atitudes dos pais e da influência dos amigos com quem convivem. E nem os idosos necessariamente adquirem uma sabedoria capaz de reconhecer o lado contrassexual da personalidade. Apesar da tendência inata ou biológica para a androginia no início e no fim da vida, a marca das circunstâncias costuma levar as pessoas a um dos dois pólos opostos. Não obstante, o potencial andrógino está sempre presente em cada um, pronto para ser sorvido como uma fonte de energia. O princípio da androginia é intuitivamente experimentado como a chave capaz de abrir a prisão do sexo e do gênero – uma chave que está disponível a qualquer um que tenha coragem e imaginação para fazer uso dela.

Cabe aqui uma advertência. O estado de percepção que nutre e fomenta a união sexual simbólica no interior do indivíduo tem sido anátema para os membros da tradição judeu-cristã. Toda vez que esse estado de percepção passou para o domínio consciente, ele foi aceito como válido principalmente por pessoas e grupos à margem das correntes principais da cultura; foi o caso dos alquimistas, dos cabalistas, dos místicos em geral. Aqueles que compreenderam a complexidade desse estado aprenderam como e por que manter-se em silêncio a respeito dele; aqueles que não a compreenderam, e que manifestaram abertamente o que pensavam acerca de tal estado, tornaram-se objeto de desprezo, de olhares perplexos, de um ostracismo social ou mesmo de uma discriminação com base legal. A advertência é a seguinte: é preciso estar ciente de que a sociedade em que vivemos ainda não está preparada para aceitar o valor, e muito menos a necessidade, da androginia pessoal e política.

Felizmente, a nova androginia não precisa ser vivida no mundo para sobreviver e evoluir. Ela é um processo interior através do qual, a longo prazo, resulta um novo comportamento modificado. O aperfeiçoamento do novo indivíduo decorre de uma perspectiva segundo a qual homens e mulheres se vêem como partículas plenas e completas do Ser, existindo numa unidade cósmica ordenada. E uma nova consciência individual inevitavelmente tem efeito sobre a consciência coletiva.

O senso de pertencer a uma ordem cósmica e de estar refletindo a imensidão macrocósmica no interior do microcosmos humano é essencial para se compreender o conceito de androginia. Para aqueles que se sentem isolados num mundo estranho, o conceito pode parecer radical, mas não é mais inédito do que um broto verdejante que nasce de um emaranhado de raízes no fundo da terra. A androginia está palpitando dentro de nós, em nossas profundezas; e nós estamos no ciclo do eterno retorno. Quem estiver em contato com a sua própria plenitude encontrará ressonância nas obras esotéricas da literatura e da arte que revelam a natureza andrógina da Inteireza Primordial e o poder inerente a essa androginia. O *TAO TE KING*, a mais famosa das escrituras taoístas, fala desse "poder". Mas não se trata de poder no sentido ocidental; o significado do termo aproxima-se mais do de "potência" ou de "força interior":

> Quem conhece o masculino, mas se atém ao feminino,
> Torna-se como um desfiladeiro,
> que recebe todas as coisas sob o céu.
> E, sendo este desfiladeiro,
> Conhece sempre um poder ao qual nunca recorre em vão.
> Isso é retornar ao estado da Infância.
> Quem conhece o branco, mas atém-se ao preto,
> Torna-se o critério
> pelo qual todas as coisas são medidas.
> E, sendo este critério,
> Possui sempre um poder que jamais erra.
> Isso é retornar ao Ilimitado.
> Quem conhece a glória, mas atém-se à ignomínia,
> Torna-se como um vale
> que recebe em si todas as coisas sob o céu.
> E, sendo este vale,
> Possui sempre um poder que é suficiente.
> Isso é retornar ao estado do Bloco Intato. . .[5]

As palavras acima expressam com primorosa simplicidade a natureza paradoxal do andrógino. O dois deve unir-se ao um. O poder (potência) é sinônimo de retornar ao estado da infância. E, no entanto, não podemos retornar à infância; somente quando formos velhos e sábios é que poderemos deixar de lado o conhecimento que adquirimos e agir espontaneamente a partir do que realmente somos.

O poder (potência) que jamais erra só é possível na esfera do Ilimitado; isto é, antes do nascimento ou depois da morte. Está além da consciência humana e, portanto, implica em se confiar no inconsciente, implica na disponibilidade de fluir com a natureza, no Tao, "o caminho do manar das águas".[6]

Uma vez formado e modelado, como é possível retornar ao estado do Bloco Intacto? O poder (força interior) consiste em abrirmo-nos aos contrários dentro de nós – não através de um esforço para integrar o que é estranho ou exterior, mas sim despertando para a realidade de que os contrários sempre estiveram presentes, e de que coexistiriam harmonicamente se nós não cravássemos uma cunha em meio a eles.

3

O DOIS NO UM: PATOLOGIA OU MITOLOGIA?

A tradição do pensamento ocidental é basicamente linear e analítica. Quando nos defrontamos com pares de contrários, tendemos a vê-los como inconciliáveis ou, no mínimo, como problemáticos. É difícil aceitar o raciocínio holístico, no qual a oposição é apenas aparente e os contrários são apenas aspectos das mesmas coisas vistas de perspectivas diferentes. E, assim, cravamos cunhas entre o preto e o branco, entre a consciência e o inconsciente, entre o princípio masculino e o princípio feminino. A tendência do pensamento ocidental de separar, dissecar, examinar e remontar atingiu seu apogeu no movimento psicanalítico surgido pouco antes da virada para o século XX.

Sigmund Freud nasceu em 1856, num mundo no qual a alienação que havia entre os sexos tornara-se uma experiência cauterizante, dilaceradora e dolorosa para muitos. Aqueles que consultavam Freud como médico apresentavam sintomas físicos sem qualquer causa orgânica aparente, ou então procuravam-no com idéias estranhas que claramente não faziam sentido quando interpretadas literalmente. Em quase todos os casos, os sintomas apresentados pelos pacientes de Freud serviam para mascarar seus verdadeiros problemas, que provinham de suas experiências pessoais e cujos resíduos lhes eram tão dolorosos que ficavam incapacitados de admiti-los até para si mesmos. Esses pacientes, na realidade, não eram capazes de enfrentar a realidade da sua existência. Mais difícil ainda seria tornar essas experiências suficientemente conscientes para que pudessem ser comunicadas a uma outra pessoa, no caso, o médico. Freud acreditava que a maioria das "doenças" decorriam de problemas associados à sexualidade, e especialmente de experiências traumáticas na primeira infância.

Aceita a premissa de que, naqueles tempos, ocorria na Europa central uma verdadeira alienação psicológica e espiritual entre homens e mulheres – e especialmente entre os homens e as mulheres razoavelmente bem instruídos das classes média e alta que procuravam Freud – segue-se bastante razoavelmente que esse tipo de alienação acabaria por se expressar na sexualidade. Se, por exemplo, uma esposa estivesse totalmente fora de contato espiritual com seu marido, se eles não pensassem nem sentissem da mesma maneira – se tivessem interesses diferentes, necessidades diferentes e objetivos diferentes, e se as convenções da sua sociedade fossem tais que essas insatisfações não pudessem ser discutidas abertamente – onde suas aflições e sua infelicidade iriam terminar se expressando? Naturalmente, naquele campo de batalha onde homem e mulher de fato se confrontavam mais diretamente, se não em palavras então em alguma outra forma igualmente direta de comunicação. Refiro-me, é claro, ao leito conjugal. E, naturalmente também, esses confrontos seriam reevocados naquele que é o análogo do leito conjugal, o divã do analista.

Não acredito que todos os problemas que despontavam como problemas sexuais eram, fundamentalmente, problemas sexuais. Supor que sim seria o mesmo que sugerir que quem entra em greve de fome, para demonstrar de maneira passiva/agressiva alguma injustiça política, sofre fundamentalmente de um problema de nutrição. O problema nutricional neste caso é apenas um sintoma, como eram sintomas os problemas sexuais que brotavam no consultório de Freud. O importante é saber o que *realmente* se passa nas mais íntimas profundezas daquele que busca a psicoterapia. É preciso concentrar-se mais nas causas dessa guerra do que nas manobras do campo de batalha.

O tratamento dado por Freud aos problemas neuróticos dos homens e das mulheres – problemas que lhe pareciam ligados basicamente à sexualidade – foi um esforço altamente criativo de se colocar frente às questões da sua época. Ao se confrontar com essas questões, ele viu-se diretamente diante do maior mal da sociedade: o crescente afastamento dos sexos, o crescente abismo entre a psicologia masculina e a psicologia feminina. Reagindo ao que considerava serem as questões cruciais da sua época, Freud empreendeu importantes investigações que o levaram a elaborar a estrutura teórica da psicanálise. Essa nova disciplina afetou profundamente o curso do desenvolvimento humano durante mais de três quartos de século. Boa parte da obra de Freud foi produto da reação de uma sociedade à oscilação extrema do pêndulo entre a psicologia masculina e a psicologia feminina.

Carl Gustav Jung, o discípulo querido e mais promissor de Freud, do momento em que travaram contato em 1907 até pouco depois da ruptura entre ambos em 1913, era dezenove anos mais jovem que Freud. Havia entre eles justamente a diferença de idade necessária para que Jung pertencesse a uma geração que começava a presenciar uma bem sutil modulação no oscilar do pêndulo, que se afastava da polarização dos contrários. As idéias de Jung acerca da importância relativa da sexualidade enquanto fator causador da neurose iriam diferir marcadamente da concepção absolutista de Freud. Discordâncias ideológicas, do choque de duas estruturas poderosas de personalidade, levaram à dissolução da relação Freud-Jung em 1913, quando Freud ia se aproximando do apogeu da fama e Jung encontrava-se apenas no limiar do seu trabalho mais criativo.

Em 1916, depois que já refletira sobre a essência da sua divergência com Freud, Jung escreveu em um ensaio intitulado "A Estrutura do Inconsciente":

> Desde que deixamos a Escola Vienense por divergirmos quanto à natureza do princípio interpretativo da psicanálise, que a nosso ver não é o *impulso sexual* mas simplesmente *energia*, nossas concepções já evoluíram consideravelmente. (Grifos de Jung.)[1]

Para Jung, o princípio da energia em si é neutro, podendo expressar-se através da sexualidade, da atividade intelectual, da disciplina espiritual, da expressão corporal, da criação artística ou da vida profissional e comercial. É o uso ao qual a energia é dirigida que lhe confere um significado. Para Jung, portanto, não existiria algo como "energia sexual" em si, mas apenas uma energia psíquica que pode ser dirigida para fins sexuais ou não.

Nos primeiros anos em que permaneceram juntos, as idéias de Jung aproximavam-se das de seu colega mais velho; mas, com o passar do tempo, passaram a divergir e ele começou a formular a sua própria posição, como todo estudante eminentemente criativo acaba fazendo inevitavelmente. Assim como as épocas, as mudanças e as circunstâncias modificam a estrutura social, também os alunos devem primeiro aprender os ensinamentos do mestre e depois capacitarem-se a se afastar dele para que possam abordar cada nova situação com olhos novos e sem concepções prévias, lidando com cada problema conforme as peculiaridades de cada um. Acredito que é mais importante proceder de acordo com o espírito de um grande mestre do que seguir literalmente os seus ensinamentos; acredito também que Jung aprovaria esse tipo de procedimento. Digo isso como uma apologia, pois algumas de minhas asserções nesta obra talvez divirjam de certos ensinamentos do meu mentor espiritual – mas certamente não estarão em discordância com a confiança que ele depositava na capacidade de cada indivíduo encontrar sua própria maneira natural de ser. Isso, afinal de contas, é que é androginia.

Meu interesse pelo problema da androginia surgiu a partir do incômodo que me causavam algumas concepções – tanto de Freud como de Jung – acerca da natureza dos impulsos sexuais e do comportamento sexual. Comecei por fazer perguntas sobre a bissexualidade porque na minha própria prática analítica eu ouvira repetidas vezes pessoas que viviam vidas heterossexuais expressarem seu anseio por uma intimidade com membros do seu próprio sexo. Tais pessoas expressavam sentimentos ou comportamentos que seriam considerados "apropriados" se dirigidos a pessoas do sexo oposto. E, ao mesmo tempo, eu também ouvia pessoas que tinham assumido sua homossexualidade expressarem o desejo de serem aceitas como seres humanos normais, de poderem se movimentar livremente numa sociedade heterossexual, e até mesmo de terem ocasionalmente relações sexuais com membros do sexo oposto sem incorrerem na censura de seus parceiros da subcultura homossexual. A anomia experimentada por aqueles que vivem como heterossexuais e a experimentada pelos que vivem como homossexuais são marcadamente iguais: os indivíduos de cada uma das categorias parecem sofrer com o fato de serem categorizados. A categorização é vivenciada como não-natural, forçada e constritiva, obrigando muitas vezes as pessoas a permanecerem em relações desamorosas e a negarem a si mesmas outros relacionamentos que possivelmente lhes proporcionariam um companheirismo profundamente afetuoso.

Tudo isso levou-me a fazer perguntas sobre bissexualidade às pessoas com quem eu trabalhava como terapeuta. Comparei as respostas que obtive com as afirmações teóricas de Freud e de Jung. Meus estudos levaram-me à conclusão inevitável de que o fenômeno da bissexualidade, fosse ele manifesto em atos ou pressentido de maneira intuitiva e pessoal na personalidade de cada um, era o caminho através do qual o problema mais fundamental poderia ser abordado. O problema, evidentemente, era a compreensão psicológica da natureza essencialmente andrógina de cada personalidade humana. Entretanto, há uma longa distância entre bissexualidade e androginia. A jornada deve começar com uma breve investigação das posições de Freud e de Jung sobre a questão da bissexualidade nos anos de sua associação e nos imediatamente seguintes, já que esses foram anos criativos para ambos. De tudo o que eu pude determinar, Jung estava plenamente de acordo com a alegação de Freud de que somos todos bissexuais por natureza, e também com a sua suposição de que cada pessoa combina em sua natureza os elementos tanto da virilidade como da feminidade.

Robert J. Stoller, ao resumir a concepção freudiana de bissexualidade, afirma que quando Freud começou a construir o edifício da teoria psicanalítica, ele colocou o conceito de bissexualidade no centro, lá permanecendo desde aqueles dias iniciais até o fim.[2] Creio que o mesmo possa ser dito acerca da posição central do conceito junguiano da natureza dual da sexualidade humana. Há, entretanto, uma grande diferença entre os pontos de vista de ambos: Freud estabeleceu os mais importantes princípios de suas formulações a partir da *biologia* do comportamento humano. Ele, por exemplo, escreveu que "a psicanálise tem um fundamento comum com a biologia, em que pressupõe a bissexualidade original dos seres humanos (e dos animais)".[3] Para Freud, a observação de que a bissexualidade é um universal biológico justificava a suposição de que ela necessariamente exerce sua influência sobre o psicológico, "que no fundo é, em si, um reflexo da biologia".[4] O fundamento biológico da bissexualidade, para Freud, levava logicamente à sua tese central: que *a bissexualidade está no âmago de toda a psicopatologia*.

Jung, como Freud, era médico e psiquiatra, e, portanto, plenamente instruído nas ciências biológicas. Contudo, a fisiologia não foi o principal ponto de partida de suas explorações em psicologia. Ele preferiu estudar mais atentamente as origens do comportamento humano referidas nos artefatos e manuscritos de civilizações passadas recuperados pelos arqueólogos. Além disso, tinha um interesse especial pelos mecanismos psicológicos de povos da atualidade que não haviam sido afetados, ou que o foram minimamente, pela civilização ocidental contemporânea. Jung era ainda um ardente estudioso de antropologia, da mitologia e da religião comparada.

Com base em seus estudos e também em suas observações clínicas, Jung elaborou uma concepção de bissexualidade[5] radicalmente diferente da de Freud. Bem versado nas tradições das sociedades em que a bissexualidade era praticada abertamente e considerada normal e natural, Jung passou a considerar a *bissexualidade* como um fenômeno a ser compreendido, e não como uma doença a ser curada.* Outra diferença significativa nas abordagens de ambos era que Freud enfatizava os aspectos interpessoais da sexualidade e postulava que uma das metas principais da psicanálise era permitir ao paciente manter um relacionamento maduro com um membro do sexo oposto, ao passo que Jung estava mais preocupado com a *interação* entre os componentes masculino e feminino da *psique individual*.

Ademais, a concepção junguiana do elemento biológico na bissexualidade era tão comedida quanto a de Freud era exagerada. Jung considerava a bissexualidade como um arquétipo do inconsciente coletivo, que viria à tona sob

* Com relação a isso, é interessante notar que somente em 1974, e contra inúmeras objeções, a Associação Americana de Psiquiatria aprovou a resolução de tirar a homossexualidade da sua lista de "desordens mentais".

certas condições num contexto cultural normativo. Aceitar o potencial bissexual – ou melhor, andrógino – é um requisito absoluto para alguém ser admitido como membro pleno da comunidade adulta de certas sociedades. Um exemplo disso é a prática da subincisão, uma cerimônia de iniciação dos aborígines australianos. Os rapazes que serão aceitos na sociedade dos homens submetem-se a um ritual em que a face inferior do pênis é fendida, de tal modo que o pênis ferido do iniciado torna-se também um "pênis-útero". Entre outros grupos primitivos – por exemplo, entre os Masai, os Nandi e os Nuba na África – os neófitos são vestidos de mulher, enquanto entre os Sotho da África do Sul as meninas que se iniciam são vestidas em roupas de homem.[6]

Jung viu-se concordando plenamente com Mircea Eliade, que sugeriu um significado religioso para todos esses costumes. Diz Eliade:

> O neófito tem mais chances de alcançar um determinado modo de ser – por exemplo, tornar-se homem ou mulher – se antes se tornar simbolicamente uma totalidade. Para o raciocínio mítico, um modo particular de ser é necessariamente precedido de um modo *total* de ser. O andrógino é considerado superior aos dois sexos justamente porque encarna a totalidade e, portanto, a perfeição.[7]

Os escritos de Jung estão cheios de exemplos de mitos e costumes que apontam para a importância e o valor de se reconhecer as qualidades de ambos os sexos no interior de cada pessoa. Longe de ser visto como patológico, o pleno potencial de homens e mulheres, na concepção de Jung, só pode ser realizado através de um processo que inclua o reconhecimento do aspecto contrassexual.

O que nunca é demais ressaltar é que em Jung *esse reconhecimento não está associado, nem a um comportamento heterossexual entre homens e mulheres, nem ao chamado comportamento homossexual, mas sim ao funcionamento intrapsíquico de cada indivíduo*. Isso aponta para a diferença crucial entre bissexualidade e androginia. A bissexualidade, na linguagem comum, refere-se à virilidade ou feminidade atuante na sexualidade. Mas Jung parece sugerir que a bissexualidade, no mundo ocidental contemporâneo, é uma expressão, geralmente mal-interpretada, de um impulso natural mas inconsciente para a androginia. A androginia começa com o nosso reconhecimento *consciente* do potencial masculino e feminino de cada indivíduo, e é realizada quando desenvolvemos a capacidade de estabelecer relações harmoniosas entre esses dois aspectos de nós mesmos. Esses aspectos podem interagir competitivamente entre si, produzindo conflito; ou podem interagir cooperativamente, liberando assim a energia que de outra forma seria dissipada em reduzir o conflito.

Os escritos de Jung dão indícios de que ele estava familiarizado com todo um corpo de material mitológico que aponta para a androginia como um elemento residual na psique humana. Essa idéia, que provém da teologia mítica e que é quase universalmente difundida, versa sobre um deus ou deusa andrógino(a) criador/criadora. A humanidade teria sido moldada conforme essa imagem divina, mas de alguma maneira separou-se ou foi separada da Inteireza original, degenerando-se nos homens e mulheres imperfeitos deste mundo – sempre buscando se completar através da integração com o contrário alienado. A representação da androginia humana como um estado ideal de ser é hoje apenas uma imagem mítica, perdida nos recônditos de éons esquecidos. Não obstante, traços dela permanecem.

É possível que Jung tenha desenvolvido seus conceitos-chave de *anima* e *animus* a partir da evidência desses traços remanescentes. Anima, a palavra latina para "alma", é do gênero feminino; refere-se ao elemento feminino que existe no homem e que, segundo Jung, permanece em grande parte inconsciente. Como a consciência "normal" do homem é preponderantemente masculina, sua alma, ou anima, torna-se o receptáculo dos processos inconscientes que nele ocorrem constantemente. Da mesma forma, Jung postulou uma alma masculina, ou animus, para a mulher, como portadora do seu inconsciente. Anima e animus são os opostos contrassexuais que formam a base da teoria psicossexual de Jung, e têm importância equivalente ao conceito freudiano de bissexualidade.

É preciso lembrar que tanto Freud como Jung vieram de uma sociedade de teor fortemente patriarcal e monoteísta em suas crenças e práticas. Nessa sociedade, Deus Pai era a divindade governante, e a consciência masculina era considerada a consciência mais valiosa, sendo associada à luz, enquanto a consciência feminina era tida como subalterna e associada às trevas.

No Círculo de Viena, Freud certamente assumia o papel do patriarca, e talvez mesmo o de Deus Pai. Se ele defendia a consciência masculina como o mais elevado valor social e a adaptação a um mundo construído sobre o princípio masculino, não é de se admirar que um discípulo talentoso, ao tentar resguardar sua própria identidade da influência dominante do mestre, tenha se ocupado em grande parte com o papel do princípio feminino na psique do homem. Se Freud deu os primeiros passos para se afastar da bissexualidade em sua teoria sexual, poderíamos observar que Jung, em sua teoria sexual, deu os primeiros passos rumo à androginia.

4

O FIM DAS DIVISÕES DE SEXO E GÊNERO: RISCOS E DESAFIOS

Na *psicologia analítica*, como Jung chamou a sua disciplina, masculinidade e feminilidade descrevem as atitudes do *consciente* de homens e mulheres, respectivamente. As *atitudes inconscientes*, segundo Jung, mantêm uma relação compensatória com as do consciente. Numa sociedade em que os modos de consciência tendem a ser polarizados, é de se esperar que haja uma polarização também do inconsciente. Segue-se daí que, se Jung concebe a consciência masculina como radicalmente diferente da consciência feminina, no inconsciente a anima do homem diferirá igualmente do animus da mulher.

Jung afirma que não atribui às mulheres uma consciência inferior; ele simplesmente aponta as diferenças conforme as concebe. Eis um exemplo:

> Assim como a mulher percebe claramente coisas em relação às quais o homem ainda tateia no escuro, assim naturalmente há também campos de experiência do homem que, para as mulheres, ainda permanecem envoltos na sombra da não-diferenciação, principalmente as coisas pelas quais ela tem pouco interesse.[1]

Com referência ao lado contrassexual, diz ele:

> Portanto, devemos esperar que o inconsciente da mulher apresente aspectos essencialmente diferentes dos encontrados no homem. . . assim como a anima produz *humores*, o animus produz *opiniões.*[2]

Para Jung, as "opiniões", quando expressas pelas mulheres, não podem ser ignoradas. Ele faz o seguinte tipo de generalização:

> As opiniões do animus possuem o caráter de convicções firmes, cuja validade é aparentemente incontestável. Se analisarmos essas opiniões, deparamos imediatamente com pressupostos inconscientes. . . Na realidade, as opiniões são totalmente irrefletidas. . .[3]

Não chega a surpreender que muitas mulheres modernas inflamem-se quando lêem esse tipo de declaração! Jung também adverte a mulher afirmando que ela. . .

> . . . deve aprender a criticar e a manter suas opiniões a distância; não para reprimi-las, mas, investigando suas origens, para penetrar mais a fundo em seu obscuro recesso, onde irá recuperar as imagens primordiais, assim como ocorre com o homem ao lidar com a anima. O animus é como se fosse um sedimento de todas as experiências ancestrais da mulher em relação ao homem – e não apenas isso, é também um ser criativo e engendrador, não no sentido da criatividade masculina, mas no de produzir algo que denominamos *logos spermaticos*, a palavra que engendra.[4]

As implicações da noção polarizada que Jung tem de anima e animus não sugerem uma concepção "separada mas igual" dos sexos:

> Assim como o homem faz brotar a *sua obra* como uma criatura plena da sua natureza feminina, também o masculino interior da mulher produz sementes criadoras que têm o poder de fertilizar o lado feminino *do homem.* (Grifos meus.)[5]

Embora Jung afirme que tanto homens como mulheres obtêm suas energias criativas do inconsciente, há uma sutil – ou talvez não tão sutil – diferença. A anima do homem ajuda *o próprio homem* a produzir sua obra criativa; já o animus da mulher deve inseminar a anima do homem, inspirando-*o* a produzir *sua* obra criativa. Feliz, mas verdadeiramente rara, é a mulher cujo animus criativo é incentivado e acalentado ternamente pela anima de um homem.

Jung ressaltou a necessidade de a mulher integrar o animus no todo da sua personalidade. Para tanto, ela precisaria primeiro aprender a reconhecer o seu animus atuando. O animus se manifesta em independência, positividade assertiva, ambição, empenho intelectual e outros tipos de comportamento que não pareciam inteiramente apropriados para uma mulher – ao menos aos olhos dos homens, que só consideravam tais qualidades quando eles próprios eram dotados delas. Para a mulher, o apropriado era manter o seu animus firmemente sob controle, subordinado ao seu "ego feminino". Se uma mulher desejasse um bom relacionamento com um homem, a subordinação do animus era não só algo "apropriado" como absolutamente essencial. Essa postura, conforme exposta por Jung na década de 1920, só foi seriamente contestada na década de 1970.

Quando as mulheres começaram a se esforçar para rever esse estado de coisas, o Movimento das Mulheres tornou-se bastante estridente. Uma das primeiras psicólogas feministas a atacar a duplicidade de padrões na determinação da normalidade ou saúde mental foi Phyllis Chesler. Em seu livro, *Women and Madness: when is a woman mad and who is it who decides?*, Chesler mostra como a questão da mulher acabou levando os médicos a fazerem os mais sentimentais pronunciamentos. Ela cita, por exemplo, Freud, em 1925:

> (As mulheres) recusam-se a aceitar o fato de serem castradas, e têm a esperança de algum dia obterem um pênis a despeito de tudo. . . Não posso evitar a noção (embora hesite em dar-lhe expressão) de que, para uma mulher, aquilo que é eticamente normal difere do que o é para o homem. Não devemos nos deixar afastar de tais conclusões pelas negativas das feministas, ansiosas por nos obrigarem a considerar os dois sexos como completamente iguais em termos de posição e valor.[6]

E novamente Freud, em 1933:

> Dizemos também das mulheres que seus interesses sociais são mais fracos que os dos homens, e que sua capacidade de sublimar esses interesses é menor... A difícil evolução que leva à feminilidade (parece) exaurir todas as possibilidades do indivíduo.[7]

Para que ninguém suponha que essas idéias de Freud tenham se tornado obsoletas, um artigo publicado em *Science News* sobre um encontro da Academia Americana de Psicanálise, realizado recentemente em Nova York, observa que:

> (Abram) Kardiner, que dos analistas de longa prática presentes, foi o mais eloqüente e, referindo-se à própria análise que fez com o mestre vienense, prosseguiu dizendo que a análise freudiana precisa ser seriamente revista em algumas áreas importantes. "Em 50 anos, ela não se alterou sequer um til", denunciou ele. "E, enquanto disciplina", prosseguiu, "a análise freudiana não poderá pretender um futuro se não começar a crescer e a produzir conhecimentos úteis – conhecimentos que possam ser usados como instrumento sociológico."[8]

Bruno Bettelheim oferece outro exemplo da atitude do médico homem diante do surgimento de mulheres orientadas no sentido de conquistarem maior liberdade para perseguir seus interesses e talentos. A ocasião foi um simpósio em 1965 sobre Mulheres Americanas na Engenharia, realizado no Massachusetts Institute of Technology. É improvável que Bettelheim se permitisse fazer a mesma afirmação hoje: "... por mais que as mulheres queiram ser boas cientistas e engenheiras, elas querem, antes e acima de tudo, ser companheiras bem femininis dos homens e ser mães".[9]

Nem Jung está imune à acusação de estar comprometido com a tradição patriarcal. Diz ele:

> Ninguém pode evitar o fato de que, ao seguir um chamado masculino, estudando e trabalhando à maneira do homem, a mulher está fazendo algo que não é inteiramente de acordo com a sua natureza, se não lhe for diretamente prejudicial... (A psicologia feminina) está fundamentada no princípio do Eros, o grande Intimador e Resgatador, enquanto que uma antiqüíssima sabedoria atribuiu ao homem o Logos como o seu princípio governante.[10]

Todavia, não foram apenas médicos homens que ressaltaram as diferenças psicológicas entre os sexos no modo como efetivamente atuam na vida profissional e nos negócios. Analistas mulheres também aceitaram os estereótipos – ou, no mínimo, vinham aceitando-os até recentemente. M. Esther Harding, discípula de Jung e membro fundador do movimento analítico junguiano nos Estados Unidos, reconhecia já em 1933 que as mulheres podem ir longe em suas carreiras, mas que isso só ocorreria se elas exercessem "aquelas qualidades masculinas que, via de regra, estão latentes ou inconscientes".[11] A dra. Harding acreditava que uma mulher só alcança sucesso no mundo sob o risco de sacrificar completamente sua vida amorosa. A única esperança, a seu ver, seria a mulher administrar a sua carreira e o seu lar com igual capacidade e eficiência. Nenhuma palavra é dita sobre a responsabilidade do homem diante de uma esposa que trabalhe fora, ou sobre ele ser um fator "habilitador" na vida dela, ao passo que a obrigação da esposa fazer isso pelo seu marido nem sequer é questionada. Para Harding, é responsabilidade apenas da mulher descobrir como agir da maneira impessoal exigida na vida profissional e nos negócios, sem perder o calor humano e a disposição de se relacionar, que ela identifica com a natureza feminina.

Estou com as mulheres, e com o crescente número de homens, que hoje consideram os estereótipos de sexo e gênero enunciados por Freud, Bettelheim, Jung e Harding – e também os das revistas sexistas hoje populares e os de muitas imagens da televisão – ultrapassados e aviltantes para as mulheres, vestígios remanescentes de uma consciência polarizada que tem sido a nossa por um tempo longo demais. Os modelos de comportamento do passado não são mais viáveis dadas as atuais fronteiras da alma. O homem já não é tão inconsciente de sua anima quanto costumava ser, nem a mulher do seu animus, o que não significa dizer que *nenhum* aspecto de uma e de outro é inconsciente. Hoje em dia, que a vida perdeu sua qualidade linear e que estímulos das mais variadas fontes, em quantidade sempre crescente, bombardeiam os nossos sentidos ao mesmo tempo, nós não sentimos mais prazer com o processo lento do despertar passo a passo da consciência. Não temos mais paciência com a idéia de um pequenino e frágil ego diferenciando-se, passo a passo, do Eu ilimitado, encontrando sua identidade como homem ou mulher e, nesse processo, aceitando os estereótipos peculiares ao papel do seu gênero. Há em nós intimações do Eu Divino; o desejo de vivenciá-las mais leva-nos adiante, com energia e velocidade cada vez maiores, rumo a uma unidade interior.

Embora seja verdade que nossas maneiras de agir no mundo continuam limitadas pela nossa biologia, as limitações não precisam ser tão cruciais para nossas vidas quanto o foram outrora. Hoje há poucas posições em nossa sociedade que não poderiam ser preenchidas igualmente por homens ou mulheres, *se ao menos as mulheres tivessem a oportunidade*. Em quase toda parte, a necessidade de força física bruta cedeu lugar à tecnologia. Mas é somente a mulher que pode conceber e dar à luz a crianças, a despeito da declaração de Apolo no drama de Ésquilo, *Eumênides*. A não ser que, talvez, os versos abaixo contenham uma terrível premonição de algo que só viria a suceder na nossa geração!

> *Apolo:* Não é a mãe quem gera aquele que chamam seu filho;
> Ela alimentou apenas o germe nela semeado.
> Gera o homem que semeia; a mãe guarda somente
> O seu pequenino hóspede, e preserva esse fruto
> Se a Deus não aprazer destruí-lo.
> Apresentarei as razões do meu argumento,
> De que houve e pode haver paternidade
> Sem que no entanto haja mãe. A filha de Zeus no Olimpo,
> que não se formou nas sombras do ventre materno,
> Mas criou-se por si,
> Testemunha que ramo tão belo Deusa alguma jamais produziu.[12]

No espírito de Zeus, sabemos hoje que a vida fetal já é mantida e desenvolvida em tubos de ensaios por um curto período de tempo. Até o momento não se concebeu nenhuma Atena, mas a tecnologia da engenharia genética já existe e não cessa de ser aperfeiçoada. Logo poderemos escolher o sexo de nossos filhos. Isso já traz consigo implicações aterradoras.

Se a biologia nos impõe menos limites do que no passado, as pré-concepções psicológicas também estão se tornando correspondentemente isentas de críticas severas. A vida já não é vista como um processo duro e penoso, que vai avançando estágio após estágio de desenvolvimento.[13] É típico de nossos tempos que as pessoas na juventude se façam indagações que eram outrora relegadas à maturidade e à velhice. No passado, com a exceção de alguns poucos adolescentes românticos que se deparavam precocemente com as questões de significado, os jovens preocupavam-se primordialmente em ganhar a vida; hoje muitos começam a se ocupar logo cedo com os problemas do significado da vida, ou seja, com questões da filosofia, religião e metafísica.

Há hoje muitas vidas numa só vida, que não consiste apenas em nascer, crescer e morrer. Essas muitas vidas oferecem possibilidades inconcebíveis há alguns poucos anos. Não é incomum que pessoas troquem de vocação duas, três ou até quatro vezes no intervalo de uma vida. Mulheres retornam à faculdade depois de criarem seus filhos, ingressando em carreiras que não estariam abertas a elas alguns anos antes. Os homens casados com essas mulheres estão assumindo uma parcela das responsabilidades domésticas e um papel na criação dos filhos. Estão descobrindo que não é necessário dar à luz a uma criança para alentá-la. Pessoas de idade estão se matriculando em programas universitários criados para atrair quem deseja prosseguir estudando. Pesquisas no campo da psicologia mostraram que o QI não começa a deteriorar com o fenecimento da juventude, mas que se mantém notavelmente bem até os setenta ou oitenta anos.[14] Na nossa civilização em transformação, existe até a possibilidade de se mudar de sexo. Christine Jorgensen foi uma sensação anos atrás. Mais recentemente, James Morris, o jornalista britânico que acompanhou *sir* Edmund Hillary em sua conquista do monte Everest, escreveu um livro chamado *Conundrum*, que provocou uma pequena comoção. Trata-se do relato pessoal de sua transformação em uma mulher, Jan Morris, através de tratamento hormonal e cirurgia transexual.[15]

Entretanto, parece-me que todo o espírito da questão se perde quando as pessoas ficam obcecadas com a idéia de provarem ao mundo, mediante modificações *visíveis* em si mesmas, que atravessaram um processo de adaptação psicológica. Agora que se tornou geralmente aceito que cada indivíduo possui uma variedade de tendências e aptidões psicológicas que se enquadram tanto na categoria "masculino" como na categoria "feminino", a pergunta, "Qual é predominante?" não é a pergunta certa. O que precisa ser perguntado é, "Como esses aspectos dentro de cada um de nós se relacionam um com o outro?" Se for estabelecida a paz entre eles no âmago individual, uma proclamação pública deixa de ser necessária.

Todavia, uma mudança da atitude consciente inevitavelmente tem efeitos sobre a maneira como uma pessoa se comporta no mundo exterior. Isso fica evidente em algumas mulheres que, no processo de se liberarem das convenções que lhe atribuíam um papel secundário num mundo dominado pelos homens, esforçam-se por assumir o mesmo poder que as ofende quando exercido por homens. Em vez de tentarem imitar os homens, acredito que as mulheres precisam perceber-se a si mesmas como mulheres num nível psíquico mais profundo. Mas não só isso: elas precisam se perceber não como pessoas mutiladas, no sentido freudiano da palavra, mas como pessoas plenas e completas.

Jung não foi tão célere quanto Freud em rotular de "patológico" um determinado comportamento, especialmente em se tratando de comportamentos femininos que se afastam da norma. Em seus escritos psicológicos, ele discute abertamente aqueles aspectos da natureza humana que, até aproximadamente a década de 1960, eram firmemente suprimidos no mito cultural judeu-cristão. Não obstante, Jung parece não ter conseguido resolver a clássica situação dita de "duplo vínculo": uma mulher pode ser livre para ativar o lado da sua natureza ligado ao intelecto, à criatividade e à positividade assertiva frente ao mundo, mas, ao mesmo tempo, tem de preservar a qualquer custo sua "feminilidade" se quiser participar de uma relação plenamente amorosa com um homem.

Uma proeminente psiquiatra, na esperança de elevar um pouco a consciência de seus colegas, a maioria deles homens, proferiu recentemente uma palestra sobre "Sexismo na Medicina". Ela declarou que, no decorrer do seu treinamento, as estudantes de medicina são duramente criticadas caso não se mostrem suficientemente ativas, decididas, firmes e impositivas. Mas tão logo começam a desenvolver estas qualidades, são criticadas por se tornarem "pouco femininas". Durante a discussão aberta que se seguiu à sua palestra, um jovem médico, aparentando grande perplexidade, fez o seguinte comentário: "Eu compreendo e aprecio tudo o que nossa colega expressou, e concordo com ela em tudo, *na minha cabeça*; mas quando chego em casa à noite, eu ainda quero que minha esposa tenha preparado o jantar para mim." Encerrada essa palestra, o psiquiatra que apresentara a conferencista principal e que coordenara toda a discussão, encerrou o encontro com a observação: "Quero aproveitar para agradecer a nossa conferencista, e todos os *doutores* e *mulheres* que participaram dessa interessante discussão." A conferencista lançou-lhe um olhar penetrante, e em seguida encolheu os ombros.

Isso serve apenas para ilustrar que os problemas de sexismo da nossa época são pouco suscetíveis a uma exposição dos males sociológicos que as pessoas sofrem em virtude das desigualdades existentes na prática entre os sexos. O que temos que enfrentar possui raízes muito mais profundas do que os sintomas presentes na nossa sociedade. Se algum tratamento sintomático puder aliviar uma aflição imediata, será útil, mas a necessidade básica de se encontrar uma cura permanecerá. E essa cura começa esclarecendo-se quais são, efetivamente, as verdadeiras questões – questões cujos fundamentos estão menos na anatomia do que nas diferenças que, histórica e culturalmente, todos se acostumaram a considerar diferenças entre o "masculino" e o "feminino". São essas atitudes psicológicas as responsáveis pelos papéis que se criam em torno da sexualidade, isto é, do gênero. E são esses papéis que, ostensivamente, sutilmente, conscientemente e inconscientemente, foram transmitidos geração após geração.

O conselho que Jung deu há tanto tempo – "a mulher deve aprender a criticar e a manter suas opiniões a distância, não para reprimi-las, mas, investigando as suas origens, para penetrar mais a fundo em seu obscuro recesso, onde irá recuperar as imagens primordiais"[16] – foi o desafio que me levou às investigações que seguem. Essa busca, empreendida em meio a tantos labirintos, foi produto de uma pergunta que tive que fazer a mim mesma, já que acreditava que a mulher era verdadeiramente oprimida e relegada a uma posição inferior. A pergunta é a seguinte: "O que tem estado por detrás dessa disposição da mulher em aceitar sua condição limitada e definida ao longo dos anos – e em termos definidos, em grande parte, por elementos do sexo masculino dominante?"

5

EM MEIO AO CAOS A MULHER DANÇOU

Houve um tempo, num passado longínquo, em que homens e mulheres viviam os seus mitos. Vivendo-os, sabiam que estavam indissoluvelmente ligados ao cosmos, e que em seus atos cotidianos eram representações de grandes dramas cósmicos. Homens e mulheres clamavam então pelo sol com suas orações matinais, e tornavam fecunda a terra com seus ritos de fertilidade. Até que, pouco a pouco, descobriram que não estavam ligados ao cosmos, que todos os eventos se sucediam como resultado de causas previsíveis, que a história avançava seqüencialmente, e que através da informação e da razão poderiam adquirir conhecimento sobre todas as coisas. Em teoria ao menos, seria possível obter eventualmente o controle sobre as coisas deste mundo. Cientes disso, homens e mulheres estudaram todas as suas disciplinas, ciências, filosofias e artes até que tudo estivesse a caminho de ser categorizado e ordenado, e cada pessoa soubesse qual era o seu lugar. À medida que descobriam qual era o seu lugar e quais tarefas lhes cabiam, foram aprendendo a agir de maneira eficiente e eficaz. As coisas começavam a melhorar mas, por algum motivo, a vida perdera o seu sabor. Assim, gradualmente, pessoas de alma mais nobre foram readquirindo interesse pelas mitologias antigas. E o que descobriram não é muito diferente do que hoje os físicos nucleares também estão descobrindo: que todos os seres humanos estão indissoluvelmente ligados ao cosmos, e que o nosso dia-a-dia é uma representação dos grandes dramas cósmicos.

Esta é uma paráfrase de um ensinamento zen.

A androginia teve início numa época mítica tão distante que poderíamos quase dizer que a androginia *foi* o início da época mítica, pois a criação ainda não nascera quando a androginia já existia. *In illo tempore* havia apenas um Nada, ou Caos, que ninguém jamais soube o que fosse, embora muitos tenham tentado descrever as imagens deste grande vazio. Eu tive um pequeno indício do que teria sido quando voava no interior de uma nuvem; mas somente quando permiti que minha fantasia me arrebatasse do meu corpo e do avião é que fui envolvida pela impenetrável e revolta vacuidade. Ainda assim, a nuvem era brilhante, ao contrário do Nada do mito primordial – que *era* antes que houvesse qualquer luz e no qual inexistiam frio ou calor, úmido ou seco. A idéia de Caos, no entanto, sugere uma falta de ordem; mas o que haveria para ser posto em ordem se nada havia senão o vazio? Caos, então, é a potência que existe no Nada, é a potencialidade de vir-a-ser energia no âmago da potencialidade de vir-a-ser matéria.

O Nada, ou Caos, é o ponto de partida de quase todas as mitologias da criação. O ser humano sempre tentou imaginar o que e como teria sido antes que existisse qualquer uma de todas as coisas que são conhecidas. É como tentar imaginar como era antes de termos nascido, ou mesmo antes da concepção. Nenhuma entidade de qualquer tipo tinha qualquer cognição, percepção ou apreensão. Mas então, de alguma maneira misteriosa, uma faísca brilhante, um princípio, uma idéia, uma imagem, emergiu daquilo que não existia. Nesta centelha, ainda totalmente não-diferenciados, estavam princípios que um dia se distinguiriam como contrários, como opostos ostentando uma natureza masculina ou feminina. Mitos da criação existiram sempre que as pessoas se indagaram sobre suas origens; e quem não o fez? Esses mitos retratam o Caos do espaço infinito, que os seres humanos podem vivenciar objetivamente, quando deixam o olhar pairar sobre o horizonte oceânico; ou subjetivamente, quando a psique se recorda de maneira orgânica mas não-consciente da formação das primeiras células embrionárias no grande deserto do útero.

Exemplos familiares dos primeiros mitos cosmogônicos gregos, tão integrados na história cultural do Ocidente, mostram como uma civilização antiga imaginava o começo do mundo. Os mitos nos dão pistas que sugerem ter existido uma cultura, hoje perdida, predominantemente matriarcal. Uma vez que se diz que tantas sociedades pré-históricas teriam começado sob a égide da Grande Mãe, devemos nos perguntar se as suas mitologias não refletiriam em escala cósmica aquela que é a experiência comum e arquetípica de todos os seres humanos, a saber, a nossa vinculação primitiva à Mãe e a nossa dependência em relação a ela.

Somente alguns fragmentos instigantes restam do mito pré-helênico de Pelasgo, no qual o princípio feminino dá vida ao princípio masculino e, com a sua ajuda, promove a criação do mundo. No início, a Deusa de Todas as Coisas, Eurínome, despontou nua do Caos. Não encontrando nada de substancial para apoiar seus pés, ela efetuou uma separação entre o mar e o céu, e dançou solitária sobre as ondas. Dançando em direção ao Sul, pôs o vento em movimento atrás de si. Sentiu então o vento norte e, tomando-o entre as mãos, esfregou-o, surgindo a grande serpente, Ófion. Eurínome continuou dançando, cada vez mais desenfreadamente, para aquecer-se. Ófion, ao vê-la, sentiu desejos e, enrolando-se em torno de seus membros, com ela copulou. Este é o mesmo vento norte, também chamado Bóreas, que dizem ter o poder de fecundar (e é por isso que as éguas costumam voltar seus traseiros para o vento, concebendo potros sem o concurso de um garanhão). Foi assim que Eurínome engravidou.

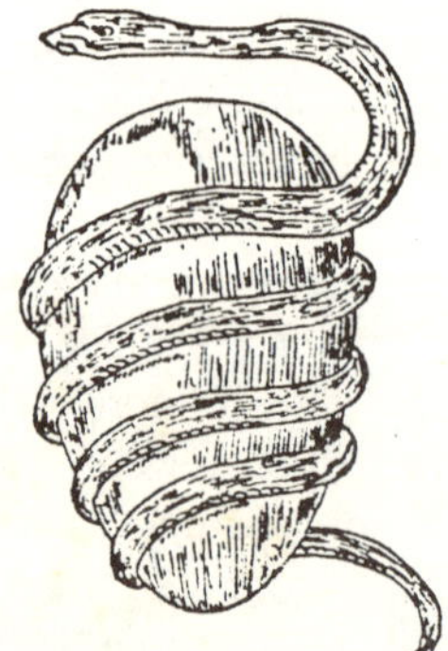

Diz-se que ela então assumiu a forma de uma pomba, empolhando sobre as ondas. Até que, no momento oportuno, deitou o ovo universal. Ófion, a serpente, enrolou-se sete vezes em torno do ovo, e lá permaneceu até que estivesse chocado e se partisse em dois. Do ovo derramaram-se todas as coisas que existem, a prole de Eurínome: o sol, a lua, os planetas e as estrelas, a terra e tudo o que nela cresce. Eurínome e Ófion habitaram o monte Olimpo até Ófion enfurecer a Grande Deusa afirmando ser *ele* o criador do universo. Furiosa, ela feriu a cabeça da serpente com o calcanhar, quebrou-lhe os dentes com os pés e exilou-a para as regiões sob a terra. Eurínome criou então os sete poderes planetários, designando um Titã e uma Titanesa para reger cada um deles: Téia e Hipérion para o sol; Febe e Atlas para a lua; Diana e Crios para o planeta Marte; Métis e Coios para o planeta Mercúrio; Têmis e Eurímedo para o planeta Júpiter; Tétis e Oceano para Vênus; Réia e Cronos para o planeta Saturno. Dos dentes de Ófion nasceu o primeiro homem, Pelasgo, e a raça dos pelásgicos.[1]

Nas breves linhas acima encontramos muitos *mitologemas*, isto é, motivos mitológicos que aparecem repetidas vezes nas histórias que as pessoas contam umas às outras na tentativa de explicar o obscuro passado do limiar da história e de transmitirem a esvaecente tradição de um povo. Será que, como Jung e outros acreditaram, a mitologia é um meio através do qual um povo projeta os conteúdos da psique coletiva sobre o mundo exterior, de maneira semelhante ao modo como o indivíduo projeta seus conteúdos psíquicos pessoais sobre o meio ambiente ao seu redor? Ou será que as estruturas e funções de cada organismo e do cosmos em geral só podem ser imperfeitamente percebidas e inadequadamente compreendidas por causa das limitações da consciência humana – e que, portanto, quando o conhecimento se mostra insuficiente, a mitologia assume o seu lugar como a linguagem a ser usada para expressar o significado daquilo que é misterioso na vida?

Se a linguagem do mito é, de fato, o falar do inefável, se ela é a abordagem ao inabordável, o que acontecerá com o mito quando, com o avanço da ciência, mais e mais formos aprendendo sobre o universo? Serão os mitologemas absorvidos pelos fatos, perdendo gradualmente seu impacto ou desaparecendo por completo? Isso me parece improvável. À medida que o conhecimento avança em espirais, penetrando no vasto universo dos mistérios sombrios, nosso espanto é constante ao descobrirmos que nos limites externos da percepção e da cognição, nos limites onde a ciência se põe em contato com o desconhecido, nada há senão uma fronteira em constante expansão, onde conhecimento e ignorância se encontram. Quanto mais se aprende, mais se descobre que a magnitude do desconhecido aumenta sem cessar, como qualquer um que já tenha tentado pesquisar algo até "esgotar" o assunto pode atestar.

Mas a apavorante escuridão não precisa necessariamente inspirar medo. Se a ciência não consegue penetrar sozinha as trevas, talvez a intuição possa vir a ser iluminada a partir dela. Muitas vezes, quando a razão já foi aplicada ao extremo, devemos suspendê-la e permitir que a sabedoria do não-racional se expresse. O mito brota das nossas faculdades intuitivas e, como tal, pode ser relegado ao domínio do não-racional. Mas ninguém deve subestimar a importância desta área no mundo objetivo. Qualquer um que tenha uma concepção mínima dos mecanismos da natureza humana sabe que, a longo prazo, não são as considerações racionais que determinam a maior parte das decisões tomadas no mundo, seja nas questões mais pessoais ou no curso dos acontecimentos políticos. Parafraseando a velha definição de história, aquele que não conhece a sua *mitologia* será forçado a vivê-la em sua própria vida. Não pode suceder, como escreveu Blake:

> Que o Homem deva Trabalhar & padecer, aprender & esquecer, & retornar
> Ao escuro vale de onde veio, para de novo começar a sua obra.[2]

As mitologias da criação contêm temas que se repetem com infindáveis variações por toda a face da terra. Se identificarmos determinados modelos, será possível descobrir mais sobre a subestrutura arquetípica da psique humana. Esses modelos servirão de base para repensarmos as teorias sexuais que têm prevalecido em nossa sociedade desde os dias de Freud e de Jung, mas que vão sendo seriamente contestadas hoje em dia. Talvez seja a hora para uma teoria radicalmente diferente da sexualidade humana. Tal teoria terá que ser o produto de muita investigação séria e de pesquisas levadas a cabo por uma ampla gama de estudiosos, psicólogos e analistas da condição social. Eu acredito que este é o momento propício para desenvolvermos uma nova teoria sexual, ainda que a magnitude da tarefa seja grande demais para ser empreendida por uma só pessoa. Vejo o meu papel como o de alguém capaz de oferecer algumas poucas sugestões acerca dos rumos em que essa nova teoria poderá evoluir. A menos que se baseie nos fundamentos arquetípicos da personalidade humana conforme são apresentados pelos mitos que as pessoas têm contado umas às outras na tentativa de explicarem a si mesmas e o seu mundo, essa teoria será fatalmente superficial e efêmera. Qualquer passo no sentido de reformular a teoria sexual exige, no mínimo, uma noção dos motivos mitológicos prevalecentes. O mito pelásgico da criação narrado acima contém vários exemplos desses mitologemas: a Grande Mãe, a Separação Primordial, a Solidão, a Dança, a Serpente e o Ovo Cósmico.

A *Mãe de Todas as Coisas*, a *Mãe Superna* e a *Criadora* aparecem no princípio de tudo nos primeiros mitos matriarcais. No mito de Pelasgo, ela é Eurínome. Mas também já foi Réia e Deméter; Istar e Astarte, deusas da guerra e da fertilidade; Mater Matuta da Etrúria; Eileitéia, Mãe da Aurora Dourada; e Ísis. Seus nomes não têm fim, como são infindáveis as narrativas a seu respeito. Na Suméria, ela surge como Iahu, a pomba glorificada. No Oriente Próximo, era homenageada numa época antes de haver deuses ou sacerdotes. A mulher era então o sexo dominante, contam-nos os mitos, e os homens as temiam. O papel do pai não era levado em consideração, ou era tratado de maneira frívola, pois acreditava-se que a mulher engravidava com o vento, ou comendo uma semente, ou engolindo um inseto. Há também narrativas em que a Grande Deusa é sobrepujada. Na Babilônia, nas festas da primavera, ela se manifesta numa pomba, que é cortada ao meio por Marduque. Sua imagem todo-poderosa precisou ser derrotada e destruída onde quer que os homens buscassem a sua identidade como seres independentes, não mais submissos à Grande Mãe. Dessa forma, a destruição da Deusa nos mitos antigos preparou caminho para a subordinação do princípio feminino.

A Separação da Unidade Primordial é um mitologema que geralmente aparece após a epifania do Deus Criador ou da Deusa Criadora, mas às vezes também aparece antes. A separação primordial tem de ocorrer antes que qualquer coisa mais possa acontecer. É o primeiro passo na organização do Caos. No mito de Pelasgo, a divisão se dá entre ar e água, entre seco e úmido, ou entre o que está em cima e o que está embaixo. Quando há dois princípios, ambos podem interagir, e esta interação é o princípio da criação.

Outro tema que sempre aparece é o da *Solidão*, que, para os antigos, era razão suficiente para a criação de um mundo. Um Ser Total, contendo em si tudo – mas não como realidade, e sim apenas *em potência* – deve ser verdadeiramente solitário em meio ao vazio sem fim. Se, como ocorre em outros mitos, o mundo foi criado por um pensamento, o primeiro pensamento do Ser Único e Absoluto deve ter sido a consciência da sua cabal Solidão. Esse tema reaparece no mito da nossa tradição, quando o Deus do Antigo Testamento percebe que não é bom que o homem esteja só e, para o conforto de Adão, faz-lhe Eva.

A criação do mundo através da *Dança* é um mitologema no mínimo tão antigo quanto Shiva, o Dançarino Cósmico. Heinrich Zimmer escreve que:

> ... ele próprio personifica e simultaneamente manifesta a Energia Eterna. As forças reunidas e projetadas em seus incessantes giros frenéticos são as potências da evolução, da preservação e da dissolução do mundo. A Natureza e todas as suas criaturas são os efeitos dessa dança infinda.[3]

O mitologema da Dança é também tão novo quanto o movimento perpétuo dos átomos que a física moderna concebe como fundamental na estrutura do mundo material.

A *serpente* é o consorte de Eurínome. No mito, a serpente é freqüentemente vista em companhia da Mãe Primordial. Como o vento, a serpente transborda de energia; como um soberano fálico, a serpente é às vezes a personificação do demiurgo; e às vezes é o adversário de um deus, outras de um homem. Possui a faculdade do perpétuo renovar-se, que consiste na capacidade de trocar de pele (seu "mal mortal") sempre que a antiga for de alguma forma superada; a serpente é, portanto, imortal. Nos afrescos da Grécia antiga, a serpente é freqüentemente vista perto de Deméter e de outras deusas que transmitem o significado do parto, e da fecundidade e fertilidade da terra. Sua forma sinuosa está sempre presente nos ritos de mistério de Elêusis, nos quais a periodicidade de nascimento e morte na agricultura e no homem é representada na procissão e na dança em honra a Deméter. Quando os filhos dos homens, mortos, retornam à terra, sua mãe, é a serpente quem lhes dá a esperança da vida eterna. No mito da nossa cultura judeu-cristã, a primeira mulher torna-se ativa por intermédio da serpente. Antes de conhecer a serpente, a mulher era passiva e retraída, languidamente desfrutando das delícias paradisíacas da inocência. Antes de Eva, e depois dela, a astúcia da serpente enquanto elemento dinâmico penetra a mitologia de todas as regiões onde existem serpentes. Qualquer que seja a situação, e geralmente através de uma travessura ou transgressão, a serpente acaba provocando uma série de acontecimentos que levam à transformação.

Um outro mitologema pertinente a esta narrativa arcaica é a imagem do *Ovo Cósmico* – a maravilha entre os mistérios, que exige fé mas que a gratifica. A frágil e delicada casca do ovo mantém seu interior aquecido e protegido. Dentro dele, há conteúdos que estão se diferenciando, ainda que repousem juntos em perfeita unidade. Podemos ter certeza que o processo irá se desenrolar como deve, à sua maneira, por mais que possa demorar. Até que a casca, que não deve ser quebrada prematuramente, se rompe por si mesma, e uma nova coisa passa a existir.

A versão homérica do mito da criação difere do mito de Pelasgo, segundo o qual todos os deuses e todas as criaturas vivas teriam se originado no rio de Oceano, que circula o mundo. O Feminino Universal, Tétis, governava os mares, como Eurínome; e Oceano envolveu-se em torno do Universo, como Ófion.[4] Mas os órficos diziam que a Mãe de Todas as Coisas era a Noite, de asas negras, que, recebendo o amplexo do vento, deitou um ovo de prata (a lua) no ventre da Escuridão. Eros, que também se chamava Fanes, foi chocado neste ovo e nasceu com os dois sexos. O deus andrógino do Amor tinha asas de ouro e quatro cabeças; foi ele que colocou o universo em movimento.[5]

O princípio matriarcal é evidente nesses primeiros mitos gregos, e somente com a invasão do norte da Grécia pelos povos arianos vindos do Oriente é que passa a haver na mitologia olímpica da criação alguma evidência de um esforço para o reconhecimento do princípio masculino. O mito em que a Mãe Terra (Ge) deita-se em união com o Pai Céu (Urano) permitiu a identificação do Pai Primeiro com os povos invasores de Varuna, o deus do cosmos, um dos deuses da Trindade masculina ariana. Embora Urano fosse identificado com o deus pastoril, seu nome grego é a forma masculina de Ur-ana, a Deusa, em seu aspecto orgiástico no solstício de verão.[6] A natureza andrógina da concepção grega original de deus está implícita aqui.

O abraço interminável desse par primordial produziu uma descendência apenas de monstros e Ciclopes. Seu pai, desgostoso, lançou-os ao Tártaro, um lugar "tão longe sob a terra quanto é da terra o céu" que uma bigorna de bronze deve cair nove noites e nove dias até atingir suas profundezas. Mas a Grande Mãe enfureceu-se com a perda de seus filhos, por mais horripilantes que eles pudessem ser. Quando a raça dos Titãs surgiu e chegou à idade adulta, ela pediu que Cronos, o mais jovem dos sete, se vingasse de Urano. Cronos aguardou até que seu pai adormecesse e, tomando os órgãos genitais paternos com a mão esquerda – que desde então passou a ser conhecida como a mão sinistra – castrou-o com a foice de pedra que sua mãe lhe entregara. Em seguida lançou a genitália do pai aos mares que ele havia impregnado.

Cronos assumiu o poder e, algum tempo depois, libertou os monstruosos Ciclopes. Casou-se então com sua irmã Réia. Os dois governaram os céus, ao lado de seus irmãos e irmãs Titãs e Titanesas, que se tornaram as potências planetárias. Após um tempo, Cronos novamente aprisionou os Ciclopes. Havia sido profetizado pela Mãe Terra e por seu companheiro moribundo que Cronos seria destronado por um de seus próprios filhos; portanto, a cada ano, quando Réia lhe paria um filho, ele o devorava; Héstia, Deméter, Hades e Posídon, cada um à sua vez. Porém, quando Zeus nasceu, Réia não suportou mais a perversa e demoníaca destruição de Cronos, e devolveu o filho à Mãe Terra, que o levou para uma caverna onde seria cuidado por ninfas da floresta, tendo Pã, o Bode, como irmão de criação.[7] Zeus cresceu e afinal acabou cumprindo a profecia, libertando os deuses e deusas do ventre de seu pai.

A interação entre ira e ternura, entre amor e rivalidade era característica da Grande Mãe conforme ela aparece nesses mitos primitivos da criação. Seus aspectos de ternura e amor foram ressaltados nos escritos de Hesíodo, que descreveu uma Idade Áurea após a Criação como uma época de paraíso na terra, "um sonho idealizado, longínquo e irrecuperável da infância do homem, quando os imortais caminhavam sobre a terra como homens e mulheres humanos".[8] Foi a época das civilizações perdidas, da Atlântida e de outras comunidades fabulosas – das quais, com a exceção dos mitos antigos, praticamente não restam vestígios.

Após a Idade Áurea veio uma época que Hesíodo denominou "Idade da Prata", mas à qual os poetas se referem como a "Idade Áurea". Ginecocracias poderosas distinguiram essa civilização, onde a Grande Deusa era adorada em suas muitas formas na Suméria, no Egito e em Creta. Novamente aqui, Hesíodo narra que nesse tempo "os homens eram inteiramente submissos às suas mães, e não ousavam desobedecê-las ainda que vivessem até os cem anos de idade. Jamais faziam sacrifícios, nunca aprenderam a caçar ou matar, e jamais foram mandados para a guerra".[9]

Erich Fromm, numa leitura contemporânea de Hesíodo, atribuiu o senso de contentamento e bem-aventurança que permeia essa época à crença na Grande Mãe. Diana de Éfeso, possuindo vários seios, amava todos os seus filhos igualmente, em contraste com o Deus Pai de tempos posteriores, cujo amor estava condicionado ao comportamento dos filhos: a menos que lhe fossem totalmente obedientes e se conformassem a todas as suas injunções, estariam sujeitos aos mais cruéis castigos, ou mesmo à morte.[10]

J. J. Bachofen, um advogado e historiador de direito romano que viveu de 1815 a 1887, ficou fascinado com a Grande Mãe e com as lendas referentes ao seu domínio na Grécia antiga. George Boas descreveu-o como "um daqueles homens que enxergam um problema naquilo que é geralmente aceito como não-problemático".[11] Bachofen não se contentou em escrever a história do direito como uma série de modificações verbais; o que mais o intrigava eram as alternativas dos homens avaliarem e apreciarem a vida humana, e as mudanças na organização social que exigiam modificações na lei. A história jurídica apresentava e ordenava os fatos que sabidamente haviam provocado mudanças nas leis, mas não era dada à especulação sobre os movimentos sociológicos e políticos mais amplos que constituíam a subestrutura dos fatos e que lhes conferiam um significado. Bachofen percebeu que a lei é uma tentativa de conciliar fatores em oposição num mundo de protagonistas e antagonistas; percebeu também que, se compreendêssemos algo mais fundamental do que suas diferenças, talvez encontrássemos um ponto em comum para a comunhão e a comunidade. Como os fatos em si não podem proporcionar essa visão mais ampla, Bachofen voltou-se para o mito e para o símbolo para explicar o desenvolvimento de uma sociedade fortemente patriarcal e dos métodos autoritários de governo expressos através do direito romano. A extrapolação crucial sobre a qual a sua teoria se baseia é a seguinte: "O rigor do sistema patriarcal (em Roma) aponta para um sistema anterior que precisava ser combatido e suprimido."[12] Esse sistema anterior acabou sendo deduzido por Bachofen e por outros a partir dos seus traços, que perduraram na mitologia.[13]

Bachofen observa:

> A tradição mítica pode ser tomada como um reflexo fiel da vida naqueles tempos nos quais a antiguidade histórica está arraigada. É uma manifestação do pensamento primordial, uma revelação histórica imediata e, conseqüentemente, uma fonte altamente confiável.[14]

Os estudos que Bachofen efetuou sobre o mito podem tê-lo convencido de que houve uma época na qual as culturas matriarcais eram prevalecentes em boa parte do mundo. Todavia, sua teoria foi recebida com descrédito geral quando enunciada pela primeira vez. Os antropólogos não conseguiam descobrir nenhuma sociedade primitiva existente que correspondesse às sociedades mitológicas descritas por Bachofen e, portanto, supuseram que nenhuma poderia ter existido – ou pelo menos não na profusão que Bachofen insinuara.

Embora determinados detalhes de supostos movimentos sociais de tempos pré-históricos ainda sejam questionáveis, descobertas arqueológicas recentes já estabeleceram que sociedades matriarcais efetivamente existiram em pelo menos alguns dos lugares mencionados por Bachofen. Em 1964, Joseph Campbell, na sua Introdução a *Myth, Religion and Mother Right*, escreveu que a intuição de Bachofen a respeito de uma época de direito materno havia sido irrefutavelmente confirmada por diversos achados arqueológicos – como as ruínas do Cnosso de Creta, descobertas por *sir* Arthur Evans, e os escritos lá encontrados, subseqüentemente decifrados por Michael Ventris. Essa arca de tesouros pré-helênicos também contém evidências que confirmam que a Síria e a Ásia Menor foram as províncias asiáticas mais próximas das quais o complexo cultural de direito materno fundamentado na agricultura transferiu-se para as ilhas e penínsulas da Grécia e de Roma, conforme já reconhecera Bachofen.[15] Desde que Campbell escreveu sua Introdução ao ensaio de Bachofen, os arqueólogos têm se ocupado na Turquia em obter fatos incontroversos que obrigaram os historiadores a rever todas as suas concepções acerca do passado remoto da história humana.

James Mellaart, o arqueólogo responsável pelas escavações em três sítios pré-históricos na Anatólia, apresentou um relato escrito das suas descobertas em *Çatal Hüyük* (uma cidade neolítica), que estabelecem seguramente a existência de uma sociedade não só matriarcal, mas também utópica.

> Não havia guerra há milhares de anos. O modelo social era ordenado. Não se realizavam sacrifícios humanos ou animais. O vegetarianismo prevalecia, pois os animais domésticos eram mantidos pelo seu leite e sua lã, não pela sua carne. Não há provas de mortes violentas... Sobretudo, a divindade suprema em todos os templos era uma deusa.[16]

Mellaart tirou implicações sociológicas do exame que fez das ruínas das casas, alojamentos e plataformas de inumação. Um estudo dos costumes de sepultamento tornou possível afirmar que as pequenas plataformas de canto pertenciam ao homem, o senhor, ao passo que a plataforma central, muito maior, pertencia à senhora da casa. O jazigo da mulher era fixo, nunca mudava de lugar, ao contrário do do homem.[17]

A mulher era o centro em torno do qual girava a vida da família. Mas sua importância não se restringia a isso.

Mellaart descreve um santuário com pinturas nas paredes:

> Um enorme touro vermelho ocupava a maior parte da parede norte, mais uma vez enfatizando a força da tradição religiosa em Çatal Hüyük onde, talvez não por coincidência, os touros sempre ocupam essa posição de frente para a Cordilheira Taurus. A imagem de um grande touro, com mais de dois metros, domina a decoração do santuário. O espanto que esse monstro inspira é claramente indicado pelo tamanho diminuto das figuras masculinas que o rodeiam.[18]

Taurus, isto é, o touro como símbolo freqüente da ginecocracia, era um poderoso símbolo sexual. Representava tradicionalmente o princípio masculino num mundo dominado pelo feminino. Os chifres, outro poderoso símbolo sexual, adornavam muitos dos templos e santuários associados ao culto da Grande Deusa. O touro e o falo, símbolos de procriação, eram indícios infalíveis da presença de sociedades ginecocráticas na era de Taurus.

6

A IDADE ÁUREA DA MÃE E A REBELIÃO DE SEUS FILHOS

Taurus deu seu nome à era astrológica que corresponde ao período entre aproximadamente 4000 A.C. e 2000 A.C., a época das sociedades ginecocráticas fabulares. Se, como afirmam os antigos mitos, uma Idade Áurea, há muito encerrada, foi o primeiro e melhor período da humanidade, então cada era subseqüente tem sido mais desdourada que a anterior. Qualquer que tenha sido a unidade andrógina surgida na aurora dourada da criação como fantasia de um paraíso imaculado, não havia ninguém, exceto os imortais, para dela desfrutar. Quando as vidas humanas emergiram do ventre da Vida Eterna, teve início a mortalidade e, com ela, a Idade da Prata. As criaturas finitas vinham ao mundo frágeis e fracas, ao contrário das deusas que já nasciam plenamente maduras – Atena, da cabeça de Zeus; ou Afrodite, da espuma sangrenta do mar onde o falo desmembrado do Céu havia caído.

A raça humana estava em seus primórdios. E, assim como crianças precisam de sua mãe, na infância da humanidade a Grande Mãe cuidava de todos. Seus filhos e filhas, sentindo o calor da sua terna bondade, deixaram de perceber o poderio absoluto da sua dominação. A Era de Touro constitui a história mítica do despertar da humanidade nos braços ubíquos da Mãe. É a história da confiança que a humanidade tinha na Mãe transformando-se em adoração e espanto; e é também a história desse espanto transformando-se em medo e do medo transformando-se num ímpeto de crescimento. Até que, ao final da Era, o crescimento e desenvolvimento dos seres humanos já tornam possível o seu impulso de conquistarem independência da Mãe. Pois, se por um lado a Mãe nutrira a humanidade, por outro os seus poderes haviam se tornado tão abrangentes que ameaçavam a autonomia dos filhos (ainda que não a das filhas, que deveriam herdar sua autoridade).

Quando chamamos à lembrança os tempos arcaicos, temos que fundir história e mito, pois ambos são indistinguíveis em nossa memória mítica. História é o impacto sobre nós do mundo além de nossas fronteiras pessoais; mito é a voz da psique coletiva interpretando a seu modo o que um povo percebe e vivencia no mundo. Essa relação entre história e mito é igualmente aplicável a acontecimentos contemporâneos – embora talvez não estejamos tão conscientes dela por estarmos mais perto dos acontecimentos. Como conseqüência, vivemos a história em apenas uma dimensão. A relação fica mais clara quando vemos os jornais dando notícias altamente discrepantes a respeito de algum evento distante e emocionalmente carregado de importância internacional. A interpretação de cada repórter tece o seu próprio mito de significado a partir da urdidura dos fatos. Em qualquer análise de épocas históricas, é necessário admitir uma tendência de combinar fatos percebidos e mitos vivenciados. Mito e história, que parecem representar abordagens opostas, talvez sejam na realidade complementares. Sua interação constitui a própria luta que os une na construção da realidade. Tanto a trama como a urdidura são necessárias para se confeccionar um tecido; tanto o interior como o exterior são necessários para se formar um receptáculo; tanto o homem como a mulher são necessários para se criar um ser humano. É preciso haver história e mito para que os acontecimentos tenham uma forma e uma dinâmica, ainda que ambos geralmente se misturem. É mais fácil reconhecer nossos mitos quando lidamos com um passado longínquo; tendemos a confundir os mitos de um passado mais recente com a nossa visão de história.

As religiões da Mãe e a época de Taurus continuaram Idade do Bronze adentro. Um alto grau de civilização foi alcançado em Micenas, no Peloponeso e na ilha de Creta, antes mesmo dos helenos chegarem à península grega por volta do ano 2000 A.C. Em Cnosso, as escavações das ruínas do palácio dos reis – chamado "Minos" – revelaram muitas salas lindamente decoradas com mosaicos que retratam mulheres graciosas vestindo rendas e túnicas bordadas e trajando elegantes coifas. Os balneários de mármore ostentam um sistema de encanamento que é difícil de acreditar possa ter existido há tanto tempo atrás. E esses avanços de civilização não se restringiam aos privilegiados. Enquanto a maior parte da Europa ainda vivia de maneira primitiva, os cretenses comuns já moravam em casas construídas com tijolos secos ao sol e dotadas de alicerces de pedra e janelas.

Foi em Creta que surgiu a lenda do Minotauro. Esse terrível monstro, metade homem e metade touro, foi fruto da paixão da rainha Pasífae por um magnífico touro branco – o mesmo touro que surgira das águas a um comando do rei Minos, quando este monarca vangloriara-se de conseguir que os deuses fizessem o que ele queria. Alguns dizem que a monstruosa concupiscência de Pasífae foi a maneira de Posídon castigar Minos pela sua afronta ao deus dos mares, recusando-se a lhe sacrificar o touro. Outros afirmam que foi a ira de Zeus, enquanto outros ainda asseveram que foi Afrodite, a quem Pasífae não propiciara durante vários anos. Seja como for, tão grande era o poder da mulher naqueles dias que o marido da rainha tinha de manter o Minotauro aprisionado num labirinto em terras reais e alimentar o apetite insaciável do monstro com doze dos mais belos e belas jovens da Grécia, que lhe eram sacrificados todos os anos. Nunca fica bem claro se o Minotauro era prisioneiro do rei, ou vice-versa.

A insuperável e avassaladora potência desse touro, tão branco que ofuscava a vista, já era conhecida muito antes na ilha de Creta. Uma lenda nos conta que Europa, que morava perto de Tiro em Canaã, era uma donzela de tão sublimes encantos que chamou a atenção do próprio Zeus. Vendo-a caminhar certa vez à beira-mar, Zeus resolveu assumir a forma do grande touro e, tornando-se branco como a neve, juntou-se à manada que pastava nas proximidades. Seus chifres eram pequenos, como pedras preciosas, entre os quais descia uma única risca preta. Quando Europa o viu, pasmou-se com sua beleza e, percebendo que era manso, controlou o seu medo pondo-se a brincar com ele. O touro então ajoelhou-se; Europa montou em suas costas e ele foi lentamente caminhando a furta-passo em direção ao mar. Quando chegaram à borda da água, o touro mergulhou rapidamente e saiu nadando com Europa nas costas. Atravessaram todo o mar até chegarem a Creta, onde ele a estupraria e engendraria sobre ela a sua paternidade. Daí nasceria Minos, que se tornaria rei, e dois outros filhos. Essa é a história, pelo menos como era contada quando o poder de Zeus havia se estabelecido. Nessa época já patriarcal, a expressão "engendrar sobre ela a sua paternidade" era usada para descrever a concepção de uma criança, como se a mãe, no verdadeiro sentido apolíneo da palavra, fosse apenas o solo ao qual a semente é lançada, sem qualquer importância geratriz. Mas numa versão anterior dessa mesma narrativa, provavelmente contada durante a Era de Taurus, é Europa quem seduz o nobre touro com "cornos crescentes incandescentes como luas de prata", e audazmente parte com ele pelos mares até a nova terra que será o seu lar. O mito sempre traz estampada a marca psíquica de quem o conta.

Na Grécia continental, berço de uma civilização agrícola, florescia o culto a Deméter, a segunda das deusas olímpicas, nascida depois de Héstia da união entre Téia e Cronos. Deméter era a Deusa da Terra e, embora não tivesse marido, muitos eram seus amantes. Ela era Mater – a mãe, o materno – e seu lendário amor e nostalgia pela filha, Cora (que significa simplesmente "donzela"), são bem conhecidos. Todavia, Deméter era não apenas mãe de uma filha que adorava; era também a mãe da matéria, de todas as coisas materiais, e especialmente de tudo o que cresce da terra. Como tal, ela foi o feminino exemplar, o próprio útero, a responsável por nutrir a humanidade. Seu domínio do estado matriarcal foi inconteste. Deméter defendia a exclusividade do matrimônio entre os mortais – ainda que, como deusa, ela própria não estivesse sujeita a tais regras. Ela promoveu a regulamentação da maternidade e exigiu que se reconhecesse a primazia do ventre gerador.

Segundo uma tradição, o estado matriarcal, personificado por Deméter, foi uma revolta contra a promiscuidade generalizada que grassava entre as *hetaerae* (cortesãs) e prostitutas sagradas antes que a sexualidade fosse regulamentada para a proteção das mulheres. Entretanto, essa teoria de um estado anterior de selvageria, no qual as mulheres teriam se abandonado desenfreadamente às luxúrias sexuais, possivelmente tem tanto fundamento histórico quanto uma outra teoria segundo a qual uma horda primordial de homens teria assassinado o chefe da tribo que supostamente mantinha todas as mulheres sob controle para seu uso sexual exclusivo. A mão de Deméter – i.e., a castidade conjugal então praticada – só faz sentido se supusermos, como Bachofen, a existência de condições anteriores mais rudes.

Contudo, até mesmo a vida virtuosa torna-se um fardo se levada a extremos. A pureza do culto a Deméter, que degenerou num excesso de zelo, não foi exceção. As convenções foram exigindo atitudes cada vez mais rígidas, até que a estrita observância do culto entrou em colapso. Naquela época, como também hoje, surgiram alternativas que desafiavam a cultura dominante. Ademais, em outras localidades outros estilos prevaleceram, pois cada pessoa tem a sua maneira de resolver um mesmo problema.

Quando surge uma necessidade psicológica, parece inevitável que as camadas mais profundas do inconsciente coletivo sejam ativadas e que, mais cedo ou mais tarde, a memória de um mito, ou de um evento, ou de um estado psíquico anterior, desponte na consciência. As mulheres da Grécia continental, desencantando-se com as exigências constritivas do culto a Deméter, começaram a lembrar umas às outras histórias sobre as fabulares Amazonas, que teriam habitado as planícies de Anatólia antes que seus descendentes, os jônicos, surgissem em cena para colonizar as ilhas gregas e o Peloponeso, onde nasceu a civilização micênica. Os historiadores ainda duvidam que uma tribo de Amazonas tenha efetivamente existido, embora os artefatos descobertos por Mellaart e outros arqueólogos na região de Çatal Hüyük – hoje Turquia – mostrem mulheres em batalhas atacando com espadas em punho, ou então dirigindo bigas, ou ainda armadas de arco e flecha.

Na mitologia da Grécia, mesmo na do período helenístico posterior, abundam figuras de Amazonas. Ainda que não sejam explicitamente Amazonas, seu comportamento se caracteriza por um afastamento dos homens ou por uma franca hostilidade contra eles. A rainha Hipsípule, uma descendente da Amazona Mirine, levou suas seguidoras a assassinarem seus respectivos maridos e os outros homens da ilha de Lemnos, para em seguida assumir autoridade sobre toda a ilha. Outras mulheres dessa categoria foram Atalanta, a célere corredora; Harpálique, chamada de "loba predadora" e mencionada nos escritos de Virgílio; Camila, a "mulher guerreira", e Cirene, que domesticava leões e a quem Apolo buscou sofregamente; e Britomarte, perseguida durante meses pelo rei Minos, até conseguir esquivar-se dele pulando ao mar.[1]

As mulheres da Grécia que se inspiraram nos mitos das Amazonas tomaram como deusa Ártemis, a divina caçadora que declarou sua auto-suficiência e preservou sua virgindade. Ela e suas seguidoras mostravam-se dispostas a tudo para evitarem ser possuídas por um homem ou regidas por um governo de homens. Suas adoradoras talvez tenham representado uma reação ao aparecimento da religião de Zeus, trazida por invasores indo-europeus, os dóricos. Ártemis é a antítese do espírito patriarcal desses invasores, que derrotaram a população local e instituíram-se como seus governantes. O mitologema das Amazonas, as arqueiras que cauterizavam o seio direito para poderem melhor acomodar o arco, remete a uma renúncia simbólica da natureza puramente feminina exemplificada por Deméter, e à adoção de um componente masculino como o elemento dominante da sua maneira de ser. A mulher do tipo Ártemis-Amazona é um fenômeno que costuma se sobressair em períodos de transição entre duas épocas culturais. Ao rejeitar o totalmente feminino como seu elemento dominante, ela também se coloca contra o poder masculino invasor, tentando ser ainda mais poderosa. Esse tipo de mulher é o protótipo da feminista radical que tem pouco interesse em se relacionar com os homens. Na arte e artesanato da antiguidade, seus aspectos marciais são simbolizados por uma indumentária de caçadora e por sua aparência teriomórfica como uma cadela de chifres.[2]

A mulher Amazona não é uma mulher andrógina, embora talvez a prenuncie. A Amazona é uma mulher que assumiu características geralmente associadas à disposição masculina mas que, em lugar de integrar os aspectos "masculinos" que a tornariam forte *enquanto mulher*, identifica-se com o aspecto de poder do "masculino". Ao mesmo tempo, renuncia à capacidade de relacionar-se amorosamente, qualidade tradicionalmente associada ao feminino. Discutiremos mais adiante se tais qualidades são de fato masculinas ou femininas, mas parece bastante claro que as suas naturezas são opostas – de modo que a Amazona que assume o poder enquanto nega a capacidade de relacionar-se amorosamente com outros seres humanos torna-se parcial e, conseqüentemente, vítima do próprio atributo que tentara superar.

Todavia, por mais determinada, agressiva, temível e parcial que seja a Amazona, ela não obstante abre caminho para o surgimento da mulher de natureza andrógina. Se a mulher do tipo Amazonas não houvesse rompido o estereótipo de "feminilidade", a mulher independente e ciente do seu valor jamais teria tido a coragem de fazer ouvir a sua voz. São, como sempre foram, os extremistas do mundo que iniciam as mudanças que só mais tarde os moderados tornarão apetecíveis para setores mais amplos da sociedade.

Este elemento feminino de transição aparece na forma de Hipólita, a rainha das Amazonas. Segundo uma lenda, ela seria a filha de Afrodite e Ares. Uma outra diz que os progenitores da raça das Amazonas vieram dessa união, e que Hipólita foi uma das rainhas posteriores. Seja como for, ela governou uma tribo que considerava somente a genealogia materna. Sua predecessora, Lísipe, estipulara que os homens deveriam realizar todas as tarefas domésticas, enquanto as mulheres guerreavam e governavam. Alguns dizem que os braços e pernas dos bebês do sexo masculino eram quebrados de modo a incapacitá-los para a guerra ou as viagens. Outros narram que os garotos eram enviados de volta à terra de seus pais, na fronteira da qual haviam sido concebidos durante um mês anual de sacrifícios rituais e de copulação promíscua. Relata-se ainda que as Amazonas capturaram Tróia em uma expedição, quando o rei Príamo ainda era menino.

Hipólita, como filha ou descendente de Afrodite e Ares, congrega em sua natureza, de um lado, tudo o que é belo, encantador e feminino; e, do outro, o aspecto combatente, impiedoso e guerreiro de Ares. Se Hipólita fosse una em si mesma, poderia ser andrógina à perfeição – mas ela não é. Seu pai, Ares, dera à filha o seu próprio cinturão, que ela *veste* como prova de castidade – ou, psicologicamente, da sua relutância em unir os elementos femininos e masculinos da sua natureza. Hera, a guardiã da fertilidade e do matrimônio, fiel ao papel de Deusa Mãe, envia seu filho, Héracles (Hércules), para obter o cinturão de Hipólita (o nono dos seus trabalhos a serviço da mãe), embora ao mesmo tempo ela o impeça de obtê-lo. O cinturão simboliza os laços entre filha e pai, laços dos quais a filha não consegue se libertar. Hipólita viu Héracles, sentiu-se atraída por ele e teria despido o cinturão para entregar-lhe se, de acordo com uma versão da lenda, Hera não houvesse se disfarçado de Amazona, espalhando boatos de que um forasteiro estaria planejando assassiná-la. As Amazonas, ouvindo isso, atacam o navio de Héracles que, suspeitando de traição, mata Hipólita. Numa outra versão do mito, Hipólita recusa-se a entregar o cinturão e é morta na disputa que se segue, quando Héracles tenta cumprir os desejos de sua mãe. O poder de Hera, que supostamente deveria manter e preservar a instituição do casamento, também abala e prejudica o amor entre o homem e a mulher ao prender firmemente o filho a si, impedindo-o de unir-se a Hipólita. A rainha Amazona vê-se diante do clássico conflito entre uma sociedade matriarcal, que busca controlar as crianças de sexo masculino, e uma sociedade patriarcal, que busca controlar as crianças do sexo feminino. A resolução deste conflito acabará sendo unilateral, já que uma união pacífica é impossível. Mas qualquer solução real teria que ser andrógina; Hipólita chega perto, mas não pode atingir esse ideal. Todavia, ela continua sendo um protótipo para aquelas mulheres que buscam ser definidas de acordo com seus próprios termos e não de acordo com quaisquer outros, sejam os da convenção ou os da revolução.

Os mitos também nos falam de um outro tipo de mulher, a dos bandos errantes de Mênades, que abandonavam suas vidas sóbrias e equilibradas na comunidade grega para vagarem pelos desertos selvagens da Trácia atrás de Dioniso, o deus do vinho e da loucura. Assim como as Amazonas – com quem têm uma vaga associação – relacionavam-se com um deus apenas, seu pai Ares, também as Mênades mantinham relação com um deus somente, Dioniso. Esta relação, como a das Amazonas, é extremamente problemática. Dioniso é filho de um único genitor: Zeus, embora houvesse sido originalmente concebido na união de Zeus com uma mortal, Sêmele. Sêmele jactara-se com suas amigas que trazia dentro de si o filho do maior dos deuses, e elas a espicaçaram para que o deus se revelasse visivelmente. Zeus a advertira que ninguém seria capaz de olhar para ele e viver; Sêmele, entretanto, insistiu até que sua vontade fosse satisfeita. Ao se deparar com Zeus em sua plena e esfuziante presença imediata, Sêmele foi acometida pela morte. Zeus tomou-lhe então a criança do ventre e costurou-a numa cavidade da sua própria coxa até que estivesse pronta para nascer. Hera, a esposa ciumenta, novamente desempenha o papel de colocar o legalismo de encontro ao livre desfrute do amor. Ela ordena que os Titãs despedacem a criança recém-nascida e que a ponham para ferver num caldeirão – o que eles fazem. A criança, contudo, é reconstituída por sua avô, Réia, e confiada por Zeus a Perséfone para a sua segurança. Perséfone, que é alternadamente cativada pela potência feminina na forma de Deméter e pela potência masculina na forma de Hades, deixa o pequeno Dioniso com o rei Atamas e sua esposa Ino. Dioniso é mantido nos aposentos femininos, disfarçado de menina, para não ser descoberto por Hera. É tratado e educado como uma menina, e assim vai crescendo efeminado. Incapaz de distinguir as funções masculina e feminina em si mesmo, Dioniso mal sabe quem ele é. Como um eterno jovem, ele vagueia pelo mundo afora, assumindo diversas formas, enlouquecendo, embebedando-se até a inconsciência, vivendo o total abandono da natureza e, como a natureza, vivenciando ciclos de morte e renascimento.

Dioniso não é um verdadeiro andrógino, como Hipólita também não era, pois não chega a entrar em paz com o seu lado feminino. Seus aspectos masculino e feminino não se fundiram, apenas se confundiram. As mulheres que o seguem, cuja história é dramaticamente narrada por Eurípedes em *As Bacantes*, são igualmente confusas em meio ao seu vinho e à sua loucura. Elas desertaram suas naturezas femininas e, portanto, não podem vivenciar o elemento masculino mais vigoroso que atua em relação complementar com o feminino. A inteireza não é atingida, já que o frenesi não é liberdade. Esse triste estado de coisas é um dos resultados das infindáveis lutas pelo poder empreendidas pelos princípios masculino e feminino, mitologicamente encarnados nas figuras de Zeus e de Hera.

A Mãe, inicialmente como a própria Terra divina e depois em suas muitas formas como Grande Deusa ou Deusa Mãe, e também em seu papel dirigente como representante humana ou como rainha que governa pela autoridade da Deusa, manteve a raça humana sob sua servidão até a aurora dos tempos históricos. Assim aconteceu, de acordo com as tradições antigas de muitos povos e lugares, até que, primeiro aqui, depois ali, os homens foram superando a infantilidade da raça e se transformando em adolescentes rebeldes, determinados a afirmarem suas vontades e a exercerem sua capacidade ativa de agressão. No nível transpessoal, os deuses paternos arrebataram o poder da Grande Deusa Mãe e do seu séquito. No nível político, os novos patriarcados substituíram os matriarcados de outrora.

No processo, tornou-se necessário instituir a proibição do incesto, corroborando para firmar a oposição do filho à mãe, a despeito do seu anseio por ela. Somente ao deixarem o mundo materno e se iniciarem na sociedade dos homens – da qual as mulheres eram em certos aspectos ritualmente excluídas – é que os homens poderiam se coligar para estabelecerem sua força e solidariedade. O feminino tinha de ser suprimido no mundo, isto é, relegado a uma posição inferior na sociedade. E, dentro de si, o homem teria de reprimir sua natureza feminina, para que ela não o seduzisse com a sua brandura, sua impetuosidade e sua tendência de ceder às instâncias da paixão e da natureza.

7

O MONOTEÍSMO NUM SISTEMA PATRIARCAL: SUA DESINTEGRAÇÃO EM POLITEÍSMO

No final da Idade do Bronze, no tempo dos aqueus de Homero – os heróis de Tróia – Áries, a Era do Carneiro, anunciou-se. O nome Áries estava associado aos pastores nômades que saíram de Anatólia, na Ásia Menor, para a Grécia, e que num passado ainda mais distante talvez tenham viajado para o Oriente, chegando até a Índia. Um desses pastores foi possivelmente Rama, o ariano dissidente que há cerca de cinco mil anos converteu uma Índia ginecocrática que cultuava as deusas num patriarcado de culto aos deuses.[1] Rama foi o primeiro herói patriarcal da Índia. Antes dele, as mulheres indianas eram consideradas seres divinos, e a elas eram confiadas a lei e a justiça, a filosofia e as artes. Rama, incapaz de derrotar o domínio do feminino em sua própria nação, possivelmente partiu para a Índia em busca de poder, ou talvez tenha sido desterrado. Isso explicaria a existência do mito de Rama tanto na Europa como na Índia.

Após dois mil anos de culturas matriarcais sob o signo astrológico de Taurus, o touro, os dois mil anos seguintes antecedendo o nascimento de Jesus foram conhecidos como a Era do Carneiro. Por volta do ano 2000 A.C., Áries começou a substituir Taurus como o fator cultural dominante. O patriarcado passou a reivindicar uma posição de poder – reivindicação que perdura até os dias de hoje. O Carneiro, agressivo e intruso, não mais seria detido depois de descobrir a sua potência. Mal-sucedido na Ásia Menor, viajou para as regiões ermas do norte da Grécia, onde foi obtendo força e poder.

Quando os dóricos desceram da Europa até a Trácia, por volta do ano 1000 A.C., trazendo a idade das trevas à Grécia, o mundo que Hesíodo descrevera já havia sido relegado a uma vaga lembrança e a resquícios na tradição oral – um mundo no qual "a mãe dominava, prodigalizando cuidados ternos e amorosos a um filho perpetuamente dependente que, desenvolvendo-se mais física do que espiritualmente, permaneceu ao seu lado até idade bem avançada, desfrutando da paz e da abundância de uma vida agrícola".[2] Esvaeciam-se também as memórias de uma época sobre a qual Erich Neumann escreveu com tremenda abrangência, a história dos primórdios da consciência, quando o sexo masculino, longe de viver em paz e beatitude sob a égide de uma mãe infinitamente amorosa, também passou a temer a mãe terrível e mortífera, a deusa que era ao mesmo tempo mãe e virgem, a hetera que pertencia a homem nenhum e que se mantinha impessoal, disponível a qualquer um que, como ela, estivesse a serviço da fertilidade.[1]

A Idade do Ferro teve início na Grécia quando os dóricos trouxeram consigo o seu novo deus, Zeus. O culto às deusas foi virtualmente abolido, enquanto os dóricos erguiam por toda parte santuários a Zeus e sua família. O mito novamente se confunde com a história, como quando Euvêmero relata que na época da revolução patriarcal de Zeus, os grandes homens e mulheres da Idade Áurea tornaram-se os deuses e deusas menores, ascendendo a um mundo superior, enquanto as pessoas das idades da Prata e do Bronze foram consignadas pelos dóricos ao Hades por se recusarem a prestar as honras devidas a Zeus e aos deuses olímpicos.[4]

Essa separação cataclísmica entre o masculino e o feminino pode ser entendida psicologicamente como a criação da dualidade que era uma conseqüência inevitável, ainda que tardia, da desintegração da androginia primordial. Os deuses e as deusas, representando o princípio da imortalidade ou do espírito, foram separados da terra e elevaram-se a um plano mais elevado de existência. Os homens e mulheres que não reconheceram os deuses foram punidos, sendo relegados a um estado inferior, um estado caracterizado pela terra, pelo corpo e sua mortalidade, e pela natureza animal da humanidade. A partir desse momento, o mundo do espírito colocou-se sobre, e contra, o mundo dos homens e mulheres. Cada vez mais deuses e deusas foram sendo cultuados a distância, e cada vez menos freqüentes foram sendo as suas incursões na terra para obterem seu prazer com os mortais.

Também na terra de Canaã, Áries começou a fazer sentir sua presença no início da Idade do Ferro. Essa época viu um povo pastoril migrar para uma região agrícola, onde deusas da natureza eram cultuadas a fim de assegurar que o seu poder fertilizasse a terra. Abraão, o primeiro dos patriarcas hebreus, estabeleceu-se em seu patrimônio sobre seus descendentes quando lhe apareceu num arbusto o carneiro que substituiria o sacrifício de Isaac. Foi com Abraão que Deus firmou um pacto, fazendo promessas para unir o povo de Israel ao Deus Pai através do sinal da circuncisão, a identificação fálica do povo de Iahweh.

Não é por acaso que analogias com pastores aparecem constantemente no Antigo Testamento, nem que o bezerro de ouro tenha sido objeto de anátema para os profetas de Israel. Buscando obter o favor de seu Pai nos céus, os profetas abjuraram a adoração de coisas feitas de madeira e pedra, os ícones dos povos idólatras que eram vizinhos dos israelitas, chegando a invectivar contra os israelitas que haviam se tornado "incircuncisos no coração".

Áries manteve sua força e influência durante os dois mil anos que antecederam o nascimento de Cristo e moldou o mundo no qual nasceria Jesus, o primeiro peixe da Era de Pisces e o último carneiro (ou cordeiro) a morrer no ocaso da Era de Áries.[5] A ascendência judaica rigorosamente monoteísta da era cristã deixou sua marca na psique coletiva da humanidade. Seus mitos não foram eliminados; pelo contrário, tornaram-se ainda mais poderosos pois foram reprimidos e encobertos sob uma fachada contemporânea mais liberal. A história da Era de Áries, com suas inúmeras lendas acerca do patriarcado dos homens sob a paternidade de Deus, oferece-nos um excelente pano de fundo para o surgimento do mito da superioridade masculina.

Bereshith, "No princípio", é a frase tradicional que abre o mito cultural hebreu. É o mesmo que "era uma vez" ou "há muito, muito tempo atrás" ou "*in illo tempore*". Todas essas expressões significam que a narrativa que se segue refere-se a um tempo mítico que começa e termina na psique humana, essa contadora de infindáveis histórias sobre si mesma. Nesse tempo que nunca foi descobrimos o tempo que sempre é, pois a Criação, naquilo que podemos compreender dela, é um processo que jamais começa e jamais finda. Todo ser humano, por mais singelo ou ingênuo, por mais sofisticado ou erudito que seja, acaba por se perguntar: "De onde vim?" "Onde estou?" e "Para onde vou daqui?" Tudo o que podemos verdadeiramente vivenciar e conhecer é o presente, o "eterno agora"; o passado, entretanto, está inteiramente imerso neste presente, e tudo o que ainda há de ser brota deste momento no tempo. Portanto, é imprescindível darmos atenção ao nosso passado mitológico, ainda que ele tenha desaparecido de vista, pois o passado é também presente na psique coletiva, criando incessantemente as condições que afetam cada um dos nossos pensamentos e cada um dos nossos movimentos.

Já que "espiritualmente somos todos semitas", como afirmou o papa João XXIII com relação ao mundo ocidental, voltamo-nos para a Bíblia dos hebreus em busca de um repositório mitológico do povo judeu e do *Urgrund* (causa cósmica primordial) das religiões que dele provieram, o cristianismo e o islamismo. Lê-se no primeiro capítulo do Gênesis que, "No princípio, Deus. . ." Quem é este "Deus"? Seu nome não é conhecido e, se o for, não pode ser proferido. O nome de Deus é o grande mistério, pois dar nome a algo implicava que aquele que nomeava teria certo poder sobre o nomeado. Um elemento bastante significativo da fé hebraica era que todo poder pertencia ao Senhor dos Exércitos (Iahweh) e Dele derivava. Portanto, ninguém deveria presumir obter algum poder sobre Ele proferindo o Seu nome. Havia, contudo, alguns nomes que se referiam a Ele e pelos quais Ele poderia ser apreendido – da maneira restrita que um ser humano consegue apreender o aterrador mistério do universo, o Um no todo.

O nome *El* era usado como uma aproximação. El foi originalmente o deus padroeiro dos pastores da Palestina, aquele que trazia as tempestades, muito semelhante a Júpiter, a Jano, a Bel ou a Marduque.[6] Seu poder sobre a natureza não foi esquecido pelo salmista:

> Ó Deus, quando saíste à frente do teu povo,
> avançando pelo deserto,
> a terra tremeu e os céus dissolveram-se em chuva,
> na presença de Deus;
> É o Sinai que tremeu na presença de Deus,
> o Deus de Israel.
> Chuva copiosa, Ó Deus, derramaste;
> Firmaste tua herança, que estava esgotada;
> tua família nela encontrou morada;
> em tua bondade, Ó Deus, supriste o pobre.
>
> (SALMO 68: 7-10)

O Deus dos hebreus parece aqui ser identificado com os jovens deuses masculinos que em diversas regiões do Oriente Próximo estavam usurpando poderes que outrora haviam sido zelosamente conservados pela Grande Mãe e toda a sua progênie feminina divina. Não obstante, a antiga lembrança da Deusa Mãe permaneceu pois, como afirma Robert Graves, o povo da Palestina associava El ao terebinto, árvore sagrada para a Deusa Pomba cretense em Chipre, e seu título – Ia-hu ("Jeová"), significando "Pomba Sublime" – talvez tenha sido tomado emprestado de Iahu, ou Bahu, a Deusa Pomba. Mas acabou sendo identificado com diversas divindades locais, entre as quais um deus lunar, um deus solar, um deus ferreiro, um deus da guerra, um deus do vinho e um deus do milho.[7] Iahu, a "Pomba Sublime", talvez tenha sido uma pré-formação do Espírito Santo que apareceu sob a forma de uma pomba na tradição cristã subseqüente.

Quando o livro do Gênesis já havia sido codificado e canonizado, durante e após o exílio da Babilônia no século VI A.C., os hebreus concebiam-se como um povo à parte, único, cujo Deus não deveria ser confundido com quaisquer dos deuses ou deusas que eram adorados nas nações que haviam percorrido em suas andanças. O mito de Eurínome, por exemplo, que com sua dança inflamou a serpente, a quem permitiu enrolar-se em seu corpo e conhecê-la, foi esquecido ou expungido da coletânea de lendas. Esqueceu-se também que, no processo do tempo, a *Mãe* assumiu a forma de uma *pomba* pairando sobre a superfície das águas; que ela acabou por deitar um grande ovo; e que em torno deste ovo a serpente se enrolou para chocá-lo, até que se partisse e todas as coisas fossem criadas.[8] No entanto, lê-se no Gênesis, que *o espírito de Deus* pairava sobre as águas. O princípio masculino, ou assim o parece, teria assimilado o feminino.

As águas contam uma história diferente, embora seu final talvez também seja andrógino. O caos aquoso primordial é um traço comum encontrado nas cosmogonias do Egito e da Fenícia e na literatura védica. Os relatos de criação, tanto no mito cosmogônico da Babilônia, *Enûmah elish*, como no Gênesis, apresentam uma equivalência etimológica dos nomes pelos quais a massa aquosa é designada. No *Enûmah elish* a palavra é *Ti'âmat*; no Gênesis, é *tehôm*, que aparece no versículo 1:2 e é geralmente traduzido por "abismo" ou "profundezas". Embora tenham a mesma raiz, estas palavras não denotam a mesma coisa. Ti'âmat é uma personalidade mítica, a grande Deusa Mãe ctônica, que dá à luz toda a criação.[9] A primeira lâmina do *Enûmah elish* começa:

1. Quando acima dos céus (ainda) não havia sido nomeado,
2. (E) abaixo da terra (ainda) não havia sido chamado por um nome;
3. (Quando) Apsû primordial, que os gerou,
4. Mummu, (e) *Ti'âmat, a que deu à luz todos*, (grifo meu)
5. (Ainda) misturavam suas águas,
6. E nenhuma pastagem se formara (e) sequer um brejo de juncos podia ser visto;
7. Quando nenhum dos outros deuses havia passado a existir,
8. (Quando) eles (ainda) não haviam sido chamados pelos (seus) nome(s) e (seus) destinos (ainda) não haviam sido fixados,
9. (Nessa época) foram os deuses criados no seio [de Ti'âmat e Apsû].[10]

O *Enûmah elish* refere-se à mistura de Ti'âmat (as águas amargosas) e Apsû (as águas doces) na matriz andrógina divina. Mummu, que também está presente no momento da criação, provavelmente representa a névoa que se eleva dos dois corpos de água e que paira sobre eles.[11] Comparemos com Gênesis 1:6, onde se lê, "E Deus disse, 'Haja firmamento no meio das águas, e que ele separe as águas das águas' ".

Assim, o *Enûmah elish* concebe o caos primordial como matéria *vivente*, constituída integralmente dos dois primeiros princípios, Apsû e Ti'âmat, nos quais todos os elementos do futuro universo estavam amalgamados. De acordo com Gênesis, *tehôm* não é mais que uma massa de matéria *inanimada*, a vasta quantidade de água da qual as águas acima do firmamento foram separadas das águas abaixo do firmamento e das quais emergiu a terra seca. Enquanto *tehôm* denota todo o corpo aquoso, *Ti'âmat* representa apenas uma *parte* dele, a outra sendo representada por Apsû, que não tem equivalente no relato bíblico da criação.

Parece evidente que os escribas hebreus, ao redigirem seu documento sagrado, julgaram necessário eliminar tudo o que pudesse minar a crença no Deus Pai, no Deus único que era a divindade de Israel. Portanto, qualquer elemento da sua tradição que tivesse semelhança com os dois aspectos do mito babilônico precisava ser impiedosamente excluído a fim de manter a pureza da concepção hebraica. Foram assim expungidas todas as referências à criação como produto de um deus-deusa andrógino, e excluídas todas as referências à progênie deste par entremesclado, ou seja, a toda a companhia de deuses e deusas que exigiriam uma religião politeísta para serem cultuados.

Não podemos senão imaginar se outros vestígios do que foi suprimido permanecem na narrativa da criação no Gênesis. Intérpretes e comentadores da Bíblia asseguram que há evidências positivas nesse sentido.

É fácil compreender por que os hebreus, tendo retornado à Terra de Israel após muito vagarem pelos desertos do Egito e da Síria e pelos ermos do Sinai, haveriam de insistir na supremacia da sua divindade tribal, o deus masculino Iahweh. As batalhas entre nações tribais eram consideradas conflitos entre os deuses de cada tribo, e cada um dos lados clamava para que a sua divindade mostrasse um poder superior, permitindo ao povo que a cultuava sair vitorioso na guerra. Como deusas da maternidade, da terra e da fertilidade eram cultuadas nas sociedades agrícolas em que os nômades hebreus se imiscuíram, tornou-se necessário que o princípio patriarcal contestasse e desafiasse a autoridade matriarcal. Se Iahweh permanecesse apenas o deus tribal de um povo particularista, não haveria muita diferença entre a natureza básica dos embates que se seguiram na terra de Israel e a dos que ocorreram quando os dóricos levavam Zeus para desafiar a hegemonia das deusas mais antigas de Creta e Micenas, ou de quando Marduque destruiu Ti'âmat na Babilônia. O deus dos hebreus proclamava-se um "deus ciumento", advertindo seu povo que "Não terás outros deuses diante de mim" – um claro reconhecimento de que, embora outros deuses ou deusas pudessem existir, não deveriam ser adorados pelo povo de Iahweh. Embora os hebreus afirmassem ser um povo monoteísta, havia entre eles uma aceitação tácita do politeísmo, pois de que outra forma o seu deus poderia ser instigado a competir por reconhecimento com os adoradores de Baal?

Todavia, outrora como hoje, sempre há aqueles indivíduos que se colocam contra o fervor coletivo e a fúria coletiva para chegarem ao âmago das coisas e atestarem a unidade de tudo o que existe. Entre os hebreus, esses indivíduos eram os profetas, aqueles que visionaram os muitos nomes do Santíssimo e prefiguraram todas as manifestações de poder na natureza como múltiplos atributos de uma Totalidade Única. Enquanto outros prosseguiam adorando seus deuses tribais, indiferentes aos deuses tribais de outras nações – fossem eles um único deus ou uma grande companhia de deuses, deusas, ninfas e gênios –, os profetas entenderam que todas as divindades não passavam de imagens, imagens fragmentadas de partes do grande Todo. Na concepção dos profetas, até a imagem do masculino e a imagem do feminino estariam contidas neste Todo, pois Deus estaria incompleto sem o seu povo, Israel. Na visão profética, o termo "Israel" não se referia ao grupo restrito de pessoas que residiam em Canaã ou que haviam sido exilados da terra de seus pais. Israel haveria de ser um servo de Deus, isto é, o *meio* pelo qual Seu *poder* agiria no mundo – pois, como vimos e continuaremos a ver, a palavra *poder* é usada consistentemente como uma metáfora para a energia que move matéria; e a matéria, ou mundo material, é entendida como o veículo através do qual a energia pode se transformar. O que os profetas sabiam – e que Einstein descobriu com relação à unidade e interdependência da energia e da matéria – é o fato essencial da Inteireza divina, que, no entanto, necessita da humanidade para a sua realização. O deus paroquial de Israel, por meio das revelações proféticas, tornou-se um Deus de todos os povos:

> É coisa amena que sejas o meu servo
> para restaurares as tribos de Jacó
> e reconduzires os sobreviventes de Israel.
> Eu te estabelecerei como luz das nações,
> para que minha salvação chegue às extremidades da terra.
> (Isaías 49:6)

Interpelações aos fiéis como esta surgem em inúmeros escritos proféticos, entremeadas com freqüentes diatribes contra os israelitas pecadores que deixaram de cultuar o Deus de Israel, desgostosos ou seduzidos por deuses exóticos. Somente no período do Exílio na Babilônia é que o povo hebreu foi submetido à prova de fogo. Longe de sua terra adorada, os profetas temiam que, como já acontecera com tantas nações, o povo ou fundisse o seu deus aos deuses dos captores ou acrescentasse rituais e sacramentos dos deuses alienígenas aos seus próprios. Houve alguns poucos apóstatas que abandonaram Iahweh completamente, sucumbindo aos encantos de uma fantasia idolátrica. Mas a grande provação do povo hebreu veio quando tiveram que escolher entre um pseudomonoteísmo – que mascarava um politeísmo ao proclamar que o seu deus era o maior de todos os deuses – e um verdadeiro monoteísmo – que reconhecia apenas um único Soberano Absoluto e Incognoscível, aquele que proclamava vigorosamente a todas as nações: "Ouça, Ó Israel, o Senhor nosso Deus, o Senhor é Um!" O povo de Israel muitas vezes tropeçou e caiu entre as duas alternativas, além de sempre terem existido seguidores particularistas de Iahweh que, com um senso de superioridade e medo de contaminação, isolaram-se dos demais. Porém, houve também aqueles que cuidaram de manter a pureza de sua fé, sem jamais se esquecer da natureza essencialmente universalista desta. Ambas as tradições acompanharam o judaísmo e, através do judaísmo, chegaram à tradição judeu-cristã – que gerou as imagens culturais que o Ocidente tem do princípio masculino e do princípio feminino.[12] A idéia de um Deus Universal permanece um tanto obscura em ambas as crenças: hoje ela brilha apenas palidamente nos tradicionais pseudomonoteísmos, com suas imagens divinas paroquiais e patriarcais.

A longa tradição histórica da dita inferioridade das mulheres fica evidente no nosso mito cultural judeu-cristão assim que lemos o mito da criação no segundo capítulo do Gênesis (versículos 18 a 22). Nele se diz que Deus modelou o homem – isto é, Adão (*Adamah*, que significa "homem de terra", porque foi feito com argila do solo) – à Sua própria imagem. Eva é modelada apenas secundariamente, e a partir de uma costela de Adão, para ser a sua auxiliar. Num ensaio intitulado "On Psychological Femininity", James Hillman ressalta que o primado do homem na nossa cultura se estabeleceu a partir da narrativa "primeiro-Adão-depois-Eva" no segundo capítulo do Gênesis.[13] Nesse ensaio ele apresenta uma súmula de inúmeras declarações supostamente "científicas" que, ao longo dos séculos, estabeleceram a noção convencional de que a mulher é fraca, impura, imatura e incompleta. "O homem foi o protótipo, a mulher o análogo. . . Os ovários são testículos inferiores; a semente feminina é inferior à masculina. . . O homem é realizado, perfeito, atualizado. A mulher permanece *in nuce* [fechada na casca], fixada no períneo, longe da maturidade."[14] Assim discorrem os antigos e infindáveis argumentos, de Aristóteles e Galeno até Freud.

O mito da inferioridade feminina tem sido consistentemente defendido pelos cientistas que, constatando as diferenças morfológicas entre homens e mulheres, optaram pelo masculino por motivos psicológicos pessoais. A "mente científica" foi chamada de "apolínea", ressaltando assim as características associadas ao masculino, isto é, a si mesma. Estas qualidades são: superioridade da consciência sobre o inconsciente, da clareza sobre o mistério, da luz sobre a escuridão, da ocupação sobre a receptividade, da ordem sobre o caos, da discriminação sobre a aceitação. A visão apolíneo-científica valoriza a objetividade; deve, portanto, manter-se afastada do material que considera. Esta concepção exige a aposição do aspecto feminino ou material da natureza; mas requer que o feminino esteja no seu "devido" lugar, ou seja, na posição inferior. Portanto, na síntese mental apolínea, as relações entre o masculino e o feminino estão em desequilíbrio. Isso é verdade, seja nas relações entre homens e mulheres, seja nas qualidades masculino/femininas interiores do homem. Quanto à mulher, esta maneira de ver as coisas pouco diz a respeito da sua psicologia, já que ela é considerada praticamente como uma não-pessoa, encontrando a sua identidade somente através das suas relações com um homem – enquanto filha, mãe, esposa, amante, irmã, amiga ou inimiga. Até mesmo a velha concepção psicológica do século XIX – que, na sua essência, foi reiterada por Freud: "Idealmente falando, toda criança deveria ser um menino"[15] – confirma o mito da inferioridade feminina.

Uma solução sugerida para este problema é invocar o deus bissexual, Dioniso, no qual os contrários masculino/feminino estão unidos. Em nítido contraste com Apolo, Dioniso – deus da loucura, do êxtase, da embriaguez e do frenesi – era dado a acessos selvagens de excitação, de preferência diante de uma platéia. A concepção "primeiro-Adão-depois-Eva" da psique exigiu uma interpretação apolínea, em que a consciência era representada como "luz". Ela seria substituída por uma concepção dionísica, na qual a luz do espírito misturar-se-ia com as trevas da matéria e da materialidade, e na qual a loucura seria vista, não como insânia, mas como entusiasmo religioso ritualizado. Se levarmos este ponto de vista ainda mais adiante, a imagem da psique, aqui dividida em duas imagens divinas, poderia ser ainda mais fragmentada. Cada aspecto da psique, cada arquétipo, cada complexo humano, cada neurose humana, poderia ser identificado com um ou outro deus ou deusa: paixão desenfreada com Afrodite, inveja com Hera, combatividade com Ares, e assim por diante, percorrendo-se todo o panteão olímpico.

O ponto de vista dos novos politeístas talvez represente uma reação à dessacralização da sociedade provocada pela desilusão com o excesso de paroquialismo. Há alguns anos, a imagem divina patriarcal começou a ser contestada no mundo ocidental com a ascensão da consciência feminina de um lado e, de outro, com a crescente disseminação da religião e filosofia do Oriente. Inevitavelmente, ouviu-se mais uma vez a velha proclamação nietzschiana, "Deus está morto!" Na esteira da teologia da Morte de Deus, entrou em cena um novo politeísmo, juntamente com toda espécie de cultos, credos e panacéias psicológicas. Tendo sido abandonada a grandeza implícita numa concepção holística do universo e da mente, os popularescos "fazedores de almas" pegaram os estilhaços de muitas crenças antigas e, como arqueólogos, tomaram esses cacos em mãos, extrapolando a partir deles até que se tornassem algo vivo, cheio de drama e mistério, para oferecê-los em seguida a um público sôfrego e ansioso. As novas heterodoxias foram aceitas por aqueles que haviam perdido de vista o aspecto universal do judaísmo e do cristianismo, e que haviam se desencantado com seus aspectos sectários mais tacanhos.

Se o velho monoteísmo já não serve mais, parece-me que é porque o seu ímpeto de outrora foi rejeitado como uma deficiência de uma religião autoritária antiquada. Mas com isso se relegou o fato de que, se a *idéia* de monoteísmo é uma invenção puramente humana – como todas as idéias, estando conseqüentemente sujeitas às imperfeições implícitas na condição humana – este Deus, ou qualquer que seja a designação que usemos para nos referirmos ao Mistério Derradeiro, não é um produto da imaginação humana. Este Deus criou-se a si próprio, e a tudo engloba. O velho monoteísmo patriarcal tendia a agrilhoar as pessoas à idéia de que monoteísmo significa submissão e obediência a um deus superior a todos os outros deuses. A conseqüência desta crença foi uma atitude de superioridade frente a outras pessoas que cultuavam "outros deuses". Portanto, é mais correto falar dessa estrutura de crença como um "pseudomonoteísmo" e não como um verdadeiro monoteísmo. Este pseudomonoteísmo não é uma solução melhor do que suas alternativas, as heterodoxias em que os pretensos gurus e seus pueris seguidores disputam constantemente entre si. Nas seitas populares, muita energia é gasta na competição entre os "filhos"; Deus é visto apenas como o Pai que, no sentido freudiano, tem que ser deposto.

O monoteísmo andrógino parece-me uma alternativa religiosa melhor no contexto ocidental. Monoteísmo andrógino é o reconhecimento de um Deus Único no qual estão contidos aqueles que geram o mundo, os genitores do universo. Se Deus fosse concebido como uma Essência Divina penetrante, difusa e universal, que contém os genitores do mundo, surgiria um novo mito cultural. E o motivo do *amor* (união) caracterizaria então este mito prevalecente, lugar do motivo que hoje vivenciamos mais freqüentemente, o da *discórdia* (separação), que produz toda a degeneração e fragmentação que vemos ao nosso redor.

A C. G. Jung cabe o grande crédito de haver esclarecido a diferença entre o *fato psicológico* da *crença* do ser humano em um Deus, ou deuses, e a possibilidade da existência de Deus.[16] A crença dos seres humanos em um Deus ou nos deuses lhes é ensinada pela autoridade religiosa do seu grupo cultural. A ocupação dos teólogos (e ultimamente mais e mais psicólogos têm se juntado a eles) consiste em estudar os sistemas de símbolos culturais e em sugerir revisões periódicas do tipo de integração religiosa que corresponda mais precisamente às práticas efetivas das pessoas. Assim, quando o teólogo protestante Richard Neibuhr define "deuses" como "centros de valores",[17] como "o princípio do ser e do valor"[18] e como o "centro do mérito",[19] muitas pessoas – especialmente os jovens, criados num mundo de mídia visual – constatam que a religião, do modo como é pregada normalmente dos púlpitos das igrejas, perdeu o seu brilho. Essas pessoas buscam uma expressão para o seu senso espiritual mais na experiência do que em preceitos, e ficam inteiramente extasiadas diante da possibilidade de uma apreensão cognitiva e perceptiva atuante das forças cósmicas. Para alguns, este senso de magnitude provém de um renascimento da astrologia, que atualmente é moda na cultura popular. Outros praticam Ioga, ou diferentes formas de meditação, ou ainda técnicas que integram as diversas partes e funções do organismo humano. E há também aqueles que investigam a mitologia comparada, familiarizando-se com os vários panteões de deuses e *daimones* mentores.

Alguns teólogos foram suficientemente sagazes para verem nesses acontecimentos um sinal da derrocada da antiga imagem de Deus. Um novo politeísmo seria justamente o necessário para conquistar a atenção dos jovens nascidos após o final da Segunda Guerra, aqueles que estariam saindo da adolescência e entrando na idade adulta por volta do final da década de 1960. Os teólogos começaram então a nomear os deuses (leia-se *valores*) que regeriam o que as pessoas já vinham fazendo de qualquer maneira.

Os psicólogos estavam descobrindo, ou redescobrindo na antiga/nova mitologia, uma ética lúdica do entretenimento capaz de bom grado substituir a ética do trabalho. As alegrias do sexo talvez pudessem substituir o arrebatador compromisso do amor. E as imagens divisivas – Dioniso, o mutilado; Shiva, o destruidor; Afrodite e Hera com suas invejas – talvez pudessem obter prioridade sobre a tendência oposta da psique de congregar os seus aspectos díspares em prol de um ideal monoteísta de inteireza e integridade. Em tal cenário, tornou-se sinal de requinte e bom-tom obter da ordem o caos.

Enquanto isso, o universo permanece basicamente como era antes da Morte de Deus, e também como era antes do seu renascimento na multiplicidade. As estrelas espreitam-nos do alto, desinteressadas como sempre em saber se são mundos individuais ou partes integrantes de um cosmos inimaginavelmente amplo.

8

O ÉDEN REVISTO: O "NÓS" DIVINO QUE CRIOU PESSOAS

Ainda não terminei de rever o mito cultural judeu-cristão de Adão e Eva. Se a conquista da Mãe-Deusa-Esfinge por Édipo, o jovem que alcança a sua virilidade, foi o mito arquetípico básico de uma psicologia patriarcal (como em Freud), a história de Adão e Eva é o mito arquetípico da nova psicologia andrógina.

Não pretendemos utilizar a narrativa bíblica para estabelecer a natureza da psique andrógina. Nem estou recorrendo ao conceito de uma psicologia andrógina para explicar os elementos do mito do Gênesis. Não estou tentando gerar polêmica em torno das virtudes da androginia, e sim investigar os inúmeros aparecimentos de imagens andróginas em diversas culturas, bem como a peculiar tendência da nossa cultura de suprimir essas imagens andróginas. Tenho observado que essas imagens, quando de fato surgem, não são verdadeiramente andróginas, com seus aspectos compensatórios masculinos/femininos mantendo uma relação harmoniosa entre si; são as imagens imperfeitas, incompletas e distorcidas do hermafrodita. É o caso, por exemplo, da imagem bissexual de Dioniso, cuja natureza limítrofe torna impossível dizer se o deus é "louco ou são, selvagem ou melancólico, sexual ou psíquico, homem ou mulher, consciente ou inconsciente".[1] O mesmo ocorre com o Adão hermafrodita do segundo capítulo do Gênesis, que não nasceu de mulher alguma e que traz dentro de si, numa gravidez ectópica, a mulher-criança ou criança-mulher que dele nascerá. Este é o Adão que deu origem à versão do "homem superior" característica da maneira cultural como a relação homem-mulher tem sido concebida há milênios no Ocidente. Ou, inversamente, foi esta norma cultural que criou o Adão no qual Eva jazia dormente, irreconhecida e desvalorizada, até ser considerada necessária para ajudar o homem e amainar a sua solidão.

Este Adão era um reflexo do Deus do Gênesis, que, sendo um Deus patriarcal sem qualquer companhia na Criação, também era só. A solidão de Deus sugere o motivo de ele haver embarcado em todo o seu projeto de criação: "Não é bom que o homem esteja só. Farei uma auxiliar que lhe corresponda" (Gênesis 2:18). Esta solidão de Deus é como a de Eurínome, como a do *Earthmaker* ["Aquele Que Faz A Terra"] no mito Winnebago* da criação, como a de Purusha

* Tribo de índios Sioux que habitavam o que é hoje o leste do Estado de Wisconsin. (N.T.).

da tradição hindu e como a de uma miríade de outros deuses e deusas criadores. Cada um destes desejou criar algo com o qual pudesse se relacionar, pois sentia-se incompleto em si mesmo. Assim, da agonia, de lágrimas, de palavras ou mesmo do desmembramento de corpos, mundos foram criados.[2]

De maneira que a solidão de um deus incompleto, de um Deus Pai ou Deusa Mãe sem companheiro, deve ser uma expressão da necessidade humana de ansiar por aquilo que lhe é desconhecido, pelo elemento inconsciente da psique, a saber, aquilo que traz em si a potencialidade de criação.

Tudo o que vivenciamos diretamente é vivenciado através da psique, este aparato indefinível através do qual ocorrem percepções e por meio do qual as percepções se transformam em conhecimento. O mito é a psique falando e atualizando a sua imaginação; é como nós nos expressamos de dentro para fora. O mito diz respeito a todos os temperamentos e a todos os pontos de vista. Conseqüentemente, podemos aprender muito sobre uma sociedade estudando os mitos que ela enuncia; e, o que é de importância ainda maior, talvez possamos aprender ainda mais sobre a sociedade estudando os mitos que ela oculta. O processo de criação de mitos está sempre em andamento, e consiste basicamente em examinar, distinguir e separar os mitos antigos, elaborando-se alguns deles e lançando-se fora outros. A nova androginia talvez esteja envolvida justamente num tal processo de formação de mitos, do qual nossa imaginação precisa fazer parte para que nós, como os deuses, possamos também criar – cientes de que a nova androginia, ainda que tenha raízes na antiguidade, contém uma vigorosa mensagem para o nosso tempo.

Retornando novamente ao Princípio, vemos que a história da Criação apresenta diversos elementos bastante pertinentes ao nosso tema. Para começar, não há no Gênesis apenas uma narrativa da Criação, mas pelo menos duas, com fragmentos provenientes de outras fontes. Na versão do primeiro capítulo, a Criação teria se iniciado num estado de confusão em que o espírito de Deus pairava sobre as águas. O mito de Pelasgo também começa com o espírito, aqui feminino, dançando sobre as águas. Na narrativa grega, a serpente está presente desde o princípio, enquanto que no Gênesis ela só aparece quando se torna necessária – embora não fique claro exatamente quando o réptil surge. Esta era uma das questões que os rabinos discutiam nos tempos em que cada versículo das Escrituras era revirado pelo avesso e dissecado em busca de significados ocultos e de indícios da natureza insondável da Natureza. Os sete dias da Criação, incluindo o sétimo, deixado de lado para a santificação e o repouso, correspondem a um número místico que permeia toda a literatura esotérica. A semana é constituída de sete dias por nenhuma *razão* lógica em particular, mas em conformidade com o número dos planetas conhecidos dos gregos, egípcios e caldeus antigos, mais o sol e a lua. É verdade que o ciclo lunar de vinte e oito dias divide-se facilmente em quatro períodos de sete dias. Mas também se divide em períodos de dois ou catorze dias e, no entanto, são sete dias que formam uma semana, cada um com o nome de um corpo celeste, ou do deus ou deusa cujos atributos eram associados ao planeta, ao sol ou à lua. Os hebreus, bem como todo o resto do mundo antigo, sabiam que existia uma relação entre a vida humana e a vida do cosmos; somente a maneira de explicarem essa relação e a sua postura diante dela é que diferiam radicalmente das de seus vizinhos.

A Criação tem início com o primeiro ato de separação em meio ao caos andrógino que a precedia. No primeiro dia, a luz foi separada das trevas e o dia da noite. No segundo dia, foi criada a abóbada que se chamou firmamento, separando o "acima" do "abaixo". Isso é crucial, pois da interpretação deste ato provém a máxima tão freqüentemente citada na literatura alquímica, "o que está em cima é igual ao que está embaixo" – da qual surgiu o conceito de *homem microcósmico* como uma diminuta reconstrução do macrocosmos. No terceiro dia, houve ainda outra separação: a separação da terra seca e das águas, fazendo surgir os continentes e os mares.

Daqui para a frente, a polarização do Um numa sucessão de dois abre caminho para a criação das miríades de entidades, todas vegetativas; plantas e árvores, cada uma categorizada de acordo com a sua natureza específica e produzindo sementes da sua própria espécie. A seqüência do Gênesis difere da de outros mitos semelhantes da antiguidade em que a criação das pastagens precede a dos corpos celestes – talvez uma conseqüência do fato de os hebreus serem um povo nômade, mais preocupados com o bem-estar de seus rebanhos do que, por exemplo, os babilônios, que observavam os céus à procura de sinais que pudessem afetar sua civilização agrícola. No quarto dia, o sol e a lua foram colocados no céu, o sol para governar o dia, a lua para governar a noite, e as estrelas também foram criadas. O sol é o grande luzeiro e está associado ao masculino; a lua é o pequeno luzeiro, associado ao feminino. O que não implica que a superioridade do homem seja a mensagem oculta, já que há um outro elemento equilibrante: cada dia é concebido como um entardecer seguido de um amanhecer, um dia. Assim como a criação teve início na escuridão, que é associada ao feminino, também cada dia brota por assim dizer do ventre do entardecer.

No quinto dia, são criadas todas as criaturas, e é deixado bem claro que cada espécie era distinta de cada outra espécie, e que fervilhava ou rastejava com as criaturas da sua própria espécie. A proliferação do Um prossegue.

No sexto dia, ocorre o seguinte:

> Deus disse: "*Façamos* o homem à *nossa imagem*, como *nossa semelhança*; e que *eles* dominem sobre os peixes do mar. . . e sobre toda a terra, e sobre todos os répteis que rastejam sobre a terra." Assim Deus criou o homem à sua própria imagem, à imagem de Deus ele o criou; *homem e mulher* ele *os* criou. E Deus *os* abençoou e *lhes* disse: "Sejam fecundos e multipliquem-se, encham a terra e submetam-na. . ."
>
> (*Gênesis* 1:26-28, grifos meus)

Esta versão, embora não corresponda à narrativa primeiro-Adão-depois-Eva, parece mais adequada às necessidades psicológicas do povo hebreu. E a curiosidade de alguns foi despertada pela intrigante escolha de palavras do texto, especialmente nas partes grifadas acima. S. L. MacGregor Mathers, que traduziu do latim para o inglês os clássicos estudos do cabalista cristão Knorr von Rosenroth, observa em sua introdução a *The Kabbalah Unveiled* que, por algum motivo somente deles conhecido, os tradutores da Bíblia meticulosamente suprimiram ou abafaram toda e qualquer referência ao fato de a Divindade ser masculina *e* feminina.

> Eles traduziram *um plural feminino* por *um singular masculino* no caso da palavra Elohim. Entretanto, deixaram inadvertidamente entrever que estavam cientes de que o Gênesis IV:26 era plural: "E Elohim disse, 'Façamos o homem'." Em seguida, no versículo 27, como poderia Adão ser feito à imagem de Elohim, homem e mulher, se Elohim também não fosse homem e mulher? A palavra Elohim é um plural formado a partir do singular feminino, *Eloh*, ao qual é acrescentado IM. Porém, como IM é normalmente a terminação do plural masculino e é aqui aposto a um substantivo feminino, essa desinência confere à palavra Elohim o sentido de uma potência feminina unida a uma idéia masculina – capaz, portanto, de gerar uma descendência. Nas religiões comuns do nosso tempo, nós hoje ouvimos falar muito do Pai e do Filho, mas praticamente nada da Mãe. Na Qabalah, porém, verificamos que o Ancião dos Dias conforma-Se simultaneamente no Pai e na Mãe, e assim gera o Filho. Esta Mãe é Elohim. Costumam também afirmar que o Espírito Santo é masculino. Mas a palavra *Ruach*, Espírito, é feminina, conforme vemos na seguinte passagem. . . "*Achath* – feminino, e não Achad, masculino – *Ruach Elohim Chiim* (Única é *Ela*, o Espírito de Elohim da Vida)." Pois bem, verificamos que antes que a Divindade se conformasse assim – i.e., como masculino e feminino – os mundos do universo não poderiam subsistir. Ou, nas palavras do Gênesis, "A terra estava vazia e vaga".[3]

A leitura da passagem acima teve um efeito profundo sobre mim, por mais de um motivo. Tendo meditado muito sobre o mito adâmico da superioridade masculina que consta do *segundo* capítulo do Gênesis, eu achava enigmático que estudiosos e psicólogos houvessem relegado a narrativa da criação simultânea do homem e da mulher que aparece no *primeiro* capítulo. Não conseguia compreender a justaposição de singulares e plurais na versão do primeiro capítulo, mas, não sendo suficientemente versada na língua hebraica para confiar em minha leitura, deixei a questão pendente. Eu sempre hesitara em examinar a Bíblia criticamente, pois vários anos casada com um rabino que fazia essa leitura crítica com grande competência haviam me deixado mais do que consciente da minha insuficiência nesta área complexa e confusa. De modo que foi sem nenhuma intenção de minha parte de investigar essas questões que, numa tranqüila tarde de domingo, minhas mãos caíram sobre um volume da biblioteca de assuntos judaicos do meu marido que eu, por alguma razão, preservara após a sua morte. Tirei *The Kabbalah Unveiled* da estante – um livro que eu jamais notara antes – e imediatamente ele se abriu na passagem citada acima. Fiquei pasma, no sentido verdadeiro da palavra: mergulhada num estranho e encantado labirinto, presa por alguma força que me tinha em seu domínio.

Eu, de algum modo, sabia que a Qabalah continha a chave do material perdido, suprimido e oculto, que poderia completar o material bíblico tradicional. Mas eu nada sabia da Qabalah, exceto que era um corpo de escritos místicos acessíveis somente a alguns poucos chamados para estudá-los. Sabia apenas que a Qabalah era vasta, e que era críptica, exigindo um conhecimento profundo da língua hebraica, para não se falar de uma certa familiaridade com numerologia, magia, astrologia e o intricado jogo de letras, símbolos e palavras que se entrelaçam. E sabia ainda que somos instruídos a não empreender o estudo da Qabalah antes de completarmos quarenta e cinco anos de idade, quando a maioria dos problemas práticos da vida já devem ter sido resolvidos e tivermos a inclinação e o tempo para nos dedicar à especulação. Bem, eu pelo menos tinha uma dessas qualificações!

Nas prateleiras empoeiradas que continham os livros que eu guardara sem jamais abrir havia uma tradução em cinco volumes do *Zohar*, o livro fundamental da Qabalah judaica. Eu agora sabia por que preservara aqueles livros durante dez anos, e por que os estava agora abrindo pela primeira vez. Estranhamente, fui descobrindo enquanto lia que diversas passagens de relevância direta à minha investigação haviam sido marcadas a lápis nas margens. Escrevo isso, em vez de guardar só para mim, pois devo esclarecer que este estudo não é meramente um exercício mental, mas sim uma busca empreendida pela totalidade do meu ser, envolvendo não apenas as idéias e o pensamento, mas também as emoções, os sentimentos e o valor reflexivo de ter passado não apenas por uma experiência relacionada com a religião mas de ter vivido uma experiência religiosa.

O *Zohar* contém uma série de tratados nos quais os rabinos cabalistas oferecem suas inspirações e percepções acerca dos significados ocultos do texto da Tora. Este material constitui uma parte da tradução inglesa de Simon e Sperling. Mais será dito sobre a Qabalah à frente, mas eu gostaria de resumir aqui uma discussão que teria ocorrido entre os rabinos em torno do enunciado, "E Deus disse, 'Façamos o homem' ".

O debate começa com a afirmação: "Está escrito: 'O segredo do Senhor é para aqueles que o temem.' " (Salmo 25:14)

Ocorre então algo extraordinariamente peculiar. O venerável Ancião inicia uma explanação deste verso dizendo, "Simão, Simão, quem teria dito, 'Façamos o homem'? Quem é este Elohim?" Com estas palavras, o venerável Ancião desaparece antes que alguém pudesse vê-lo. O rabino Simão quedou-se, pasmo, pois o Ancião não o chamara de Rabi Simão, como era seu costume, mas apenas de Simão, entendendo que isso significava que o Ancião não era outro senão o Santíssimo, bendito seja Ele, e que o Seu aparecimento marcava o momento de expor o mistério que até então não fora lícito divulgar. Percebeu-se que agora a permissão havia sido dada. (E pude ler isso também como um sinal para que eu prosseguisse.)

O rabino Simão passa então a contar uma parábola sobre um rei que deseja erigir diversos edifícios e um arquiteto a seu serviço que nada faz sem o seu consentimento. O rei é, em cima, a Sabedoria sublime; e é, embaixo, a Coluna Central do edifício. *Elohim*, sendo Mãe sublime, é, em cima, o arquiteto; e *Elohim*, sendo também Presença Divina (*Shekhinah*) no mundo inferior, é, embaixo, também o arquiteto. No processo de emanação, através do qual o mundo superior passa a existir, o Pai diz para a Mãe, "Que seja assim e assim," e imediatamente isso se faz, pois está escrito, "E ele disse a *Elohim*, 'Faça-se luz' " – ou seja, o senhor do edifício deu a ordem e o arquiteto executou-a imediatamente. No mundo inferior, porém, o mundo da separação, que é a esfera dos seres individuais, o arquiteto diz ao senhor do edifício: "Façamos o homem à nossa imagem, como nossa semelhança." Mas o Pai afirmou que um dia o homem, sendo tolo, pecaria diante de sua mãe, pois está escrito: "Um filho sábio é alegria de seu pai e um filho néscio é um fardo para sua mãe." O filho sábio é o Homem (isto é, o Homem Primordial) formado da emanação do Pai; o filho néscio é o homem (isto é, Adão do Jardim do Éden), formado por criação da Mãe.

Os companheiros do rabi Simão interrompem neste momento a parábola e clamam, "Existe tal divisão entre Pai e Mãe que o Pai tenha formado o Homem através da emanação e a Mãe o tenha formado através da criação?" Respondeu o rabino, "Não é assim, pois o Homem da emanação, sendo todo luz, era *homem e mulher* do lado do Pai *e* da Mãe, e passou a existir por ordem do Pai e pela execução da ordem por parte da Mãe". Mas este Homem Primordial pré-edênico não tinha imagem ou semelhança, já que não pode haver imagem ou semelhança onde há somente luz. Luz foi a vestimenta sublime que Deus reservou aos justos quando a criou no primeiro dia. E as trevas, também criadas no primeiro dia, foram reservadas para os maus. Por causa das trevas, que estavam destinadas a pecar contra a luz, o Pai não se dispôs a participar na criação do homem edênico. Por isso, a Mãe (Elohim) disse: "Façamos o homem à nossa imagem, como nossa semelhança." "À nossa imagem" corresponderia às trevas, tão necessárias quanto a luz para algo ser visível ou palpável. "Portanto", concluiu o rabi Simão, "as trevas são as vestes da luz, assim como o corpo é a vestimenta da alma, pois está escrito, 'Cobriste-me com pele e carne'." Os companheiros de Simão rejubilaram então, dizendo, "Felizes nós que fomos privilegiados, ouvindo coisas que nunca haviam sido desvendadas até agora".

Esta exposição do *Zohar* confere significado à dualidade que existe nas narrativas da criação no Gênesis. A primeira versão, na qual o Homem é criado como homem e mulher, refere-se ao andrógino arquetípico. Ele também é conhecido pelo termo Homem Primordial (ou Homem Primevo), pois sua existência é hipotética; ele é como um protótipo num mundo que precede a Criação, estabelecendo um modelo para o homem que será posteriormente criado no mundo da carne. Este Homem é conhecido como Adam Kadmon na literatura cabalista. Ele é luz, e é energia; e, no sentido platônico, ele é "Idéia". Adam Kadmon é o fundamento da nossa imagem psíquica do Andrógino Divino, através do qual – após uma longa série de transformações nos mitos, na literatura e na experiência humana – podemos chegar a conhecer a nossa própria androginia.[4]

O tema da androginia aparece no *Midrash*. Mircea Eliade, em seu estudo intitulado "Mephistopheles and the Androgyne", lembra-nos que nesta antiga exegese rabínica da Bíblia Adão é representado várias vezes como tendo sido andrógino.

> De acordo com o *Bereshit Rabba*, "Adão e Eva foram criados costas contra costas, unidos pelos ombros; Deus então os dividiu com um golpe de machado, cortando-os em dois". Já outros afirmam que "o primeiro homem (Adão) era homem em seu lado esquerdo e mulher em seu lado direito, mas Deus dividiu-o em duas metades"... O Adão terrestre não seria mais do que uma imagem do arquétipo celestial; também ele, portanto, era um andrógino. Pelo fato de a raça humana descender de Adão, o (masculino-feminino) existe virtualmente em todos os homens, e a perfeição espiritual consiste precisamente em redescobrir dentro de si esta natureza andrógina.[5]

Tudo o que nós consideramos divino, sublime ou sagrado possui uma qualidade que está além do tempo linear, pertencendo a uma outra dimensão da realidade. Não podemos nos referir a esta qualidade nos mesmos termos que usamos para falar das experiências cotidianas, com um olho no relógio e outro no calendário. A experiência cotidiana da vida comum é incompleta e imperfeita, e às vezes completamente miserável. Isto porque a condição humana, em contraste com a nossa "idéia" do Divino, é incompleta e imperfeita e às vezes miserável. É a esta imagem da condição humana temporal que o mito do Adão edênico corresponde. Longe de ser feito de luz, ele é filho do pó. O Adão de cuja costela Eva foi tomada é o Adão hermafrodita. Ele preenche a definição de hermafrodita como aquele cuja sexualidade é imperfeitamente formada, tendo anatomicamente presentes as características do sexo oposto, mas de maneira distorcida, incompleta e inferior. Vem daqui a tradição do hermafrodita como uma distorção do homem natural. Da mesma forma que Dioniso, o Adão edênico é homem-mulher e, enquanto hermafrodita, ele é basicamente assexuado, pois, embora o feminino esteja presente nele, ele está inconsciente da sua presença. Não pode, portanto, estabelecer relação com o feminino e, por sua vez, o feminino não tem como estabelecer relação com ele. Este relacionamento assimétrico, que é também inconsciente, é necessariamente impotente e passivo. Nada dinâmico pode provir dele enquanto o homem não for antes separado da mulher.

Charles Poncé, que escreveu muito sobre a Qabalah e outras tradições esotéricas, abordou o problema do hermafroditismo no Jardim do Éden. Em seu ensaio, "An Alchemical Allegory: Notes Toward an Understanding of Genesis", ele reconhece que a figura humana hermafrodita que desperta no Éden talvez tenha como modelo o Deus do Gênesis, mas por algum motivo a imagem malogrou:

> A admonição para que esta criatura recém-nascida não comesse da Árvore do Conhecimento do Bem e do Mal implica que ela não é uma verdadeira imagem. Na melhor das hipóteses, a apreensão cognitiva e perceptiva desta criatura está limitada a um processo de nomear (". . . e conforme o homem chamasse cada criatura viva, esse era o seu nome", Gênesis 2:19) semelhante ao das criaturas pequenas.
>
> A alteração radical da imagem de Deus por Suas próprias mãos, que se dá quando Ele extrai Eva do corpo de Adão, representa o primeiro ato de diferenciação que ocorre no âmago da psique infantil – cujo primeiro passo para distanciar-se do hermafrodita inconsciente tem a aparência de duas unidades distintas ou de dois contrários distintos. Contudo, com este primeiro ato de diferenciação algo estranho ocorre. A divisão da figura produz um tipo de criatura que Deus não antecipara. Aqui, pela primeira vez, surge a *possibilidade* da consciência. . . Subitamente, pela primeira vez desde que foram separados do molde hermafrodita original modelado por Aquele que os fez, os dois se percebem mutuamente. Olham um para o outro e se vêem em sua nudez; e sentem algo um pelo outro.[6]

Se esta é a origem da consciência, é também a origem da Morte, pois a primeira desobediência do homem resultou na perda do Paraíso. Antes da serpente induzir Eva a comer da Árvore do Conhecimento e de Eva convencer Adão a fazer o mesmo, o casal inocente tinha permissão para comer qualquer dos frutos do Jardim; a única exceção era aquele fruto. De modo que lhes havia sido permitido comer daquela outra grande árvore, a Árvore da Vida. Entretanto, depois de terem obtido um começo de consciência, um começo que não tem fim enquanto o homem viver, os dois foram banidos do Éden antes que pudessem novamente comer da Árvore da Vida e se tornassem imortais. Pois com Conhecimento e Vida Eterna eles seriam como deuses.

Consciência, então, implica o homem apreender perceptiva e cognitivamente a sua própria mortalidade diante de um cosmos que lhe parece infinito, eterno e de uma outra ordem. Gradualmente, no processo de adquirir consciência, ele vai tendo a apreensão cognitiva e perceptiva de todos os outros pares de contrários, dos quais o par homem-mulher é o mais importante, já que pode ser visto como uma metáfora de quase todos os demais. Todos os eventos de um modo de vida voltado para a busca da consciência apresentam-se sob a forma de pares de contrários. O modo hermafrodita é o modo do desequilíbrio, da ambigüidade, da confusão. A união hermafrodita dos contrários não é uma união verdadeira, e sim uma fusão de aspectos não diferenciados. Ela é obscura e caótica mas, não obstante, é um espaço fértil onde muita coisa pode florescer se a consciência estiver presente para nutrir e ordenar. Todavia, não precisamos reverter a um politeísmo pagão que rejeite os valores e a ética para nos tornarmos cientes da infinita variedade de nossas potencialidades naturais. Diferenciando-se a anomalia hermafrodita, abre-se caminho para o reconhecimento – e, derradeiramente, para a perfeita união – dos pares de contrários. Nisso está a promessa de um retorno ao ideal da verdadeira androginia, na qual os elementos masculinos e os elementos femininos da psique humana são fundidos, não confundidos. A metáfora norteadora para tudo isso ainda é o monoteísmo, mas não o monoteísmo do Deus do Gênesis. Os cabalistas estavam cientes de que além de Jeová, além de Elohim, além de todo o conhecimento, existe Um cuja natureza pode ser contemplada mas jamais compreendida. Da mesma forma, outras teologias místicas perceberam o *Um* que está por trás do *Dois* e da multiplicidade. Quando começamos a buscar o motivo do *Dois* no *Um*, acabamos por encontrá-lo em mais lugares do que jamais poderíamos sonhar.

9

O HOMEM ZODIACAL COMO MACROCOSMOS: O MODELO ASTROLÓGICO DA PSIQUE

O Rei que Adivinhou seu Futuro

> Um rei que também era astrólogo leu nas estrelas que em certo dia e em determinada hora uma calamidade lhe aconteceria.
>
> Construiu, portanto, uma morada de rocha sólida, e colocou inúmeros guardas do lado de fora.
>
> Um dia, estando ele dentro da casa que construíra, percebeu que ainda podia ver a luz do dia. E, ao encontrar uma abertura, fechou-a para impedir qualquer desgraça de entrar. Mas ao bloquear esta porta fez-se prisioneiro pelas suas próprias mãos.
>
> E por causa disso o rei veio a falecer.
>
> em *The Way of the Sufi*, de Idries Shah[1]

A astrologia foi uma área da sabedoria esotérica que eu não cheguei a incluir no meu mapa daquelas digressões aéreas em busca da androginia que me levariam a pousar na Alquimia e no Gnosticismo, na Qabalah, no Tao, no Tantrismo tibetano e no Yoga Kundalini. E sempre houve um bom motivo para excluí-la. Para começar, disse a mim mesma, a astrologia sempre ofendera a minha predileção natural pelo bom senso. A idéia de que o plano da minha vida pudesse ser determinado pela disposição das constelações no momento do meu nascimento – e, além do mais, com base num conhecimento inadequado dos movimentos dessas constelações – parecia-me ridícula. Mais ridícula ainda era a idéia de que a astrologia pudesse ter algum valor profético para pessoas ou nações.

Entretanto, nessas minhas digressões, não pude ficar alheia ao fato de que muitas pessoas efetivamente observam e estudam os corpos celestes, não tanto de uma perspectiva naturalista quanto efetivamente interessadas na influência que tais corpos exercem sobre o funcionamento da essência sutil que chamamos *psique*, mencionada por todas as disciplinas esotéricas independentemente do nome que lhe dão. Eu me concedera a liberdade de seguir minha curiosidade em todos esses outros campos, dizendo a mim mesma que, talvez, cada um tivesse uma certa legitimidade – fosse como uma tradição religiosa reconhecida, ainda que não necessariamente ortodoxa, ou, no caso da alquimia, como precursor historicamente importante de uma ciência exata. A astrologia poderia enquadrar-se nesta última categoria mas, por algum motivo, senti uma resistência interior. Não obstante, em minha busca do Andrógino, referências astrológicas apareciam sem cessar.

O único momento em minhas pesquisas em que não me deparei com a astrologia foi nas minhas considerações sobre o Gênesis. Na narrativa da criação, Deus coloca estrelas no firmamento do céu para marcar os tempos e as estações, mas não há qualquer evidência de que elas teriam uma *influência* real sobre as pessoas maior do que a do calendário comum. O sol foi criado para "governar o dia" e a lua para "governar a noite", mas não há nenhum indício de que teriam por isso domínio sobre o dia e a noite; significa apenas que o sol e a lua determinariam o que é dia e o que é noite. Intuí que isso não se dera por acaso e que, com toda probabilidade, os primeiros hebreus haviam evitado intencionalmente a idéia da astrologia, como também haviam evitado admitir a natureza andrógina da Divindade. Pouco há na Bíblia que esteja lá "por acaso".

Prosseguindo nesta linha de raciocínio, descobri que o Deus separatista dos hebreus proibira expressamente que seu povo negociasse com astrólogos – os adivinhos e magos das nações pagãs. Especialmente no Egito e na Caldéia, os planetas e as estrelas eram associados aos deuses e deusas das hostes politeístas; os céus eram consultados sobre todos os assuntos, e seus sinais, interpretados pelos "sábios", guiavam as pessoas que neles acreditavam. Mas o Deus de Israel exigiu que seu povo não buscasse a verdade ou o entendimento nos falsos deuses, mas apenas no Deus Único que tinha domínio sobre tudo.

Em algumas lendas rabínicas, conta-se que Abraão, o caldeu, trazia no peito uma grande placa astrológica na qual se podia ler o destino de todos os homens. Diz-se que é a esta placa que as palavras "e Iahweh em tudo havia abençoado a Abraão" (Gênesis 24:1) aludem. O próprio Abraão viu nela que não teria um segundo filho, mas Deus lhe disse, "Fora com sua astrologia! Não há planetas para Israel". Em outra parte, narra-se que Abraão não era astrólogo, e sim um profeta, já que "somente aqueles sob as estrelas estão sujeitos à sua influência; Abraão, porém, estava acima delas".[2] Fica-nos claro que, embora na realidade a prática da astrologia fosse estritamente proscrita na Bíblia hebraica, já passara a haver certa ambivalência quando os rabinos começaram a discutir os seus textos.

De acordo com as lendas bíblicas, os hebreus estiveram sujeitos a influências de tradições com um forte sabor astrológico, embora lhes tivesse sido ordenado que não dessem atenção à sabedoria das estrelas. Os monarcas assírio-babilônicos recebiam mensalmente de seus astrólogos um prognóstico dos acontecimentos vindouros, e não tomavam nenhuma medida importante sem antes consultarem os homens conhecedores dessa arte. O Império Romano possuía uma coleção completa de literatura greco-caldaica sobre o assunto, e a astrologia era cultivada por pseudoprofetas visando as suas abundantes recompensas financeiras. Lemos que os astrólogos objetaram que o faraó houvesse indicado José como vice-regente. Os astrólogos do faraó também previram o nascimento do futuro redentor de Israel, Moisés. No Livro de Ester, Amã determinou o momento para a extinção dos judeus mediante cálculos astrológicos. Há também uma história típica: astrólogos haviam predito que os judeus derramariam o sangue de um barbeiro. Aterrorizado, o barbeiro matou oitenta ou trezentos judeus. Mas enganara-se: o seu sangue foi derramado por ocasião da sua circuncisão ao converter-se ao judaísmo.

É provável que jamais tenha havido astrólogos judeus na Terra Santa ou na Babilônia durante o Exílio; e a arte astrológica, juntamente com aqueles que a praticavam, foi condenada – ainda que a confiabilidade da astrologia tenha sido tão pouco questionada na época como em todo o mundo até o século XVII. A astrologia era efetivamente considerada de origem celestial: ela teria sido revelada à humanidade pelos anjos rebeldes. Os talmudistas sempre resistiram à "Sabedoria do Oriente", exceto um, Samuel da Babilônia, que se tornou exímio astrólogo. Mas mesmo ele, citando as palavras, "Ela [a lei] não está nos céus", diz, "a Tora não pode conviver com a arte que estuda os céus".[3]

A questão da astrologia ressurge no Livro de Daniel. Depois que os sábios de Nabucodonosor se mostraram incapazes de revelar ao rei o sonho que ele tivera e a sua interpretação, Daniel é convocado e instado a esclarecer a questão. Diz Daniel, "O mistério que o rei procura desvendar, nem os sábios nem os adivinhos nem os magos nem os astrólogos podem dá-lo a conhecer ao rei. Mas há um Deus no céu que revela os mistérios" (Daniel 2:28). Também José foi capaz de interpretar os sonhos do faraó depois que os astrólogos malograram, e também ele não baseou sua autoridade nas estrelas.

Tudo isso mostrou-me que talvez houvesse um fundamento inconsciente na minha resistência a explorar a astrologia, quaisquer que fossem as razões lógicas que eu pudesse propor. Esquecida, reprimida ou ainda não consciente, a proibição da astrologia, e da heresia politeísta que necessariamente segue-se a ela, foi o fator inconsciente que se interpusera entre meus estudos supostamente objetivos e a minha maneira de abordá-los. Vi-me assim vivenciando pessoalmente um conflito entre contrários em minha própria psique: o conflito entre o monoteísmo do qual era herdeira e a sua separação no dualismo – bem como sua subseqüente fragmentação em politeísmo – que é essencial quando se considera todo o problema da androginia. Tendo compreendido isso, e tornado a questão consciente, pude então considerar minhas objeções *conscientes* ao estudo da astrologia.

Minha primeira objeção estava ligada ao fato de que todo o sistema astrológico se baseia nas antigas, e agora obsoletas, observações do céu e da terra e das relações entre ambos. Já por volta de 3000 A.C., os sumerianos haviam formalizado sua idéia de universo num quadro global do mundo. Eles concebiam a humanidade sendo governada por deuses que residiam nos céus e que operavam através de seus agentes, os corpos celestes e os elementos. Suas teorias sofreram diversas modificações nas mãos racionais dos gregos até que, na época de Ptolomeu, o astrônomo alexandrino do século II D.C., os diversos modelos de mundo haviam se cristalizado num sistema geocêntrico que passou a ser chamado de visão ptolomaica de mundo. A terra era o centro, rodeada pelos elementos água, ar e fogo. Circundando-a havia a esfera cristalina da lua, que revolvia abaixo das esferas do sol e dos cinco planetas, Mercúrio, Vênus, Marte, Júpiter e Saturno. Esta "cebola cósmica" estava encerrada na esfera das estrelas fixas, enquanto que a esfera do "Motor Primeiro" envolvia todas as outras. E além delas estavam os céus, morada dos deuses.

Quando os gregos aperfeiçoaram as medições dos astrólogos orientais, descobriram que o sistema ptolomaico apresentava algumas discrepâncias e que certas estrelas haviam mudado de posição ao longo dos anos em relação ao primeiro grau em Áries. Isso significava que havia dois zodíacos, um orientado para o sol e um para as constelações. Como podemos bem imaginar, outros problemas surgiram no processo de tentar justificar as inúmeras discrepâncias que continuavam surgindo à medida que novos conhecimentos que não correspondiam à concepção ptolomaica clássica vinham à tona.[4] A mente moderna ri da idéia pitoresca da terra como o centro do universo. No entanto, devemos ter em mente que, no que concernia a todas as finalidades práticas, os velhos cálculos serviam perfeitamente.[5] Afinal, como ressalta Charles Poncé, Colombo e Magalhães traçaram suas rotas com base neles![6]

Eu estava ciente que o que tornava a astrologia tão sedutora era a escala ambiciosa de suas pretensões intelectuais. A astrologia oferece uma explicação sistemática para todos os caprichos do comportamento humano e para todas as excentricidades dos fenômenos naturais, não havendo praticamente nenhum princípio que ela não explique ou pergunta que ela não responda. Certa autoridade medieval escreveu, "Para quem bem conhece astronomia, nada há no mundo que a razão possa investigar que não venha a conhecer". Na Idade Média, astronomia era sinônimo de astrologia. Somente com a revolução astronômica iniciada por Copérnico e consumada por Newton é que as pretensões intelectuais da teoria astrológica se estilhaçaram: a astronomia seguiu o seu curso científico à parte, deixando a astrologia para aqueles que ainda faziam a distinção aristotélica entre corpos celestes e corpos terrestres. Quando Galileu descobriu os quatro satélites de Júpiter, as pessoas tiveram que se dar conta de que os céus estavam repletos de estrelas invisíveis cuja influência era impossível considerar. O pressuposto da imutabilidade dos céus foi perturbado pelo aparecimento das nebulosas, que até então jamais haviam sido observadas mas que puderam ser vistas com o telescópio. Confirmada a pluralidade dos mundos, o universo geocêntrico de Ptolomeu não pôde subsistir. No entanto, nem mesmo a revelação de que os céus eram infinitos tornou a astrologia impossível, embora tornasse os cálculos astrológicos consideravelmente mais difíceis. O heliocentrismo não era incompatível com a astrologia, mas exigia que todo um novo sistema fosse desenvolvido. *Sir* Christopher Heydon declarou em 1603 que, "Se (como afirmou Copérnico) o sol é o centro do mundo, ao astrólogo isso não interessa".

Eu sabia que o que realmente destruíra a possibilidade de uma astrologia científica foram as descobertas de Galileu, de Kepler e daqueles que os seguiram, provando que a oposição entre coisas terrestres e coisas celestes já não era mais sustentável. Abandonado isso, não havia como definir a natureza da influência astrológica unilateral que as estrelas exerceriam sobre a terra e seus habitantes. Terra e céu já não podiam mais ser vistos como um mecanismo limitado e interligado; terra e céu pertenciam agora a um sistema infinito no qual a subordinação hierárquica de um ao outro cessara irrecuperavelmente.[7]

Não obstante, já que satisfazia uma necessidade psicológica premente, a astrologia pôde continuar reivindicando para si o que sempre reivindicara – a tal ponto que, em nossa época, suas asserções transformaram-se num negócio bastante lucrativo. Vi assim a astrologia explorando a credulidade de pessoas ingênuas, impressionáveis por dados "estatísticos" e que jamais se preocupam em saber se as *premissas* nas quais as estatísticas se baseiam são válidas. A tais pessoas não interessa que a astrologia carece da qualidade essencial de uma ciência: a capacidade de demonstração.

Em minha clínica psicoterapêutica, observo constantemente como é extraordinariamente fácil as pessoas acreditarem em qualquer bobagem que permita que elas evitem assumir responsabilidade pelas suas próprias ações. A astrologia, ao definir as qualidades e limitações da personalidade em termos das constelações celestes, oferece racionalizações excelentes a quem deseja encontrar motivos externos para seus problemas ou que queira ter assegurada a sua boa fortuna.

Vejo a astrologia sendo freqüentemente usada como um veículo que se aproveita da sugestionabilidade das pessoas, que faz uso das próprias revelações incautas das pessoas e que propõe "profecias" que talvez acabem se realizando simplesmente por terem sido enunciadas.

Finalmente, nunca vi dados de alguma experiência astrológica que tenha sido realizada de maneira cientificamente objetiva, utilizando os procedimentos modernos de pesquisa (incluindo salvaguardas contra informações tendenciosas), que realmente provassem alguma coisa. (Isso não contraria o fato de C. G. Jung, em seu ensaio: "Synchronicity: An Acausal Connecting Principle", ter descrito detalhadamente como levou a cabo uma experiência baseada na hipótese de que os horóscopos de casais casados apontariam para uma correspondência além da que poderia ser explicada pelo acaso. Depois de muito investigar, Jung teve de admitir, "Há poucas esperanças de se provar que as correspondências astrológicas sejam algo que se conforme à lei".[8]

Entretanto, a despeito de todas essas objeções, não pude descartar totalmente a questão da astrologia, por vários motivos. Apesar do progresso da ciência, o raciocínio astrológico e a doutrina astrológica têm sobrevivido desde muitos séculos antes do nascimento de Cristo. Qualquer teoria holística que conceba o homem como um microcosmos num universo macrocósmico, que conceba os seres humanos como partes do universo que mantêm com ele uma correspondência, não pode desmerecer ou desacreditar a noção de que existe uma relação entre todos os fenômenos naturais – do homem e das demais criaturas vivas às plantas, pedras, rochas, estrelas e todas as outras coisas aparentemente inanimadas. E esta relação não é unilateral, mas mútua e recíproca.

Não se pode deixar de reconhecer que a mais antiga das ciências, a astrologia, já existia quando o homem começou a empenhar-se para compreender as leis que regem o seu relacionamento com o universo no qual se encontra. Toda ciência pura é uma continuação desse esforço inicial. Tanto os físicos nucleares como os biólogos moleculares admitem que, embora seus métodos sejam hoje muito mais sofisticados do que jamais foram no passado e os nossos dados sejam muito mais convincentes, e que embora tenhamos ido à lua e voltado da lua diversas vezes, ainda estamos cosmicamente engatinhando quando se trata de compreender os vastos mistérios da nossa relação com o universo.

Não posso deixar de refletir sobre o fato de que, ainda que Jung talvez não tenha conseguido provar a validade da astrologia, seu interesse por ela sempre foi mais do que corriqueiro. Isso não significa dizer que ele acreditasse nas asserções dos astrólogos; mas, não sendo isso, no que baseava seu interesse pelo assunto? Tenho desconfiado que havia um elemento "maroto" na maneira como Jung chegou a lidar com a astrologia. Estaria ele talvez usando o horóscopo como uma espécie de técnica projetiva com os pacientes que tinham fé nesse tipo de coisa, como um recurso semelhante ao teste Rorschach, que os induzisse a expor suas idéias inconscientes ao discorrerem sobre figuras tão ambíguas quanto os signos astrológicos? Ou estaria seu interesse ligado a alguma pesquisa que vinha desenvolvendo? Ou, ainda, estaria usando a astrologia de maneira puramente intuitiva, para ver o que aconteceria ao discutir esse tipo de questão com seus pacientes?

Comecei a suspeitar que um dos motivos de Jung ter se intrigado tanto com a astrologia foi que talvez tenha visto na tradição astrológica uma oportunidade para examinar as manifestações do arquétipo celeste. Até que descobri num livro de astrologia uma imagem que confirmou a minha teoria. Era uma belíssima figura andrógina desenhada como dois corpos unidos pelas costas, tendo em volta uma abóbada azul-cobalto preenchida com diversas camadas de nuvens douradas. Trata-se da imagem do Homem Zodiacal, um tema freqüente nos manuscritos medievais. Os signos do zodíaco são associados a princípios que correspondem às funções da alma. Os signos são sobrepostos ao corpo de modo a mostrarem o Homem, a mais perfeita criatura do mundo, como a imagem microcósmica dos céus.[9]

Esta Figura Celeste, o modelo para o homem que seria criado na terra, serviu de inspiração ao astrólogo romano Manílio, que escreveu:

> Eis a quem os *Membros* do Corpo obedecem: os Signos cujos
> Poderes pressentem, e aos quais concedem Obediência.
> *Áries* defende a *Cabeça*, o *Pescoço* é *Touro* que guarda,
> Os *Braços* do brilho de *Gêmeos* são servos.
> Os *Ombros* se regem por *Leão*, a *Câncer* o *Peito* obedece,
> E há nas *Entranhas* a ação da *Virgem* recatada.
> As *Nádegas* se regem por *Libra*.
> O *Escorpião* espalha Fogo incontido,
> E incute Desejos nas *Partes Secretas*.
> *Sagitário* as *Coxas* comanda.
> *Capricórnio* duas vezes ata os *Joelhos*.
> As *Pernas* na umidade de *Aquário* se unem.
> Enquanto *Peixes* dá aos *Pés* proteção.[10]

A imagem é a figura central de um grande diagrama cósmico que intenta conter em si o esquema de todas as operações das esferas celestes que transpiram no nível cósmico. A terra aparece como parte desse mesmo cosmos e, portanto, como um microcosmos obedecendo por princípio às operações do macrocosmos. O pressuposto era que, *se* pudéssemos descobrir as leis do macrocosmos, seríamos então capazes de inferir as leis que regem o microcosmos, até mesmo os detalhes da personalidade humana e do destino humano. Isso, é claro, exigiria um intelecto humano capaz de compreender a ordem cósmica por inteiro. O ponto que afastou os astrólogos dos astrônomos foi que os primeiros afirmavam conhecer suficientemente o funcionamento da ordem cósmica para tirarem conclusões sobre características de personalidade e o destino individual dos seres humanos, enquanto que os astrônomos não se dispunham a aplicar o que sabiam a respeito do cosmos ao destino individual da pessoa humana. Os astrônomos não tinham interesse em estabelecer correspondências, estando em vez disso empenhados em descobrir mais sobre a ordem natural do universo e suas leis.

A própria inconsistência entre os cálculos ptolomaicos e os cálculos siderais que me incomodara acabou sendo a tão ansiada pista para descobrir o significado da astrologia em nossos dias e, mais especificamente, em relação à psique humana. A idéia de que nós e o mundo em que vivemos é um microcosmos, reiterando imperfeitamente a perfeição do macrocosmos que a tudo abrange, pode parecer mera especulação filosófica e de pouca utilidade prática. Mas, se considerarmos a questão do ponto de vista da *experiência* da psique humana, como eu creio que Jung tenha tentado fazer, encontramos um mapa, um modelo, um plano, que nos ajudará a compreender nosso lugar no esquema geral das coisas. E, nas palavras de Blake, passamos a:

> Ver um Mundo num Grânulo de Areia
> E um Céu numa Flor Silvestre
> Ter o Infinito na palma da mão
> E a Eternidade em uma hora.[11]

Isso significa que existimos em ambas as dimensões ao mesmo tempo. O verso de Blake é não-dualista; mostra simplesmente que visualizamos nossa existência de mais de uma perspectiva. Nós existimos aqui na terra e temos que lidar em termos práticos com os problemas do mundo em seus próprios termos temporais, cientes do esquema linear da vida individual que começa na concepção e termina com a morte orgânica. Mas nós também vivemos na eternidade, envolvidos com mais problemas que vão além da esfera prática e temporal (doutra forma, eu não estaria escrevendo e ninguém estaria lendo estas palavras). Na medida em que raciocinamos nos termos práticos do cotidiano, estamos em contato com o "Adão edênico" em nós mesmos; mas, na medida em que refletimos sobre os desígnios cósmicos, entramos em contato com o Homem Arquetípico, o Homem Primordial ou Primevo, o Homem Celestial, o Homem Zodiacal, o Homem de muitos nomes cuja natureza é existência pura e que não possui forma manifesta. Somos, em meu entendimento, ambos esses seres.

Enquanto Adão edênico, somos homens ou somos mulheres que se reconhecem principalmente como uma "personalidade egóica", o que vale dizer que somos basicamente inconscientes da psique contrassexual ou do elemento da alma que jaz dormente dentro de nós. Passamos a maior parte de nossas vidas preocupados em conquistar a nossa própria segurança e bem-estar, em estabelecer relações humanas e, se tivermos um pendor para o social, em melhorar as condições de vida dos outros além de para nós mesmos. Nós nos vemos em termos do que fazemos e também em termos de como as outras pessoas reagem a nós. Nesse sentido, somos, cada um de nós, o centro do universo.

Num outro sentido, sabemos que somos, cada um de nós, apenas um grânulo de pó a girar num pequenino planeta posto no universo em um curso previsível. Isso já seria algo bastante miraculoso se pensássemos no universo como uma espécie de espaço incerto e arriscado, regido por um panteão de deuses sempre brigando e competindo entre si. A psique humana, como *playground* desses deuses, seria um palco de plena loucura! E talvez ela seja isso; como acreditam os politeístas contemporâneos, nossas vidas estão sujeitas a forças autônomas, inconstantes e volúveis – estrelas, traumas de infância ou traços caracterológicos a respeito dos quais nada podemos fazer. Entretanto, eu me vejo entre aqueles que endossam o princípio de que *existe* uma ordem dominante, embora reconheça que, como seres humanos, nossa capacidade de entender e apreciar essa ordem é necessariamente limitada. De modo que não concebo a vida repleta de milagres, exceto que a Natureza em si já é miraculosa. Acho natural que os seres humanos ajam de acordo com leis universais, na medida em que somos grânulos da mesma "poeira" atômica da qual o universo é constituído. Somos feitos do mesmo estofo que o universo e somos inseparáveis dele. Gostaria de acrescentar que esta é uma idéia sobre a qual aprecio refletir antes de adormecer à noite, pois é um antídoto garantido contra a insônia. Quando eu me vejo, me compreendo e me sinto como um mero grãozinho de pó num universo todo empoeirado, ou como uma gotícula de água num oceano infindo, todas as preocupações se esvaecem pois não há nada contra o que lutar. E, de manhã, após uma noite revigorante, posso levantar e enfrentar o meu mundo temporal, o mundo do qual eu, como Adão (e Eva) edênico, sou, evidentemente, o próprio centro. Nós vivemos nas duas dimensões ao mesmo tempo.

O ego, aquela parte de nós mesmos com a qual conscientemente nos identificamos, é apenas um elemento da psique. A psique, e mais especificamente o centro da totalidade da psique que Jung chamou de *Self*, é de fato "maior que o grande e menor que o pequeno". Eu sou o meu ego. Eu sou o Self. Eu sou o viajante, e o mundo é o meu terreno e a minha paisagem. Eu sou um peregrino dando pequeninos passos trôpegos no caminho que se estende infinitamente atrás de mim e infinitamente à minha frente. Qual deles sou eu? Ou serei ambos?

Não posso escolher entre um e outro. Se eu fosse escolher e dissesse, "Eu estou certa e os outros errados", sempre haveria alguém para retrucar, "Não, você está errada, e eu é que estou certo". Como Jung costumava dizer, será que é preciso que seja "ou isso ou aquilo"? Não poderia também ser "isso e aquilo"?

Isso me levanta a possibilidade de que a aparente dicotomia que parecia invalidar a astrologia como ciência objetiva talvez seja, na realidade, o princípio que torna a astrologia um espelho crível da psique humana. O sistema ptolomaico corresponde a uma concepção em que cada ser humano é o ponto central para o qual a influência de todo o universo converge. A idéia de que somos, cada um de nós, receptáculos dos efeitos dos processos universais corresponde, no plano pessoal, à fórmula astrológica de que a terra é o centro do universo e que, se nos aproximarmos demais da sua borda, poderemos cair e despencar no abismo. O sistema ptolomaico corresponde psicologicamente a um sistema centrado no ego: se perdermos o nosso senso de ego, se esquecermos por muito tempo quem somos e quais são as nossas fronteiras físicas e psicológicas, as chances de cairmos no abismo da psicose são grandes. (É claro que abandonamos nossas identidades e nossas limitações por pequenos intervalos de tempos – durante o sono, em vôos da fantasia, sob a influência de drogas que modificam a mente, no enlevo do orgasmo – mas logo retornamos ao ego e à terra.)

Uma exceção são aquelas "pessoas altamente realizadas" que conseguem existir fora deste mundo, por assim dizer, e fora do estado egóico, por longos períodos de tempo. Acredito, porém, que mesmo elas achariam isso difícil na cidade contemporânea. Talvez Thomas Merton em seu mosteiro ou um eremita nas montanhas do Himalaia possa estar em plena comunhão com a natureza e com o universo, esquecendo-se até mesmo do seu nome. Pois é costume daqueles que atingem o estado conhecido como Iluminação abandonarem os nomes dados pelas suas mães quando deixam de ser seduzidos pela personalidade egóica que começa a desenvolver-se tão logo deixamos o útero materno.

O sistema ptolomaico é um sistema geocêntrico, e corresponde ao modo como um indivíduo centrado no ego concebe a vida. Com relação à sexualidade, a abordagem psicológica – para a qual este sistema é uma metáfora – seria caracterizada pela percepção consciente de nós mesmos como homens e mulheres que se relacionam com outros homens e mulheres basicamente através dos nossos papéis de sexo e gênero. Este sistema egocêntrico abrangeria as relações práticas ligadas às considerações interpessoais e às necessidades de independência/dependência. Além disso, este sistema enfocaria as necessidades da sociedade: superar as barreiras do incesto; estabelecer redes de apoio, como a família e a comunidade; e criar instituições como o casamento que solidifiquem o sistema de apoio. Então, possivelmente, quando o indivíduo conseguir realizar-se num relacionamento sexual ou superar a necessidade premente deste tipo de realização, o sistema centrado no ego irá efetivamente impeli-lo a uma outra dimensão no qual um sistema centrado no Self [*Self-centered system*] poderá vir a ser aprendido cognitiva e perceptivamente. (Vale observar que este é exatamente o oposto da expressão comum *self-centered* – "auto-centrado".)

O sistema sideral é, assim, o sistema centrado nas estrelas [*star-centered*], ou no universo [*universe-centered*] ou no cosmos [*cosmic-centered*]. Seu equivalente psicológico é o sistema centrado no que Jung chamou de *Self*, não no que ele chamou de *ego*. É no vasto domínio do Self que buscamos correspondências entre os grãos de pó que somos enquanto indivíduos e o imensurável mistério do qual somos parte integrante.

O sistema ptolomaico refere-se à relação entre o indivíduo e as estrelas ou o universo; refere-se ao ego e ao Outro. O sistema sideral refere-se ao indivíduo como uma diminuta manifestação microcósmica do universo; refere-se ao um no Todo. Os hindus compreendiam e tinham expressões para isso. Ao considerarem a preponderância do ego no sistema ptolomaico, e todas as falsas percepções e concepções do Self dele proveniente, eles diziam *Neti, neti* ("não isso e não aquilo"). E do sistema sideral eles diziam, *Tat Tvam asi* ("És o que és").

Como tudo isso se relaciona aos sexos, à sexualidade e ao problema da Androginia? Precisamos considerar uma idéia fundamental geralmente aceita nos círculos astrológicos até 1661, quando surgiu uma obra de Robert Boyle intitulada *The Sceptical Chymist*, questionando a ilusão aristotélica, a saber, a concepção da ciência aristotélica – elaborada e desenvolvida pela visão ptolomaica de mundo – segundo a qual a matéria seria composta de quatro elementos: fogo, terra, ar e água. Esta idéia foi crucial para a astrologia, pois acreditava-se que o próprio homem era composto de uma combinação destes elementos em maior ou menor proporção. Trata-se de um conceito que vem desde Empédocles no quinto século antes de Cristo, que afirmou que os quatro elementos não se transmutam um no outro mas que, pelo contrário, são quatro tipos imutáveis de matéria que, combinando-se, constituem todos os objetos do mundo.[12]

> (Empédocles) estabelece quatro elementos materiais – fogo, ar, água e terra – todos eternos e que se modificam aumentando ou diminuindo mediante mistura e separação; mas seus verdadeiros primeiros princípios, que conferem movimento a estes, são Amor e Discórdia (*philia* e *neikos*). Os elementos permanecem constantemente em mudança alternada, sendo ora misturados pelo Amor, ora separados pela Discórdia.[13]

Aristóteles acrescentou a esta teoria a idéia de que os elementos eram distinguíveis por quatro qualidades: quente e frio, e úmido e seco. O fogo era quente e seco; a terra, fria e seca; a água, úmida e fria; o ar, quente e úmido. A posição teórica de Aristóteles era a de que cada elemento combina em si mesmo essas duas qualidades. Particularmente importante é a idéia, atribuída a Anaximandro, de que o universo veio a existir separando-se as qualidades quente e frio da substância original do universo. Com isso introduziu-se na teoria cosmológica a idéia da polarização dos contrários, sendo talvez o germe de toda uma maneira de pensar que levou às múltiplas polarizações que caracterizam o pensamento ocidental hoje. Quase imediatamente, essas qualidades – quente, frio, seco e úmido – foram identificadas com os sexos: o homem seria quente e seco; a mulher, úmida e fria. Na astrologia, metade dos signos do zodíaco são ditos "masculinos" e a outra metade "femininos".

O modelo astrológico antigo constituiu uma "pré-forma" da ciência moderna, pois antes e acima de tudo tentava categorizar e ordenar os dados observados, atribuindo descrições numéricas sempre que possível. Diagramas, gráficos, ângulos e graus eram essenciais; e o horóscopo, o mapa do céu visto num determinado momento no tempo e de um ponto específico da terra, forneceu aos homens um plano ao qual os acontecimentos da terra poderiam corresponder. O estudo dos mapas astrológicos seria, portanto, o ponto de partida para se entender as leis da Natureza. Ao longo dos séculos, a "ciência" da astrologia ampliou seu alcance e sua influência, e seus tentáculos alcançaram todas as áreas da investigação e da especulação que buscassem princípios universais. Da magia à medicina, da alquimia à quiromancia, da interpretação dos sonhos ao planejamento das safras, da arte do governo à arte do amor, não houve uma só área de relacionamento humano em que as pessoas não tenham se voltado em algum momento para a orientação da astrologia.

Por mais limitadas, imprecisas e primitivas que algumas concepções dos astrólogos pudessem ser, e ainda são, há um ponto que precisa ser ressaltado. A astrologia deve ter suprido uma necessidade psicológica, doutra forma não teria sobrevivido. O grande atrativo da astrologia era a maneira como conseguia conciliar algo que muitas pessoas reconhecem intuitivamente e com o qual estão familiarizadas, ainda que não saibam colocar em palavras; a saber, que quando alguém age de uma maneira que lhe parece em harmonia com um sistema maior do qual é parte, vem-lhe um senso de bem-estar, de ordem, de concernência e integração. E que quando, por outro lado, essa pessoa carece de um modelo ou parâmetro, ela tende a sentir-se desorientada e isolada. Bastante atraente, portanto, é a idéia de que é possível obter para si informações sobre um sistema mais

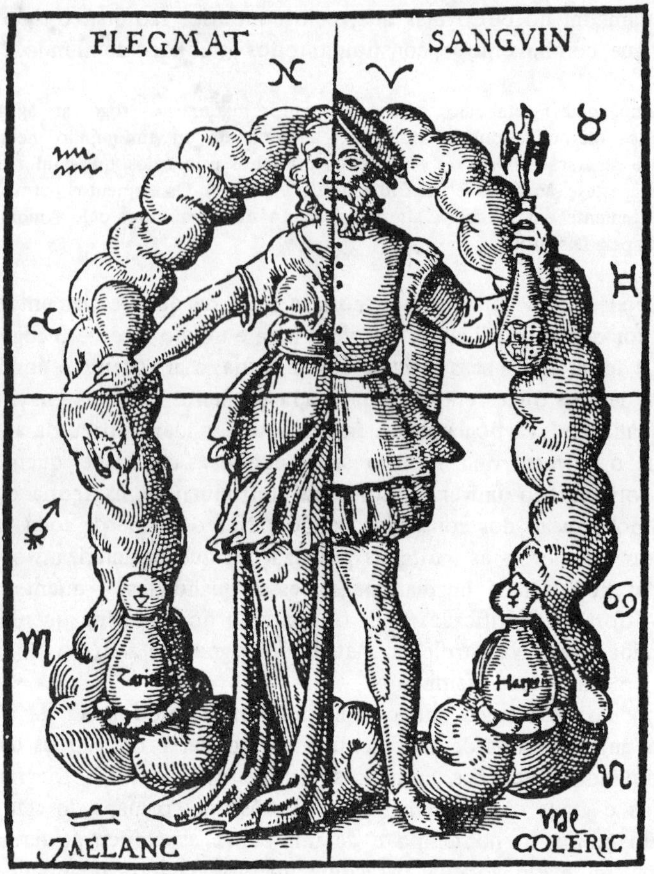

amplo recorrendo-se ao grande diagrama cósmico que é o horóscopo, pois o horóscopo pretende descrever operações que se manifestam nos céus antes de se manifestarem na terra. Se alguém acha que esta idéia hoje restringe-se apenas àqueles que acreditam em astrologia, faria bem em recordar-se destas palavras:

> Pai nosso que estás nos Céus,
> santificado seja o Teu nome.
> Venha o Teu Reino, seja feita a Tua Vontade,
> Assim na Terra como nos Céus.

Somos instados a nos relacionar com a ordem cósmica e, estabelecido este relacionamento, uma vida de paz e harmonia nos é prometida. Tal senso de reciprocidade entre o indivíduo e o universo está subjacente a grande parte da religião e da filosofia, especialmente daquelas doutrinas esotéricas que ficaram ocultadas da consciência coletiva. Hoje essas doutrinas permanecem como parte da herança do inconsciente coletivo. Entretanto, em muitos lugares e entre cada vez mais pessoas, as disciplinas da antiguidade, através das quais essas doutrinas talvez tenham se efetivado no passado, começam agora a reemergir no domínio da consciência.

10

O ANDRÓGINO DE PLATÃO: ORIGENS DA HETEROSSEXUALIDADE E DA HOMOSSEXUALIDADE

De todas as escolas da astrologia clássica da antiguidade, da caldaica à ptolomaica, somente um texto mitológico chegou até nós que ressalta a natureza *psicológica* da sexualidade. Enquanto os sistemas ditos "científicos" se preocupavam em estabelecer as relações entre seres humanos e corpos celestes, e especialmente em determinar as influências celestes sobre os seres humanos e o mundo material, o mito deliciosamente imaginativo de Platão destaca-se como uma expressão da alma humana, sem procurar justificar-se em termos de razoabilidade. Todavia, por brotar puro e não-adulterado da própria psique, ele talvez traga consigo uma dose maior de verdade do que as formulações que recorrem a uma lógica baseada em premissas falhas.

Em *O Banquete*, Platão faz a primeira menção à figura do Andrógino na filosofia grega. No decorrer de uma discussão sobre a natureza específica do Amor, na tentativa de compreender a ampla variedade dos seus modos de expressão, Aristófanes toma a palavra:

> Os homens, a julgar pelo descaso com que o tratam, jamais compreenderam o poder do Amor. Pois, se o houvessem compreendido, certamente teriam construído preciosos templos e altares, e oferecido sacrifícios em sua honra. . .

Ao descrever o poder do Amor, ele fala da natureza original do homem, e do que aconteceu para transformá-lo em seu estado atual:

> A natureza humana de outrora não era a mesma que a de agora, mas diferente. Em primeiro lugar, três eram os sexos da humanidade, não dois como hoje; havia o homem, e a mulher, e uma união de ambos, da qual resta um nome que correspondia a esta natureza dupla, que outrora teve existência real mas que se perdeu: "andrógino" era então um sexo distinto, mas restou apenas como um nome posto em desonra. Em segundo lugar, inteiriça era a forma do homem primordial, redondo o seu dorso, com os flancos em círculo. A cabeça, sobre um pescoço torneado, era uma só, mas com dois rostos opostos um ao outro e semelhantes em tudo. Tinha também quatro orelhas, dois membros íntimos, e tudo o mais em correspondência. Podia andar ereto como os homens hoje, para frente ou para trás conforme desejasse, e também rolava e dava cambalhotas em rápida velocidade.
>
> O ser masculino de início era descendente do Sol, o feminino da Terra e o homem-mulher da Lua, pois que ela é feita de sol e de terra. Eram assim todos

circulares, movendo-se em círculos como seus genitores. Terrível era a sua força e vigor, e grandes eram os pensamentos de seu coração. Ousaram eles escalar os céus e investir contra os deuses.

Os deuses deliberaram o que fazer com eles e Zeus, depois de laboriosa reflexão, descobriu um modo de humilhar o orgulho da humanidade e cortar-lhe a intemperança. Os seres humanos continuariam a existir, mas ele os cortaria em dois, como o fruto da sorveira, que é partido ao meio para se fazer conserva.

Após a divisão, cada uma das duas partes do homem (o Andrógino) ansiava por sua outra metade e a ela se unia. Envolvendo-se com as mãos e enlaçando-se uma à outra no ardor de se confundirem, morriam de fome e de inércia por nada quererem fazer longe uma da outra. E sempre que morria uma das metades e a outra restava, a que sobrevivia buscava outra companhia, quer se encontrasse com a metade do todo que era mulher, quer com a metade que era homem – como nós hoje as chamamos – e com ela se enlaçava.

E assim iam se destruindo. Até que Zeus, tomado de compaixão, concebe novo plano e muda-lhes os órgãos de geração para a frente, já que esta nem sempre foi a sua posição. E passaram a lançar sua semente não mais na terra, como os gafanhotos, mas um no outro, o macho na fêmea, para que no enlace do homem e da mulher gerassem e constituíssem a raça. Mas se homem viesse a ter com homem, que pelo menos houvesse saciedade e repouso, e pudessem seguir seus caminhos e se ocuparem do resto da vida. Antigo é o desejo pelo outro que foi implantado em nós, restaurando a nossa natureza original, fazendo um só de dois e curando a condição humana.

Cada um de nós, quando separado, é apenas uma téssera complementar de homem pois, cortado ao meio como os peixes, busca sempre o seu complemento... E quando alguém encontra a sua outra metade, a outra metade de si mesmo... o par se perde nas maravilhas do amor, da amizade e da intimidade, a ponto de não quererem, por assim dizer, separar-se sequer por um instante. São estes os que continuam juntos pela vida afora, sem no entanto saberem dizer o que desejam um do outro. Pois o intenso anelo de um pelo outro a ninguém há de parecer desejo de união sexual, mas sim de algo pelo qual a alma de ambos evidentemente anseia, ainda que não saibam dizer o que, tendo apenas um obscuro e dúbio pressentimento.[1]

Esta encantadora fantasia brota do lado sensível do homem, e transforma em palavras o anseio dos amantes um pelo outro – sejam eles de sexo diferente ou do mesmo sexo – que ultrapassa qualquer explicação racional. O Andrógino de Platão parece de fato extinto; dele resta somente o mito, embora, é claro, o mito jamais, nem remotamente, referiu-se a alguma espécie que tenha existido na terra correspondendo a essa descrição. O mito fala do mundo celestial da imaginação, onde todos os protótipos imortais para a Criação sempre existiram. Os protótipos, como tantas idéias concebidas na radiância da pura inspiração, atravessam sucessivas transformações decepcionantes até que despontam como meras sombras da concepção original. Assim foi com o Andrógino, que surgiu no inconsciente coletivo da humanidade como um arquétipo, isto é, como uma intimação sombria de uma potencialidade que jamais será realizada.

E assim nós hoje reconhecemos dois sexos sobre a terra, macho e fêmea, ainda que a imagem do Andrógino permaneça impressa na psique, dominando o inconsciente coletivo. Sua existência é comprovada pelo fato de emergir de tempos em tempos em uma multiplicidade de aparência e em todos os cantos do mundo. Estudar todas as suas manifestações seria um trabalho enciclopédico, mas algumas incursões nos sistemas onde a androginia desempenha um papel importante nos dará uma noção do quanto este arquétipo é influente e difundido.

O Andrógino de Platão tenta explicar, de um ponto de vista psicológico, por que os seres humanos parecem precisar um do outro de uma maneira tal que supera as exigências da mera sexualidade ou reprodução, do companheirismo ou do convívio social. Quantas vezes os amantes não se dizem, "Não existo sem você", "Sem você há algo faltando em mim", "Plenitude é ter você ao meu lado", "Vem-me um senso de união quando estamos juntos". Além daquela sensação oceânica que se costuma atribuir ao orgasmo, aquele senso de uma total fusão com a outra pessoa e com o universo inteiro. Todas as fronteiras rompem-se então, um e outro esquecem-se de si enquanto indivíduos, e nada mais existe senão a sublime harmonia das esferas. Na esperança de sentirem esse amor, essa união mística de dois seres numa unidade primordial, as pessoas chegam a fazer as coisas mais insensatas e desarrazoadas. A perda do amor pode levá-las ao assassinato ou ao suicídio. Pouco há sobre a terra que tenha tamanho poder sobre a psique humana.

É claro que o tipo de amor ao qual estou me referindo é a relação simbiótica, a relação de mútua dependência na qual cada um preenche certas necessidades fundamentais do outro. Cada um é, por assim dizer, a outra metade do fruto da sorveira, e um sem o outro não chega a ser uma pessoa completa. O arquétipo do Andrógino está no cerne de boa parte da angústia que rodeia o amor, e em especial está ligado à emoção do ciúme, em que se insinua o medo de sermos separados daquele ou daquela cuja presença é necessária para completar a nossa própria personalidade – cuja presença, na realidade, é necessária para a nossa própria existência.

Platão não esqueceu de considerar o amante homossexual ao mencionar o tipo de necessidade ameaçadora e angustiada de uma pessoa pela outra. Ele prossegue o seu mito narrando que o homem e a mulher, separados um do outro na cisão do Andrógino Primordial, às vezes sofriam novas fragmentações. Quando os homens foram separados dos outros homens, criou-se uma raça de homens incompletos se não suprissem sua necessidade de se ligarem a um outro homem; e, da mesma forma, mulheres foram separadas das mulheres e criou-se a raça das Lésbicas. O mito responde a perguntas que fazemos no âmago do nosso ser; e responde-as com imagens arquetípicas provenientes de uma camada profundamente obscura do inconsciente coletivo. Proporciona-nos um certo fundamento para sabermos quem somos nós; mas um "saber" que não é nem culturalmente determinado e nem mesmo necessariamente o resultado das marcas da nossa infância. Deixando a teoria freudiana de lado, o desenvolvimento psicossexual processa-se de maneiras radicalmente diversas mesmo entre crianças sujeitas a relações primárias similares e que tenham sido criadas de maneira semelhante. Algumas delas, por exemplo, se tornarão homossexuais, algumas heterossexuais, outras bissexuais, e outras ainda assexuadas. Há bastante evidência indicando que o desenvolvimento psicossexual das crianças tem pouco que ver com a maneira como foram criadas. Cada criança reage aos acontecimentos conforme as particularidades da sua própria natureza; cada uma é um organismo destinado a apreender o mundo de determinadas maneiras, possuindo suas próprias potencialidades individuais para fazer face a ele.

Por mais único e singular que cada um de nós seja, existe uma certa configuração psicológica cujas imagens nos permitem deduzir a estrutura e a dinâmica da psique fundamental. Estas imagens nos vêm sob a forma de sistemas mitológicos, permitindo que compreendamos o funcionamento psicológico – assim como os sistemas anatômicos nos permitem compreender o funcionamento fisiológico. Isso não significa sugerir que psique e corpo são duas entidades distintas, mas sim que oferecem perspectivas diferentes, das quais podemos ver a nós mesmos e aos demais.

Uma idéia básica na história da consciência humana ficou evidente quando consideramos a capacidade da astrologia e seus mitos perdurarem: a de que o mundo que conhecemos e no qual vivemos não é senão o último de uma série de criações. E, se estudarmos outros sistemas mitológicos, notaremos um tema constante segundo o qual cada mundo subseqüente é de qualidade inferior ao que o precedeu. Vimos isso no sistema grego, que teria progredido da Idade Áurea para as Idades da Prata, do Bronze e do Ferro.

As estruturas mitológicas que conferem primazia ao princípio da androginia, tornando-o essencial para a criação, podem ser concebidas como atravessando quatro estágios bem determinados. Apresentá-los de maneira esquemática certamente não faz justiça à complexidade e beleza da mitologia, mas ajuda-nos a formar um arcabouço referencial para que a similaridade entre os mito-sistemas fique aparente. Reconhecer que vivemos num universo basicamente ordenado é inevitável; e, igualmente, que nós seres humanos possuímos a capacidade de perceber esta ordem – pelo menos no contexto de nossas limitações humanas. Somos impelidos a compreender melhor essa ordem universal, que é também a nossa, já que estamos sujeitos a seus princípios, como as estrelas também estão.

A estrutura quadripartida da mitologia é aproximadamente a seguinte:

I. O primeiro estágio refere-se a uma condição absolutamente incognoscível "antes que o Tempo fosse". Pouco se pode dizer sobre esse estágio, pois nada existia que possa ser nomeado. Tudo era vago e vazio, o *tohu-v'bohu* do Antigo Testamento, o estado "Mais obscuro que qualquer Mistério/O Portal de onde manaram todas Essências Secretas" do taoísmo.[2] Na Qabalah, o Incognoscível não pode ser nomeado, mas era referido como "véus de existência negativa que só podem formular idéias obscuras ainda não trazidas à existência".[3] A astrologia fala dos céus antes que houvesse qualquer noção de modelo ou processo. A alquimia parte de uma *massa confusa*, um caos desordenado. Sempre que o encontramos nos mitos, esse estágio refere-se ao que está além da "origem", além da "fonte" ou "causa primeira", além mesmo da própria causalidade. Nada é diferenciado, embora todas as potencialidades estejam presentes.

II. No segundo estágio, a Informidade coalesce-se em uma figura unificada, o "Todo no Todo", uma figura possivelmente abstrata na qual os contrários entremesclam-se – como na conhecida figura *t'ai chi* do taoísmo. Ou pode ser um Deus Criador, um Jeová emanando luz ou o Ancião dos Dias demarcando os céus e a terra com seu compasso. Ou ainda aquele estágio incipiente da alquimia chamado *nigredo*, no qual tudo é encoberto por uma escuridão prenhe de algo. Blake descreveu este estágio no seu mito da criação, *The Book of Urizen:*

> Eis que se ergueu uma sombra de horror
> Na Eternidade! Desconhecida, infértil,
> Em Si encerrada, tudo repelindo...[4]

III. No terceiro estágio, algo começa a agitar-se em meio à massa caótica, algo começa a adquirir forma, e sua natureza é, em princípio, andrógina. Inicialmente, a forma andrógina jaz dormente, inconsciente de conter o Dois no Um, e ainda mais inconsciente de sua potencialidade para a separação e a diferenciação. Nesse estágio há uma época de transição, descrita variadamente como Queda, banimento para os mundos inferiores, transmutação do espiritual no material ou degeneração de deuses em humanos. O *T'ai Chi* é visto como Yin e Yang. Os princípios celestes assumem as formas de uma variedade de imagens arquetípicas – o Homem Zodiacal sendo uma delas. Toda "existência" desenrola-se num "protomundo" que será o modelo para o mundo da Criação ainda por vir.

IV. A criação e o mundo criado que nós conhecemos e no qual vivemos pertencem ao quarto estágio, quando o Andrógino Primordial já caiu de sua esfera sublime à terra ou a figura andrógina já se cindiu em dois – e talvez depois em muitos – perdendo sua imortalidade e tornando-se finalmente humana. No mundo criado, macho e fêmea são separados em duas entidades claramente definidas, cada uma inconsciente dos atributos da "outra" – que, não obstante, permanece como uma parte oculta sua, exercendo uma tensão ou influência que é sentida como um anseio de reunificação. Todavia, por outro lado há também um movimento no sentido de despertar para a consciência, como uma possibilidade real, a tão esperada e tão ansiada reunificação.

Esta sucessão quadripartida de estágios é a base de toda uma panóplia de mitos. As clássicas narrativas da Grécia e do Oriente Próximo partem do Um e chegam ao Par Primordial, e daí a uma multiplicidade de divindades. Quando as mulheres e os homens passam a existir, as deusas e os deuses servem de modelo para os tipos caracterológicos dos seres humanos e para suas maneiras de agir.

No mito cultural judeu-cristão, os aspectos andróginos do Criador são reprimidos em favor de um Deus monoteísta e patriarcal. No mundo da Criação, o homem é feito à imagem desse Deus patriarcal – enquanto a mulher é reprimida ou relegada a uma posição secundária.

A astrologia reforça este modelo quadripartido: os mundos têm início em um princípio criador insondável; segue-se a fragmentação de seus poderes geradores de luz e de vida, que se tornam os corpos celestes; o surgimento do Homem Zodiacal vem em seguida, como o protótipo do ser humano; dá-se então o passo derradeiro, no qual os sexos – nos seres humanos – são finalmente separados. Platão recapitula algumas dessas idéias em termos que serão futuramente identificados como sendo da natureza do simbolismo psicológico.

Mencionaremos ainda outros sistemas e outros temas a fim de vermos como os estágios fundamentais do desenvolvimento da consciência humana são expressos em termos simbólicos. E, finalmente, iremos investigar experiências humanas contemporâneas que visam desenvolver a nossa própria consciência. Esta exploração poderá levar-nos a um entendimento mais claro da nossa natureza essencial e do ponto em que estamos em nosso processo de desabrochar pessoal. Veremos também como este processo volta-se sobre si mesmo, em recapitulações regressivas dos estágios anteriores – que jamais serão precisamente idênticos aos experimentados pela primeira vez, pois serão mais ricos e mais facilmente discerníveis.

É inevitável que quem estiver empenhado em explorar o futuro da consciência humana acabe fazendo a si mesmo as seguintes perguntas: O que nos aguarda agora que caminhamos para a tão ansiada conjunção dos contrários? Qual será o próximo avanço na consciência humana? O que acontecerá se começarmos a ler as histórias de como os deuses criaram o homem do ponto de vista "infernal", e assim percebermos que foram os seres humanos que criaram os deuses e que continuam a criá-los? Será que a psique humana poderá realizar o seu potencial montando uma cosmologia própria e suprindo-a com seus próprios deuses? Não estaríamos, na realidade, já fazendo isso? E, portanto, não seria prudente atentarmos mais para os nossos planos representacionais, os mitos, a fim de que não venhamos a cometer um número excessivo de erros terríveis?

11

A MÔNADA: YOD OU IOTA – A CONCEPÇÃO GNÓSTICA DA QUEDA

Uma Estrela brilhou nos céus. Três Magos do Oriente, três reis, todos eles astrólogos, deixaram seus reinos. Cada um trazia uma dádiva em mãos, seguindo os augúrios da Nova Era, a Era de Peixes.

> Este dia conferiu à terra um aspecto inteiramente novo. O mundo teria caminhado para a destruição se uma bênção daquele que agora nasceu não houvesse vertido para todos.
>
> Julga com reto juízo quem reconhece no natal o princípio de uma nova vida e de todas as potências da vida; findaram os tempos em que os homens lamentavam-se de terem nascido.
>
> A Providência, que tudo rege, concedeu a este homem dons tais para a salvação do mundo que ele será chamado Salvador – da nossa geração e das gerações vindouras. Às guerras ele porá fim, e condignamente estabelecerá todas as coisas.
>
> Seu nascimento confirma as esperanças de nossos ancestrais; não só ele superou as boas obras de uma época anterior, como é impossível que outro maior que ele possa jamais surgir.
>
> No dia do seu nascimento inicia-se uma nova era.

É isso o que se lê na mais completa epígrafe dos manuscritos descobertos recentemente na Ásia Menor e que foram escritos para comemorar a introdução do Calendário Juliano pelo imperador Augusto.[1]

Ao contemplar a imagem do Homem Zodiacal, vemos que ele parece sustentar-se sobre dois peixes – e nos recordamos do verso de Manílio, "E Peixes dá aos Pés proteção". A profecia dos astrólogos havia se realizado. Todavia, na cidade de Jerusalém, os hebreus, instruídos a não darem ouvidos aos prognósticos dos magos e adivinhadores, viraram o rosto, enquanto os homens do Oriente buscavam o caminho da manjedoura. Os Magos deixaram de sondar os céus, pois viram que a luz e a glória haviam descido à terra, e o seu brilho emanava da cabeça de um bebê semi-encoberto num bercinho de palha.

Embora nascida em Israel e descendente de uma longa linhagem hebraica que remontava ao rei Davi, a criança também ingressara num mundo pagão e politeísta repleto de todos os tipos de "seres" cujos poderes mágicos eram temidos e cujas forças tinham que ser enfrentadas. Estes seres – arcanjos, anjos, diabos e arquidemônios os mais variados – não eram parte da tradição judaica ortodoxa. Todavia, não estavam totalmente ausentes dessa tradição, pois pertenciam àquela parte que fora suprimida ou eliminada do cânone, provavelmente porque tais doutrinas eram semelhantes demais às dos adoradores dos "falsos deuses" dos quais os hebreus haviam tão decididamente se afastado. Os "falsos deuses" eram associados ao culto comum de princípios masculinos e femininos; conseqüentemente, qualquer indício de sua presença desalentava aqueles comprometidos com o primado patriarcal de "Deus, nosso Senhor, Rei do Universo".

No entanto, a presença destes seres pode ser entrevista nos livros secretos dos gnósticos egípcios que foram recentemente encontrados nos sítios arqueológicos de Chenobosquião, no Alto Egito. O *Hino da Alma* abaixo veio à luz num dos quarenta e quatro manuscritos do século III descobertos numa caverna:

> "Veja, Pai", disse Jesus, "como é perseguida pelo mal (a alma) que sobre a terra se afasta de Seu espírito. Ela busca fugir do odioso caos, mas não sabe como dele escapar. Para isso, Pai, envie-me! Eu descerei, trazendo comigo os selos, e atravessarei todos os éons. Eu desvelarei cada um dos mistérios; eu denunciarei as aparições dos deuses e, sob o nome de Gnose, transmitirei os segredos da senda sagrada."[2]

Nos dois primeiros séculos da era cristã surgiram muitas seitas, e criou-se a estranha e herege teologia denominada gnosticismo, cuja mitologia abordava questões que não eram tratadas pela nova religião. O gnosticismo não começou com o aparecimento da figura de Cristo; formas desta fé quase esquecida haviam existido no Egito antes da era cristã, associadas a Toth, o antigo deus egípcio que regia todas as artes e ciências sacerdotais. O gnosticismo, como a alquimia, tem raízes na filosofia hermética e, novamente como a alquimia, reconhece o mítico Hermes Trismegisto como seu fundador. Este "Hermes três-vezes-máximo" chegou até nós na linguagem mais ou menos platônica do *Corpus Hermeticum*, traduzido para o árabe e o latim. Embora os documentos originais tenham se perdido, não parece haver dúvida de que os textos que possuímos provêm de uma tradição genuína, não sendo de maneira alguma uma fabricação pseudo-arcaica dos gregos.[3] Os mitos do Oriente Médio e Próximo apresentam elementos semelhantes aos que aparecem na tradição gnóstica. Além disso, há também um ramo do gnosticismo judeu que preparou terreno para o desenvolvimento dos sistemas cabalistas de pensamento.

Se o cristianismo primitivo tinha uma sombra, então o gnosticismo era essa sombra. Uso *sombra* aqui no sentido coletivo, como Jung empregava o termo: "um problema moral que desafia toda a personalidade egóica",[4] e que quando aparece como um arquétipo força o ser humano a enfrentar "a rara e dilacerante experiência de contemplar a realidade do mal absoluto".[5] O cristianismo ensina luz e bondade, e a *separar* o terreno e profano do celestial e sagrado. Se o cristianismo nos fala de um Deus Único que envia seu filho unigênito à terra, os gnósticos misturam todos os elementos da Criação – até mesmo o aparecimento de Adão e de Cristo como o Segundo Adão – com insinuações de duplicidade, androginia e a problemática presença do princípio feminino. A doutrina gnóstica afirma que o Criador e suas obras foram maus. Aqui cruzam-se e conflitam as concepções dos mundos pagão, judeu e cristão. Mas não é um conflito aberto, já que o gnosticismo é uma doutrina herética, perigosa para os poderes da ortodoxia. Quem quiser estudar hoje o gnosticismo enfrentará provações e dificuldades, pois são muitas e confusas as versões das lendas e narrativas, quase todas em linguagem obscura ou cifrada, e das quais geralmente só restam fragmentos que não chegam a compor um quadro geral coerente. Mas é fascinante a leitura desses textos que mostram o quanto se preocupavam com o mal e a dissensão no mundo os filósofos, estudiosos e teólogos daquela época – uma época em que, supostamente, "as esperanças de nossos ancestrais" haviam sido confirmadas pelo nascimento do Messias.

Numerosos mitos gnósticos tratam da Criação e do mundo que antecedeu o homem na terra, mas todos eles seguem um esquema parecido: o modelo mitológico quadripartido que já observamos em outro contexto. O primeiro estágio é o Princípio dos princípios, sempre num Tempo além do tempo, quando havia uma Totalidade indescritível da qual só é possível se falar por metáforas. Jung cita um excerto de um documento gnóstico atribuído a Valentino, que diz: "No princípio, o Pai de Si mesmo (*Autopater*) continha tudo o que existe num estado de inconsciência." Em outra passagem, esta tirada de Hipólito, lemos que o "Pai" não só é inconsciente e carece da qualidade de ser – isto é, não é psique nem matéria – como não tem em si pares contrários, masculino e feminino, sendo portanto incognoscível ("*le Père. . . qui est dépourvu de conscience et de substance, celui qui est ni masculin, ni féminin*").[6] Embora não possua forma e não seja homem, é chamado de Homem, e o Homem é Tudo, a origem do Universo, não-criado, incorruptível, eterno.

No segundo estágio, a Totalidade concebe e gera uma Unidade, uma única mônada. Esta mônada, o Filho do Homem, era "simples e indivisível, e todavia composta e divisível, amando todas as coisas e em paz com elas, e todavia combatendo-as e guerreando consigo mesma; como se fosse uma harmonia musical contendo todas as coisas".[7] O Filho do Homem também é descrito pelos Naassênios, uma seita gnóstica, como um "ponto invisível", uma designação plenamente de acordo com a idéia de Mônada. O emblema da Mônada é o yod ou iota, sendo ela simples e não constituída de coisa alguma, e todavia constituída de muitas formas e de muitas partes. "O Filho do Homem é um *jot,** um *iota*, o ponto que vem das alturas, pleno e tornando plenas todas as coisas."[8] A relação entre a letra *iota* e o Absoluto incognoscível é a mesma que entre a letra hebraica *yod* na Qabalah e o Mistério dos Mistérios.

Farto é o simbolismo referente a este *ponto*, que é visto como o centro do qual provém o círculo que é a alma. O ponto é a imagem divina, e a alma cria o círculo circungirando a imagem divina. O ponto é também uma fagulha ínfima; é a centelha da alma no sêmen e no leite que vai aumentando e torna-se poder. Na alquimia, é o *punctum solis*, a essência mística na gema do ovo que se desenvolve num pinto. Para Gerhard Dorn, o alquimista filósofo, este ponto é o ponto de partida da Criação. Um ponto de luz é também o começo da possibilidade de Criação na Qabalah.[9]

* Neste ponto, ao escrever estas palavras, minha mente divagou enquanto eu tentava conceitualizar o misterioso *jot*. Meu inconsciente acabou por oferecer-me uma solução para o problema pois, ao datilografar o manuscrito, meu dedo escorregou e, em vez de "jot" eu bati "joy" (alegria, deleite, felicidade), o que certamente poderia descrever o Filho do Homem, aquele que é incorpóreo, sendo "constituído de absolutamente coisa alguma", e que no entanto é pleno e torna plenas todas as coisas.

Os gnósticos também concebem o Filho do Homem como *Aipolos*, o pólo (e também um trocadilho com a palavra grega para pastor de cabras, aquele que precisa estar atento em todas as direções). Novamente aqui temos a idéia de um ponto (pólo) que não possui existência real, mas em torno do qual toda a terra gira. Esta figura é simbolizada por Mercúrio, o eterno malandro, que possui essência mas que se esquiva de ser compreendido; e também por Proteu, o grande metamorfoseador, em quem todas as qualidades existem *in potentia*.

O Filho do Homem, tendo em si a potencialidade do Andrógino, torna-se o um através do qual um contrário passa a existir. Referindo-se ao tempo antes deste Deus cindir-se em suas metades masculina e feminina, vários mitos mencionam a autocópula. Numa narrativa egípcia da Criação lemos: "Eu, eu mesmo, uni-me a mim; com a mão cerrada, juntei-me a mim abraçando minha sombra e derramando a semente em minha boca, a minha própria. Dei nascimento à minha prole na forma de Shu, e minha umidade na forma de Tefnut."*[10] No mito, tudo isso se passa no plano da vida eterna. O princípio criador ainda é inconsciente, voltado para si mesmo; é o dragão urobórico que tem a cauda travada na boca e não pode se mover. Ainda não há uma criação terrena – e nem pode haver, pois um princípio criador sem um princípio destruidor para compensá-lo acabaria por inundar toda a existência. Enquanto a vida eterna for possível, nada pode passar a existir; a criação exige o sacrifício da imortalidade.

William Blake, profundamente influenciado por esta idéia gnóstica, escreveu:

> Assim, uma parte do ser é o Prolífico, a outra o Devorador. Ao Devorador parece que o gerador lhe está agrilhoado; todavia, não é assim: ele apenas toma porções de existência e concebe o todo.
>
> Mas o Prolífico extinguiria o Prolífico se ao Devorador, como ao mar, não coubesse o excesso de seus deleites.
>
> Dirão alguns: "Não é Deus o único Prolífico?" Eu respondo: "Deus apenas Age e É, nos seres ou Homens que existem."
>
> Estas duas classes de homens estão sempre sobre a terra, e devem ser inimigas: quem busca conciliá-las busca destruir a existência.
>
> A religião é uma tentativa de conciliá-las.[11]

À luz das heresias do gnosticismo, é-nos permitido refletir sobre as lendas e imagens que a fé ortodoxa rejeitou e excluiu. Diz-se que o pólo é o cubo da roda do mundo; e que a roda, ou o círculo que ela descreve, é a *anima mundi*, a Alma do Mundo. Ou a divisão em contrários é feita ainda de outra maneira: a Divindade emana de si uma luz celestial, de natureza feminina, que é a Sabedoria divina, denominada Sofia. Outros pares, ou *sizígias*, emanam da Divindade, podendo se reproduzir ao se unirem a seus contrários. Somente a Divindade faz existir outros poderes celestes sem qualquer ajuda, pois o Ente Supremo é completo em si mesmo, isto é, andrógino.

A Sofia Celeste, vendo isso, sente inveja e decide, como fizera o Pai Primordial, criar desacompanhada uma esfera celeste. Mas fracassa, e engendra um

* Quando, em minhas leituras, descobri este material, fiquei impressionada pela grande semelhança com os sonhos e fantasias masturbatórias apresentados pelas pessoas com as quais eu desenvolvia um trabalho analítico, pessoas que não tinham a menor noção dos paralelos míticos. (Veja Capítulo 21.)

monstro, chamado Ialdabaoth, que também é conhecido por Sacla (ou Saklas) e Samael (deus dos cegos). Este monstro tem a aparência de serpente e de leão, sendo metade fogo e a outra metade trevas. Sofia sente profunda vergonha do aborto que pariu, e o esconde numa nuvem de luz, para que nenhum dos poderes celestes possa vê-lo – exceto o espírito santo, a Mãe dos Vivos, também chamada Zoé. Ialdabaoth, que tomou da Mãe uma porção do poder celeste, torna-se o demiurgo do mundo inferior, criando o universo visível que nós conhecemos. Ao unir-se com a ignorância que tem em si, ele gera uma longa série de poderes para governar os firmamentos celestes e o abismo.

Esta fúria selvagem de criação parece uma paródia horrenda do mito da criação no Gênesis, pois quando Ialdabaoth finalmente vê completa a sua criação, ele, contemplando todos os anjos ao seu redor, exclama orgulhosamente: "Eu sou um deus ciumento e não há outro deus que não eu!" Entretanto, como ressalta o narrador destes mitos, Ialdabaoth admite com tais palavras a existência de uma divindade superior a si mesmo, pois de quem teria ciúmes se não houvesse outro deus?[12]

A narrativa toda é apresentada como uma revelação de Jesus – que não teria sido crucificado, pois trocara de lugar com Simão de Cirene, assumindo a forma deste. É Simão quem sofre a Paixão e é crucificado. Jesus volta para transmitir certos ensinamentos adicionais a João e a alguns outros de seus seguidores. A lastimável criação da esfera terrena está consumada, de acordo com este mito, e a Obstinação fez com que Sofia perdesse todos os seus poderes luminosos. Ela então arrepende-se amargamente. Após treze lamentações distintas, suas lamúrias e seu arrependimento atingem afinal a esfera do Altíssimo, que se apieda de seus sofrimentos e, compadecendo-se do mundo que adquiriu existência através do orgulho de Sofia, envia seu Filho, o Cristo, à terra para redimi-la.[13]

Numa outra versão da narrativa gnóstica da criação, Sofia, na forma de uma pomba, desce às águas sob o firmamento e gera "Saturno, que é idêntico a Iahweh".[14] Saturno é também chamado de "*sol niger*" (sol negro) na literatura alquímica, mas aqui é o Homem Primordial. Traços da mitologia grega estão evidentes neste motivo criacionista, o da pomba que paira sobre as águas. E nos lembramos também da lenda do banimento de Saturno (Cronos) para as regiões infernais onde o novo rei (Zeus) assume o poder.

De acordo com Santo Hipólito, Simão Mago chamava o Homem Primordial de *arsenothelys*, "macho-fêmea".[15] Quando *Nous*, a representação gnóstica da sabedoria instintiva, contempla seu reflexo nas profundezas abissais, ele mergulha e é feito prisioneiro pelo amplexo da *Physis*, a matéria.[16] *Nous* torna-se então a força demiúrgica responsável pela criação do mundo material. Temos aqui uma alternativa para a concepção judeu-cristã do Gênesis, segundo a qual um Deus criou o mundo e tudo o que há nele, e viu que a sua criação era "boa". Para os gnósticos, o Príncipe das Trevas era responsável pelo mal no mundo, fosse como um adversário de Deus, fosse como o elemento necessário para completar a imagem divina tradicional. Deus, enquanto Homem Primordial, não importa se Deus da Luz ou Príncipe das Trevas, é de qualquer maneira *arsenothelys*. Esta palavra é formada do grego *arsen* (macho-masculino)[17] e *thēlē* (mamilo-teta). *Thē* em grego é equivalente a *fe* no latim, como em "fêmea".[18] Portanto, o homem, o Adão terreno, ao despontar à imagem do seu Criador, tem de ser andrógino.

Os Naassênios, seita gnóstica que tomou seu nome de *Naas* (ou *Nahasch*, "serpente" em hebraico), também sustentavam que o Fundamento do Ser, o Homem Original, é o Adão Andrógino. A serpente do Éden é vista como herói, e não como vilão, pois revelou os segredos da Árvore do Conhecimento que um Ialdabaoth ciumento escondera de Adão e Eva. O casal torna-se sexuado, e portanto humano, somente quando Eva é tirada da costela de Adão e ele pode estabelecer uma relação com ela. O drama cósmico dos Naassênios contém três elementos, como mostra Eliade:

> (1) o Logos preexistente, uma totalidade divina e universal; (2) a Queda, que provocou a ruptura da Criação e o início do Sofrimento; (3) a vinda do Salvador que, por sua unidade, reintegrou os incontáveis fragmentos que constituem o nosso Universo. Para os Naassênios, a androginia é um momento num vasto processo de unificação cósmica.[19]

Um fragmento do documento gnóstico intitulado *Pequenas Inquirições de Maria* e citado por Epifânio, mostra como Cristo, o "Segundo Adão", é incluído na órbita do simbolismo sexual através de uma história análoga à do Adão edênico. Cristo teria levado esta Maria ao topo de uma montanha onde, diante de seus olhos, gera de si mesmo uma mulher, com a qual passa a manter relações sexuais. Se este simbolismo rude ofende hoje a nossa sensibilidade, não é difícil imaginar o efeito que deve ter tido sobre os cristãos dos séculos III e IV. O autor do texto certamente estava ciente disso, pois escreve que Maria ficou tão chocada com o que vira que tombou ao chão, desfalecida.[20]

Jung sugere que o simbolismo desta lenda talvez tenha se originado em uma experiência visionária, e cita João 3:12 para deixar claro que não devemos interpretá-la literalmente. Quando Maria interroga Cristo sobre o que acontecera, ele responde: "Se eu lhe falei de coisas da terra e você não acreditou, como acreditará se eu lhe falar das coisas do céu?"* Cristo está dizendo a Maria que

* São essas as palavras de Cristo em João 3:12. Só que no evangelho Cristo está respondendo a perguntas feitas por Nicodemos, um mestre fariseu, sobre uma ampla gama de assuntos (N. T.).

se trata de um mistério espiritual, não por ser um arcano que ele deva esconder, mas porque seu significado permanece oculto para a consciência. Ao gerar de si mesmo uma mulher, Cristo não só está desempenhando o papel do Deus-Criador do Gênesis, como também está demonstrando sua androginia de uma maneira vigorosa e dramática. A cisão do Homem Original em marido e mulher significa a possibilidade de adquirir consciência mediante a conjunção dos contrários em nosso próprio ser. É isso que Maria vê na sua visão: a feminilidade equilibrante precisa ser vivenciada emocionalmente para compensar aquilo de que ela carecia na masculinidade pura e deificada de Cristo.[21]

Como a figura de Cristo é aqui claramente andrógina, como o é em toda a iconografia medieval, Jung pergunta-se por que então a necessidade de o Cordeiro contrair núpcias com a Igreja? Por que este matrimônio sagrado é necessário se o próprio ser de Cristo já inclui o feminino?[22] Uma resposta pode ser entrevista em diversos versículos de um outro documento gnóstico, o *Evangelho de Tomé*, dos quais citarei dois aqui:

> 22
>
> Jesus viu crianças sendo amamentadas. E disse a seus discípulos: "Essas crianças de peito são como aqueles que entrarão no Reino."
>
> Eles lhe perguntaram: "E nós, como crianças, entraremos no Reino?" Jesus respondeu-lhes: "Quando tornarem o dois um, e o interior como o exterior e o exterior como o interior, e o que está em cima como o que está embaixo, e quando tornarem o masculino e o feminino uma coisa só, de tal modo que o masculino não seja mais masculino, nem o feminino, feminino, . . . então haverão de entrar [no Reino].[23]
>
> 114
>
> Simão Pedro disse então aos discípulos: "Que Maria se afaste de nós, pois as mulheres não são dignas da Vida." Jesus respondeu: "Eu mesmo a guiarei, para que se torne homem e também venha a ser um espírito vivente, semelhante a vocês homens. Pois toda mulher que se fizer homem entrará no Reino dos Céus."[24]

O Cristo concebido no *Evangelho de Tomé* é um Cristo Vivo, sempre no processo de transformação, além de ser o agente da transformação para outros. A chave para se compreender a androginia está em reconhecer que a androginia não é um estado a ser alcançado; androginia é um ideal a ser buscado e uma maneira de viver pela qual a energia possa ser direcionada proveitosamente. É o ato de nos tornarmos mais conscientes e, portanto, mais íntegros – pois somente descobrindo e redescobrindo nós mesmos em *todos* os nossos muitos aspectos é que ampliaremos o alcance e a qualidade da nossa consciência.

O gnosticismo é um sistema complexo e intricado. Nós mal tocamos na superfície de alguns dos seus motivos diretamente pertinentes ao nosso tema. A razão de eu haver mencionado esse material obscuro, sabendo que teria que tratá-lo da maneira mais sumária, é que me pareceu importante verificar como o gnosticismo preocupou-se em dar explicações, racionalizações e mesmo dramatizações elaboradas para tentar justificar a existência no mundo de princípios que as tradições religiosas ortodoxas não explicam ou simplesmente evitam. Entretanto, pelo que pude determinar, os gnósticos não pretenderam participar do mundo e nem expressar sua doutrina mudando diretamente a vida das pessoas.

Mas para nós, que estamos interessados não apenas no problema abstrato da androginia mas também no processo de integrar seus princípios diretamente em caminhos capazes de ampliar nossas energias e enriquecer nossas vidas, será importante considerar como os contrários eram efetivamente *unidos em um sistema prático exeqüível*. Tal sistema teria que envolver as percepções do gnosticismo e também as idéias que se desenvolveram sob a influência da mística astrológica. Estou falando da alquimia, uma "ciência" sábia demais ou ingênua demais para excluir o elemento espiritual dos recipientes herméticos nos quais sua obra era realizada.

12

A PEDRA FILOSOFAL DA ALQUIMIA: O ANDRÓGINO APRISIONADO NA MATÉRIA

O gnosticismo é *Mater Alchimica*, a Mãe da Alquimia. Passar da gnose para a alquimia significa que *Nous* desceu do espaço celeste, seja sob a forma de uma pomba ou de uma serpente, sendo como que abraçado pela *Physis*. Pomba ou serpente, não importa, já que ambas são "pré-formas" de Cristo; e Cristo é o símbolo que representa uma das metas explícitas do processo alquímico. Os alquimistas, que eram filósofos, nunca olvidaram a ligação entre o mundo do espírito e o mundo da matéria. Mas a eles não bastava ter apenas gnose; tinham que ir além do mero conhecimento das doutrinas referentes aos misteriosos mundos metafísicos. Era-lhes necessário realizar uma obra alquímica, a *opus*. A especulação teria de ter um equivalente na matéria. Todo o segredo do processo pelo qual a opus é realizada pode ser encontrado nos mesmos ensinamentos de Hermes Trismegisto que inspiraram os adeptos do gnosticismo, e estão contidos na famosa Tábua de Esmeralda, cujo texto surge pela primeira vez nas obras de Jabir ibn Hayyan, um dos primeiros autores da alquimia ocidental:

> Não falo do que é falso, mas do que é certo e verdadeiro.
>
> O que está embaixo é como o que está em cima, e o que está em cima é como o que está embaixo, para que se consume a maravilha da coisa única.
>
> Assim como todas as coisas provieram da palavra de um Ser, também todas as coisas provieram dessa única coisa por adaptação.
>
> Seu pai é o sol, sua mãe a lua; o vento a embala em seu ventre, sua ama é a terra.
>
> É o pai da perfeição em todo o mundo.
>
> O poder será pleno se se transformar em terra.
>
> Separe a terra do fogo, o sutil do bruto, agindo com prudência e discernimento.
>
> Ascenda da terra ao céu e desça novamente à terra, recolhendo todo o poder das coisas superiores e inferiores. Assim obterá a glória do mundo inteiro, e a obscuridade afastar-se-á para longe.
>
> Isso possui mais força que a própria força, pois conquistará todas as coisas sutis e penetrará todas as coisas sólidas.
>
> Assim foi o mundo formado.
>
> Disso procedem maravilhas, que são aqui estabelecidas. . .[1]

Assim começa uma obra em que *aquilo que está embaixo deve tornar-se como aquilo que está em cima*, uma obra na qual o ser humano deverá realizar em si mesmo e no seu trabalho o aprimoramento da natureza e da matéria combinando-as com a essência do espírito. Se de um lado os alquimistas trabalhavam com coisas materiais, de outro eles também lidavam com almas. Seu trabalho sempre teve um aspecto e uma aparência de dualidade, sendo expresso numa linguagem tal que havia sempre uma descrição aparentemente prática e simples, além de uma outra descrição simbólica fantástica. Se, como implicava a doutrina gnóstica, a matéria é grosseira e indigna, e se o espírito está enclausurado na matéria, cabia àqueles que estavam cientes disso empregar todos os meios possíveis para libertar o espírito da sua servidão. Entretanto, preocupar-se *apenas* com o espírito seria revelar nada compreender, já que os homens e as mulheres são desta terra: não há como evadir a corporalidade. Portanto, os alquimistas dedicavam-se a trabalhar com os materiais da terra, procurando aperfeiçoar sua alma no curso desse processo.

Entretanto, essa dualidade era mera aparência, pois o que eles buscavam a longo prazo era sintetizar uma visão unitária de mundo na qual os fatos físicos e as experiências místicas teriam igual validade, desempenhando um papel igualmente importante nos acontecimentos do mundo. Mas não tiveram êxito. Conseqüentemente, acabou-se tendo duas visões de mundo: uma racional, lógica e científica, e a outra mística, intuitiva, artística e religiosa. As polaridades que caracterizam a Era de Peixes baseiam-se, em grande parte, na oposição destas duas concepções.

Se aceitássemos os estereótipos tradicionais que têm caracterizado a imagem do masculino e a imagem do feminino, poderíamos dizer que a natureza da visão racional-científica de mundo era mais "masculina" e que a visão místico-intuitiva era mais "feminina". Mas poderíamos igualmente dizer que a primeira era mais "criativa" e a segunda mais "receptiva", ou que a primeira era mais "ativa" e a segunda mais "passiva", ou ainda que a primeira era mais "extrovertida" e a segunda mais "introvertida". O ponto importante a ressaltar é que, para termos uma visão completa de algo ou uma abordagem holística a qualquer problema, temos que trabalhar com os pares de contrários e descobrir alguma maneira de provocar um confronto ativo entre eles. Assim como um homem ou uma mulher não pode procriar sem a participação do outro, e como nem mesmo um deus ou deusa da mitologia era capaz de criar um mundo material sem a ajuda de algo com que se relacionasse (mesmo que fosse a sua própria emanação ou um vento que soprasse em seu ser informe), absolutamente nada pode ser criado ou transformado sem que se recorra ao princípio da oposição. Quando usarmos os termos "masculino" e "feminino" em nossa discussão da obra alquímica, será importante ter em mente que o fazemos simbolicamente, ou seja, representando qualidades opostas e muitas vezes conflitantes da natureza; não se pretende meramente descrever as qualidades sexuais dos seres humanos. Era no espírito de consumarem a união dos contrários que os alquimistas concebiam a *opus*, dizendo: "Não fosse a terra em nossa obra, e o ar se esvairia, o fogo não seria alimentado e a água não teria seu recipiente."[2]

O que contrabalançou a influência gnóstica na história incipiente da alquimia foi a linha de pensamento pré-socrático que culminou em Aristóteles. Embora este corpo de idéias também contivesse muita especulação, era consideravelmente mais fundamentado na experiência humana e na observação dos fenômenos naturais. A concepção cosmogônica desta linha tem características em comum com outras que já discutimos. Acreditava-se ter existido antes da Criação uma caótica substância primeira, que na alquimia era referida como *prima materia*. Esta *prima materia* só teria adquirido existência ao receber uma forma. Da maneira como Aristóteles a definiu, forma significa não apenas contorno, precisando ser definida também em termos de calor e frio, de secura e de umidade – estando de acordo com o modelo que observamos ao discutirmos os atributos da astrologia. As quatro qualidades eram divididas em dois pares de contrários: calor-frio e secura-umidade. Colocadas em forma de cruz, elas formam uma conjunção de contrários. A recombinação desses contrários cria, por sua vez, os quatro elementos, que forma outra conjunção de contrários:

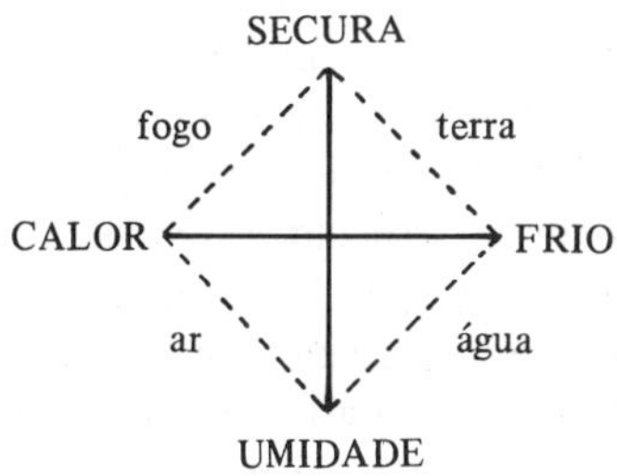

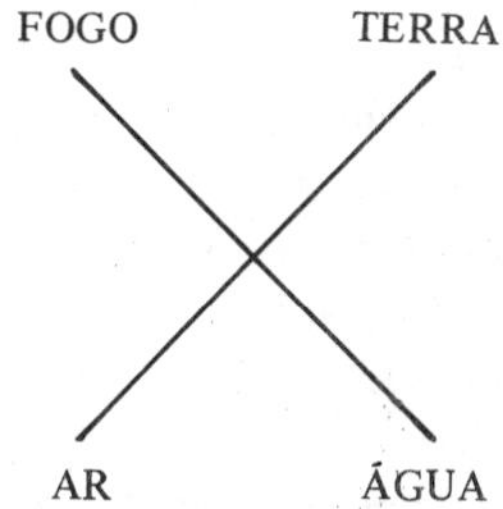

Aristóteles propusera que, em cada um desses elementos, um dos seus dois componentes predominava. Por exemplo, no fogo, o calor predominaria sobre a secura; na água, a umidade predominaria sobre o frio. Todas as coisas vivas seriam compostas de quantidades variadas de todos os quatro elementos em diversas combinações. Acreditava-se que, substituindo-se uma das suas qualidades por outra, um elemento poderia ser transmutado em outro. O problema da transmutação das substâncias parecia perfeitamente razoável aos antigos, faltando apenas descobrir a técnica para tal, e uma melhor compreensão das condições apropriadas para a obra. Os alquimistas perceberam algo que a física só veio a redescobrir neste século: que a pessoa do experimentador não pode deixar de ter uma profunda influência sobre o experimento. Os alquimistas também sustentavam que todos os metais da terra têm a potencialidade de "madurarem" em ouro. A presença do espírito na matéria era o agente transformador capaz de tornar isso possível. O trabalho dos alquimistas era dirigido no sentido de acelerar o processo pelo qual o espírito se libertava da matéria. O que se fazia necessário era, em primeiro lugar, obter a partir dos metais com os quais trabalhavam a substância original, a *prima materia*.

Ostensivamente, eles trabalhavam com os metais, a substância material da sua obra. Cada metal mantinha uma correspondência com um dos planetas e, portanto, no entendimento dos alquimistas, tinha uma afinidade com os poderes planetários: o ouro com o sol, a prata com a lua, o cobre com Vênus, o mercúrio com Mercúrio, o chumbo com Saturno, o ferro com Marte e o estanho com Júpiter. Como podemos imaginar, naqueles dias em que a astrologia estava em plena florescência, cada uma destas designações simbólicas evocava uma variedade riquíssima de imagens. A terminologia mitológica sugeria processos em que o próprio material em si representava para os alquimistas o funcionamento de todo o universo, proporcionando-lhes ainda uma descrição das experiências interiores do homem, o microcosmos.

Os alquimistas acreditavam que a idéia da transmutação dos metais comuns em ouro seria mais respeitável aos olhos da igreja e da sociedade em geral do que a idéia de transformar a personalidade humana de tal maneira que certas "pessoas realizadas" adquirissem poderes espirituais superiores. Havia na arte alquímica algo de sub-reptício, pois a tarefa de aperfeiçoamento espiritual não era província exclusiva dos padres e ministros designados pela igreja? Não é, portanto, compreensível que os alquimistas tenham desenvolvido suas atividades sob a cobertura de uma operação prática e potencialmente útil, de modo que a verdadeira obra – que poderia parecer ameaçadora ou perigosa para as autoridades – pudesse ser realizada sem perturbações?

Não se tratava, no entanto, de considerar a matéria sem importância. A matéria era o meio, o veículo, em que o processo se desenrolava, e a maioria dos alquimistas ocupava-se em trabalhar com as substâncias materiais no *laborium*, mantendo-se ao mesmo tempo ciente dos aspectos espirituais da sua obra. Somente alguns se concentravam exclusivamente no aspecto espiritual da obra. O alquimista Gerhard Dorn, chamando a atenção justamente para a importância do aspecto espiritual da obra, advertiu que quem pretendesse conhecer a arte química deveria estudar a "verdadeira filosofia" e não a filosofia "aristotélica".[3] Ele insistia que "a substância arcana [a alma] é uma e a mesma, esteja dentro do homem ou fora dele".[4]

É difícil acompanhar a história da alquimia, pois os alquimistas exigiam segredo a fim de assegurarem sua sobrevivência política. Seus ensinamentos, consoantes com suas crenças, pretendiam libertar o indivíduo dos falsos conceitos e das idéias preconcebidas. Se declaradas abertamente, as concepções libertárias dos alquimistas teriam despertado a oposição da igreja instituída. (Não seria muito diferente do que ocorre nas instituições estabelecidas modernas quando um movimento de liberação de algum estereótipo convencional começa a ganhar impulso.) Como resultado de todo esse esoterismo e do obscurecimento das suas verdadeiras metas, os esforços da alquimia foram em grande parte relegados pelo grande público. Não tanto porque as pessoas temiam as conseqüências de uma alteração radical nas estruturas físicas e psíquicas do seu mundo, mas porque entendiam o processo alquímico no sentido *literal* e não *simbólico* e, portanto, julgavam que muito esforço estava sendo despendido numa esperança fútil e impossivelmente pretensiosa.

Por trás da sua cortina de fumaça, o trabalho dos alquimistas florescia. Enquanto uma população iludida insistia que nenhum ouro saía do *laborium* em que a *opus* era realizada, os alquimistas partilhavam entre si o preceito de que "o nosso ouro não é o ouro comum", querendo com isso dizer que sua obra era dirigida à obtenção do "ouro dos Filósofos" – que não era a perfeição da matéria, mas do espírito. A matéria era ao mesmo tempo a metáfora e o veículo do processo de transformação.

Se os metais pudessem ser decompostos em seus elementos (terra, ar, fogo e água), se os elementos pudessem ser decompostos em suas qualidades predominantes (calor, frio, umidade, secura) e se essas qualidades pudessem ser isoladas e em seguida recombinadas, seria possível fazer as substâncias retornarem à sua *prima materia* original. Vem daqui um elemento da teoria alquímica capaz de perturbar qualquer um que creia num Deus Criador com o poder de governar o universo e dirigir o curso da vida humana. A intenção dos alquimistas, ou assim muitos acreditavam, era obter controle da matéria primeira e recombiná-la de maneira a obter substâncias de sua própria escolha e concepção. Em outras palavras, eles iniciariam o seu próprio processo de criação – embora, é claro, tivessem o cuidado de invocar a ajuda de Deus a cada instante, deixando explícito que não pretendiam realizar sozinhos essa obra e reconhecendo a necessidade de estarem em harmonia com a Sua natureza e os Seus desígnios. Não obstante, os alquimistas também admitiam que sua obra era uma *opus contra naturam*. Na realização dessa monumental tarefa, eles denunciavam constantemente a *hubris*, o pecado do orgulho cometido contra os deuses – cientes, talvez, do destino infeliz de Sofia. Todavia, num certo sentido, os alquimistas estavam se submetendo aos mesmos riscos enfrentados pela emanação feminina da Divindade quando decidiu arriscar-se a um experimento próprio de Criação.

Os alquimistas costumavam referir-se ao seu método como uma arte "espagírica", uma palavra composta de dois termos gregos significando "arrancar" ou "separar" e "reunir" ou "juntar". Portanto, o processo associava o que hoje conhecemos na química como método analítico e método sintético. Os termos "analítico" e "sintético" também são empregados por C. G. Jung na psicoterapia. Jung denominava esforço "analítico" àquele aspecto do processo terapêutico que requer a redução dos complexos e da sintomatologia a seus componentes originais – por exemplo, os traumas sexuais da primeira infância. À nova recombinação da matéria primordial da psique, usando como componentes estruturais os elementos arquetípicos ou fundamentais, Jung dava o nome de método "sintético". O primeiro seria comparável à tarefa de extrair ouro do minério; o segundo, à refinação e síntese de substâncias purificadas pela combinação dos elementos.

Trata-se novamente do processo de trabalhar com pares de contrários: a manipulação dos contrários é parte da técnica para se alcançar a integração. Ou, como descreveu Ralph Metzner: "A análise investiga, penetra, decompõe; ela é uma função masculina, dinâmica. A síntese contém, combina, encerra; é uma função magnética feminina. A fusão inicial das energias masculina e feminina, conhecida como *conjunção*, é o processo central da alquimia."[5]

É importante ressaltar que a combinação de princípios "femininos" e "masculinos" envolvia não apenas os materiais utilizados* e o modo como o trabalho era desenvolvido, mas a própria obra alquímica em si, que era realizada por um homem e uma mulher: o adepto e a sóror. Isso nos remete mais uma vez à imagem cabalista do rei e seu arquiteto iniciando e executando a Criação como um projeto impossível de empreender sem a participação de ambos. Gravuras que retratam a arte alquímica costumam mostrar o homem à direita e a mulher à esquerda executando as diversas operações num recipiente colocado entre os dois. O processo é conhecido como "casamento alquímico" e desenvolve-se em diversos níveis de entendimento.

O âmago do processo é a utilização da *prima materia*, simbolizada pela figura problemática de Mercúrio, em quem todas as coisas supostamente se com-

* Cada metal tinha uma associação masculina ou feminina, que correspondia aos poderes planetários: ouro-sol-masculino, prata-lua-feminino, cobre-Vênus-feminino, ferro-Marte-masculino, e assim por diante.

binam e em quem os contrários estão presentes desde o início do processo – ainda que não estejam diferenciados. Portanto, o fundamento da *opus* é uma substância desconhecida que, no entanto, é designada por muitos nomes, alguns químicos, outros mitológicos – tais como: "animal da terra e do mar", "caos", "maldito de Deus", "adâmica", "mônada", "mar", "mãe", "lua", "dragão", "microcosmos" – que também possuem a qualidade da ubiqüidade. Jung cita Anaximandro:

> A vocês, filhos da doutrina, faço conhecer que o princípio de todas as criaturas é uma certa natureza primeva, eterna e infinita, que tudo inventa, tudo concebe e tudo rege, e cujos [aspectos] ativos e passivos são conhecidos e reconhecidos somente por aqueles a quem foi conferido o conhecimento da arte sagrada.[6]

Mercúrio, também denominado Hermes, é não somente o receptáculo da *prima materia* e o seu símbolo, como é também o agente de transformação. Do ponto de vista psicológico, ele representa a interferência da consciência que, ao passar a existir, deixa mais claro para nós o nosso próprio potencial discriminativo e avaliativo, além de preparar o terreno para reformarmos a matéria-substância-idéia. Mercúrio muitas vezes é retratado como um hermafrodita, imagem que visa refletir a natureza da Divindade, que é o "Todo no Um". O mítico mestre Hermes Trismegisto, ao revelar seus segredos a Asclépios, diz: "Deus não tem nome, ou melhor, possui todos os nomes, pois ele é ao mesmo tempo o Um e o Todo. Infinitamente repleto com a fecundidade de ambos os sexos, ele continuamente faz nascer todas aquelas coisas que planejou criar." O jovem deus curador então pergunta: "Dizes então, ó Trismegisto, que Deus possui os dois sexos?" "Sim, Asclépios, e não somente Deus, mas todos os seres animados e vegetais."[7]

Os elementos com os quais os alquimistas trabalhavam eram concebidos através da sombria refração do símbolo e da metáfora como construções ou sínteses bipolares: "Sol-lua", "enxofre-sal", "rei-rainha", "céu-terra", "fogo-água", "vivo-morto", "claro-oculto" e, evidentemente, "masculino-feminino". O processo desenrolava-se em estágios freqüentemente descritos como "morte", "tortura", "expiração" ou "dissolução", cujo objetivo era decompor a matéria de volta ao seu estado original. O trabalho da alma era uma parte integrante, ainda que nem sempre declarada ou bem compreendida, do processo – o que implicava na necessidade de um profundo compromisso com o trabalho, na subordinação das preocupações meramente pessoais ou do ego (o equivalente psicológico de uma visão telúrica de mundo) e na concepção de si mesmo como parte essencial do universo. A imagem que se deveria ter presente era a de que qualquer ato de qualquer pessoa possui um efeito sobre o todo, alterando o delicado equilíbrio que mantém o universo em movimento. Os alquimistas, portanto, consideravam imprescindível conduzir seu trabalho e suas vidas, que na realidade eram a mesma coisa, como se a salvação do mundo dependesse disso.

A decomposição das substâncias na *prima materia* deveria levar ao estágio chamado *nigredo*, caracterizado pela total escuridão do caos original. É um período de destruição e desespero, mas absolutamente essencial para o processo. Possui paralelos na literatura mística, como a "noite escura da alma", e na mitologia, como a descida ao submundo ou a viagem noturna no ventre de um monstro marinho. A *nigredo* é também semelhante ao que alguém em profunda depressão sente, seja por estar sofrendo de alguma enfermidade física, seja por estar acometido de um cansaço da alma. É o fundo do poço, onde a desorientação, a debilidade e a desesperança são a qualidade da vida. Muitas vezes, é esta a condição das pessoas que buscam a ajuda de um psicoterapeuta. O tipo de cura que buscam é o que a palavra *healing* [cura] significa essencialmente, isto é, "tornar-se íntegro [*whole*]".

Isso requer um processo de purificação, que os alquimistas denominavam *albedo* – clarificação, embranquecimento. Não se tratava de um único processo, mas de muitos, envolvendo repetidas separações, secamentos, umedecimentos, dissoluções, coagulações, fermentações, combinações, novas separações, e isso muitas e muitas vezes. A finalidade deste estágio era provocar uma condição em que uma nova união pudesse ocorrer entre os contrários que haviam sido decompostos através das operações personificadas por Mercúrio.

O equivalente psicológico da *albedo* é o sofrimento e a agonia que a alma sofre quando seu modo de vida já não corresponde à realidade total da psique. A vida se torna uma mentira, ou passa a ser vista como destituída de valor ou significado. Torna-se então necessário examinar cada aspecto do nosso ser, por mais doloroso que possa ser esse exame. Não encontrei imagem mais verdadeira da agonia que isso acarreta do que a de Blake em *The Four Zoas.** Depois da Queda, o Homem separa-se do seu aspecto feminino, da sua "Emanação", e, pálido e trêmulo, exclama:

> Por que hás de Examinar cada ínfima fibra de minh'alma,
> Estirando-as ao sol como hastes de linho a secar?
> Lindo é o gáudio infantil, mas sua anatomia
> Horrível, Hedionda e Mortífera; nada nela encontrarás
> Senão Morte, Desespero e Eterna Melancolia.
> Enlouquecerás com o horror, se Examinares assim
> Cada momento de minhas horas secretas. Sim, eu sei
> Que pequei, e que minhas Emanações se prostituíram.
> Já me perturbam as suas proezas, se as contemplar
> Um pouco mais, o Desespero trará a mim mesmo morte à minh'alma.[8]

O recipiente onde se dá o processo alquímico é o caixão do velho rei impotente – que, ao mesmo tempo, é capaz de tornar-se o útero no qual a nova semente irá germinar e onde a ressurreição será possível. Novamente, Blake fala do Homem Primordial:

> Cantai
> Sua queda na Divisão e sua Ressurreição na Unidade
> Sua queda na Geração de decadência e morte, e sua
> Regeneração pela Ressurreição dos mortos.[9]

A fase sintética do processo psicológico de cura é análoga à parte do processo alquímico que faz a "Ressurreição" parecer possível. O sofrimento decor-

* Nos poemas de William Blake, *Zoas* são quaisquer das figuras simbólicas que representam os elementos espirituais do ser humano. Seu nome vem do grego *zoé*, "vida" (N. T.).

rente da desintegração espiritual ou física proporciona o vigor e os meios para se destilar uma nova orientação para a vida. O indivíduo que vive a vida de uma única perspectiva, a da consciência, acaba por tombar face à violenta investida do inconsciente ou do seu oposto desconhecido. O longo processo de apaziguamento com as forças inconscientes no interior da psique, se for levado a cabo sob os augúrios da boa fortuna, da graça e das condições apropriadas, fará com que finalmente seja alcançado um lugar onde algo novo pode ser concebido.

Em linguagem alquímica, isso pode ser expresso como a conjunção do enxofre e do sal. O enxofre, caracterizado como masculino, está ligado ao sol. O alquimista Dorn afirmou, "A semente masculina e universal, a primeira e mais potente, é o enxofre solar, a parte inicial e a causa mais potente de geração",[10] conhecida também por "esperma homogêneo", "fogo vivo" e por inúmeras outras designações. O sal é geralmente caracterizado como feminino, vindo do mar, cujas marés estão sob a influência da lua. A importância do princípio feminino como parceira do processo fica evidenciada na afirmação, "aquele que obra sem sal retesa um arco sem corda".[11]

A conjunção dos contrários, sob a influência da figura de Mercúrio, faz acontecer uma nova união alquímica. Os contrários se diferenciaram e as substâncias recém-formadas foram purificadas: no que tange ao aperfeiçoamento da alma humana, seja através da meditação ou por meio de um trabalho psicológico, isso corresponde à diferenciação das diversas qualidades que constituem a nossa personalidade. Significa que somos capazes de distinguir a idéia que fazemos de nós mesmos das auto-imagens que construímos para nos conformarmos com o que imaginamos ser as expectativas de nossos pais, as exigências da vida ou a nossa função na sociedade. Significa pôr um fim à confusão entre aquilo que somos essencialmente e os envoltórios adaptativos com que cobrimos nosso rosto para nos protegermos dos riscos e ameaças normais da vida cotidiana. Esse invólucro, ou *persona*, como Jung a chamou, é tão absolutamente necessário quanto roupas numa tempestade de inverno. Mas é igualmente necessário que saibamos que a *persona* pode ser removida, e que o nosso ser, ainda que vulnerável, é perfeitamente capaz de se expor naquelas situações em que a intimidade pessoal se mostra possível.

Um segundo aspecto do equivalente psicológico do processo alquímico surge quando encaramos a nossa *sombra* pessoal, que, em suas tão profundas trevas, nos traz a imagem da *nigredo*. Vemo-nos aqui face a face com nossas vergonhas e culpas, e com os aspectos malignos da nossa natureza, e os reconhecemos como nossos. Mas não precisamos chafurdar na putrefação de nossos excessos e limitações. Pelo contrário, devemos trabalhar com eles até que os tenhamos aceito como realidades da nossa natureza – e não como patologias – e tenhamos feito o melhor possível com eles. A *nigredo* termina por clarear; a vida acaba se iluminando.

Um terceiro aspecto do equivalente psicológico da alquimia é o longo e complicado processo de descobrir o "outro contrassexual" que há em nós mesmos. Um homem tende inicialmente a encontrar sua feminilidade na mulher que admira, vendo "o feminino" personificado nela. Sua primeira tendência é permitir, ou mesmo esperar, que ela viva por ele essa feminilidade. Isso não significa apenas esperar que ela desempenhe as funções que o seu grupo na sociedade atribui às mulheres; nem significa esperar que as reações emocionais da mulher sejam mais meigas e ternas do que as que seriam apropriadas aos homens. Em algum ponto do processo de alcançar a plenitude do seu ser, o homem terá de remover essas expectativas da mulher ou mulheres da sua vida. Isso não significa dizer que uma mulher não deva agir da maneira dita "feminina", mas sim que o homem precisa deixar de *esperar* isso dela. A mulher tem de ser, e possui todo o direito de ser, a pessoa que ela é; e um homem, ao tentar resolver o problema dos opostos contrassexuais, tem de aprender a não mais projetar as suas próprias qualidades contrassexuais confusas e incompreendidas sobre as mulheres. Se o homem sentir necessidade de ternura, que seja ele mesmo terno – e veja o que isso evocará do mundo.

A mulher que vivencia o processo alquímico em termos psicológicos e resolve a conjunção de contrários em sua própria natureza, tem diante de si uma tarefa semelhante. A mulher que foi criada acreditando que a mulher, para ser feminina, tem de ser sempre meiga e sensível, tem sempre que estar preparada para submeter-se aos outros, especialmente aos homens, e deve evitar competir ou expressar convictamente suas opiniões, essa mulher terá dificuldades se quiser entrar no chamado "mundo dos homens" de acordo com seus próprios termos, ainda que consiga superar a sua relutância habitual em se afirmar. Pois, por causa da sua formação e educação, verificará que por mais que consiga atingir no mundo, continuará sendo atormentada por um senso importuno de inadequação. Se investigar mais a fundo, verá que esse senso de inadequação traduz-se em "inadequada enquanto mulher" ou "insuficientemente feminina". O modelo alquímico permite e até estimula a mulher a aceitar o elemento contrário dentro de si, consumando a androginia natural da psique humana. A mulher que busca ser bem-sucedida no mundo, e que no entanto se martiriza porque se sente obrigada a desempenhar todos os tradicionais rituais femininos queira ou não queira, essa mulher teme transformar-se numa hermafrodita psicológica – uma hedionda anomalia que esconde ora um aspecto da sua natureza, ora outro. Mas se ela conseguir de alguma forma chegar ao ponto de transformação, se conseguir aceitar que *ambas* as partes da sua natureza são *legítimas*, verá que se torna desnecessário ostentar seja a sua "masculinidade" seja a sua "feminilidade". Ela poderá *ser simplesmente quem ela é*, alguém em quem tendências opostas podem existir, não como inimigas, mas como amantes, quando um aspecto fecunda o outro e o outro faz com que os frutos da união tenham uma existência efetiva.

Em ambos os casos, homem e mulher deixam um estado de ambivalência, semelhante à imagem hermafrodita, e rumam ao estado de intercâmbio dinâmico de energia implícito na androginia. Mas a conjunção dos contrários não é o fim do processo – seja no trabalho individual de desenvolvimento psíquico, seja na *opus* alquímica realizada sob a aparência de operações químicas com metais e outras substâncias. A verdadeira meta, aquela declarada no início da *opus*, era a confecção de "ouro", mas não de ouro comum.

O fim do processo era a liberação prevista de uma nova substância, para a qual havia muitos nomes. O "ouro dos filósofos" era também a "pedra filosofal", "o corpo diamantino", "o elixir dourado da vida", "a panacéia". De todos os nomes pelos quais o tão esperado ápice dos esforços era conhecido, o que melhor expressa o valor a ele atribuído é esse: *filius philosophorum*, o filho do filósofo. Por meio deste nome entendemos que a alma humana é a contrapartida terrestre do filho unigênito de Deus, o Cristo, que é dado a homens e mulheres para que possam saber que também são divinos – ou, como se diz, "não sou mais eu que vive, mas Cristo em mim".

O mistério e o milagre é que é por meio de um *trabalho* que se produz o *filius philosophorum*. Não se trata de um evento espontâneo, nem é um dom da graça (embora a graça possa ter um papel), mas resulta de muito trabalho e devoção, e da dedicação do homem e da mulher ao processo com o espírito correto – um espírito livre, um espírito de experimentação e de descoberta pessoal através do empenho pessoal e de um compromisso pessoal. Não pode ser realizado por nenhuma outra pessoa, pois cada pessoa *é* o próprio alquimista – trabalhando com sua sóror, se for um homem, ou com seu adepto, se for uma mulher. E a sóror e o adepto estão dentro de cada um de nós. É com este parceiro que nós dividimos o trabalho, ele que é a personificação de uma parte da psique. A alma, em íntima participação com o inconsciente, é mais livre que a personalidade consciente das exigências irredutíveis do mundo material em que vivemos. A alma é aquela parte de nós que nos faz entrar em equilíbrio com o resto do cosmos.

Paremos um pouco para refletir sobre a *opus* dos alquimistas: será que faz sentido nos dias de hoje? Parece que o propósito dos alquimistas era resolver o dilema levantado pelo gnosticismo, o de como lidar com um mundo condenado como mal – conseqüência de *Nous* ter descido à terra e ser capturado no abraço da *Physis*. Se o espírito, com toda a sua complexidade, é prisioneiro numa morada de matéria, então o que os alquimistas buscavam era redimir com a sua obra esse espírito. Somente com o êxito de seus esforços é que o *filius philosophorum* poderia vir a existir – e, analogamente, somente através da devoção à obra é que os seres humanos poderiam se libertar do estado de inconsciência imposto a eles pelo contínuo embate de seus contrários internos.

A alquimia atingiu seu zênite no século XVIII, mas na época da Revolução Francesa o interesse por ela já começava a esvaecer. Ela foi soçobrando pela falta de um conhecimento adequado dos processos naturais, e silenciosamente caiu na obscuridade com o advento do materialismo científico. A grande fenda entre fé e conhecimento tornou-se ainda mais marcada. Jung descreveu a polaridade característica dos últimos anos da Era de Peixes:

> À fé faltou experiência e a ciência não logrou alcançar a alma. Pelo contrário, a ciência acreditou fervorosamente na objetividade absoluta e empenhou-se em relegar uma dificuldade fundamental, a saber, que o verdadeiro veículo e gerador de todo conhecimento é a *psique* – exatamente aquilo que os cientistas menos conheceram durante tanto tempo. A psique foi [ironicamente!] considerada um sintoma de reações químicas, um epifenômeno dos processos biológicos nas células do cérebro – na realidade, durante um bom tempo a psique nem sequer existiu. Não obstante, os cientistas continuaram absolutamente ignorantes do fato de estarem usando para suas observações um dispositivo fotográfico cuja natureza e estrutura elas praticamente desconheciam, e cuja própria existência muitos deles não se dispunham a admitir.[12]

A ciência moderna, mesmo com seus microscópios eletrônicos, seus computadores e seus satélites espaciais, não conseguiu encontrar o "espírito", de modo que os cientistas se ocuparam fundamentalmente com a "matéria". Aqueles cientistas, como Jung, Einstein e outros, que se interessaram profundamente pelas questões humanas, eram tidos como pouco confiáveis quando se afastavam do seu campo de especialidade para advogarem uma visão holística de mundo.

O materialismo científico atingiu o apogeu no século XX, com a inversão dos valores humanos epitomada em Auschwitz e Hiroxima. Os contrários haviam se polarizado mais cabalmente do que qualquer um ousara jamais supor. Em meio a tudo isso, uma reação foi se instaurando. A nova revolução da consciência vai pouco a pouco ganhando força. No processo criativo que trará consigo uma nova era temos a chance de evoluir para uma forma mais elevada de existência, aprendendo as lições do passado. Parafraseando Pascal: A alma tem a sua história que a própria história desconhece.

13

ADAM KADMON NA QABALAH: A ÁRVORE DA VIDA COMO ANDRÓGINA

Uma vez que o planeta foi fabricado por forças maiores, podemos remontar nossa linhagem ao próprio universo. Isso não é uma especulação fantasiosa, mas um fato. Hidrogênio, oxigênio, nitrogênio e carbono, os elementos fundamentais utilizados pela vida na Terra, são os elementos químicos ativos mais abundantes no universo. O cálcio dos nossos ossos foi cozido em antiqüíssimas estrelas e em seguida espargido na mesma poeira que também formou o sol e os planetas. O ouro e o urânio da Terra foram lançados ao espaço sideral por explosões estelares e arrebatados pela Terra pré-histórica, para muito mais tarde nos causarem problemas e nos excitarem. Como disse George Wald, o biólogo laureado com o prêmio Nobel, "Nós criaturas vivas somos um produto tardio do metabolismo da galáxia".[1]

Quando os "fatos" de hoje são apresentados em prosa literária, como fez o professor Timothy Ferris, as imagens adquirem um paralelo marcante com aquelas descritas pelo místico medieval que deu forma ao chamado *Livro do Esplendor*, o cabalístico *Zohar*:

"No princípio", quando a vontade do Rei começou a atuar, ele estampou sinais na esfera celeste [que o rodeava]. Uma chama escura jorrou do recesso mais íntimo do mistério do Infinito, *eyn sof*, como uma névoa formando-se a partir do informe – encerrada no anel da esfera, nem branca nem preta, nem vermelha nem verde, não sendo de cor alguma. Somente quando a chama começou a adquirir tamanho e dimensão é que produziu cores radiantes. Do âmago mais profundo da chama brotou um manancial, do qual irromperam cores que se espalharam sobre tudo abaixo, ocultando-se nos misteriosos segredos de *eyn sof*.

O manancial irrompeu, mas não conseguiu romper o éter [da esfera]. Era inteiramente irreconhecível. . .

Quando o rei Salomão "penetrou nas profundezas do bosque de nogueiras" – pois está escrito, "Eu desci ao jardim das nozes" – ele tomou uma casca de noz e, estudando-a, viu uma analogia entre as camadas da noz e os espíritos que motivam os desejos dos humanos, pois está escrito, "e as delícias dos filhos dos homens [vêm de] demônios masculinos e femininos".

O Santíssimo, bendito seja, viu que era necessário colocar no mundo todas aquelas coisas que lhe assegurassem permanência e também, por assim dizer, um cérebro rodeado de numerosas membranas. O mundo inteiro, o superior e o inferior, é organizado segundo este princípio, desde o centro místico mais íntimo até a mais externa de todas as camadas. Todas são envoltórios, uma para a seguinte, cérebro no cérebro, espírito no espírito, casca na casca.[2]

O *Zohar* é o livro mais conhecido da extensa literatura cabalista judaica. Esta literatura tem suas fontes nas tradições dos gnósticos judeus, místicos que especularam sobre, contemplaram e possivelmente até experimentaram uma maneira extática de fazer ascender a alma aos Átrios Celestes. Foi um movimento de profunda intensidade espiritual, surgido durante o período do Segundo Templo (entre 538 A.C. e 70 D.C., aproximadamente), e que nos legou documentos apenas fragmentários. Com toda a probabilidade, esses documentos eram originalmente parte de uma tradição oral secreta, só mais tarde colocados por escrito, e mesmo assim só esporádica e parcialmente. Boa parte do que foi preservado ainda não foi traduzido para línguas modernas. Quando isso se der, poderemos ter uma percepção muito mais profunda das origens da Qabalah e do cabalismo.

Os primeiros documentos concentravam-se principalmente em torno do misticismo da *Mercabá*. A Visão de Ezequiel era a alegoria central desta tradição, e a descrição da *Mercabá*, ou Trono-Carruagem de Deus, era o ponto focal de toda meditação. O movimento da alma rumo ao Trono do Deus desconhecido era descrito em termos de uma jornada por sete palácios além dos sete céus, e são registradas fantasias requintadas das discussões que ocorreriam entre os guardiães dos portões celestiais e o viandante. Tudo isso, à medida que escrevo, vai me dando uma estranha sensação de possuir mais do que uma semelhança acidental com os tópicos levantados no artigo de Timothy Ferris citado no início do capítulo. Nesse artigo, Ferris, em sua "especulação sobre a possibilidade de comunicação interestelar", sugere que a partir de uma conferência americano-soviética, em 1971, sobre vida extraterrestre, surgiu "a noção de que nós humanos talvez estejamos destinados a verificar que somos como microrganismos de uma mente tão ampla quanto uma galáxia".[3]

Somos hoje suficientemente esclarecidos para sabermos que as hipóteses dos cientistas são formuladas a partir de fatos bem fundamentados que nos aproximam da Verdade, enquanto que os místicos pré-cristãos estavam enredados em fantasias que brotavam de suas próprias necessidades e orientações psicológicas, bem como do seu conhecimento bastante restrito dos fatos naturais. De modo que o antigo misticismo da *Mercabá*, com sua tentativa de ascender ao trono do Altíssimo atravessando as esferas celestes, nos parece bastante primitivo em comparação com os esforços dos astrônomos modernos iniciarem comunicação com inteligências de outras galáxias. Mas não podemos deixar de imaginar, naqueles instantes antes de adormecer em que tudo parece possível, como as nossas formulações do século XX haverão de parecer ao cientista do século XXX.

Mas, voltando à Qabalah, a tradição do misticismo da *Mercabá* foi o fundamento de muitos trabalhos posteriores que trataram de questões referentes à criação do mundo, questões não menos fascinantes para a mente humana hoje do que na antiguidade. Em algum momento entre os séculos VI e III A.C., surgiu no seio das primeiras tradições rabínicas o *Maaseh Bereshith*, a disciplina esotérica das teorias cosmogônicas e cosmológicas. Afirmava-se claramente que os estudos especulativos lá contidos não eram para todos, apenas para aqueles especialmente chamados, e que o conhecimento secreto passaria de mestre para discípulo conforme a capacidade deste último absorver e assimilar o material altamente carregado. A proibição contra uma divulgação mais ampla das informações contidas nas especulações era vista como necessária por causa da possibilidade de interpretações incorretas, que tornariam os estudiosos sujeitos à acusação de heresia.[4] Como já vimos anteriormente, o ato de ousar penetrar mistérios fora da gama convencional do conhecimento humano inspira resistência por parte da ortodoxia, seja ela religiosa ou científica. Hoje, por exemplo, há pouquíssimo apoio governamental disponível para as comunicações interestelares.

O *Sefer Ietzirá* ou "Livro da Criação", chegou até nós através do *Maaseh Bereshith*. Mesmo a versão mais completa não chega a conter mais do que 1.600 palavras, que esboçam uma doutrina que teria sido revelada por Deus ao patriarca Abraão na época da sua aliança com ele, e que teria sido transmitida oralmente por Abraão a seus filhos. O capítulo final do *Sefer Ietzirá* parece claramente ter resultado de uma experiência visionária. Nele são reveladas as dez *Sefiroth*, ou números, que aparecem originalmente como formas de luz; segue-se uma descrição da instituição do alfabeto hebraico como um instrumento divino de criação que, na sua totalidade, é o fundamento de todas as coisas.[5]

É com o material que fala das *Sefiroth* que nos ocuparemos principalmente aqui. É uma parte relativamente pequena da extensa literatura cabalista que foi surgindo ao longo dos séculos, mas é uma parte extremamente crucial, particularmente no que se refere ao tema da androginia. A doutrina das *Sefiroth* é abordada extensivamente no *Zohar*. Este *Livro do Esplendor*, que outrora se pensava ser uma compilação de muitos autores e suas obras, é hoje considerado por estudiosos modernos como obra quase exclusiva de um homem, Moisés de Leon, que o escreveu na Espanha por volta do final do século XIII. No *Zohar*, os dois ramos da Qabalah se unem, o *prático* e o *especulativo*. O ramo prático trata basicamente das manipulações mágicas, divinatórias e numéricas idealizadas e práticas para que o iniciado se torne hábil em utilizar o poder inerente no Divino para finalidades ligadas à vida na terra. O ramo especulativo, ocupado principalmente em penetrar os véus de mistério que envolvem a Luz da Criação, é mais relevante para o nosso tema.

Na medida em que o *Zohar* começa com o aparecimento da Luz, ele parte de onde a alquimia culmina. A *opus* alquímica consistia num longo processo de desmantelamento das substâncias do mundo material (e seus correlatos psicológicos) para devolvê-las ao obscuro caos de onde se originaram. Longo e paciente esforço era necessário para direcionar a *prima materia* à meta alquímica, a pedra filosofal – não uma pedra no sentido comum, mas um "corpo diamantino" ou uma incorruptível substância de "ouro". O "ouro dos filósofos" remetia à luz do sol – novamente um símbolo do poder universal que governa e impregna o que está "em cima" e o que está "embaixo". Se a meta dos alquimistas era a liberação do espírito (o resgate da pedra filosofal a partir da matéria), o cabalista almejava justamente o oposto, isto é, *incorporar* (no sentido literal da palavra) o espírito no corpo, na experiência humana e no mundo material. Esse espírito é expresso como Luz, e a Luz é o início da Qabalah. Tudo o que vemos, tudo o que temos, tudo o que fazemos deve ser impregnado com o espírito divino manifesto na Luz. Mas isso não é algo que tenhamos de fazer ou de realizar, no sentido em que os alquimistas realizavam a sua obra; pelo contrário, é um estado no qual a Natureza e o mundo existem, um estado harmonioso em que nós nos encontramos. Nossa tarefa, aquela para a qual a Qabalah aponta, é tornarmo-nos conscientes da nossa existência dentro do grande esquema cósmico. A Qabalah descreve como o universo divino emergiu de um estado de caos para uma ordem traçada. Sugere como os seres humanos podem perceber cognitiva e perceptivamente esse modelo celestial e como, guiados por ele, podem transformar o seu próprio senso interior de caos na ordem interna que lhe é inerente. A apreensão perceptiva e cognitiva de nós mesmos e do elemento divino que há em nós deve nos despertar para um fim: o de fazer com que a ordem dentro de nós reflita a ordem universal. Esta "harmonia das esferas" universal tem sido um sonho dos seres humanos desde que os astrólogos caldeus olharam para cima e se maravilharam, imaginando um Homem Zodiacal como o protótipo de todo homem e mulher humano.

Platão partia da "idéia" e concebia os objetos do mundo sensível como imagens das "idéias" ou "arquétipos". O *Zohar* leva adiante essa investigação, perguntando-se: O que precede a idéia? Como é que o primeiro lampejo nebuloso, obscuramente perceptível, despontou pela primeira vez à consciência? Como é que se amolda à mente, antes mesmo de ser possível dar-lhe uma forma verbal?[6] O gnosticismo preocupava-se com o *Nous*, o espírito caído que se corporificou como intelecto, ou como poder ou energia criativa, alienando-se de suas origens sublimes e sendo mantido agrilhoado pela *Physis*, a matéria. A tarefa da alquimia, tomando por base o gnosticismo, era a redenção do espírito, e a sua purificação e separação da matéria para que o que estivesse embaixo pudesse ser reconstruído de acordo com o modelo do que estava em cima.

Agora, ao estudar a Qabalah, veremos mais uma vez que estamos diante de alguma conjugação do "em cima" e do "embaixo". Mas aqui a ordem perfeita das esferas celestes não foi perturbada por culpa dos seres humanos. De acordo com a tradição, tudo teria acontecido naquela época mítica antes que a criação estivesse completa, quando nenhum ser humano ainda existia. Nós humanos, como reflexos de um universo que já foi maculado pelo exercício de seu próprio poder incontido e incontrolável, vivenciamos a abaladora fragmentação de nossas naturezas. Se nos dedicarmos a compreender e interpretar o plano divino ou a ordem intencional do universo, talvez descubramos as sendas que precisamos trilhar para nos curarmos e nos tornarmos íntegros. Nesse sentido, talvez possamos aproveitar a oportunidade para participarmos da reunificação de todo o cosmos. Na tradição cabalista, o ser humano não trabalha *para* Deus a fim de redimir a humanidade, nem sacrifica-se a si próprio para redimir a pedra ou o Cristo vivo. Na Qabalah, trabalha-se *com* Deus; isto é, devemos estabelecer uma relação tal com Deus que, por meio de um sistema perene de intercâmbio de energias e de uma relação mútua de amor intenso, Deus e suas manifestações no ser humano interajam para se redimirem um ao outro.

Eu, naturalmente, tenho dificuldade em comunicar o que quero dizer com "Deus" e "Amor" neste contexto. Com nenhuma das palavras pretendo alguma abstração altiva ou expressão abreviada de conceitos filosóficos. Nem quero me referir, com qualquer uma das palavras, a algo que seja inteiramente antropomórfico. O termo "simbólico" talvez esteja mais próximo, se por simbólico entendermos o uso de uma palavra capaz de provocar uma forte reação emocional e de remeter a todo um complexo de idéias cujos significados incomuns carregam o senso de dizerem mais do que se sabe – um *quantum* de mistério, se preferirem. De modo que o termo "simbólico" apenas insinua os significados de "Deus" e "Amor"; não é, portanto, suficiente. Haveria, então, um outro termo muito mais palpável do que "simbólico", um termo capaz de vitalizar quem quer que entre em contato com ele, capaz de despertar no ser humano um anelo, de fazê-lo ansiar por dar e receber, por interagir e, mais cedo ou mais tarde, por fazer nascer alguma coisa. Refiro-me a essa força criadora, corporificada nos termos "Deus" e "Amor", que nada mais é do que a profunda *energia* que move as estrelas, e também o próprio ser humano sempre que ele se volta, perplexo e maravilhado, para os céus, ou é arrebatado pela beleza que contempla nos olhos de quem ama. Assim, devemos entender os elementos eróticos na Qabalah, nos diversos planos em que aparecem, não apenas simbolicamente, mas sim referindo-se a uma relação real, a uma relação passional de amor entre o ser humano e o universo; e entre o homem e a mulher; e entre homens; e entre mulheres; e, no sentido mais íntimo e verdadeiro, entre os elementos masculinos e femininos em cada um de nós.

Antes de discutir a cosmogonia apresentada no *Zohar*, quero chamar a atenção para os conceitos "masculino" e "feminino", conforme eu os empregarei ao falar sobre a Qabalah. Tenho um duplo propósito aqui. O primeiro é tornar mais compreensível a maneira como estes termos são empregados em todo o material cabalístico. O segundo refere-se à sua aplicação nos dias de hoje, para talvez aliviar parte da pressão sobre aqueles que são contra designar certas características da personalidade como "masculinas" ou "femininas". Os chamados "estereótipos" de sexo e gênero, dos quais tantos homens e mulheres hoje buscam se libertar, são muitas vezes inaplicáveis à sociedade atual por causa das rápidas mudanças sociológicas que estamos sofrendo, e as funções do gênero já não dependem tão completamente do sexo biológico quanto em épocas antigas e medievais.

Na época do *Zohar*, por exemplo, para todos os efeitos *não havia diferença prática* entre sexo e gênero. A função do homem era penetrar o mundo, através do trabalho e através do intelecto, e iniciar ação por meio do que poderia ser expresso como "o semear da semente" – uma expressão que se aplica igualmente à sua função de pai de família e à sua função no mundo. A função da mulher era receber a semente, isto é, proporcionar-lhe uma atmosfera na qual ela pudesse crescer. A mulher deveria apoiar e suprir o homem, oferecendo-lhe o repouso e a paz que ele precisava para cumprir suas responsabilidades mundanas. A principal ocupação feminina era gestar e criar os filhos, e manter o espírito religioso no lar. Como não era comum sobreviverem a seus maridos, os problemas da mulher sozinha em idade avançada ou na velhice inexistiam, e ela pouco se preocupava com "a segunda metade da vida", para usarmos um termo da nossa época, nem buscava uma "segunda carreira" depois de criar os filhos. As funções pertinentes ao gênero e à anatomia, tanto para os homens como para as mulheres, eram muito mais consistentes do que hoje. De modo que é perfeitamente natural que, ao falar de "qualidades" – como farei ao discutir as manifestações "masculinas" e "femininas" de Deus nas *Sefiroth* – as imagens empregadas sejam tão íntimas e pessoais quanto o próprio corpo e experiências sexuais de quem a elas recorria. Como naqueles tempos o erotismo não havia sido separado em profano e sagrado, não é de se surpreender que a linguagem erótica expressasse a presença viva do espírito na vida humana de uma maneira que não pode ser caracterizada *apenas* como simbólica. A paixão era real. Se eu quisesse apresentá-la em termos mais aceitáveis aos pesquisadores científicos e psicológicos, eu a chamaria de "energia": gera-se energia através da interação dos contrários.

Antes que houvesse matéria ou qualquer coisa criada, antes mesmo de haver um Criador que concebesse a criação, antes de tudo, havia Mistério. De acordo com a Qabalah, *Isso* não pode ser descrito, pois *Isso* não possui qualquer qualidade. O nome dado a *Isso* foi *En Sof*, que é traduzido como "ilimitado" ou "indefinido".[7] *En Sof* precede o Deus da Bíblia, ou qualquer dos deuses da criação. *En Sof* está em toda parte e, no entanto, não há lugar onde possa ser encontrado. Como não pode ser definido, os estudiosos procuraram dizer algo a seu respeito referindo-se ao que *En Sof* não é, mas mesmo isso desafia a compreensão. Sendo composto de coisa nenhuma, *En Sof* é "nada", o que é difícil de conceber na medida em que se imaginava *En Sof* preenchendo o grande Todo fora do qual nada existia. Uma vez que *En Sof* era ilimitado e preenchia o Todo, antes que pudesse haver criação precisaria haver um espaço primordial que um mundo finito, ou infinitos mundos finitos, pudessem ocupar. Diz-se que o primeiro ato de *En Sof* foi contrair-se em si mesmo. Deste retraimento remanesceu o espaço primordial que, não obstante, continha algo da presença divina. E assim, *En Sof*, sendo ilimitado, iniciou o processo criador mediante o ato primeiro de colocar uma limitação a si próprio.

O segundo ato de *En Sof* foi o da emanação. Uma diminuta e pálida centelha, um ponto de luz, manou do Infinito e foi pouco a pouco assumindo forma, brilhando como uma chama. A forma que assumiu foi uma configuração existente – ainda que não existisse materialmente no sentido em que nós pensamos uma existência material; existia como o fogo existe sem ter substância. E então, desse fulgor, viu-se que a luz coalescia-se na forma de Adam Kadmon, o Homem Primordial. Não o Adão do Jardim do Éden, e sim o arquétipo celestial sobre o qual o Adão edênico foi moldado.

Outra leitura deste ato é que o ponto original de Luz estendeu-se e nele resplandeceram sete letras que não se solidificaram, permanecendo fluidas. Em seguida, irrompeu a escuridão, que também não se solidificou, permanecendo fluida, e nela outras sete letras apareceram. Irrompeu então o Firmamento, no qual oito letras tomaram forma, também permanecendo fluido por um tempo e colocando-se entre as sete letras da direita e as sete letras da esquerda. Quando o Firmamento tomou forma e solidificou-se como a abóbada dos céus, as vinte e duas letras do alfabeto hebraico também se solidificaram, e a Santa Tora foi naquele momento gravada. Esta Tora, a mística e simbólica concebida antes do mundo, tornar-se-ia a fonte de todo o conhecimento que viesse a existir, correspondendo ao Verbo que, na Bíblia cristã, existia "No Princípio. . . "

O que se gravou foram as palavras "Faça-se luz", que eram entendidas como o suscitar ou o semear da semente. *El Gadol* (grande Deus) emerge então do éter primordial à Direita, sendo de natureza masculina. "E houve" indica a Escuridão, chamada *Elohim*, que aparecia à Esquerda e era de natureza feminina.

Em seguida vem "Luz", significando "que a Esquerda foi incluída na Direita e a Direita foi incluída na Esquerda".[8] Homem Primordial, Tora, Deus do Gênesis – qualquer que seja a tradição que se leia, vê-se que o Andrógino foi o princípio da Criação. O que está embaixo é como o que está em cima.

A Qabalah reformula toda a história da Criação narrada no Gênesis em termos das *Sefiroth*, os dez números místicos ou emanações de luz que verteram do ponto de luz original que os primeiros atos de *En Sof* fizeram existir. Diz-se que as luzes das *Sefiroth* manaram dos olhos, da boca, do nariz e dos ouvidos de Adam Kadmon. A princípio, essas dez *Sefiroth* eram apenas concentrações de luz, totalmente não-diferenciadas, e sem as qualidades posteriormente atribuídas a elas. No plano original de criação de *En Sof* essas *Sefiroth* iriam tornar-se mais concentradas, aptas a receberem os feixes de luz dos olhos de Adam Kadmon. As três primeiras *Sefiroth* – *Kether*, *Binah* e *Hokmah* – receberam a luz sem dificuldade; mas quando chegou o momento de encher os recipientes das sete *Sefiroth* inferiores, a intensidade dos feixes de luz foi tão grande que os recipientes se romperam e a luz dos olhos de Adam Kadmon, bem como as luzes que haviam constituído os recipientes, se estilhaçaram em miríades de fagulhas e caíram no domínio das cascas, isto é, os resquícios dos "reis primevos" que representam as diversas criações que Deus realizou e das quais não gostou, antes de finalmente proceder à criação da qual se diz, "E Deus viu que era boa".[9]

A idéia de diversas criações sucessivas do mundo, sendo que o nosso mundo é o último e menos perfeito de todos, não é exclusiva da literatura da Qabalah, estando presente também na mitologia grega, nas quatro *yugas* do ciclo universal hindu, e em várias outras tradições.

A "interação necessária entre o sim e o não do processo criador" é apresentada na seguinte analogia talmúdica:

> Inicialmente, o Santíssimo, Bendito seja, tentou criar o mundo de acordo com a medida da misericórdia [graça], mas ele se desintegrou. Em seguida, tentou criá-lo de acordo com a medida da justiça [*din*, julgamento], mas também esse desintegrou-se. O que fez Ele? Tomou medidas iguais de misericórdia e justiça, misturou-as e o resultado foi o nosso mundo.[10]

Justiça e *misericórdia*, no esquema sefirótico, representam, respectivamente, o elemento feminino e o elemento masculino. De modo que fica claro que, sem o equilíbrio harmonioso de ambos, o mundo não poderia ter sido criado. Todo o esquema das *Sefiroth* é tradicionalmente representado numa diagramática "Árvore da Vida" que consiste em uma coluna central contendo quatro *Sefiroth*: uma coluna à direita contendo três e uma coluna à esquerda contendo outras três. A mistura de *Sefiroth* masculinas e de *Sefiroth* femininas constituem uma interessantíssima interação de elementos que se unem num modelo perfeito do Andrógino.

As três *Sefiroth* da coluna da esquerda são designadas como "femininas", as três da direita, "masculinas". A coluna central de quatro *Sefiroth* mostra a *Sefirá* superior, *Kether*, como "masculina", a *Sefirá* inferior, *Malkuth*, como "feminina", e as duas intermediárias como andróginas (ou, em algumas versões, *Tifereth* é "feminina" e *Yesod* "masculina").

Em outra imagem tradicional do cabalismo, as *Sefiroth* são retratadas como partes do "corpo" de Adam Kadmon. Alguns cabalistas dizem que o corpo de Adam Kadmon foi a primeira manifestação do raio de luz que emanou de *En Sof*, e que as *Sefiroth* foram por sua vez emanações do corpo de Adam Kadmon. Com esta última idéia em mente, consideremos a doutrina das *Sefiroth* em relação ao corpo do Homem Primordial.[11]

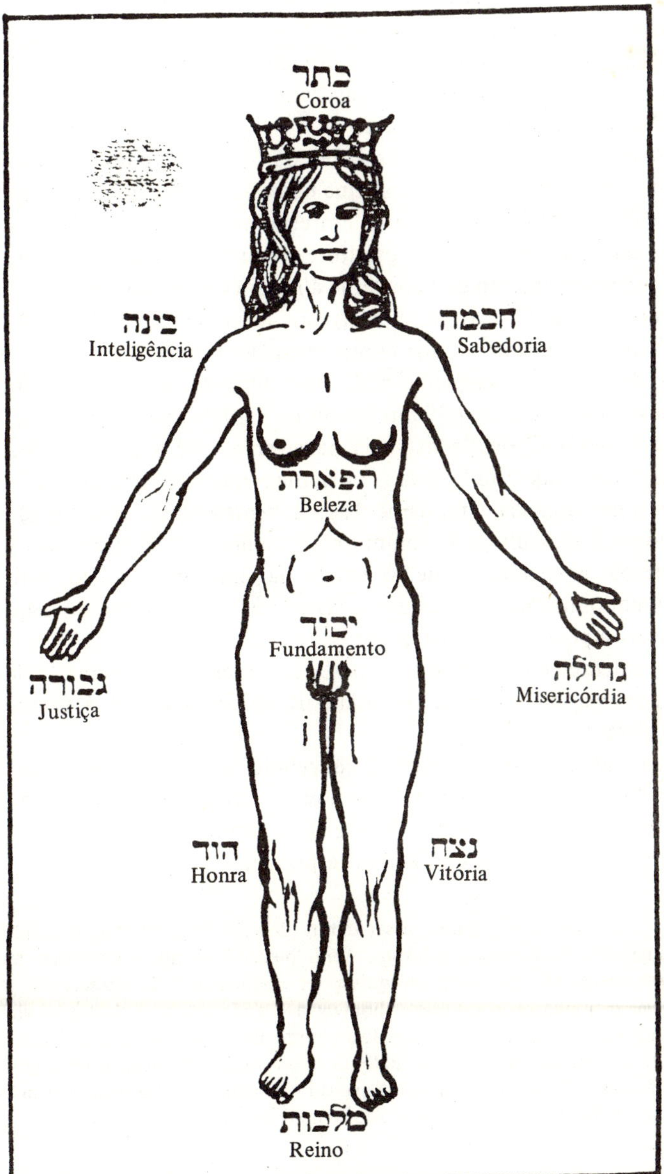

Kether significa "coroa"; é a *Sefirá* superior, associada à cabeça. É também chamada "fonte" ou "origem" e é masculina.

Hokmah significa "sabedoria", e é mostrada à direita da cabeça ou no ombro direito. É também o cérebro, e é masculina.

Binah é "inteligência", e é mostrada no ombro esquerdo ou no coração. Enquanto coração, significa o tipo de inteligência que consiste em compreensão. *Binah* é feminina.

Estas três – *Kether, Hokmah* e *Binah* – constituem a primeira tríade, que se refere à cabeça e ao raciocínio. O pensamento não deveria ser um processo apenas racional; deveria estar intimamente relacionado com os sentimentos. Esta tríade é denominada *Neshamah*, o primeiro e mais sublime estado da alma.

Hesed significa "misericórdia" ou "amor", e é visualizada como o braço direito de Adam Kadmon. É masculina.

Gevurah, "julgamento", "severidade" ou "poder" pertence ao braço esquerdo; e é feminina. Embora não se conforme necessariamente ao estereótipo moderno de feminilidade, *Gevurah* não obstante corresponde a um poder coibidor necessário para manter em equilíbrio o que os escritores viam como tendências exacerbadas do masculino, especialmente no que concerne à misericórdia e ao amor.

Tifereth, "beleza", é o peito de Adam Kadmon. *Tifereth* é andrógina, progênie de *Hesed* e *Gevurah*, e age como mediadora entre seus dois genitores. As três juntas constituem a segunda tríade das *Sefiroth*, e correspondem a *Ruach*, o estado da alma que se ocupa do mundo moral e intelectual.

Netsah, "vitória" ou "constância perseverante" é a perna direita, e é masculina. *Hod*, "majestade" ou "glória", é a perna esquerda, e é feminina.

Yesod, denominada "fundamento", é representada pelos órgãos genitais, e nela os órgãos masculinos e femininos se combinam. *Yesod* unida a *Netsah* e *Hod* constituem a terceira tríade, o estado da alma denominado *Nefesh*, que se refere ao mundo material – enquanto as outras duas tríades do esquema estão ligadas a níveis superiores de existência.

E, finalmente, há *Malkuth*, os "pés", que também se chama "reino", e simboliza a harmonia ou inteireza de Adam Kadmon. *Malkuth* é feminina, e está associada à terra.

Via de regra, Adam Kadmon é concebido visto de costas, com seus lados esquerdo e direito correspondendo aos nossos. Diz-se que é a essa imagem a que a seguinte passagem do *Êxodo* (33:19-23) se refere. Quando Moisés pede para contemplar a glória de Iahweh, o Senhor responde:

> Ele replicou: "Farei passar diante de você toda a minha bondade, e lhe proclamarei o meu nome, 'Iahweh'. Terei piedade de quem eu quiser ter piedade e terei compaixão de quem eu quiser ter compaixão." E acrescentou: "Não poderá ver a minha face, porque o homem não pode ver-me e continuar vivendo." Disse Iahweh ainda: "Eis aqui um lugar junto de mim; ponha-se sobre a rocha e, enquanto a minha glória passa, coloque-se na fenda da rocha e eu a cobrirei com a palma da mão até que eu tenha passado. Depois tirarei a palma da mão e me verá pelas costas. Minha face, porém, não se pode ver."

Mais uma vez descobrimos na doutrina oculta ou esotérica a imagem do Deus cósmico que se apresenta como o modelo andrógino para a psique humana, que é composta de consciência e alma. O *Self*, que para Jung é necessariamente andrógino, é o centro da totalidade da psique, produto da conjunção dos contrários. O aspecto consciente corresponde à imagem egóica, que nos homens é masculina e nas mulheres feminina; pois quem gostaria de ser percebido como alguém que não se é realmente? Todavia, somos todos mais do que o nosso eu consciente; a extensão interior do nosso ser que chamamos de "alma" (e que Jung chamou "anima" nos homens e "animus" nas mulheres) reúne aquelas qualidades que não são naturalmente parte da consciência. Tais qualidades são, portanto, vivenciadas como "contrassexuais" ou "alheias". Esta parte interior, a alma, só se torna consciente através da realização da tarefa espiritual, a *opus contra naturam*.

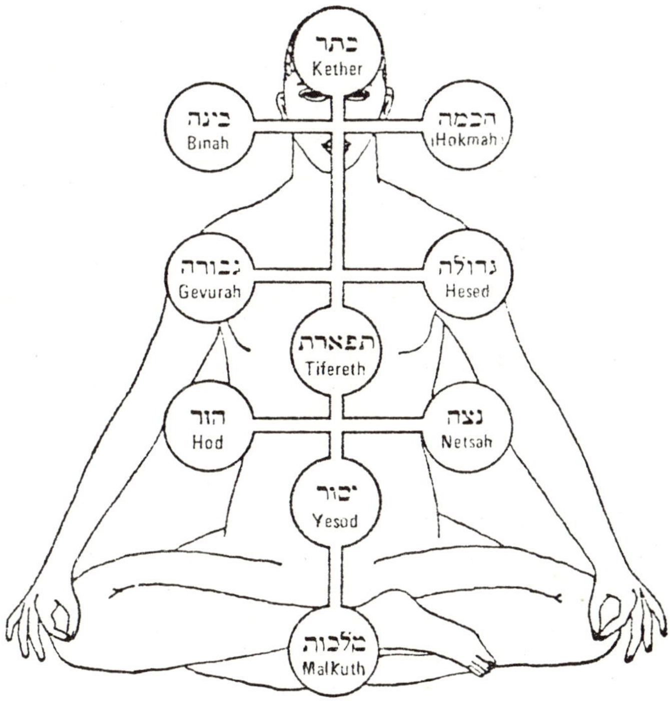

Uma outra configuração das *Sefiroth* concebe as dez reunidas como a Árvore da Vida, com sua copa ou coroa, *Kether*, nos céus, e suas raízes na terra, *Malkuth*. Abaixo de *Kether*, a coroa, que é o Deus da Criação, estão os dois atributos: *Hokmah* (sabedoria), o princípio masculino, situado à direita, e *Binah* (compreensão ou inteligência), o princípio feminino, situado à esquerda. *Hokmah* e *Binah* são chamados "os dois amigos que jamais se separam". Sua união produz a energia vital que mantém o universo. *Hokmah* é a centelha primordial da mente, a semente que fecunda, enquanto *Binah* é o recipiente no qual essa semente recebe a sua forma. Em *Hokmah* alcança-se a percepção num *flash* repentino; é a fagulha geradora. *Binah* expressa-se como trabalho e meditação. O pensamento intuitivo de *Hokmah* é assimilado em *Binah*, onde poderá crescer e desenvolver-se, e onde estará protegido até o momento oportuno de se manifestar. Diz-se que toda idéia que provém da sabedoria requer um período de gestação antes de estar pronta para ser exposta ao mundo.[12]

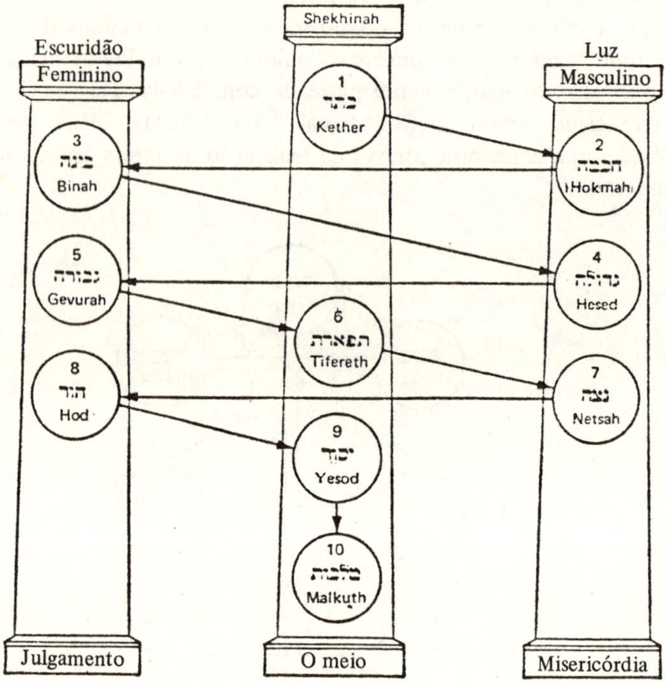

Desta inter-relação os rabinos extraíram fórmulas para o comportamento das mulheres. Mas, evidentemente, uma outra interpretação é possível. Os "dois amigos que jamais se separam" não podem se referir ao homem e à mulher, pois é inevitável que estes acabem se separando, ainda que seja eventualmente na morte. Os dois amigos, na minha concepção, devem ser a consciência e a alma, os dois amigos que cada um de nós tem dentro de si. O primeiro deles é a apreensão cognitiva e perceptiva proveniente do Logos (pensamento e palavras); o outro provém de Eros (sentimento e ação). A expressão "dois amigos que jamais se separam" refere-se possivelmente ao reconhecimento do cerne andrógino individual de cada um de nós, que reflete o Logos e o Eros do Andrógino Divino.

"Na terra como nos Céus": os contrários, masculino e feminino, nem sempre estão unidos; conseqüentemente, o ser humano costuma sentir-se em discordância consigo mesmo, acometido por anseios inominados que parecem impossíveis de satisfazer. Há um arquétipo celeste que se refere a isso, e uma das suas expressões pode ser traçada aos conceitos de Isaac Luria, o cabalista do século XVI, e seus seguidores. Luria explica que a unidade e inteireza originais do Homem Primordial andrógino foram dilaceradas e, em decorrência disso, a harmonia do mundo *sefirótico* foi perturbada. A parte feminina do Homem Primordial, Adam Kadmon, era representada pela *Shekhinah*; juntos formavam a totalidade das *Sefiroth*. A *Shekhinah* foi separada, e assim o Homem Primordial cindiu-se no par de contrários masculino e feminino. Uma das mais grandiosas e mais profundas concepções disso é a doutrina que afirma:

> Apenas por causa dessa cisão, Deus precisa do homem, cuja tarefa é reunir os contrários partidos no seio da própria personalidade divina. Deste ponto de vista, o exílio do povo judeu adquire um significado profundo e especial. Pois o exílio desse povo corresponde, no "mundo superior" por assim dizer, a um exílio da *Shekhinah*, que se exilou junto com eles. Portanto, o retorno do exílio significa, no misticismo judaico, a redenção do povo judeu. O retorno é sobretudo a imagem terrena e a semelhança de um drama de redenção interior da divindade, o do retorno da *Shekhinah* a Deus. . . Assim, enquanto o homem busca sua redenção esforçando-se por restaurar a ordem do mundo que foi perturbada, ele ao mesmo tempo busca a redenção de Deus e a sua união com a *Shekhinah*. Busca, assim, a restauração e a consumação da inteireza de Deus.[13]

O *Zohar*, ao mencionar o *hieros gamos*, o matrimônio sagrado entre Deus e a *Shekhinah*, mostra claramente a condição correspondente da personalidade humana, que não pode realizar-se plenamente em sua inteireza enquanto não ascender o elemento contrassexual ao nível da aceitação consciente. Lemos no *Zohar*:

> . . . quando eles [o masculino e o feminino] se unem, parecem ser um só corpo. Disso aprendemos que o masculino por si é como apenas uma parte de um corpo, e também o feminino. Mas quando se unem como um todo, então aparecem verdadeiramente como um corpo.

E também:

> A *matronita* uniu-se ao rei. Disso resultou *um* corpo e a consagração deste dia. Portanto, sabemos: o que é apenas masculino ou apenas feminino é dito apenas parte do corpo. Porém, bênção nenhuma rege coisa defeituosa ou incompleta, mas apenas aquilo que estiver completo, e não dividido, pois coisas divididas não podem perdurar muito nem ser abençoadas.[14]

Houve e continua a haver na tradição judaica uma maneira completamente temporal e secular de vivenciar os mistérios divinos do matrimônio sagrado. Alguns dos antigos segredos se perderam, e há novas gerações que não aprenderam o significado das orações e das práticas; mas o ritual permanece. Um ritual, mesmo quando o seu mito desapareceu e a sua *raison d'être* foi esquecida, ainda exerce o seu efeito sobre o espírito humano, ao menos para nos lembrar que estamos ligados a uma esfera além das fronteiras da consciência, além mesmo das fronteiras de sexo e gênero. E esse conhecimento existe no mundo, não apenas nas abstrações dos filósofos e dos eruditos. O ritual do Sabath no judaísmo é um exemplo.

Apenas vagamente, lembra-se, se é que se lembra, que no Sabath a família se reúne para comemorar a santa união de Deus, o Altíssimo, com sua Sabedoria Celeste, a *Shekhinah*. Mas todos estão cientes que um matrimônio sagrado está sendo celebrado no microcosmos, pois referem-se ao Sabath como uma "noiva, radiante e linda" na oração que conclama as pessoas a festejarem o sábado. O lar é arrumado para esperá-la, tudo está limpo e brilhante, uma refeição festiva é preparada, e todos os membros da família vestem suas melhores roupas. A Noiva do Sabath é louvada em sua união com Jacó, o Patriarca de Israel. Todavia, num nível mais pessoal, a esposa preparou uma festa encantadora para seu marido e seus filhos, e há também vinho para aumentar o júbilo abençoado da ocasião. O marido, em amorosa apreciação, recita então uma passagem dos *Provérbios* (31:10-12), que começa:

> Uma boa esposa, quem há de encontrar?
> Ela vale muito mais do que pérolas.
> Nela o coração do marido confia,
> E com ela não lhe faltarão riquezas.

O marido e a mulher, através da celebração do Sabath vivenciam internamente essa união: o marido com a *Shekhinah*, em sua manifestação terrena como Noiva do Sabath; a esposa, em sua amorosa adoração de Deus manifesto através do Patriarca. Depois de consumada a união espiritual por cada um, marido e mulher, em si mesmos, os dois estão prontos para se unirem sexualmente um com o outro. A união espiritual foi abençoada em toda a sua significação erótica, e agora a união erótica entre marido e mulher poderá ser igualmente consagrada diante da espiritualidade que acabou de encontrar expressão. É imprescindível que marido e mulher mantenham relações sexuais no Sabath.

Através da sua união sexual, o casal não só se completa um ao outro na terra, como também traz para a terra o processo criador do céu. Ao fazê-lo, estão participando de um processo criador que recria Deus. No homem e na mulher há, como há em Deus, "uma união do ativo e do passivo, da procriação e da concepção, da qual provêm a vida e a beatitude do mundo".[15]

A harmonia desta concepção foi repetidamente consumada por aqueles que souberam compreendê-la. E, na nossa geração, ela recebeu forma musical e oral na magnífica *Sinfonia Kaddish* de Leonard Bernstein. A voz feminina que se ouve durante toda a sinfonia representa a *Shekhinah* em sua forma terrena. Ela clama por uma nova aliança entre Deus e os homens, aliança que reafirme a promessa de uma união sagrada vivenciada como transcendente, mas que é também imanente, pessoal e acessível à experiência humana. Eis sua oração final, ao término da celebração sinfônica:

> Olhai novamente com ternura para mim, para nós
> Todas essas crianças que crescem em Deus
> Aqui nesta casa abençoada.
> E nós saberemos olhá-lo com ternura,
> Ó meu Pai, Senhor, e Amante.
> Soberano adorado, Imagem minha, Eu mesma,
> Somos um, afinal, tu e eu.
> Juntos sofremos,
> Juntos existimos
> E juntos recriamos um ao outro.[16]

14

PURUSHA-PRAKRITI, SHIVA-SHAKTI, YAB-YUM E OUTRAS MANIFESTAÇÕES DO ORIENTE

A espiral do pensamento gira suavemente e vejo que estou quase de volta ao ponto inicial desta minha longa dissertação. O que me deu o ímpeto de seguir o rio oculto da androginia que flui sob a superfície do nosso mundo ocidental foi, acima de tudo, a minha *opinião* de que a teoria psicossexual moderna não leva em consideração o fato de que em alguns níveis *nós somos todos andróginos*; e, em segundo lugar, foi o repto apresentado por C. G. Jung: o de que a mulher deve distanciar-se de suas opiniões, olhá-las criticamente e investigar suas origens e formação para trazer à tona as imagens primordiais.

A sensação de estar de volta ao ponto de partida tem a ver com as condições climáticas no momento em que escrevi essas palavras. A tarde em minha casinha de campo em Wisconsin estava extremamente quente. Precisei ajustar as persianas de bambu e as cortinas para afastar os raios do sol e deixar entrar a brisa. No instante em que mexi nas persianas, veio-me uma forte sensação de *déjà vu*. Somente ao anoitecer, quando me dirigi à varanda e vi a lua cheia brilhando sobre as árvores, o ar mais fresco mas ainda pesado, é que me dei conta do que provocara a sensação. Lembrei-me de como havia sido quando eu visitei um amigo numa planície do deserto no norte da Índia cerca de seis anos antes; como, depois das tardes dilacerantemente quentes, quando o ar refrescava ao entardecer, minha cama era colocada na varanda onde soprava uma leve brisa, e eu me deliciava repousando sob o brilho da lua, observando as gélidas estrelas.

Uma enxurrada de lembranças veio-me à memória. Aquela havia sido a minha primeira viagem ao Oriente, e lá eu travara contato com uma sociedade tão diferente da minha que me deixava estupefata a cada instante. Para começar, vi que a Índia era capaz de tolerar um grau de ambigüidade que eu simplesmente desconhecia no Ocidente. Isso me veio à mente ao relembrar uma visita que fiz com meu amigo indiano a um templo hindu de uma pequena cidade, onde minha curiosidade acerca dessa tolerância foi despertada de uma maneira surpreendente. Havíamos tirado os sapatos, deixando-os nos degraus do templo. Meu anfitrião levou-me então a uma pequena ante-sala à direita do santuário principal, na qual havia cinco ou seis homens sentados no chão em postura de meditação. Nenhum se mexeu quando entramos. Tomamos silenciosamente nossos lugares e encontramos o nosso próprio espaço para meditar. Eu demorei um certo tempo, pois sentia-me um pouco estranha sendo a única mulher – e aparentemente a única estranha e a única estrangeira. Além disso, estava vestindo uma saia curta, que certamente não é a roupa ideal para a posição de semilótus em um templo indiano. Mesmo assim, consegui me ajeitar confortavelmente e vagar para um estado razoavelmente onírico, quando subitamente senti uma grande formiga preta subindo em minhas pernas descobertas. Meu instinto imediato foi esmagá-la com o polegar. Entretanto, ao levantar o dedo, veio-me uma súbita intuição que me levou a repelir o inseto delicadamente sem lhe causar mal. Senti como se os olhos da Índia inteira estivessem sobre mim naquele instante, e que eu não fora reprovada no teste.

Estava pronta para sair com o grupo de homens quando eles finalmente se ergueram e entraram no santuário. Sentamo-nos em círculo, apenas nós, na parte de trás de uma grande sala. Um dos homens leria algo em sânscrito de um grande livro (que eu mais tarde vim a saber era uma seção dos *Upanishades*); em seguida um outro comentaria demoradamente a passagem. Seguia-se outra leitura, e novas interpretações, e assim durante muito, muito tempo. Enquanto isso se desenrolava em um dos cantos de trás do templo, algo completamente diferente ia ocorrendo na frente. Sobre um grande dossel, atrás de uma balaustrada de ferro ornamental, havia três estátuas ricamente entalhadas de deuses, todos eles sentados, vestidos com sedas tingidas de fucsina, e ostentando colares de ouro, pedras preciosas e várias voltas de correntes de pérolas, numa roupagem esplêndida. Havia um fluxo constante de homens e de mulheres subindo ao balaústre, onde se curvavam e até se prostravam diante daquelas imagens sagradas, espargindo-se com água consagrada e agitando varetas de incenso. O que me pareceu extraordinário foi que aqueles que veneravam as imagens pareciam não prestar a mínima atenção nas pessoas que liam as escrituras sagradas, e estas sequer erguiam os olhos para quem prestava deferência diante das imagens. Era claramente aceitável que cada um cultuasse de acordo com o seu desejo ou costume, e não se questionava quem estaria "certo" ou "errado". Havia no templo espaço para qualquer um que lá quisesse adorar.

Como eu tive uma formação judaica, em que a imagem esculpida é anátema, o que me pareceu estranho não foi tanto a expressão de um vívido politeísmo – eu sabia que o hinduísmo tinha o seu panteão de deuses e deusas –, mas sim a complacente tolerância mútua entre aqueles que apreciavam as representações mais concretas do sagrado e aqueles que não as apreciavam. Fiz algumas perguntas e fiquei sabendo que a religião hindu é monista, embora para um circunstante como eu ela parecesse completamente politeísta. Seu monismo, no entanto, é bastante diferente do monoteísmo da fé hebraica ou cristã, e em particular desta última, já que alguns de seus clérigos acharam possível e até mesmo necessário declarar que Deus está morto. Pelo que pude entender, na Índia o monismo é a crença de que só existe uma realidade no universo, Brahman,* um princípio eterno incognoscível, além da vida e da morte, sem princípio ou fim. Brahman é o "um sem que haja outro" do qual o mundo fenomênico in-

* "Brahman (neutro) e Brahma (masculino) não devem ser confundidos. O primeiro refere-se ao Absoluto imanente e transcendente; o último é uma personificação antropomórfica do Criador-Demiurgo. Brahman é um termo metafísico, Brahma um termo mitológico." (H. Zimmer, *Myths and Symbols in Indian Art and Civilization*, p. 123.)

teiro, com todas as suas nuanças e diversidade, é uma expressão. Brahman pertence à mesma ordem, o Absoluto, que *En Sof* na Qabalah, ou que o *chaos confusum* na alquimia, estando além de qualquer qualificação diferenciadora de sexo e de qualquer característica individualizante. Heinrich Zimmer, em *Myths and Symbols in Indian Art and Civilization*, descreve Brahman como. . .

> . . . a fonte transcendente que contém todas as possíveis formas e virtudes. De Brahman, o Absoluto, procedem as energias da Natureza, que produzem o nosso mundo de formas individualizadas, o mundo pululante da nossa experiência empírica, caracterizado por limitações, polarizações, antagonismos e cooperação.[1]

Zimmer afirma que o substantivo *Brahman* é neutro. Nesse ponto seu editor acrescentou a seguinte nota de rodapé de Ananda K. Coomaraswamy – que introduziu uma série de notas suplementares para completar a obra após a morte de Zimmer:

> É preciso entender que no sânscrito o gênero gramatical nem sempre é sinal de sexo físico. O gênero indica função, o sexo indica forma. De modo que um indivíduo pode ser masculino de um ponto de vista e feminino de outro. Por exemplo, podemos dizer que Prajapati (o Progenitor das entidades vivas, masculino) está "prenhe", que Mitra "fecunda Varuna", que Brahman (neutro) pode ser considerado o "útero" da vida, e que, como no cristianismo, "este homem" e "esta mulher" são igualmente "femininos para Deus". Em termos absolutos, Brahman, embora gramaticalmente neutro, é o princípio de todas essas diferenciações, assim como no Gênesis a "imagem de Deus" reflete-se numa criatura que é "homem *e* mulher". Em geral, o gênero masculino implica atividade e processão; o gênero feminino, passividade e recessão; e o gênero neutro, uma condição estática ou absoluta. Essência e natureza são, respectivamente, masculino e feminino, logicamente distintos; mas ambos são "um só em Deus", que não é nem isso nem aquilo e, portanto, é "Algo" – não devendo jamais ser especificamente referido como "Ele" ou "Ela".[2]

Brahman remanesce após o Criador e a Criação, obliterando qualquer diferença entre um e outro – no sentido em que nós, com nossas percepções limitadas e finitas, percebemos essa diferença. Assim como, na tradição mística do judaísmo, *En Sof* precedeu o Deus do Gênesis, para os hindus Brahman precedeu todas as aparências da Criação. Portanto, eles jamais descrevem Brahman, restringindo-se a remanejar seus próprios conceitos e a dizer o que não se pode dizer a respeito de Brahman:

> O discípulo perguntou: Om. Dirigida pela vontade de quem a mente procede a seu objeto? A comando de quem o *prana,** o que vem antes de tudo, cumpre o seu dever? Sob a vontade de quem os homens proferem seus discursos? Quem é o deus que dirige os olhos e os ouvidos?
>
> O mestre respondeu: É o Ouvido do ouvido, a Mente da mente, o Discurso do discurso, a Vida da vida, e o Olho do olho. . .
>
> O olho não chega lá, nem o discurso, nem a mente. Não sabemos o que sabemos, nem entendemos como alguém há de ensinar o que não pode ser ensinado. O que não sabemos e não pode ser ensinado é diferente do conhecido. Está acima do desconhecido.

* O ar vital. Veja p. 141 (N. T.).

Aquilo que não pode ser expresso pelo discurso, mas através do qual o discurso se expressa – somente Isso deve ser reconhecido como Brahman, e não o que as pessoas aqui cultuam.

Aquilo que não pode ser apreendido pela mente, mas pelo qual se diz que a mente é apreendida – somente Isso deve ser reconhecido como Brahman, e não o que as pessoas aqui cultuam.

O mestre disse: Se você pensar: "Eu conheço Brahman bem", então certamente você conhece pouco da Sua forma, conhecendo apenas a Sua forma condicionada pelo homem ou pelos deuses. Portanto, Brahman, mesmo agora, é digno de suas inquirições.

O discípulo disse: Eu acho que conheço Brahman.

O mestre disse: Eu não acho que O conheço bem, nem acho que não O conheço. Quem entre nós souber o significado de "Não conheço e não desconheço", esse conhece Brahman.[3]

O conhecimento de Brahman, isto é, de Nirguna Brahman (o não-manifesto), o fundamento de todo conhecimento, permaneceu sendo o princípio norteador do hinduísmo, à luz do qual a criação, o homem e todos os deuses e deusas são vistos como multiplicações das manifestações do primeiro princípio. Como este princípio pode manifestar-se de todas as maneiras imagináveis, não há conflito na mente hindu quanto à multiplicidade de suas emanações.

Assim como *En Sof* na Qabalah, a imagem de luz, ou as centelhas, são preeminentes:

Como de um fogo ardente, centelhas essencialmente semelhantes a [Brahman] irrompem aos milhares. Igualmente, todos os seres manam do imperecível Brahman e a Brahman retornam.[4]

Brahman, ou melhor, Saguna Brahman (Brahman manifesto), agora se manifesta como Purusha, aquele que é ao mesmo tempo o Universo *in potentia* e o Criador-Criadora andrógino de quem nasce o espírito que anima os seres viventes. Purusha se compara a outras imagens do Homem Primordial:

Eis Purusha, informe e luminoso por si mesmo, incriado, existindo internamente e externamente. Ele é destituído de prana, destituído de mente. É puro e mais sublime que o supremo Imperecível.

Dele nascem o prana, a mente, todos os órgãos do sentido, ākāśa, o ar, o fogo, a água, e a terra que a tudo sustenta.

Os céus são a Sua cabeça; o sol e a lua, Seus olhos; as quadraturas, Seus ouvidos; os Vedas revelados, Seu discurso; os ventos, Sua respiração; o universo, Seu coração. De Seus pés produz-se a terra. Ele é, realmente, o Eu interior de todos seres humanos.[5]

Disso podemos ver que, em primeiro lugar, a Totalidade contém o Dois no Um: prana (a energia interior da mente ou "corpo sutil") e os elementos do mundo material. Os contrários manifestam-se em inúmeras formas e maneiras, e existem sempre em virtude de sua relação entre si. Diversamente da ilusão da estabilidade do mundo material que existe no Ocidente, com a nossa confiança na matéria, na quantificação e na aparência das coisas, sentimos que no mundo dos Upanishades o eterno fluir é a única realidade.

Desembarquei na Índia com a minha orientação ocidental, e vi diante de meus olhos condições de vida que seriam intoleráveis mesmo nos piores cortiços das cidades americanas. Senti despertar em mim a urgência de chamar a atenção para essa situação calamitosa, para a necessidade de mudar as coisas, de "melhorá-las". Quando eu, precipitadamente, expressei o que sentia, minhas críticas foram rebatidas com o que me pareceu indiferença. Percebi que aquilo que para mim eram condições que precisavam ser radicalmente modificadas, para o indiano era apenas um momento num processo de ciclos eternos que se processava de acordo com princípios imutáveis pouco suscetíveis a serem alterados pelo homem – princípios que, no entanto, estavam sempre em movimento e sempre em transformação. Os indianos viam o mundo como uma realização da Grande Deusa, que eles chamam Maya: a que cria em medidas o tempo e o espaço – ambos ilusórios num sentido importante.[6] Ao contrário de mim, os indianos viam as condições de vida no contexto dessa vasta tradição.

Durante minha estada na Índia, travei contato com a autobiografia da vida interior de Gopi Krishna, *Kundalini, The Evolutionary Energy in Man*. Eu vira o livro na estante de meu anfitrião, e a eletrizante cor azul da encadernação me atraíra. Como é o caso de alguns livros impressos na Índia, nesse não havia título na capa, de modo que eu não tinha como saber o que ele continha. Mas já na primeira página o texto arrebatou-me e me manteve cativa ao relato de como Gopi Krishna, súbita e inesperadamente, foi transpassado pela energia psíquica (*prana*) com tamanha intensidade que toda a estrutura da sua personalidade foi abalada até o âmago.

Gopi Krishna era um funcionário público de alto nível de instrução que vivia com a esposa e a família em Srinigar, na Cachemira. Era membro respeitado da minoria hindu em uma região predominantemente muçulmana e vinha praticando meditação diariamente desde os dezessete anos, na esperança de pouco a pouco atingir um nível mais elevado de consciência que superasse a oposição dos contrários. Mas somente aos trinta e quatro anos é que despertou dramaticamente para uma nova forma de consciência, num episódio repentino e devastador, que em nada se assemelhava ao que poderia ter antecipado. Diz ele que estava sentado há horas meditando, com a atenção dirigida para a "coroa" da sua cabeça, contemplando uma flor de lótus imaginária em plena florescência, irradiando luz. Estando intensamente concentrado, ele sentiu de repente algo estranho na base da espinha, na raiz dos órgãos sexuais. A sensação foi "tão extraordinária e tão agradável" que sua atenção foi forçosamente atraída para ela. No instante em que desviou a atenção do lótus, a sensação cessou. Acreditando que sua imaginação lhe estivesse pregando uma peça para aliviar a tensão, Gopi Krishna voltou a se concentrar no lótus; mas quando a imagem tornou-se novamente nítida e concentrada, a sensação ressurgiu, desta vez tão intensamente que mais uma vez sua atenção foi atraída para ela. Nesse exato momento, contudo, a sensação de novo desapareceu. Ele então retraiu sua atenção e dirigiu sua concentração novamente para cima. Embora seu coração estivesse palpitando freneticamente, ele tentou recuperar a serenidade e fixar sua atenção no lótus. Ao imergir completamente na meditação, voltou a experimentar a sensação, mas desta vez conseguiu manter a rigidez da atenção e não permitiu que ela se afastasse do ponto em que a fixara. A sensação ressurgiu, com uma intensidade tal que só com grande dificuldade ele conseguiu não fraquejar. Escreveu ele, "Subitamente, com o estrondo de uma cachoeira, senti uma torrente de luz líquida penetrar o meu cérebro através da medula espinhal".

Gopi Krishna narra como a iluminação foi se tornando cada vez mais brilhante, e o estrondo cada vez mais alto. Sentiu-se sacudido, e em seguida saindo do corpo, inteiramente envolvido por um halo de luz. Em suas próprias palavras:

> É impossível descrever a experiência com precisão. Senti ampliar o ponto de consciência, que era eu mesmo, rodeado por ondas de luz. O ponto ampliou-se cada vez mais, expandindo-se para fora de mim; enquanto isso o corpo, normalmente o objeto imediato da percepção consciente, parecia ter recuado à distância, até que me tornei inteiramente inconsciente dele. Eu era agora apenas consciência, sem qualquer contorno, sem qualquer idéia de um apêndice corporal, sem qualquer sentimento ou sensação proveniente dos sentidos. Estava imerso num mar de luz, simultaneamente consciente e capaz de apreender cada um dos seus pontos que, por assim dizer, haviam se espargido em todas as direções, desimpedidos e sem sofrerem qualquer destruição material. Eu não era mais eu mesmo. Ou, para ser mais preciso, não era mais quem eu me conhecia ser: um pequeno ponto de apreensão cognitiva e perceptiva confinado num corpo. Eu era agora um vasto círculo de consciência no qual o corpo era somente um ponto, inundado de luz e num estado de exaltação e felicidade.[7]

A experiência deixou Gopi Krishna amortecido e fraco, seus membros enrijecidos e praticamente imprestáveis. Durante alguns dias permaneceu inquieto e exausto. Viu-se despojado de seus poderes de concentração e privado da sua antiga capacidade de levar uma vida bem ordenada no mundo. Enquanto perdia toda ternura e sentimento pela sua esposa e os filhos, ardia dentro dele um vasto fulgor interno. Às vezes parecia que um jato de cobre derretido subia pela sua espinha, arrojando-se contra o seu cérebro e espatifando-se num jorro de centelhas ou rodopiando num poço de luz. Ele sabia que tocara em algum nódulo de um mecanismo desconhecido que de tal forma o sobrepujara que chegou a temer pela sua sanidade mental. Aterrorizado e abalado, ele ainda conseguiu ir levando a vida cotidiana, empregando toda a sua força de vontade para não sucumbir aos poderes enfurecidos dentro de si. Treinado para a objetividade, anotou meticulosamente suas observações sobre a sua própria condição. Reconheceu que estava sofrendo uma crise com uma causa fisiológica real envolvendo todo o sistema nervoso, do cérebro ao mais ínfimo dos órgãos, e empreendeu todos os esforços possíveis para entender o que efetivamente estava acontecendo com ele.

Gopi Krishna lera nos livros populares sobre yoga algumas descrições sobre o Yoga Kundalini, todos eles citando antigos textos sobre o assunto, mas nenhum escrito por alguém que afirmasse ter vivenciado a experiência. Os livros diziam que a Kundalini representa a energia vital cósmica que jaz dormente no corpo humano. Ela mantém-se enrolada como uma serpente adormecida em torno da base da espinha, um pouco abaixo do órgão sexual, fechando com a boca a abertura da *susumna*, um fino canal que sobe pela medula espinhal até o centro da consciência no topo da cabeça. Quando despertada, a Kundalini arroja-se para cima como um raio através da *susumna*, levando consigo a energia vital do corpo – corpo que, neste ínterim, torna-se passivo, frio e sem vida. Ao unir-se com seu esposo divino, Shiva, no sétimo ou último centro, no cérebro, o Eu corpóreo liberta-se do agrilhoamento da carne e passa para um estado de enlevo e êxtase conhecido como *samadhi* – o estado da não-morte e da beatitude – e adquire uma suprema consciência. Só vagamente os livros lidos por Gopi Krishna faziam menção dos perigos envolvidos neste Yoga, e estes nem chegavam a ser explicitados.*

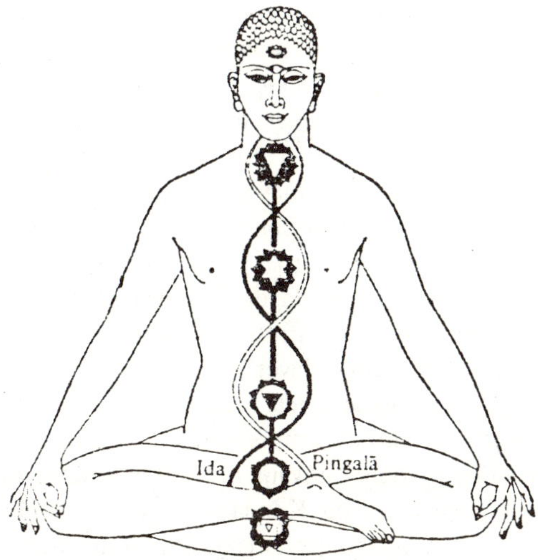

Todo conhecimento que Gopi Krishna acumulou sobre o assunto nem sequer chegava perto do significado da experiência em si – a experiência que foi se tornando uma parte da sua consciência e da sua atenção ao longo de um período de vários anos. Gopi Krishna adquiriu extrema sensibilidade aos movimentos periódicos da Kundalini, e ao modo como ela carregava consigo "partículas brilhantes extremamente sutis de alguma substância imaterial, projetando-as para cima e para baixo, de um lado para outro, de tal forma que adquiriam a aparência de um poço de luz circular e palidamente luminescente". O fogo interior era tido como a essência da energia vital, o "corpo sutil" que estrutura todas as formas de Yoga. Essa essência é *prana*, que nasceu de Purusha no princípio, juntamente com todas as coisas materiais do mundo. De acordo com a doutrina iogue, *prana* não é mente, nem inteligência, nem consciência, mas sim a força que impele todas elas, uma parte inseparável da energia cósmica ou Shakti. Estritamente falando, Shakti é definida como a Criadora do universo; Prana-Shakti, a que nos referimos quando falamos de Kundalini, é a portadora da energia Shakti.

* "Aquele que desperta a *Kundalini* sem ter as qualificações necessárias e os conhecimentos de um verdadeiro iogue poderá ir ao encontro de sérios distúrbios e até da loucura e da morte (morte não iniciática, mas efetiva)." Veja Julius Evola, *A Metafísica do Sexo* (Lisboa, Edições Afrodite, 1976), p. 324. O livro de Evola é um bom companheiro a este, já que define a metafísica do sexo como "a suspensão do condicionalismo do Eu individual e a emergência momentânea ou a inserção na consciência de modos de ser de caráter profundo" (p. 10) (N. T.).

Gopi Krishna chama a atenção para a correspondência entre Shakti (enquanto energia) e aquela energia que a ciência contemporânea começa a considerar a substância fundamental do mundo físico. Talvez não seja muito exagerado sugerir que o conceito de Shakti-Prana tem semelhança com a idéia freudiana de *libido*, que é de natureza sexual e proporciona a força que motiva e impele quase toda atividade humana. No entanto, Shakti-Prana difere por trazer consigo uma implicação espiritual, o aspecto que Freud escrupulosamente evitou ao falar da *libido*.

A nós basta apontar estas correspondências e diferenças; não pretendemos prová-las ou refutá-las em termos científicos. A nós interessa a *idéia* inerente na percepção e cognição humana, e particularmente na cultura hindu, que leva a força vital – a força vital que dança e anima o corpo físico do ser humano, que sem ela seria inerte – a receber uma designação feminina. Shakti-Prana é descrita em linguagem iogue como o princípio de vida da Criação, como "algo" (*stuff*) misterioso que anima as células e os órgãos dos corpos vivos. Shakti-Prana regula o mecanismo do corpo e o constrói no útero; e suscita a respiração. Ela mantém a consciência superficial que pensa em si como soberana, permanecendo totalmente inconsciente da atividade invisível daquela que é a verdadeira soberana da morada humana. O significado e importância de Shakti são expressos no dito, "Shiva sem Shakti é um cadáver".[8]

Desde essa primeira experiência catalítica, Gopi Krishna dedicou praticamente sua vida inteira a tentar compreender o processo que promove o despertar da Kundalini. Ele participa ativamente das pesquisas filosóficas e científicas na Fundação para a Pesquisa da Kundalini, que ele próprio fundou, buscando demonstrar que um mecanismo psicofisiológico específico no corpo do homem é responsável pelo seu processo evolutivo. Esse trabalho é dividido com o professor Carl Friedrich von Weizsäcker, diretor do Instituto Max Planck de Ciências Biológicas de Munique. Em sua Introdução ao livro de Gopi Krishna, *The Biological Basis of Religion and Genius,*[9] o professor von Weizsäcker analisa profundamente a experiência de Gopi Krishna com a Kundalini e os efeitos psicobiológicos da Kundalini. Ao constatar que mudanças fisiológicas mensuráveis ocorrem nas pessoas que, através da disciplina, obtêm controle sobre os mecanismos da respiração, a emissão seminal e a concentração da atenção, von Weizsäcker percebeu que a ascensão da Kundalini provoca uma enervação de todo o corpo, além de fazer com que o indivíduo atinja um nível totalmente superior de consciência. Ele ressalta o aspecto evolucionário do Yoga Kundalini como importante evidência de que a evolução da espécie humana não se dá apenas em bases biológicas, mas deve incluir também a evolução da consciência. Esta evolução da consciência servirá para melhorar a qualidade da *experiência* humana, não apenas do mecanismo fisiológico. Da mesma forma que na teoria de Darwin, há um processo de seleção na *evolução da consciência*, um processo de igual importância à da *evolução da estrutura do corpo humano*. Tendem a sobreviver aqueles indivíduos que forem mais aptos a sobreviver, tanto fisiologicamente como em termos do desenvolvimento da consciência. A longevidade parece depender mais do nível de apreensão cognitiva/perceptiva e de compreensão do mundo do que da mera adaptabilidade física. Logo, parece ser necessário que nos concentremos ainda mais na melhoria da qualidade da consciência do que nos aspectos estritamente materiais da vida.

Na prática, o Yoga Kundalini oferece um método de elevar o nível de consciência da pessoa que for capaz disso e que estiver adequadamente preparada para tal. Este Yoga é um método para internalizar a potência sexual e a energia dela derivada. O sêmen não é concebido literalmente aqui, mas sim como o aspecto da potência sexual que é inerente no *prana* ativado nos órgãos genitais e sentido como potência sexual quando emitido em uma relação sexual orgásmica. Mas quando esse *prana* (energia) é retido internamente e conduzido para a cabeça, em vez de ser emitido junto com o sêmen, ele se torna disponível para impregnar a própria consciência cósmica do indivíduo. É errônea a idéia, às vezes expressa, de que no Yoga Kundalini o "sêmen" é de alguma forma canalizado para o cérebro; a linguagem usada pode ser vaga e metafórica, mas busca transmitir o sentido de que o *prana*, a energia evolucionária feminina, não é "matéria" como tal, mas algo como a "vida" na matéria. Prana, e os canais através dos quais ele pode ser conduzido, são considerados como um "corpo sutil" – real mais no sentido psicológico do que no biológico – em contraste com o corpo "espesso" ou material. Isso não significa dizer que o prana não tenha um efeito profundo sobre o corpo material: é evidente que tem. Podemos até mesmo afirmar que toda experiência, quando vivenciada subjetivamente, vive em nós porque foi ativada por esse princípio energético.

Encontrei nos textos sobre Yoga Kundalini pouca coisa dita sobre a experiência da mulher. Os textos deixam claro que o homem pode experimentar a "autofertilização" ao relacionar-se interiormente com o princípio energético feminino. Mas, e a mulher? Devemos ter em mente que o termo "feminino" não se aplica apenas à mulher, mas também às vezes a um certo tipo de experiência que o homem vivencia como algo-que-não-ele. Para a mulher, o despertar da Kundalini poderia ser vivenciado como uma penetração fálica, pois para ela é a atividade fálica que desperta a sexualidade feminina, que a energiza e que a dota com o precioso dom do prana. A mulher que conseguir atingir o controle iogue através da disciplina da meditação e de outras práticas que envolvem sua respiração, seus pensamentos e suas reações sexuais, deverá ter desenvolvido o seu aspecto contrassexual de maneira semelhante à do homem que se submete a tal disciplina. É de se supor, então, que ela possa vivenciar o despertar e a movimentação da Kundalini, mas em termos da sua própria experiência feminina. Se o homem sente o seu útero preenchido, então o testemunho corporal do orgasmo masculino deve adquirir vida na mulher.

O que torna a Kundalini tão vigorosa e potente é ela realizar a possibilidade de alguns indivíduos atingirem uma unidade dentro de si, uma unidade constituída pela interação entre energia e matéria, entre feminino e masculino, entre experiência corporal e experiência espiritual. É uma senda árdua, difícil e exigente, mas é um dos caminhos de que dispomos para efetivar o nosso potencial andrógino. Exige uma disciplina rigidamente ascética e leva seus praticantes a conceberem o nosso mundo temporal como ilusório e de pouco valor em comparação com a apreensão não-dualista do "Todo indiviso", da não-separabilidade entre o criado e o Incriado.

A experiência de Gopi Krishna com a Kundalini está em perfeito acordo com a tradição do Tantra hindu que, juntamente com o Tantra budista, constituem a principal senda oriental para a sublime união do Masculino e do Feminino. O Tantra é difícil de definir, e ainda mais difícil de entender, pois, como no exemplo do Yoga Kundalini, nunca é apresentado em linguagem direta. Muito foi encoberto, ocultado ou propositalmente obscurecido para que aqueles que não fossem suficientemente maduros ou que não houvessem desenvolvido suficientemente a consciência ficassem protegidos dos perigos inerentes aos poderes e percepções que são ativados. O Tantra inclui-se entre as disciplinas esotéricas. Só podemos nos referir a ele de uma maneira genérica, e apenas insinuar a experiência que reserva para aqueles cujas vidas os prepararam para praticá-lo. Há inúmeras variedades de práticas tântricas e, novamente, diferentes níveis de consciência são atingidos, dependendo das metas e das habilidades das pessoas envolvidas.

A tradição tântrica, tanto em sua forma budista como em sua forma hindu, sustenta que há dois contrários fundamentais: o princípio estático e o princípio dinâmico. O princípio estático é essencialmente cognitivo, abrangendo sabedoria, realização, beatitude e iluminação espiritual. O princípio dinâmico é descrito como conativo, ou seja, são enfatizados o movimento, a energia e a atividade. Na tradição budista, o princípio dinâmico é também compassivo e identifica-se com o método e a habilidade. Na tradição tântrica hindu, *citta* ou mente, o princípio estático, é personificado em Shiva, isto é, no Masculino. E o dinâmico, ou seja, o poder e a energia primordial, é atribuído a Shakti, a força Feminina. A associação entre atividade e Feminino diverge do estereótipo da nossa cultura ocidental, na qual há tempos o princípio Feminino tem sido identificado com a passividade. A associação que os hindus fazem entre Feminino e atividade pode remontar ao fortíssimo elemento religioso do culto da Magna Mater que prevaleceu na Índia pré-ariana, especialmente no sul. Com a vinda dos arianos e sua mitologia e filosofia védicas, o culto dos deuses masculinos começou a adquirir proeminência – um evento não muito diferente do ocorrido na Grécia e entre os hebreus. Os invasores e colonizadores de grande parte da Índia, vindos do norte, atribuíam às deusas uma posição insignificante. Contudo, não extinguiram o culto às deusas, preferindo assimilá-lo numa síntese religiosa em que "Prakriti", isto é, o princípio ativo, fundiu-se com o princípio ativo da sociedade pré-ariana, a saber, a Grande Deusa. Da mesma forma, o "Purusha" védico – inativo, consciente, testemunhal – fundiu-se com Shiva, o deus que muitas vezes era representado pela imagem do lingam (o falo). Daí o aforismo do Tantra hindu, "Se Shiva se unir a Shakti, há de firmar os seus poderes soberanos; se não, o deus será incapaz de se mover".[10]

O Tantra budista da Índia e do Tibete, ao contrário do Tantra hindu, atribui o princípio dinâmico ao masculino e o estático ao feminino. A Mãe tibetana (*yum*) é a portadora da "sabedoria" (*ses rab* em tibetano, *prajna* em sânscrito) e o Pai Cósmico tibetano (*yab*) é o portador dos "meios" (*upaya*). Este último é invariavelmente uma forma do Buda. O Tantra budista da Índia e do Tibete enfatiza a união de *prajna* e *upaya*, e diz-se que "Upaya sem prajna é cego; Prajna sem upaya é ineficaz. Ambos se completam na união com o outro".

No Tantra budista, há exceções nas atribuições de gêneros a qualidades específicas. A mais notável talvez seja a idéia persistente de que é a mulher que deve iniciar as atenções amorosas. Até na poesia sânscrita contemporânea lemos que é a mulher que deve marcar o encontro amoroso e prepará-lo. O namoro iniciado pelo homem é considerado de mau gosto. Trata-se provavelmente de um resquício da tradição pré-ariana que se perpetuou numa religião em que o homem geralmente desempenha o papel mais decisivo.

Novamente nos damos conta de que não é tão importante quais responsabilidades ou atributos específicos estão ligados a cada um dos sexos. *O ponto vital é que precisa haver oposição entre duas entidades diferenciadas para que o processo dinâmico se instaure e se expresse criando algo novo*. Cada elemento – não importa se Masculino ou Feminino – deve ser entendido como compreendendo um conjunto de qualidades, isto é, uma certa maneira de ser ou de fazer, que resiste a ser confundido com o seu contrário. O que atrai são as diferenças pronunciadas, pois no mistério do "outro" está a promessa de que o anseio pela perfeição, pelo completamento, será satisfeito – em cada um e também no mundo.

Há no Tantra inúmeras variações de práticas e crenças, que chegam a dominar completamente o estilo de vida daqueles que com ele se envolvem. É repleto de rituais e de magia, de mitos e filosofia, havendo ainda toda uma ordem complexa de sinais e de símbolos emotivos. Além disso, não há forma artística que não encontre expressão no Tantra; nem a pintura, nem a música, nem a escultura, nem a dança. Todas são úteis para intensificar a sensibilidade ao que Tantra é essencialmente: uma visão espiritual da inevitável e inescapável bipolaridade de toda a vida – seja a vida natural e não-transformada, seja a vida Iluminada. Talvez o Tantra hindu enfatize a natureza invariavelmente sexual do cosmos natural, enquanto o Tantra budista ressalta a androginia do indivíduo que se iluminou e se transformou. Mas o Tantra difere dos outros sistemas religiosos, e especialmente da tradição bramanista, que afirma que o nosso mundo é uma ilusão destituída de sentido que devemos aprender a rejeitar juntamente com todos os seus prazeres. O Tantra também não insiste na miséria premente da condição humana, nem tenta, através da opressão do corpo e da mente, evadir-se de ter consciência, ou interesse, pelas questões do mundo.[11] Não nega completamente a validade da abordagem ascética, mas afirma que não há necessidade de imolar o corpo e suprimir o sentimento humano para alguém se distanciar e tornar-se indiferente ao mundo. Na realidade, alguns adeptos do Tantra afirmavam, no século XIX, que muitas das misérias dos pobres e dos não-iluminados da Índia eram causadas pelo ódio ou indiferença ao mundo que fora instilado nas massas pelas filosofias ascéticas ortodoxas.

O Tantra afirma que, em vez de suprimir os prazeres dos sentidos, o gáudio e o sofrimento do mundo fenomênico, devemos encará-los cada vez mais direta e abertamente, sem medo ou hesitação. Ao abandonar a segurança dos pontos de referência conceituais, mesmo aqueles de natureza "espiritual", o iogue tem de abrir o seu coração e mostrar toda a sua nudez à realidade aterradora do mundo natural. De acordo com o Tantra, a idéia de que o mundo é uma ilusão da qual devemos escapar é em si uma construção mental ilusória que precisa ser abandonada. O iogue, ao libertar-se desta que é a mais sutil das servidões, estará aberto para se comunicar diretamente com as energias do universo manifesto, adquirindo assim reverência pelo cosmos. Portanto, os prazeres do sentido e o gáudio são cultivados no Tantra sem que haja qualquer referência a uma possível gratificação ou noção de posse do ego; cultiva-se o gáudio e os prazeres pura e simplesmente pela sua própria qualidade sagrada intrínseca. Num nível, a experiência mundana é o caminho tântrico, pois o seu poder, quando confrontado nuamente e sem disfarces, proporciona energia para uma busca espiritual. Num outro nível, o caminho tântrico é a "meta" da prática, pois o abandono das metas incorpóreas "mais elevadas" das tradições não-tântricas leva à epifania de um mundo fenomênico igualmente radiante com o "Absoluto".

A meta derradeira do Tantra hindu é a consumação da união Cósmica que só ocorre no Ser Supremo denominado "Ishvara". Ishvara é Aquele do qual se diz Ser Absoluto, sem qualidades; é incognoscível e indescritível, sem começo nem fim. Contém todas as dualidades e polaridades congregadas num estado de união total. O nome é diferente, mas a esta altura a imagem já nos é familiar.

A Criação, no Tantra hindu, irrompe da explosão da Unidade Primordial. Nesse ato de violência, os dois princípios de oposição se separam, e encarnam em Shiva e Shakti. Com o estilhaçamento da Unidade Absoluta, a existência passa a ser relativa, e é gerado um estado de dualidade que traz consigo sofrimento, ilusão e servidão. O hindu iniciado no Tantra busca a reunificação dos dois princípios contrários – Shiva e Shakti – em seu próprio corpo. Embora as técnicas difiram, e às vezes haja a participação de um companheiro, a meta não é dessemelhante à do Yoga Kundalini. Vimos que Shakti, na forma de serpente, pode ser despertada por certas práticas iogues e que, quando isso ocorre, ela se move por um canal (*susumna*) atravessando os sete centros de energia denominados *chacras* até o alto do crânio, onde reside Shiva. Neste último centro, "o lótus", Shakti une-se a Shiva. Cultivando este Yoga, o iogue irá se transformando na personificação viva da interação entre Shiva e Shakti.[12]

Em sua análise da literatura tântrica hindu, Eliade insiste que a "androginização" é apenas uma parte do processo total, o da reunião dos contrários. Ele fala de "pares opostos" que têm de ser reunidos: o Sol e a Lua têm de se tornar um, e também as duas veias místicas que circulam em ambos os lados da *susumna* central – a *idā* e a *pingalā* – e sustentam as duas respirações, *prana* e *apana.*[13]

Aqui, a reunião dos contrários quer dizer que devemos considerar em muitos níveis da vida e da consciência o significado da *coincidentia oppositorum*, que é uma cerimônia imemorial que permanece sempre nova e viva: o *hieros gamos* ou matrimônio sagrado da Grécia antiga. Trata-se da oferenda sacrificial da inocência infantil ao deus; da mística união conjugal do gnosticismo; do casamento químico da alquimia, em que o adepto trabalhava lado a lado com a sua *soror mystica*; e da união de Deus com a Shekhinah, de Israel com o Sabath, de Cristo com Jerusalém. Tudo isso está implícito no rito tântrico hindu que culmina em *Maithuna*, o matrimônio místico. Mas há uma importante diferença: no Tantra, a união dos contrários se dá no campo da experiência humana, e ainda por cima na carne, embora a cerimônia transcenda as limitações comuns da expressão humana do corpo.

Quando falamos do rito de *Maithuna*, estamos falando de um erotismo simbólico que era conhecido desde os tempos védicos. Coube, contudo, ao tantrismo transformá-lo num instrumento de salvação.[14] Imortalidade, libertação da morte: esta é a meta derradeira do amor cósmico. Os seres mortais, para experimentarem o amor numa escala cósmica, precisam transformar a própria natureza do ser. Participar de *Maithuna*, ainda que uma única vez, leva o iogue e sua *nayika* (a mulher piedosa) a uma condição divina onde, num estado de beatitude, podem contemplar diretamente a Realidade Suprema.

A preparação para a técnica de *Maithuna* começa muito antes, com a prática diligente do Hatha Yoga. A beleza do corpo deve ser cuidadosamente cultivada, pois o corpo é o templo onde se dará a cerimônia divina. Procede-se a uma purificação mediante diversos tipos de limpeza interior e das *asanas* (posturas) que intensificam a beleza, a força e o controle sobre o corpo. O Hatha Yoga condiciona a vontade para que domine o corpo físico e este possa se transmutar num corpo divino. Preparativos adicionais incluem a meditação e cerimônias que tornarão o ritual possível e fecundo. A *yogini* é uma mulher que foi instruída sobre a natureza e significado da cerimônia por um guru, e cujo corpo foi consagrado por um ritual em que certas partes são tocadas para identificá-las com partes similares da Deidade e serem assim potenciadas.

Diz-se que toda mulher nua encarna Prakriti, o elemento feminino no processo criador divino original. Ao aproximar-se da nudez da mulher, o iogue deve encará-la com a mesma imparcialidade e a mesma sensação aterradora que sente ao contemplar os misteriosos segredos da natureza, sua assombrosa capacidade de gerar criação. Se a visão da mulher nua não for acompanhada da emoção aterrorizante sentida na presença da Divindade prestes a se revelar, não haverá um ritual, mas apenas um ato profano. A mulher-Prakriti deve transformar-se numa encarnação de Shakti. Assim como a mulher se torna a deusa, o iogue deve tornar-se o deus, e os dois se unirão como pai-mãe do mundo. O iogue, tendo Shiva como modelo divino, buscará consumar no seu ser o ideal do puro Espírito, imóvel e sereno.

Para se preparar, o casal retira-se para algum lugar recluso, como uma floresta. Lá permanecerão vários meses em companhia um do outro. O iogue se acostumará com o corpo de sua companheira, cumprindo as regras de adoração e autocontrole até ser capaz de dominar as reações do seu corpo e alcançar um estado de imparcialidade em que nem a desejará e nem a não desejará. Ele terá ultrapassado aquele plano da consciência em que se deseja a gratificação sensual ou pessoal por ela mesma. Quando finalmente os dois se unem sexualmente, o iogue estará se unindo com a deusa e a *yogini* com o deus. Por terem transcendido o modo mundano da existência, haverá, correspondentemente, uma quase imobilização da respiração e do pensamento. No decorrer da união sexual não deve haver jamais emissão de sêmen. Os textos são claros quanto a isso, pois doutra forma o iogue despencará da sua encarnação divina para o plano do libertino comum. Seu prazer sensual e seu corpo são o recipiente no qual os contrários podem se unir. O fogo, como são chamados os dois lábios da vulva, estimula o fluxo do sêmen, que não obstante deve ser mantido imobilizado ou reabsorvido pelo iogue num processo de autofertilização. A *yogini* deve igualmente permitir que as energias sexuais circulem dentro de si. A regressão é ainda mais intensificada pela suspensão da respiração e pelo aquietar dos pensamentos. Dizem os textos do tantrismo hindu que através deste rito alguns consumam dentro de si a união do "sol" e da "lua", de Shiva e Shakti. Dizem também que é possível transcender o tempo como nós o conhecemos e de emergir num Tempo Cósmico, em que se revive as criações e destruições periódicas do universo (os "dias" e "noites" cósmicos). Assim, por meio da transcendência dos contrários, o Andrógino Divino passa mais uma vez a existir. Nas palavras de Eliade:

> Ao suspender a respiração, ao "unificá-la" na *susumna*, o iogue transcende o mundo fenomênico e ingressa num estado incondicionado e atemporal no qual "não há dia nem noite", "nem doença nem morte" – fórmulas ingênuas e inadequadas que significam "a emergência do tempo". Transcender o "dia e a noite" significa transcender os contrários. . . é a reabsorção do cosmos através da inversão de todos os processos de manifestação. É a coincidência do tempo e da eternidade no plano puramente "humano", é a reintegração do andrógino primordial, é a conjunção, em nosso próprio ser, do masculino e do feminino – numa palavra, é a recuperação da inteireza completa que precedeu toda a criação.[15]

Como é que nós, tão distantes desses estranhos ritos tântricos, podemos chegar a algum vislumbre de entendimento da experiência neles contida? Encobertos em mistério como são os textos, consistindo de infindáveis variações e envoltos em minúcias de regras e costumes que os tornam verdadeiramente inacessíveis, exceto para quem for conhecedor das suas práticas, como podemos esperar obter uma idéia, por vaga que seja, do seu significado? Talvez ajude-nos saber que, embora algumas pessoas efetivamente praticassem o rito de *Maithuna* em sua forma específica e concreta, havia outras para as quais o rito era uma imagem interior a ser visualizada, meditada e tomada como modelo norteador da vida interior (como na alquimia).

Nós também podemos meditar sobre esta imagem mítica. Podemos imaginar como deve ser sentar-se, imobilizado, em união sexual com o deus. Quanta serenidade será preciso para sentirmos dentro de nós a forma e o contorno da Divindade, para com aquele profundo conhecimento interior que abrange a totalidade de nós mesmos – corpo e psique, indivisíveis – sabermos que há uma Presença imortal dentro de nós, em torno de nós, fluindo através de nós? Podemos vivenciar isso como Shakti-Prana, se preferirmos; o ar que respiramos está carregado com ele. Entrar em contato com este corpo imortal significa poder estar só e, no entanto, não estar só. Significa reunião com o Andrógino Primordial, que é o Útero de Deus, o ancestral da psique. Não significa, porém, recair naquele estado não-diferenciado em que éramos andróginos mas não sabíamos o que éramos.

Ao longo dos séculos, fomos nos tornando cientes de nossa própria evolução, e a consciência humana evoluiu. Um novo tipo de consciência começa a surgir agora em nossa época. Gopi Krishna afirma que a Kundalini é a força evolucionária que exerce um poder capaz de transformar o espírito humano; nós podemos aprender sobre ela e descobrir como aplicar suas energias. Este poderoso elemento da vida, que a torna dinâmica e possibilita o crescimento, que é a personificação do fluxo, da mudança e da transformação, é conhecido também por outros nomes: Shakti, Eva, Sofia, Afrodite, Shekhinah, Anima, Musa – a lista não tem fim. É o Eterno Feminino, ou assim foi vista pelos homens que criaram os mitos. Eles aprenderam que é somente através do mistério do Outro que o nosso impulso criador encontra ressonância, e que somente através da união com o Outro poderemos participar para tornar a vida espiritualmente frutífera. Os grandes mitos cósmicos, como ensina o Tantra, podem ser vivenciados diretamente por aqueles cujo destino os consagrou para tal tarefa. A visão ocorre num momento mágico em que, após um longo e demorado preparo, os seres humanos finalmente despem seus corpos densos e abandonam-se no espaço cósmico onde sempre estiveram – embora não pudessem vê-lo. Durante a união mística, adquire-se finalmente esta consciência: que o princípio Masculino e o princípio Feminino estão intimamente envolvidos um com o outro. É um momento de concepção, em que é concebido o filho do espírito humano.

15

UNIÃO DINÂMICA NO TAO

> O grande Tao está além de qualquer descrição. O grande argumento não emprega palavras. A grande bondade não é benevolente. A grande integridade não é incorruptível. A grande coragem não é agressiva. O Tao manifesto não é o Tao. Palavras que argumentam nada dizem. A perpétua benevolência é inconseqüente. A integridade ostensiva não é crível. A coragem agressiva não vencerá. Estes cinco são redondos e maleáveis, mas podem tornar-se quadrados e inflexíveis.
>
> Saber o suficiente para parar quando não se sabe é a perfeição.
>
> Quem pode compreender um argumento sem palavras e o Tao que não pode ser expresso? Se um homem compreender isso, será chamado de tesouro dos céus. Se nele se derramar, jamais será preenchido; se dele jorrar, jamais será esvaziado. Ninguém, no entanto, sabe porque é assim. Isso se chama a luz oculta.[1]

Retorno ao estado do Bloco Intato. O círculo gira e retorna ao ponto de onde partiu. Percorri uma longa jornada em busca do andrógino, mas apenas toquei em diversos pontos, como se estivesse dando uma volta ao mundo em oitenta dias. O que vi, vi rápida e superficialmente. Não pude permanecer no mesmo lugar tanto quanto gostaria, absorvendo a atmosfera de cada ambiente mitológico. Todavia, embora ciente delas, não pedirei desculpas pelas minhas insuficiências. Se é preciso esforço para estudar, aprender, explorar e mergulhar numa idéia, então todo empenho há de ser inevitavelmente insuficiente. Tentei agir à altura do repto formulado por Jung com referência às funções da *anima* e do *animus*. Especificamente, o que me pôs a caminho foi a sua afirmação de que a mulher deve explorar o fundamento de suas opiniões. Defendi a opinião que partilho com tantos outros homens e mulheres da atualidade, a de que é hora de as pessoas se libertarem dos papéis de sexo e gênero que permaneceram tempo demais como estereótipos no mundo ocidental. Achei necessário aprofundar-me na seguinte pergunta: Por que a mulher aceitou um papel que a encarcera numa determinada imagem de feminilidade? Por que ela permitiu que isso lhe acontecesse? Enquanto isso, nos anos desde que Jung caracterizou a consciência da mulher como ainda "envolta nas sombras da não-diferenciação", tem havido um amplo reconhecimento do intelecto da mulher, da sua capacidade de clareza, da sua atividade produtiva e da sua atuação em geral competente num mundo até recentemente concebido para ser dos homens. Todavia, ao completar nossa circum-ambulação pelo tempo e pelo espaço, voltamos ao nosso ponto de partida: Não importa como uma sociedade define o princípio Masculino e o princípio Feminino, sempre *haverá* uma diferença.

Parece-me que onde a nossa concepção judeu-cristã falhou não foi na diferenciação entre a natureza masculina e a feminina; esta diferenciação é feita em todas as sociedades. Nosso erro foi termos nos *fixado* na fantasia da dominação masculina, na idéia preponderante de um patriarcado baseado na crença de que uma divindade masculina onipotente foi o protótipo para a criação do homem. Se a mulher veio em seguida como um apêndice auxiliar do homem – ou melhor, se ela pudesse ser convencida de que foi assim que as coisas se deram –, o princípio de poder permaneceria tranqüilamente em mãos masculinas, enquanto as mulheres seriam obrigadas a atuar harmoniosamente com os homens, apoiando-os e agindo de acordo com o seu uso do poder.

Se deixarmos nossa severidade de lado e tentarmos perceber o lado humorístico da situação, veremos que as coisas nunca funcionaram dessa maneira. O poder não atua num vácuo. Precisa de resistência, de contradição, de oposição – que, criticamente falando, são na verdade formas de receptividade. Leonardo da Vinci compreendeu bem isso quando afirmou:

> A força é um poder espiritual, uma energia invisível proveniente de um movimento que, por um impacto violento exterior, faz com que os corpos se distorçam e se desloquem, conferindo-lhes uma magnífica animação. A força compele todas as coisas criadas a assumirem novas formas e novas posições. Caminha furiosamente para a sua própria desagregação prevista, consumindo-se e desgastando-se conforme as circunstâncias. A lentidão a fortalece e a velocidade a enfraquece. Ela nasce da violência e morre com a liberdade.[2]

A fantasia da dominação masculina, com uma base histórica e mitológica tão dúbia, é apenas isso, uma fantasia, não mais, embora nem todos tenham se dado conta ainda. A interdependência que existe entre o princípio Masculino e o princípio Feminino é o que provoca a interdependência entre os homens e as mulheres. Quando essa interdependência é violada, e quando a igualdade intrínseca do valor de ambos os princípios é violada, advém muito sofrimento tanto para os homens como para as mulheres.

A relação essencial destes princípios entre si e sua relação coletiva com a unicidade prevalecente em todas as coisas tem uma de suas mais exemplares expressões nas imagens do Tao. Foi por isso que afirmei ser necessário retornar ao "estado do Bloco Intato" para fazermos algumas observações antes de encerrarmos esta jornada de volta no tempo, e nos prepararmos para mudar de direção.

Na filosofia chinesa, "o Tao que não pode ser nomeado" é o início da apreensão cognitiva e perceptiva do Princípio Derradeiro, em que o incriado se torna coeso até que a criação lhe confira contorno, forma e energia. A partir do que não tem nome, nem semblante, a partir do Imponderável, provém uma Unidade não-diferenciada, à qual uma qualidade pode ser atribuída e um nome pode ser dado. A descrição é visual e não verbal, refletindo o fato de o taoísmo se identificar profundamente com a Natureza e se ocupar pouquíssimo com as intelectualizações que apenas engodam aqueles que tentam explicá-la.

A imagem a que me refiro é o conhecido T'ai chi, o círculo a partir do qual se desenvolvem os princípios da realidade, sendo um dos seus pólos luminoso (Yang) e o outro escuro ou sombrio (Yin). Richard Wilhelm, que trouxe o arcaico *O Segredo da Flor de Ouro* da China para o Ocidente em tradução, observou que alguns estudiosos europeus recorreram primeiro a referências sexuais para explicarem o Yin e o Yang, quando na realidade esses caracteres referem-se primordialmente a fenômenos da natureza. Ele explica que, em seu sentido original, Yin é a sombra e, portanto, o lado norte de uma montanha e o lado sul de um rio, que normalmente ficam à sombra; enquanto Yang é o lado sul de uma montanha e o lado norte de um rio, que recebem diretamente os raios do sol. Mas tanto o Yin como o Yang pertencem ao Uno indiviso, assim como o rio é um só rio e a montanha é uma só montanha. De modo que o T'ai chi corresponde ao princípio andrógino em que o Dois está na matriz do Um, mas ainda não se separou. O T'ai chi não é visualizado com forma humana, ao contrário do Homem Celestial, de Adam Kadmon ou da figura de Shiva-Shakti em união perpétua, que lhe são equivalentes. Nem é transposto para a matéria, como na alquimia do Ocidente. Não obstante, este símbolo abstrato transmite um significado semelhante ao de todos os outros: refere-se à mônada central de onde provém a criação, a criação que é denominada "as dez mil coisas".[3]

O Yang e o Yin só têm efeito no mundo fenomênico, onde o Yang aparece como o princípio ativo, iniciador e condicionador, enquanto o Yin aparece como o princípio passivo, derivado e condicionado. O Yin e o Yang têm origem nos princípios de luz e trevas, mas estes contrários ampliam-se de modo a abranger todas as polarizações, inclusive a designação sexual de Yang para o Masculino e de Yin para o Feminino. Como nossa própria experiência nos ensina, a luz só é luz em relação à escuridão, ao passo que a escuridão encontra seu significado em termos da luz. Ambas são qualidades do Uno. Isso se aplica, evidentemente, ao Masculino e ao Feminino que, no Tao, são aspectos do Uno. O taoísmo ensina que a natureza interior da humanidade corresponde aos céus, isto é, que cada pessoa é individualmente uma forma fenomênica do Tao. Todavia, imediatamente antes do nascimento, ou talvez mesmo na concepção, tem início no organismo humano o processo de cisão dos contrários, e é dessa contínua divisão que surge o sentido de dualidade da vida, trazendo consigo a experiência da dor e da desintegração, que tentamos curar buscando satisfações no mundo temporal.

O Yin e o Yang pertencem a uma cosmologia chinesa que inclui as ciências arcaicas da astrologia e da alquimia. Nessa cosmologia podemos reconhecer alguns princípios arquetípicos associados a essas disciplinas e a disciplinas similares no Ocidente – o que não é de se estranhar, uma vez que todas as sociedades tendem a basear suas filosofias em observações da natureza e nas interpretações que fazem a partir dessas observações. O já familiar quaternário de elementos também está presente no taoísmo, sendo que o Yang é tido como frio e seco, e o Yin como quente e úmido. Ambos estão sempre presentes; somente a distribuição específica das qualidades é que confere a cada situação o seu caráter singular.

O *Tao Te King* é o ensinamento sagrado do taoísmo. É popularmente atribuído ao lendário mestre Lao-tzu, que teria vivido por volta do século VI A.C. Diz-se que ele nasceu com a aparência de velho, tendo passado setenta anos no ventre da mãe, e que por causa da sua imensa sabedoria foi nomeado historiador e mantenedor dos arquivos do estado de Ch'u. Confúcio consultava-o freqüentemente acerca dos ritos antigos, mas era inevitavelmente repelido, o que não o impediu de sempre se referir a Lao-tzu com imenso respeito. Infelizmente, a mesma alta consideração não era partilhada pelos príncipes a quem ele servia, incapazes de compreenderem os seus ensinamentos. E Lao-tzu precisou fugir do país, segundo suas palavras, "disfarçado em vestes toscas e ocultando no peito o jade da sabedoria". Ao chegar a um desfiladeiro, o guarda da passagem pediu-lhe que pusesse por escrito a essência dos seus ensinamentos antes de desaparecer atrás da montanha. Foi assim, diz a lenda, que ele apressadamente teria redigido os dois volumes do *Tao Te King* antes de partir rumo a um destino desconhecido.[4]

Se fôssemos caracterizar o *Tao Te King*, diríamos talvez que é primeiramente um livro "Yin", pois profere a sabedoria da incerteza e o poder da não-interferência. A passagem abaixo ilustrará essa qualidade:

> Os melhores aurigas não se precipitam;
> Os melhores guerreiros não demonstram sua cólera.
> O maior conquistador vence sem disputar;
> O que melhor usa os homens humilha-se diante deles.
> Este é o poder que vem de não contender,
> É a capacidade de usar o esforço alheio,
> É o segredo de unir-se ao céu, ao que era outrora.[5]

O *I Ching*, um dos cinco clássicos confucionistas, é uma obra filosófica e um guia para a vida baseado nos princípios do Yin e do Yang. Essa obra taoísta, ao contrário do *Tao Te King*, é mais da natureza do Yang, pois não só serve de guia como pode ser consultada como um oráculo ou para prever a fortuna – na realidade, provavelmente a sua função original e, desde a sua recente onda de popularidade no Ocidente, também a sua função atual para muitos. Mas o maior predicado do *I Ching* é nomear o "Tao que não pode ser nomeado", atribuindo qualidades aos diversos aspectos da vida e oferecendo modelos para se descobrir o significado de uma dada situação e para se inferir modos de reagir a ela.

O *I Ching* adquiriu sua forma definitiva por volta do século II. O livro é estruturado num sistema binário, em que uma linha contínua (—) significa o princípio Yang e uma linha partida (– –) representa o Yin. Em forma diagramática, os símbolos de Yin e Yang aparecem freqüentemente circundando o T'ai chi, que é idêntico ao Uno, ao nada, à matriz. Yin e Yang, negativo e positivo, combinam-se em oito possíveis trigramas, que podem então ser dispostos em pares, resultando assim sessenta e quatro hexagramas. Os sessenta e quatro hexagramas constituem as leituras do *I Ching*, sugerindo uma infinita variedade de combinações possíveis de Yin e Yang, se prosseguirmos o processo de dobrar e redobrar as figuras.

De todos os hexagramas ou combinações possíveis de Yin e Yang, os dois primeiros são a chave do sistema. O primeiro é composto inteiramente de linhas contínuas ䷀ e é puramente Yang; o segundo hexagrama, ䷁ é composto apenas por linhas partidas, e é puramente Yin. Todos os outros hexagramas possuem seus elementos complementares em sua própria estrutura e, portanto, são independentes. Mas o primeiro e o segundo, tendo uma natureza única, precisam um do outro para se completarem. O primeiro hexagrama é composto de seis linhas Yang, e é designado como *O Criativo*. Sua imagem é "céu".

> Estas linhas inteiras correspondem à energia que, em sua forma primordial, é luminosa, forte, espiritual, ativa. O hexagrama é integralmente forte em sua natureza e, por estar livre de toda fraqueza, tem como essência a energia. Sua imagem é o céu. Sua força nunca é limitada por condições determinadas no espaço e por isso é concebida como movimento. O tempo é a base desse movimento. Portanto, o hexagrama inclui também o poder do tempo e o poder de persistir no tempo, ou seja, a duração.
>
> O poder representado pelo hexagrama deve ser interpretado em dois sentidos: em termos de uma ação no universo e de sua ação no mundo dos homens. Em relação ao universo, o hexagrama expressa a atividade criativa e poderosa da Divindade. Aplicado ao mundo dos homens, ele representa a ação criativa dos santos e dos sábios, dos que governam e conduzem a humanidade e que, através de sua força, despertam e desenvolvem a natureza mais elevada dos seres humanos. . .
>
> O começo de todas as coisas jaz, por assim dizer, no além, na condição de idéias que estão ainda por se realizar. Mas o Criativo tem também o poder de dar forma a esses arquétipos das idéias. . .[6]

O Criativo, por mais poderoso que possa ser, nada pode por si – assim como Ófion, a serpente, não podia dar existência ao mundo criado se não houvesse uma Eurínome dançando sobre as ondas para receber o seu abraço. Dessa forma, *O Criativo*, o portador do poder, é totalmente impotente se não se unir a*O Receptivo*, cuja imagem é "terra":

> Este hexagrama se compõe de seis linhas partidas. A linha partida representa o poder primordial obscuro, maleável e receptivo do Yin. O atributo do hexagrama é a devoção e sua imagem, a terra. É o perfeito complemento de *O Criativo*, a contraparte, não o seu oposto,* pois o Receptivo não combate o Criativo, mas o completa. Representa a natureza em contraste com o espírito, a terra em contraste com o céu, o espaço em contraste com o tempo e o feminino-maternal em contraste com o masculino-paternal. Aplicado ao âmbito humano, o princípio dessa relação complementar encontra-se tanto nas relações entre homem e mulher quanto entre príncipe e ministro, e entre pai e filho. *Mesmo no interior do indivíduo, esta dualidade aparece na coexistência do mundo espiritual com o mundo dos sentidos.* (Grifo meu.)[7]

É evidente que o que há de qualitativamente diferente entre *O Criativo* e *O Receptivo* é a Masculinidade do primeiro e a Feminilidade do segundo. Igualmente importante é que ambas as qualidades estão presentes na natureza intrínseca de cada ser humano, independentemente do seu sexo. Estas qualidades não são necessariamente determinadas ou condicionadas pela cultura, como afirmam alguns sociólogos contemporâneos, exceto na medida em que as tendências da sociedade seguem as necessidades da Natureza. O Criativo, o lingam (o pênis), a centelha, o raio, Hokmah, Nous, Naas, Ófion, Logos, todos pertencem à natureza arquetípica do Masculino. Quando esse arquétipo Masculino se torna ma-

* Hexagramas que são opostos em estrutura não são necessariamente opostos em significado.

nifesto numa mulher, como inevitavelmente acontece, precisa ser reconhecido como o "outro" que fecunda. Isso Jung compreendeu quando chamou este arquétipo de *animus*, significando o elemento Masculino na psique da mulher. Inversamente, o Receptivo, a yoni (a vagina), o recipiente, o mar, Binah, Sofia, Zoé, Eurínome, Physis, pertencem todas à natureza arquetípica do Feminino. Quando o arquétipo Feminino torna-se manifesto num homem, deve ser reconhecido como o "outro" que concebe. Para deixar clara esta diferenciação dos conteúdos psíquicos, Jung denominou este arquétipo *anima* quando vivenciado por um homem.

Outros[8] sugeriram que homens e mulheres possuem igualmente "anima" e "animus", mas creio que isso seja uma má interpretação do intento de Jung – que, a meu ver, era ressaltar como *primária* a diferença psicobiológica *intrínseca* de homens e mulheres, com todas as implicações disso, e distingui-la da presença igualmente importante do "outro", cujo fundamento é psíquico e não biológico, mas que é *derivada* e não intrínseca, e é, portanto, *secundária*. Em outras palavras, os homens nascem com um pênis que é naturalmente e simplesmente usado para penetração, enquanto que as mulheres precisam desenvolver o seu potencial fálico para penetrarem o mundo. Se alguém duvida disso, que pergunte a qualquer mulher que tenha sido bem-sucedida no mundo. Logo, creio que os termos *anima* e *animus*, quando usados no sentido "junguiano", devem ser claramente entendidos como referindo-se ao arquétipo *contrassexual*, pois é a própria qualidade de *outro* que confere a esses fatores arquetípicos a sua força e o seu dinamismo. Tentar fundir esses elementos na psique humana é engendrar precisamente a monstruosidade que buscávamos evitar: a criatura homomórfica, que imiscuiu-se nos escritos decadentes dos autores românticos e nas pinturas dos simbolistas, a saber, o pouco vivaz e apenas estético hermafrodita – que hoje reaparece em nossa cultura, cintilante e estridente, na pessoa da estrela sexualmente ambivalente do rock.

As qualidades psíquicas que aprendemos a conceber como "masculinas" e "femininas" têm como base os mitologemas – que, por sua vez, decorrem de modelos estabelecidos pela natureza. Esses mitologemas constituem o fundamento do inconsciente coletivo. As qualidades que personificam tendem a ascender pelas camadas da psique individual até atingirem as atitudes da sociedade, o que vale dizer, o "consciente coletivo". Nossa cultura reforçou essa temática masculino-feminina por diversos motivos. Na minha opinião, os padrões culturais tendem a provir da natureza intrínseca do organismo humano como um todo, e não vice-versa. Não nego que a sociedade, ou melhor, que as pessoas em sociedades tenham freqüentemente explorado estas tendências congênitas em proveito de certos indivíduos, grupos de interesse ou entidades políticas. Mas, em geral, a caracterização das qualidades psicológicas como "masculinas" ou "femininas" originou-se nos confins remotos da história, desenvolvendo-se em modelos notavelmente consistentes pelo mundo inteiro.

O *I Ching* aponta para um *aparente* dualismo na coexistência destes contrários no interior de uma pessoa, mas afirma:

> Não se deve, entretanto, ver aqui um real dualismo, pois existe entre os dois princípios um relacionamento claramente definido em termos hierárquicos. O Re-

ceptivo em si é, evidentemente, tão importante quanto o Criativo, mas o atributo da devoção define a posição desse poder primordial em relação ao Criativo. O Receptivo deve ser ativado e dirigido pelo Criativo, quando, então, produzirá resultados benéficos. Só quando abandona essa posição, e tenta colocar-se ao lado do Criativo como um ser igual, torna-se nefasto. A conseqüência seria, então, oposição e luta contra o Criativo, trazendo infortúnio para ambos.[9]

Vêm-me à mente dois exemplos da minha prática analítica que mostram o inter-relacionamento dos dois princípios conforme são vistos pela sociedade atual. Ambos envolvem mulheres dotadas de impulsos criativos extremamente intensos. A primeira delas é uma mulher hábil em confrontar o mundo extrovertido, possuidora de muitos talentos e muito solicitada, embora rejeite a maioria das oportunidades para expressar-se e refira-se a si mesma em termos depreciativos. Diz ela, "Temo que se eu expressar o verdadeiro vigor do meu *animus* irei sobrepujar meu marido; e, o que é pior, irei sobrepujar o meu próprio lado feminino. O ativo e o passivo estão cindidos em mim, longe um do outro; sinto que tenho que atuar em um modo ou em outro, em vez de ser potencialmente ambos". Conversei com ela sobre a relação entre o yin e o yang na mulher, como o yin toma a iniciativa e permite à mulher ser quem ela é, autêntica enquanto mulher, embora ela também possa ser fortemente apoiada pelo seu yang, que através da sua relação *enquanto outro* desperta a sua criatividade sem distorcê-la em uma confusão hermafrodita. Falamos do fato de o corpo do homem e da mulher produzirem ambos hormônios masculinos e femininos, de modo que em certo sentido somos todos andróginos. Mas nascemos homem ou mulher, e a sociedade reforça essa dicotomia, reprimindo as tendências pertinentes ao *outro*. O reconhecimento da androginia representa "o retorno do reprimido" e oferece o potencial para a integridade.

O outro exemplo é o de uma poetisa que escreveu em termos tão excruciantemente pessoais sobre suas experiências sexuais que acabamos nos sentindo quase esmagados pelas contorções da sua vagina ou afogados no jorro do seu fluxo menstrual. Como analista, há muito deixei de ter qualquer melindre em relação às coisas que ouço em meu consultório. No entanto, a leitura que essa mulher fez de seus próprios poemas, por mais comovente que fosse, deu-me vontade de deixar a sala e procurar o chuveiro mais próximo. Tentei explicar-lhe por que eu sentia que a sua poesia não seria aceita para publicação. Falei de como era extremamente pessoal, de como retratava a sua interioridade tão intimamente que lê-la era como violentar a sua privacidade, de como ela não deixava absolutamente nada para a imaginação. Fiquei tartamudeando desajeitadamente a minha crítica por vários minutos, ciente de que embora o material que ela apresentara provocara em mim uma reação tão intensa que me via incapaz de expressar clara ou sucintamente o que sentia. Ela entendeu imediatamente. Recolheu seus papéis e, prestes a deixar a sala, disse tudo que deveria ser dito, sem erro algum, em apenas duas palavras proferidas na soleira da porta: "Yin demais."

Os lendários taoístas, além de serem filósofos, poetas, pintores, adoradores da natureza, magos e feiticeiros, eram também alquimistas. Entre as muitas práticas esotéricas em que estavam envolvidos, havia um certo yoga avançado tão abominável para as autoridades confucionistas que os adeptos taoístas gozavam de péssima reputação. A veemência das críticas era imerecida, pois tais práticas iogues envolviam estrita continência seminal, para o que a ausência de lubricidade é essencial. A arte taoísta de yoga sexual é magnificamente descrita por John Blofeld em *The Secret and Sublime*, e é do seu relato que o resumo abaixo foi tirado.

Na preparação para a prática do duplo cultivo (*dual cultivation*), ensina-se ao iogue os meios de atingir a serenidade e a imobilidade através do controle do pensamento e da respiração. A respiração profunda e regular serve para acumular o precioso *ch'i* (energia cósmica, idêntica ao *prana* sânscrito) que, diz-se, prolonga a duração da vida humana e aprimora a substância do corpo. Isso se dá junto com o controle do pensamento, através do qual há um aprofundamento da consciência que conduz ao mistério interior. Mas nada pode ser realizado enquanto não for afastada a influência dos pensamentos e não se souber manter a impassibilidade – por mais peculiar que seja a natureza dos fenômenos que venham a ocorrer. Os que conseguirem conscientemente contemplar o Tao num estado informe sofrem uma mudança de personalidade que pode parecer incompreensível aos demais. Circunstâncias que os outros consideram perigosas são para eles risivelmente absurdas, e assim os verdadeiros sábios podem ser tomados por tolos ou idiotas que riem e sonham acordados. Para o sábio, "Junto com a ansiedade e o medo, o feio também é afugentado. Gemas preciosas cintilam em estradas poeirentas; poças d'água parecem lagos de lápis-lazúli; as ervas do mato adquirem uma frágil beleza; o esterco adquire o encanto do âmbar delicadamente mosqueado".[10]

A finalidade do Yoga do Duplo Cultivo é destilar no corpo do adepto um líquido áureo do qual se obtém o elixir da longevidade, da imortalidade e da união mística com o Tao. Um manual alquímico taoísta afirma:

> Em cada cópula do céu e da terra, atraia para si as fontes secretas do *yin* e do *yang*. Em outras palavras, quando você e quem o acompanha se unirem, saiba reunir os dois fluidos vitais e instilá-los em seu corpo.

Este yoga, que foi causa de grande difamação dos adeptos taoístas, pode ser interpretado em três níveis:

> Primeiro, a transmutação do cinabro e do chumbo no miraculoso elixir da imortalidade. Segundo, a criação, no crisol do próprio corpo, de uma pílula dourada, ou feto, como meio de derrotar a velhice ou a morte. Terceiro, uma forma similar de alquimia interior que depende de um ingrediente obtido no coito sexual.[11]

O primeiro, e mesmo o segundo, parecem ter equivalência na *opus* da alquimia ocidental. Mas, além da obtenção de tranqüilidade pessoal, estas duas interpretações foram aplicadas na China à política e à estratégia militar, pois diz-se que todas as coisas funcionam de acordo com os mesmos padrões e os mesmos ritmos.

A prática de criar um "feto imortal" ou um elixir formado internamente não é possível para alguém que não tenha banido da mente a sensualidade e o desejo. As instruções são apresentadas numa linguagem velada nos textos, de maneira a não tentar os que não estejam preparados para esse tipo de yoga. Se o adepto for homem, é-lhe dito que selecione uma companheira de excelente saúde, cujos encantos, todavia, não sejam tais que inspirem afeições imoderadas. Está escrito que, "Prata de catorze quilates é desejável, não devendo jamais ter sido fundida". Isso deve ser interpretado como uma menina de catorze anos que seja virgem. Idealmente, a prática do yoga sexual deve ser empreendida ao se completar dezesseis anos, pois então, desde que o homem nunca tenha tido uma emissão seminal, diz-se que a vitalidade permanece inalterada e não diminuída. Para o homem, o requisito mais essencial é a preservação do sêmen, que em hipótese alguma deve ser ejaculado. O segundo fator mais importante é a capacidade de fazer com que a companheira liberte repetidamente o seu fluido Yin, a capacidade de absorvê-lo em seu próprio corpo e de concentrá-lo no Domínio do Cinabro Inferior (o abdômen), onde o fluido mesclado une-se ao espírito e ao *ch'i*, tornando-se uma massa compacta. Esta deve ser levada para cima por dois canais paralelos à espinha através de diversas *cavidades* que não são exatamente equivalentes aos *chacras* hindus. A inexatidão da correspondência não invalida o sistema, pois estamos lidando, não com a anatomia comum, mas com a anatomia *sutil* que é psíquica e até metaforicamente percebida e vivenciada.

Nessa forma de yoga taoísta o adepto pode ser uma mulher ou um homem. Se for mulher, tudo o que foi dito sobre o homem aplica-se inversamente, com a diferença de que ela precisará de muitos parceiros, pois a essência masculina exaure-se facilmente.

Há também uma forma taoísta de alquimia interior que é praticada sem parceiro e que tem certa semelhança com o Yoga Kundalini. Também aqui o princípio é impedir a dissipação da força generativa produzida em conjunção com

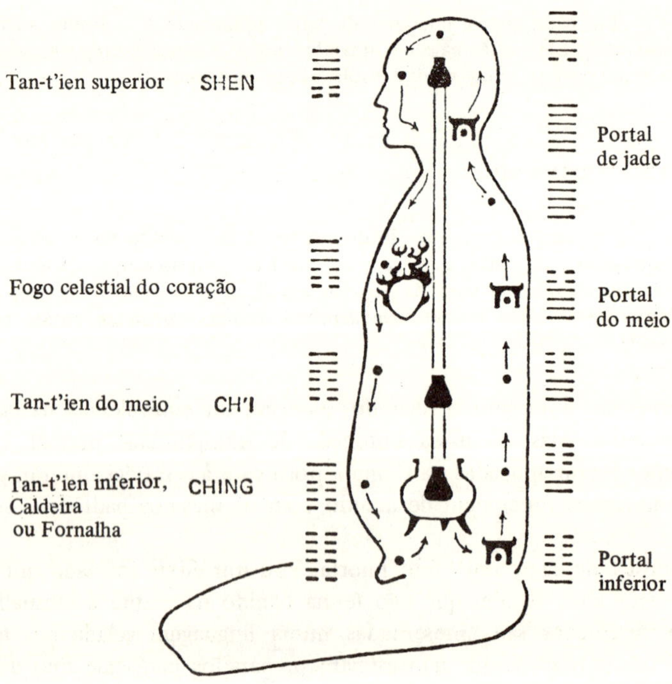

o sêmen. Tão logo se dirija para o seu canal usual de saída, deve ser retida pelo fogo interior que foi aceso pela respiração regular, e forçada a ascender pelo *canal de controle*, atravessando três *portais* até atingir a cabeça. Mediante exercícios ritualísticos que incluem uma forma especial de respiração, a força generativa é purificada e recirculada para a *cavidade inferior*, que age como um fogão aceso aquecendo uma caldeira que contém essa força, pronta para ser transmutada em vitalidade. A vitalidade, impelida pela respiração e pelo fogo interior, sobe e desce repetidamente, com velocidade cada vez maior. O espírito cósmico no cérebro provoca o desenvolvimento do espírito e a manifestação da sua luz brilhante. O que ocorre é "uma cópula interior do princípio positivo e do princípio negativo", através da qual "o elixir áureo" é destilado. O processo todo é descrito em detalhes precisos em antigos manuais alquímicos, mas numa linguagem indireta acessível apenas aos iniciados. No entanto, uma quantidade suficiente deste material veio à luz para que possamos estabelecer um paralelo com os processos e práticas da alquimia ocidental. Mas cumpre fazer uma importante distinção: no yoga taoísta, o laboratório em que o processo se dá é o corpo do adepto, e a "matéria" a ser transformada não é um metal comum, e sim as substâncias fisiológicas e suas essências sutis. As metas imediatas são longa vida, rejuvenescimento e imortalidade; a meta derradeira é tornar-se um com tudo o que existe.

O yoga sexual dos taoístas – através do Yoga do Duplo Cultivo ou da meditação individual –, o Tantra budista do Tibete ou da Índia, o Tantra hindu e as experiências com a Kundalini eram praticados por uma parcela ínfima da população. Os métodos permaneciam secretos e eram em sua maior parte transmitidos por via oral somente àqueles que estivessem espiritual ou psicologicamente preparados para recebê-los. Além disso, como já se mencionou, parte da preparação consistia em um regime de árdua disciplina destinado a enrijecer o corpo humano, recipiente do processo. Em tempos modernos, essas disciplinas foram expulsas da sua terra de origem e os lamas tibetanos forçados a abandonar suas sublimes alturas diante da ocupação de seu país pelos exércitos da China comunista. As meditações taoístas praticamente submergiram nas ondas de novos pensamentos na China contemporânea. Numa sociedade que busca elevar o nível geral de vida das grandes massas, há pouco tempo para o processo paciente de amadurecer e aprimorar, no grau mais elevado possível, a essência da alma humana individual. Também a Índia tem os olhos voltados para as sociedades mecanizadas do Ocidente e, aprendendo tantas coisas conosco, arrefeceu-se o respeito e a atenção que dedicava aos seus próprios tesouros secretos.

A ironia é que, enquanto o Oriente se empenha em assimilar muitos dos valores materialistas aclamados no Ocidente, é nos Estados Unidos que se concentram os esforços para salvar algumas das pessoas que representam as maiores tradições esotéricas orientais. Algumas pessoas perspicazes notaram a necessidade de registrar e preservar toda a antiga literatura e cultura da Ásia. Com isso, essas disciplinas talvez venham a renascer em solo americano ainda na nossa época, se aqueles que as detêm forem cuidadosos ao difundirem o que trazem consigo. Nossa ética judeu-cristã não nos preparou para experimentar no corpo o tremendo poder do espírito. Teremos que modificar muito da nossa atitude e maneira de viver até aceitarmos a possibilidade de aprender o que esses sábios têm a nos ensinar. Difícil, contudo, é avaliar devidamente a importância da existência desses sábios e a importância de sua presença entre nós. Eles não só compreenderam a necessidade de uma integração consciente dos contrários, particularmente do princípio Masculino e do princípio Feminino, como também elaboraram rituais explícitos para que possamos vivenciar o processo integrador *no nosso próprio corpo*. Com isso, *eles dissolveram a concepção dualista de psique e soma*.

Se encararmos seriamente a dissolução da concepção dualista de psique e soma, seremos levados à conclusão inevitável de que muitas outras aparentes dualidades que fomos ensinados a considerar realidades objetivas do mundo talvez não o sejam. As polaridades que caracterizaram a Era de Peixes talvez estejam cedendo lugar para a conjunção dos contrários da Era de Aquário. O que aconteceria se eliminássemos as cisões entre mente/corpo, espírito/natureza, intelecto/emoção, religião/sexualidade, masculinidade/feminilidade? O que aconteceria se, como afirma o *I Ching*, percebêssemos que as aparentes dualidades são todas funções de nossa limitada visão humana, que na verdade existe apenas a Unidade e, na Unidade, a realidade? Como é que essas idéias, uma vez assimiladas, transformarão a maneira de nos relacionarmos com outros seres humanos, a nossa sexualidade e a relação profundamente pessoal entre ego e Self?

Nós ocidentais estamos fadados a fracassar se tentarmos imitar as práticas do Oriente, ou se tentarmos viver nossas fantasias do que essas práticas teriam sido, pois elas surgiram da sua própria matriz como algo natural – assim como as nossas práticas surgem da nossa formação e contexto. Todavia, o fato é que temos em mãos todos os ingredientes que precisamos para efetuar a nossa nova *opus* alquímica. Temos a capacidade de encontrar novas maneiras para transcender as dualidades em que caímos na Era de Peixes, e de assim recuperarmos a inteireza. Precisamos nos tornar cientes do Indiviso, do grande Um, que precedeu todos os deuses e todas as teologias. Precisamos encontrar maneiras de viver nossas vidas como pessoas íntegras em si mesmas. Precisamos, em suma, encontrar maneiras de fundir os contrários em nós mesmos. Isso, a meu ver, é o que significa *individuação*.

Parte II

HOJE E AMANHÃ

16

ANDROGINIA EM MOVIMENTO: O T'AI CHI E O PINCEL OCO

Novamente estou voando pelo espaço, desta vez à noite.

Foi uma longa viagem. E agora volto para casa, seguindo do Oeste para o Leste.

No princípio, eu saíra para proferir conferências e coordenar um seminário na Califórnia. Eu saíra, na realidade, em mais de um sentido. Minha tarefa tinha sido expor abertamente algumas questões que eu vinha estudando, sobre as quais estava refletindo e com as quais estava trabalhando. O vôo em si, o movimento de sair e de me afastar do meu centro geográfico e ponto de partida ocorreu no clarão e esplendor da manhã.

Agora estou voltando para casa. Eu viajara para o Oeste, como o girassol de Blake, "que conta os passos do Sol". E foi lá, na costa oeste dos Estados Unidos, que aconteceu o inesperado. Sem que me desse conta, eu descobrira as fronteiras físicas e psicológicas da nação, um indício da presença andrógina.

Não houvera tempo para leitura ou estudo durante a viagem. Embora eu trouxesse dentro de mim a "imagem" do andrógino, eu também a vi refletida, fora de mim, sempre que contrários se uniam. Isso aconteceu em palestra após palestra, em debate após debate, quando novas idéias se entrechocavam com outras mais antigas, mas alguns poucos percebiam que o novo mantivera em si o germe do velho, e que o velho trazia consigo o germe do novo. A representação simbólica do T'ai chi não é apenas um modelo de como as coisas são; é também um modelo de como as coisas crescem. Talvez isso não seja uma contradição em termos pois, se soubermos ver, "crescer" *é* como as coisas são.

Finalmente, perto do final da minha estada, eu o vi. Não mais um símbolo numa folha de papel, não mais um conceito ou idéia, *eu vi* o andrógino como movimento vivo. Não uma dança invisível de átomos no espaço – embora esteja certa de que o que vi era a sua personificação, não importa o que fosse além disso. Nem era Shiva dançando, ainda que certamente a dança de Shiva não estivesse excluída. Vi o andrógino adquirindo vida simultaneamente como dança e dançarino, com mais beleza do que eu jamais poderia ter previsto ou imaginado.

O local foi a S. S. *Vallejo*, uma balsa atracada no ancoradouro de Sausalito, pouco depois da ponte Golden Gate. Eu viera de carro por estradas poeirentas nas cercanias da cidade em direção à orla marítima. Consegui encontrar o velho e bambolejante atracadouro, e cruzei a prancha de desembarque que ligava o grande barco de madeira, de idade incerta, à terra. Caminhei pelo seu convés estreito até a grande cabina central, onde uma aula estava em andamento. Cerca de vinte homens e mulheres realizavam, como que deslizando ou planando, os movimentos de uma dança. Ao centro pude discernir Al Chung-liang Huang, mestre de T'ai chi.

Os ensinamentos estavam no homem, na sua dança, em cada um de seus movimentos, na sua caligrafia, no seu rosto e na sua vida. A vida, como um movimento gracioso, ondulante e rítmico, parecia uma dança sem começo ou fim. Chung-liang não é velho nem jovem. Ele, em seu próprio ser, expressa o significado do movimento e da mudança, sem pausa, incessante, dando expressão ao princípio de vida em si – ao sopro da vida, o *ch'i* que flui pela vida e permite à vida fluir. Quando Chung-liang dança, o processo circular da vida torna-se manifesto. No T'ai chi, cada movimento mana para o seguinte, que é o seu contrário. Nunca se tem a sensação de "primeiro fazer isso e depois fazer aquilo". A mudança é a única constante, de um movimento a outro, do início ao término, ao repouso, ao reinício. A energia nunca se estanca, nunca cessa, nunca parece bloquear-se. Vejo diante dos meus olhos a *circulação da luz* almejada pela filosofia chinesa processando-se no corpo desse homem, um corpo que parece flutuar no ar em um instante e assentar na terra em outro. Há nele uma curiosa combinação de leveza e peso, da força de uma grande árvore e da fluidez complacente de um riacho silvestre. Embora em movimento contínuo, o corpo está sempre em equilíbrio; e o equilíbrio é sempre assimétrico, de modo que, num momento qualquer, o desenho formado pelo corpo está sempre no processo de transformar-se no seu contrário.

Se o andrógino tivesse uma dança ritual, o T'ai chi deste mestre seria essa dança. Não é uma dança masculina, nem uma dança feminina, possuindo o vigor e a graça de ambas. A energia brota e flui da sua fonte, do seu centro dentro do corpo: o *tant'ien*, na parte inferior do abdômen, logo abaixo do umbigo, que é considerado um reservatório para *ch'i*, e também o centro a partir do qual se originam os nossos movimentos corpóreos. *Tan* significa essência vital destilada, e também o vermelho vivo do sangue; *t'ien* significa campo, domínio ou lugar. Portanto, *tant'ien* é o campo energético, o centro da vitalidade. A energia parte dali, dissemina-se pelo mundo, é recolhida do mundo e retorna para lá.

Os movimentos externalizantes do ciclo pertencem à fase do Masculino, o Yang; os movimentos internalizantes, à do Feminino, o Yin. Cada ciclo de movimento estende-se, atira-se, estica-se ou desliza para cima e para fora como Yang; e em seguida cai sob a influência da gravidade: cai e é sorvido e devolvido ao centro como Yin. É estirado para fora e em seguida haurido para dentro repetidas vezes, sem nunca se esgotar. Todo movimento, que é a própria energia vital, pode ser visto como Yin e Yang fluindo um no outro constantemente, num ritmo contínuo, e a impetuosidade de um depara-se com a docilidade do outro. No deslocamento natural e incessante do equilíbrio, um está sempre se transformando no outro. A mudança é um processo contínuo; não há momento em que cesse. O T'ai chi não é apenas uma imagem legada a nós pelos sábios da China antiga, nem é simplesmente a essência da concepção taoísta de vida trazida para o Ocidente. É um princípio ativo que se expressa como pura beleza na vida e na arte do mestre de T'ai chi; e é um princípio ativo que pode ser descoberto na vida de qualquer um que se torne consciente da sua presença e que queira cultivá-lo. É o modo de ser do andrógino. É uma maneira de atravessarmos a vida como a vida nos atravessa. Existe, num sentido bastante real, a *circulação da luz*. O movimento não se restringe à dança, embora a devoção à dança como forma ativa de meditação seja uma excelente forma de tomar consciência do processo. O *ch'i* está presente na dança e podemos reconhecer sua presença em toda a vida.

Nessa mesma tarde, após a dança, o *ch'i* encontrou expressão em outra forma artística, numa lição de caligrafia. Fiquei observando Chung-liang em uma mesinha baixa que ele construíra especialmente para esse trabalho. Sentado numa pequena almofada redonda, o mestre de T'ai chi iniciou o meticuloso processo de preparar a sua própria tinta. Através da ação meditativa de triturar a tinta numa pedra em movimentos circulares, sua energia foi sendo transferida para a substância negra com a qual trabalhava. E descrevia o que estava fazendo. "O preparo da tinta. . . serve como um processo de centralização. . . Crio para mim um ambiente onde posso fazer as coisas sem pressa. . . é como um oleiro, mexendo a roda com os pés e fazendo convergir para o centro a argila. . . Não é preciso correr." Sentado ereto, sua espinha era um tubo oco pelo qual a energia fluía. Embora sua postura fosse formal, nada havia de rígido nela; pelo contrário, havia certa graciosidade na sua imobilidade. Chung-liang tomou um pincel nas mãos e segurou-o verticalmente diante do seu corpo, exatamente paralelo à espinha, com a extremidade voltada para o papel abaixo. Ele curvou os dedos em torno do cabo de bambu, segurando-o com o chamado *punho t'ai chi* – "o punho aberto, vazio, sem tensão ou flacidez". Mergulhou o pincel na tinta, alisando seus pêlos para que formassem uma ponta aguda. "É como se um milhão de pensamentos diferentes se congregassem neste fino ponto central. O alisar do pincel sobre a pedra é outro processo de centramento."[1]

Ele primeiro desenhou diversos círculos no ar, sentindo sua relação com as dimensões do papel. Quando estava pronto, os movimentos no ar desceram ao papel sem mudarem de ritmo, e Chung-liang traçou um círculo perfeito na folha. O pincel era uma metáfora do seu corpo, o papel uma metáfora da terra, e a dança tornou-se o círculo desenhado. Com quatro pinceladas rápidas e decididas, dividiu o círculo em oito partes, como as fatias de uma torta: ali estava a moldura dentro da qual ele desenharia os caracteres chineses que representam os hexagramas do *I Ching*. Começou com *Ch'ien*, que é traduzido no *I Ching* como *O Criativo*. E foi preenchendo círculo após círculo com o ideograma, *Ch'ien*, enquanto discorria sobre as muitas variedades de significado nele inerentes. Seu pincel movia-se habilmente da esquerda para a direita e de cima para baixo. O caráter foi inicialmente desenhado em pinceladas distintas, repetidamente. Em seguida, mostrou-nos como poderia deixar as pinceladas fluírem juntas numa escrita cursiva que abstraía seus aspectos essenciais. Deslizando o pincel sem erguê-lo do papel, Chung-liang permitiu que as formas mudassem enquanto sua essência permanecia nitidamente reconhecível para qualquer um que conhecesse um mínimo da língua. O T'ai chi fluía com a corrente de energia.

Ele passou então ao segundo hexagrama do *I Ching*, que é *K'un, O Receptivo*. Mais uma vez, sua mão, seu corpo e suas palavras eram uma expressão viva do significado de *K'un* em seus muitos aspectos. E assim foi demonstrando um hexagrama após outro, enquanto falava sobre suas origens e simbolismos. Parecia tão fácil – esse mergulhar na tinta, esse traçar do pincel na folha de papel. Como eu estava visitando a classe, foi-me permitido experimentar fazer o mesmo. Mas não vi facilidade alguma. Tentei diversas vezes, mas minhas figuras eram desajeitadas e grotescas em comparação com as requintadamente traçadas por Chung-liang. Vi que aquela sua graciosidade "fácil" era produto de toda uma vida de prática. Soube que seu pai e sua mãe haviam sido calígrafos na China, e que ele começara a aprender a arte na mesma época em que seus colegas no Ocidente escreviam seus ABCs em letra de forma. Mas, enquanto a criança ocidental é ensinada a dar-se por satisfeita com a legibilidade e suficiência do que escreve, essa criança chinesa tivera um modelo de excelência e graciosidade para imitar.

O T'ai chi, a dança da vida, pode ser praticada com o corpo inteiro, ou ser transformada num trabalho de caligrafia em uma folha de papel branco, ou transmutar-se num ato de pintura, de música, de jardinagem, de amor. É sempre a arte do equilíbrio assimétrico, na qual o fluxo entre os contrários é tão primorosamente suave que se torna quase indiscernível. A energia nunca é despendida; ela sempre brota e depois retorna. Quando o dançarino pára, tem mais vitalidade do que quando começou.

Penso no T'ai chi em termos de minhas próprias jornadas, e a viagem noturna de volta para o Leste assume o seu significado. Já não consigo ver como duas as minhas duas viagens: a de voar rumo ao Oeste para proferir palestras e visitar amigos, e de voar de volta para casa para estudar, trabalhar com pessoas, escrever. Não consigo mais ver minha vida como uma alternância entre períodos de extroversão e de introversão. A polaridade que parecia tão clara conceitualmente dissolve-se na experiência.

Estou voando para o Leste durante a noite, na direção que parece ser oposta à do sol. No entanto, quando considero o meu movimento como circular, e não linear, vejo que absolutamente não estou indo contra o sol. É que embarquei na clássica jornada noturna pelo mar. Estive naquele lugar onde o sol mergulhou nas ondas do mar ocidental para atravessar a terra por baixo e chegar ao poço das trevas. Já é tarde, a minha fantasia retorna à *nigredo*, o espaço sem tempo, o caótico nada. *Nigredo* é o lugar do *Sol niger*, o "sol negro", que não é um sol real e sim um sol negativo, uma ausência de luz, um buraco negro num vácuo onde existe a potencialidade de emergir aquela energia capaz de coalescer-se em corpos como sóis.

O negrume do céu noturno leva-me a refletir sobre o significado da *nigredo*: não se trata do princípio da Criação, mas sim do Princípio dos princípios. O princípio da Criação é a pedra fundamental de miríades de mitologias. Pessoas de todas as culturas têm se feito essas três perguntas: De onde vieram a terra e todos os corpos celestes? Por que existe Vida? O que é o Homem? Coletivamente, cada cultura encontrou suas respostas e as exprimiu em sua própria linguagem. Cada mito da criação é diferente e, no entanto, há semelhanças marcantes entre eles. Dos poucos exemplos de tais mitos que esbocei aqui, pudemos discernir alguns padrões em que se repetem os motivos principais: primeiro, a inteireza não-diferenciada primordial do Um; em seguida, a diferenciação do Dois dentro do Um e a sua polarização; depois, a grande cisão provocada por alguma catástrofe primeva ou ato criador, a separação do céu e da terra, do que está em cima e do que está embaixo; finalmente, o banimento para a terra do "outro" aspecto da Unidade primordial. Depois da Queda, o Homem Primordial torna-se um protótipo andrógino para a raça humana que ele criará ou que será criada por seu intermédio. Ele é o Andrógino Primordial, aquele que diz, "Façamos o homem à nossa imagem". Essas palavras foram pronunciadas em milhares de línguas e de milhares de maneiras distintas. O Gênesis é apenas uma delas.

As criações do Andrógino Primordial são não apenas separadas e polarizadas como masculinas e femininas; são também polarizadas como dia e noite. Contudo, a realidade é que não existe dia sem a noite, nem noite sem que haja dia. Para cada sol existe um buraco negro no universo, para tudo o que "é" existe um "não é", para cada "eu" existe um "você". E se eu conseguir enxergar "você" no seu aspecto transpessoal, você torna-se para mim "Vós". Jung disse certa vez que para tudo que afirmamos ser verdade pode-se dizer que o oposto é igualmente verdade. Se eu cruzei o arco côncavo do Oriente para o Ocidente, posso agora cruzar o arco convexo do Ocidente para o Oriente. E tudo faz parte da mesma jornada, a jornada rumo à inteireza e à integridade.

Quando nos damos conta do que eu gostaria de chamar de "mundo Diurno", nós o registramos em três dimensões. Estamos apreendendo o mundo da Criação, isto é, o mundo na medida em que conseguimos defini-lo através dos dados de nossos sentidos e da requintada prótese tecnológica que aplicamos ao corpo humano para aumentar a amplitude do nosso potencial coletor de dados (por exemplo, microscópios, telescópios, eletroencefalógrafos, computadores). Entendemos o mundo Diurno basicamente através da manipulação dos dados que reunimos e, para isso, precisamos de certos tipos de processos que, no geral, são lógicos, lineares, seqüenciais e focalizados. O que nos interessa é analisar (isto é, separar) e sintetizar (isto é, agrupar – muitas vezes de maneiras diferentes da original).

O "mundo Noturno", por outro lado, parece transcender o tridimensional, sonhando os seus sonhos e vivenciando de outras maneiras a redução do limiar consciente e o livre fluxo dos conteúdos inconscientes. O mundo Noturno é aquele em que materiais se congregam em configurações próprias, incorporando coisas que não se podia imaginar juntas, desafiando o racional, produzindo o inesperado. É um mundo no qual a fantasia e a imaginação recebem espaço ilimitado.

O papel da estrutura e do funcionamento do cérebro na determinação dos dois diferentes modos de consciência tem sido recentemente objeto de importantes pesquisas. "Dia" e "Noite" são as metáforas empregadas para se referir a aspectos da consciência bimodal. Arthur J. Deikman, considerando a infinita variedade e a rapidez das mudanças de estados psicológicos e fisiológicos num indivíduo, conclui que há dois modos principais de organização: um modo "ativo" e um modo "receptivo". O modo ativo é aquele organizado para "manipular o ambiente, enquanto o modo receptivo é organizado para receber o influxo do ambiente e não para manipulá-lo". Ele ressalta a necessidade de reconhecermos a relatividade dos diferentes modos, em vez de atribuirmos uma primazia e uma validade absolutas àquele com que estamos mais familiarizados, a saber, o modo "ativo".[2]

Há muito que se sabe que o cérebro dos animais superiores, inclusive o do homem, é um órgão duplo, formado de dois hemisférios, o esquerdo e o direito, ligados por um istmo de tecido nervoso conhecido como *corpus callosum*. Ronald E. Myers e Roger W. Sperry descobriram que quando essa ligação entre as duas metades do cérebro é cortada cirurgicamente, cada hemisfério consegue funcionar independentemente, quase como se fosse um cérebro completo. A separação dos hemisférios foi uma grande oportunidade para se explorar as diferenças de função que porventura houvesse entre eles. Os experimentos realizados mostraram que há uma especialização, que nos seres humanos se desenvolve até os quatro ou cinco anos de idade, pela qual o hemisfério esquerdo se torna mais proficiente nas funções da fala e da linguagem (nos indivíduos destros), granjeando para si o rótulo de hemisfério dominante. Experimentos adicionais revelaram que o hemisfério direito, que controla o lado esquerdo do corpo, saiu-se melhor nos testes que exigiam coordenação motora, e.g., o arranjo de blocos em um desenho preestabelecido. Os experimentos de separação mostraram a possibilidade de se criar duas esferas independentes de consciência. Nos seres humanos normais, contudo, o *corpus callosum* age como uma ponte através da qual as diferentes percepções são rapidamente transferidas de um hemisfério para outro, tornando possível integrar diferentes tipos de aprendizagem no mesmo cérebro.[3]

No início deste século, a maioria das pesquisas com o cérebro enfatizavam a superioridade das funções do hemisfério esquerdo – principalmente as capacidades intelectuais, verbais e analíticas que a tradição associou à mente masculina – que foi chamado de "mente proposicional" pelo pesquisador Joseph E. Bogen. Porém, as pesquisas mais recentes têm demonstrado a grande importância das funções do outro lado do cérebro, que Bogen denominou "mente aposicional". Ele mostra a tendência que o hemisfério direito tem de mediar as funções cinestésicas superiores, bem como a percepção espacial, a capacidade interpretativa e, especialmente, a habilidade musical.[4] Muitos desses atributos eram tradicionalmente associados ao feminino. Contudo, o hemisfério direito e suas funções não foram de maneira alguma tão bem investigados quanto o esquerdo, de modo que suas capacidades ainda estão para ser determinadas com precisão.

É interessante o fato de as descobertas científicas manterem um paralelo íntimo com as concepções da dualidade da consciência humana expressas na literatura e tradição de outras culturas. Num estudo do mito e simbolismo do *esquerdo* e do *direito*, G. William Domhoff constatou que o esquerdo é freqüentemente a região do tabu, do sagrado, do inconsciente, do feminino, do intuitivo e do onírico.[5] Bogen cita outros exemplos:

A boa literatura, caracteristicamente, tem se ocupado dessa questão. Por exemplo, foi dito a respeito de Dostoiévski que "A angústia decorrente da dupla natureza do homem ressoa em grandes acordes por toda a sua obra".

Nem toda dualidade mental é angustiada. Diz-se que Samuel Johnson perturbava-se imensamente com sonhos nos quais ele se via numa conversação com um antagonista de superior sagacidade e brilho. "Estivesse eu acordado", dizia ele, "teria sabido que eu mesmo era responsável pela inteligência de ambos."

André Gide asseverou: "Há sempre um embate entre o que é razoável e o que não é." Talvez por vivermos numa sociedade que tem o pensamento racional em alta estima, o "outro" é freqüentemente considerado desprezível ou indesejável, mesmo quando não nomeado. O mais provável é que essa apreciação não tenha origem cultural, sendo em vez disso proveniente do fato de o hemisfério responsável por apresentar proposições ser também aquele que possui um quase monopólio da capacidade de nomear.[6]

A complementaridade dos dois modos de consciência é a tese central do sumário[7] e da antologia[8] dos trabalhos desenvolvidos neste campo de pesquisa elaborados por Robert Ornstein. Ornstein expressa o ponto de vista de que a polaridade e a integração do intelectual e do intuitivo estão subjacentes às maiores realizações da humanidade. Ele reuniu numa tabela as maneiras como diversas pessoas descreveram os dois modos de consciência, não pretendendo uma caracterização definitiva, mas apenas deixar mais clara a métafora Dia-Noite.

OS DOIS MODOS DE CONSCIÊNCIA

Uma Dicotomia Provisória[9]

PROPOSTA POR:		
Muitas fontes	Dia	Noite
Blackburn	Intelectual	Sensual
Oppenheimer	Tempo, História	Eternidade, Atemporalidade
Deikman	Ativo	Receptivo
Polanyi	Explícito	Tácito
Levy, Sperry	Analítico	Gestalt
Domhoff	Direita (do corpo)	Esquerda (do corpo)
Muitas fontes	Hemisfério esquerdo	Hemisfério direito
Bogen	Proposicional	Aposicional
Lee	Linear	Não-linear
Luria	Seqüencial	Simultâneo
Semmes	Focalizado	Difuso
I Ching	O Criativo: céu masculino, Yang	O Receptivo: terra feminino, Yin
I Ching	Claro	Escuro
I Ching	Tempo	Espaço
Muitas fontes	Verbal	Espacial
Muitas fontes	Intelectual	Intuitivo
Vedanta	Buddhi	Manas
Jung	Causal	Não-causal
Bacon	Argumento	Experiência

Podemos identificar na tabela de Ornstein resquícios de diversos mitos antigos, além do material contributivo básico de crenças mais recentes e possivelmente ainda correntes acerca da natureza humana – em particular, a suposta natureza do "masculino" e do "feminino". Ornstein chama a atenção para o fato de a maioria dos mitos antigos, especialmente os das tradições esotéricas, terem se especializado no modo tácito, holístico e receptivo, o modo que é identificado com a Noite e é em grande parte inacessível à linguagem e à razão. Ele contrasta esse modo com o da ciência moderna, que é principalmente verbal, lógico e identificado com o Dia. Para Ornstein, o essencial é a importância de entendermos como os dois modos interagem na vida cotidiana. Com base em sua própria pesquisa e no trabalho de seu colega David Galin, ele afirma:

> . . . na maioria das atividades comuns, nós simplesmente alternamos entre os dois modos, selecionando o apropriado e inibindo o outro. Não está claro como esse processo ocorre. Será que os dois sistemas atuam constantemente em paralelo, e meramente alternam o controle sobre o corpo, ou será que efetivamente partilham o tempo de controle? Claramente, todos podemos atuar em ambos os modos – todos falamos, todos nos movemos no espaço, todos podemos fazer as duas coisas ao mesmo tempo. Todavia, ao esquiar, por exemplo, a tentativa de codificar verbalmente cada movimento do corpo levará ao desastre.[10]

No decorrer de todo o seu livro, *The Psychology of Consciousness*, Ornstein entremesclou seus relatos de investigações científicas sobre os dois lados do cérebro com uma série de encantadoras parábolas sufistas. Essas parábolas falam das polaridades da natureza humana, em que o conhecimento adquirido através do estudo e da controvérsia é contrastado com a sabedoria terrena, que provém da observação atenta da natureza e da reflexão mental sobre experiências vividas a fundo. A meu ver, a contribuição mais importante do seu livro é esclarecer a polarização que caracteriza a era que vai findando, e também a sua admissão da necessidade de integrarmos os dois modos de consciência. O epílogo contém um apelo em prol do diálogo interior do indivíduo com a esperança de reunirmos nossas funções divergentes. Para tal, Ornstein sugere que retomemos alguns dos mitos antigos e práticas esotéricas do passado, buscando assim redimir a maneira difusa de pensar e utilizar as funções sensíveis, sensórias e intuitivas – que hoje permanecem marginais diante da torrente de informações referentes ao funcionamento das coisas. Temos estado tão ocupados desmontando as coisas e remontando-as com o intuito de manipulá-las que perdemos de vista a inteireza de tudo em si mesmo e o lugar dos inteiros em seu cenário natural.

É irônico que algumas das descobertas mais "produtivas" das novas pesquisas sobre a divisão do cérebro tenham resultado de experimentos com vítimas graves de epilepsia que foram submetidas a uma cirurgia radical envolvendo o rompimento do *corpus callosum*.

O corte dessa membrana de ligação entre os dois hemisférios do cérebro pode ser vista como o derradeiro ato simbólico de Peixes, a Era das Polaridades. Essa cirurgia dá crédito à idéia de que o mundo Diurno pode ser separado do mundo Noturno, e que o funcionamento racional pode ser separado do funcionamento intuitivo, e que a consciência masculina pode ser separada da consciência feminina. Ora, isso não é mais do que reafirmar o mito corrente e que predominou durante toda a Era de Peixes. Aparentemente, a ciência teria conseguido afinal provar que as expectativas da humanidade estavam corretas. Nossas percepções do mundo fora de nossos corpos foram dicotomizadas em "mecânico" e "místico". Devemos nos admirar, portanto, que quando nos voltamos para dentro de nós mesmos acabemos constatando que também somos capazes de dicotomizar? Nós verificamos que podemos, se assim quisermos, invocar um ou outro lado da nossa natureza; e que podemos praticamente eliminar, ou certamente suprimir, o modo alternativo de atuação se acharmos conveniente ou necessário.

Isso, é claro, não chega a surpreender quem sobreviveu aos inimagináveis horrores dos campos de concentração nazistas, cujos líderes justificavam algumas de suas mais nefárias atividades em nome da "pesquisa científica" e da "objetividade". Nem deve surpreender os leitores de *O Arquipélago Gulag*, que descobriram como o sentimento humano pode ser eliminado a serviço da "eficiência governamental". Hiroxima e Nagasaki incluem-se também aqui, mas nós não gostamos de insistir nessas monstruosidades, nem de considerar quais fundamentos lógicos foram consultados no hemisfério esquerdo, enquanto as emoções de indignação moral estavam sendo segregadas e isoladas no direito.

Ornstein, ao estudar os resultados dos experimentos que efetuou, conclui que o que o homem separou deve de alguma maneira ser unido novamente, esteja o dualismo nos modos da consciência humana, esteja nas nossas percepções do mundo ao nosso redor. Ele antevê os primórdios de uma nova era, na qual a ciência dará as mãos às disciplinas esotéricas para estabelecerem uma "confluência das duas correntes do conhecimento. . . na ciência e em cada um de nós". Ele reconhece que a tarefa exige que vamos além do mero entendimento intelectual das tradições esotéricas; é absolutamente necessário que nos empenhemos em treinar aqueles aspectos de nós mesmos que não são geralmente cultivados na educação ocidental. A síntese que Ornstein prevê deverá advir do processo orgânico de se misturar a experiência pessoal com a investigação intelectual. Com isso, as outras maneiras de assimilar conhecimentos e adquirir sabedoria entrariam em contato com aquelas maneiras que a nossa cultura advoga.

Ornstein, numa expressão típica da Era de Peixes, gostaria de reunir os dois lados da consciência humana que ele denomina "Dia" e "Noite". Mas esta é a maneira como um homem concebe o processo todo, uma maneira "masculina", se preferirmos, pois parte do pressuposto de que o nosso modo *principal* de atuação é o da consciência "Diurna"; ela apenas teria se hipertrofiado e se tornado parcial e tendenciosa. Para Ornstein, essa modalidade precisaria ser contrabalançada, tornando-se relevante para a consciência "Noturna", que é considerada "feminina", a fim de atingirmos um melhor equilíbrio em nós mesmos. Ornstein concebe os fenômenos como predominantemente Dia ou Noite, Luminosos ou Escuros, Yang ou Yin.

Tudo é diferente com o mestre de T'ai chi Al Chung-liang Huang. Nem por um instante senti que nele atuava uma consciência Diurna ou uma consciência Noturna. Jamais pude identificar sua maneira de ser como masculina ou feminina – e foi por isso que sugeri que ele encarnava o andrógino num sentido bastante corporal, além de espiritual. Quando Chung-liang dança, parece que seu corpo flui numa aura diferente; é, talvez, como se ele se movesse entre uma "consciência auroreal" e uma "consciência vespertina". Isso vale dizer que ele está sempre no processo de mudar, seja entrando na luz, saindo da escuridão ou recolhendo-se na crescente interioridade que advém quando a luz do dia se esvai. Chung-liang já está na Era de Aquário, mas não se desligou do passado. Todo o treinamento e disciplina que adquiriu na sua formação e na de seus ancestrais proporcionam-lhe uma base firme. São a sua terra, da qual ele pode aflorar e ascender em liberdade; são a sua terra, para a qual pode retornar e encontrá-la dócil, complacente e fecunda. Chung-liang traz em seu ser o espírito imemorial do Tao, que é tão relevante à época por vir quanto para o momento em que é vivenciado. A nova androginia incorpora os modos do passado, e evolui para além deles.

A vida e obra de Chung-liang é apenas um dos muitos exemplos que eu poderia ter escolhido de pessoas ou movimentos que estão na vanguarda da nova consciência. Em todos os campos – nas diversas tradições religiosas, na psicologia, na física, na biologia molecular e na genética, nas artes – surgem indivíduos que partilham a tarefa de apresentar a nova consciência para um círculo sempre crescente de pessoas que se tornam aptas a recebê-la. O fato mais surpreendente e mais encorajador em tudo isso é que se outrora as pessoas que buscavam reunir os aspectos espirituais dos seres humanos aos seus aspectos práticos, mecanicistas e "científicos" vinham quase exclusivamente dos campos da religião, da filosofia e das artes; hoje, um crescente número de cientistas têm se juntado a elas. Parece que os cientistas descobriram, no processo de expandirem seu conhecimento a um grau inacreditável de amplitude e complexidade que, não importa quantas vezes as suas informações se multipliquem, jamais haverá um fim para todos os mistérios. Os cientistas hoje se defrontam cara a cara com a necessidade de um outro tipo de saber, que provém de dentro tanto quanto de fora da psique humana. Finalmente, as "duas culturas" começam a se falar.

17

A DINÂMICA DA ANDROGINIA: A CONCEPÇÃO SISTÊMICA

Ao ingressarmos na Era de Aquário (que talvez venha a ser chamada Era da Androginia), ninguém deve surpreender-se ao descobrir que um novo mito está surgindo e que, naturalmente, ele se manifesta como todos os outros mitos, com a aparência de uma "verdade sagrada". Só que desta vez a verdade está sendo designada em termos de uma ciência: a Concepção Sistêmica do Universo. A teoria sistêmica não se anuncia como uma nova mitologia; nenhuma mitologia o faz. Nem procura integrar as mitologias do passado a uma abordagem neo-racional do presente e do futuro. O especialista em teoria de sistemas não pretende reunir os fragmentos da verdade que teriam se dispersado pelo planeta ao longo das gerações. Ele não se propõe a fechar as fendas nem a transpor as polaridades. Nada disso é necessário de acordo com a teoria sistêmica pois, afinal, o universo não jaz em fragmentos aos pés do filósofo. E, na realidade, nem as polaridades estão num "mundo à parte". O mundo é caracterizado por um extraordinário grau de consistência e coerência. Caso não o enxerguemos assim, é por causa das limitações de nossas capacidades – o elefante não está aos pedaços pelo fato de os cegos só conseguirem tateá-lo em partes.*

A teoria sistêmica nos diz que, como o universo já está organizado, não é necessário que ele "faça sentido" para nós. Basta que percebamos o que está diante de nossos olhos e efetuemos algumas inferências bastante óbvias com base em nossas observações, em nossa experiência passada e em nossa crescente capacidade tecnológica. Precisamos reconhecer que somos membros de uma série de sistemas inter-relacionados que obedecem aos mesmos princípios e possuem uma temática comum. Não estamos apenas envolvidos num processo denominado *evolução cósmica*: somos parte integrante dessa evolução e não poderíamos nos esquivar dela mesmo que quiséssemos. De acordo com Buckminster Fuller, um dos principais teóricos de sistemas:

> *O que parece ser importante no momento nunca é o que realmente está acontecendo.* Para a abelha, o importante é o mel, enquanto que para a Natureza o que importa é a polinização que a abelha efetua em busca do néctar. Da mesma forma, os seres humanos – 99 por cento programados pelos seus cromosso-

* Referência a uma antiga lenda. Vários cegos, ao tatearem cada um uma parte do elefante que lhes barra o caminho, por serem incapazes de ver o animal inteiro, fazem afirmações generalizantes – e totalmente inexatas – quanto à sua natureza (N. T.).

mos – sempre fizeram as coisas certas pelos motivos errados. O que nós concebemos como efeitos secundários ou colaterais são, na realidade, os principais eventos da Evolução.

Nada disso foi planejado. Sucedeu-se como a formação gradual da galinha dentro do ovo, que para o olho pouco treinado parece caótica e descontrolada. Os seres humanos não enxergam as inter-relações lógicas dos grandes acontecimentos evolucionários. Para nós, o planejamento ainda não é uma obrigação – pelo menos não como os "Planejadores" concebem o planejamento. É absolutamente imprevisível qual será a coesão dos eventos e das descobertas. A única coisa certa é que se tornarão coesos. O "Planejador" personifica o erro humano de supor que o Universo está apenas aguardando que os seres humanos tomem as principais decisões evolucionárias.[1]

Fuller é um "generalizador" por excelência. Durante a maior parte dos seus oitenta anos, ele tem extraído princípios do universo e em seguida apresentado esses princípios de maneira inteligível para platéias que vão desde peritos em seus campos de especialização a crianças de quatro anos. Um dos seus princípios favoritos é a *sinergia*, uma palavra que significa a interação inesperada de partes que se combinam. Para ele, um *conjunto* ou *inteiro* sempre contém "comportamentos" que não se poderia esperar a partir de suas partes desmanteladas. A maneira de se começar a compreender um relógio não é despejar as peças soltas em cima da mesa. Devemos partir do relógio inteiro e, mesmo que acabemos desmontando o relógio, jamais esqueceremos o tique-taque de quando ele estava inteiro. O tique-taque é um dividendo sinérgico.[2] Quando começamos a pensar em termos de "sistemas" ou de "conjuntos" – e não mais em entidades ou partes distintas – o conceito de energia adquire um novo significado.

Um especialista lida com um problema analisando-o parte por parte, simplificando a informação que tem disponível. Ele parte do pressuposto de que às forças calculadas dos "corpos" atuam em seqüências de pares interagentes – é o caso, por exemplo, dos hemisférios esquerdo e direito do cérebro. Para algumas finalidades, este é um pressuposto funcional que nos fornece dados sobre interações específicas e que pode nos ajudar a desenvolver técnicas para manipulá-las e prevê-las. Entretanto, como a realidade tende a ser muito mais complexa do que a capacidade desse tipo de análise, a abordagem do especialista não oferece um verdadeiro retrato de muitas coisas. Ervin Laszlo, um pioneiro do raciocínio sistêmico em filosofia, explica por que a ciência teve de aceitar a concepção sistêmica de mundo:

O homem é composto de cerca de cinco octilhões de átomos, e o seu cérebro, de dez bilhões de neurônios. Um átomo de hidrogênio é composto por um próton e um nêutron em seu núcleo, e por um elétron em sua camada eletrônica. Mas o número de forças que agem em seu interior são tão complexas que os matemáticos precisam de espaços multidimensionais para representá-las. Átomos mais complexos que o hélio (com dois elétrons orbitais) contêm três ou mais "corpos" em suas camadas eletrônicas, e a nossa matemática passa a ser incapaz de resolver esse problema de três corpos – isto é, de lidar com equações sobre o movimento de mais de dois objetos que se influenciam mutuamente. Em outras palavras, somos totalmente incapazes de empregar as rigorosas técnicas da especialização em qualquer fenômeno mais complexo do que um átomo de hélio.[3]

O começo do século XX marcou o colapso das teorias mecanicistas, mesmo na física, a ciência onde elas haviam sido mais bem-sucedidas. A partir de Einstein e Max Planck, grupos de relações interagentes começaram a tomar o lugar dos conceitos de energia e matéria como o centro das atenções. A relatividade passou a tomar conta da física dos campos e a teoria quântica a dominar a microfísica. Porém, por mais úteis que fossem as novas leis da física, elas continuaram sendo insuficientes para explicar as complexas interações que ocorrem nos organismos vivos. Portanto, novas leis tiveram de ser postuladas, especialmente na biologia, que substituíssem o antigo dualismo – em que um "princípio de vida" ou "energia vital" "propelia" o organismo. Os dualismos começaram a ceder lugar às leis de conjuntos integrados. As novas leis não contradiziam, e sim complementavam, as leis básicas da física newtoniana; isto é, ofereciam um paradigma mais abrangente ao qual as teorias anteriores, bem como os novos dados que não podiam ser explicados pelas antigas teorias, podiam ser incorporadas. Warren Weaver, analisando os avanços simultâneos na física, na química, na biologia, na sociologia e na economia, descreveu a ciência contemporânea como a "ciência da complexidade organizada". O estudo da natureza dessas organizações complexas é o campo da teoria dos sistemas.

A concepção sistêmica oferece uma outra solução ao problema de se compreender a natureza complexa das coisas: ela as toma em "nacos" integrados. Em vez de observar uma coisa de cada vez, estudando o seu comportamento quando exposta a uma outra coisa, a teoria sistêmica observa uma série de coisas como conjuntos e também observa seus comportamentos sob diversas circunstâncias. É isso o que nós tendemos a fazer naturalmente – e.g., quando concebemos uma organização comercial como uma empresa e não como empregados e empregadores individualizados; ou quando, à noite, reconhecemos constelações sem saber o nome de cada uma das estrelas.

Num certo sentido, a visão holística da nova teoria sistêmica encontra paralelo em outros holismos de protociências anteriores. Na astrologia, na alquimia e mesmo no gnosticismo e na Qabalah, o mundo era visto como um processo unificado e consistente que se desenrolava segundo alguma linha evolucionária que, gradual e imperfeitamente, ia sendo revelada aos seres humanos. De acordo com a antiga visão mitológica, toda criação proveio do Caos Primordial. De alguma forma, naquela massa de confusão, juntou-se uma centelha de luz e irrompeu da escuridão, acumulando energia em si e emanando de si energia. Nos mitos antigos, o Princípio sempre estava *na* Totalidade, e da Totalidade manava a energia de onde viria a Mônada, a força criativa elementar original. A manifestação da Mônada assumiu diferentes formas em diferentes épocas. Vimos como o Deus celestial e a ideologia patriarcal assumiram o lugar de uma Deusa terrena e da ideologia matriarcal. Mas tanto um como a outra foram precedidos por uma situação religiosa que não era matriarcal nem patriarcal. M. Granet chamou essa condição primordial de "aspecto neutro do Lugar Sagrado".[4] O "lugar sagrado" era visto como um "poder religioso não-diferenciado, o *Grund* primordial, que precedeu e sustentou todas as manifestações subseqüentes".[5]

As antigas mitologias eram expressões do envolvimento humano com as forças naturais do universo, e especialmente com o processo criador pelo qual novas entidades continuamente adquiriam existência e as entidades existentes eram continuamente transformadas. Uma das principais funções da especulação religiosa era persuadir a nós, seres humanos, da necessidade de estabelecer uma relação com essas forças evolucionárias que observamos com o olho subjetivo. Há muito que nos é dito que, se contrariarmos a "vontade de Deus", fatalmente acabaremos tropeçando em nosso caminho. As interpretações de "vontade de Deus" – ou "lei da Natureza" – oferecidas pelas religiões eram baseadas na intuição e na tradição. As religiões buscavam penetrar as complexidades dos fenômenos através da percepção interior ou da revelação. Porém, por mais imaginativas e inspiradas que as teologias holísticas possam ter se tornado, elas não puderam suportar o confronto efetivo com a experiência exigido pela ciência moderna.

Pouco a pouco, a visão racional-científica foi suplantando as antigas mitologias protocientíficas, sem no entanto eliminá-las por completo. À medida que a ciência moderna ia formando o seu retrato do universo com base em modelos comprováveis de pesquisa, a visão intuitiva e a visão mitológico-religiosa iam sendo deixadas de lado. Junto com elas, conceitos de ética e justiça social foram eliminados da ciência, por tenderem demais à subjetividade. Num mundo onde apenas interações simples podiam ser testadas definitivamente, a ciência moderna formulou o seu quadro do universo: um gigantesco mecanismo magnificamente concebido e obedecendo a elegantes leis deterministas de movimento. Essa era a natureza da física newtoniana, uma ciência que pretendeu entender os fenômenos decompondo-os em suas interações elementares.

Se a visão mitológica era "subjetiva" e o "sujeito" procurava aprender as maneiras de ser da Natureza e manter uma relação harmoniosa com ela, a visão apregoada pela ciência newtoniana era "objetiva" e o ser humano mantinha-se, por assim dizer, fora da Natureza, observando-a. Assim, experimentos científicos foram desenvolvidos visando o maior grau possível de objetividade. Como o elemento subjetivo tendia a esgueirar-se como uma incógnita sempre que um experimento se tornava complexo demais para que todas as suas variáveis pudessem ser explicadas, os experimentos tinham que ser elaborados visando analisar um número cada vez maior de componentes simples dos fenômenos. O caminho da ciência e o caminho da religião iam se afastando progressivamente.

As antigas teorias mitológicas eram holísticas mas altamente especulativas; veio então a reação do pensamento científico moderno, que era empírico mas atomístico. Nenhum dos dois está isento de erros: as primeiras por recorrerem à fé e às percepções internas em detrimento da investigação empírica, e o segundo por sacrificar a coerência em favor do detalhamento dos fatos. Relegando o atomismo, o mecanicismo e a especulação descoordenada, os teóricos de sistemas afirmam que atualmente estamos começando a formular teorias ao mesmo tempo holísticas e rigorosas. Isso significa uma visão de conjunto dos fatos e fenômenos; significa a formação de conjuntos integrados com propriedades e relações próprias.[6]

Se acompanharmos essa tendência e começarmos a raciocinar em termos de sistemas e conjuntos inteiros, talvez consigamos sair do labirinto criado pelas antigas categorias de "masculino" e "feminino". Isso exigiria duas grandes mudanças básicas na maneira como pensamos o "masculino" e o "feminino". A primeira seria abandonar a suposição corriqueira de que é possível descrever uma qualidade específica da personalidade como masculina ou feminina. Teríamos que deixar de conceber essa misteriosa entidade chamada "masculinidade" como um agregado de atributos e características individuais – como agressividade, integridade, clareza, etc. – e a "feminilidade" como um agregado de atributos opostos. As pessoas então se dariam conta de que os testes psicológicos que pretendem determinar a valência da "masculinidade" ou "feminilidade" num indivíduo são apenas resquícios de uma ciência atomista que visava compreender o todo estudando o agregado decomposto de suas partes componentes.

A segunda maneira de superarmos as antigas categorias seria abandonar a suposição de que, pelo fato de uma sociedade haver gerado certas "normas masculinas" e certas "normas femininas", todos os homens e todas as mulheres dessa sociedade devam se desenvolver de acordo com essas normas. As imagens sociais de masculinidade e feminilidade – como algo que podemos observar e definir, e que nos permitem moldar o nosso comportamento – provêm exatamente da tendência de diferenciar e categorizar, uma tendência que nega a inteireza ou integridade da personalidade humana. Hoje em dia, sempre que um ser humano é descrito, seja num romance, na carteira de motorista ou num teste de personalidade, o primeiro e mais proeminente meio de identificação é invariavelmente sexual. Não subestimo a importância da sexualidade como uma característica do ser. Nem subestimo a sexualidade como um importante canal de energia em suas manifestações físicas e psicológicas. Entretanto, creio que é hora de reexaminar o fato de rotineiramente acrescentarmos a especificação sexual a todos os aspectos da vida humana – sendo que decorre daí a suposição de que aquilo que estamos acostumados a chamar de "masculino" e de "feminino" está relacionado basicamente com a sexualidade em si.

Há uma outra maneira de pensar o Masculino e o Feminino: em termos da teoria de sistemas. Tenho escrito Masculino e Feminino com letras maiúsculas para diferenciá-los do seu uso comum – que remete às qualidades dos dois sexos e às metáforas provenientes dessas qualidades. Aplicados aos sistemas naturais, os termos Masculino e Feminino referem-se à dinâmica subjacente à interação entre um sistema e seus subsistemas, e entre um sistema e seus supersistemas. Como vimos em relação ao Yang e ao Yin, o termo Masculino pode ser aplicado a uma direção do fluxo de energia e o termo Feminino à outra. Ficará evidente que nenhum sistema pode funcionar sem um conceito dinâmico de energia introduzindo-se em todas as partes. Antes, porém, uma rápida descrição da concepção sistêmica de natureza, a maneira como a ciência moderna organiza suas observações e seu conhecimento.

A concepção sistêmica trata dos chamados "sistemas naturais". Um sistema natural é aquele cuja natureza se define não tanto pelo que contém como pela maneira pela qual suas partes ou elementos estão *organizados*. Um sistema natural possui ainda a qualidade de ser como todos os outros sistemas naturais semelhantes em termos de organização funcional, sendo que é esta organização que o diferencia dos demais sistemas naturais. Por exemplo, se as peças componentes de um automóvel estivessem em diversos armazéns ligados à linha de montagem, não constituiriam um sistema natural. Mas quando o automóvel é montado, abastecido e ligado, ele é um sistema natural. É um automóvel e, em termos da sua organização funcional, é como todos os outros automóveis. Por isso podemos reconhecê-lo como tal, como algo que consome gasolina e anda, e não como um mero agregado de peças. Ou, para tomarmos um exemplo humano, onze pessoas desconhecidas numa mesma área não são necessariamente um sistema natural. Mas um *time* de futebol é um sistema natural, pois consiste em um corpo organizado de pessoas, cada uma atuando numa determinada relação definida com todas as outras. Nesse sentido, um time de futebol é um sistema natural comparável a todos os outros times de futebol. Por sua vez, um subsistema dentro do time seria um de seus jogadores – ele próprio um sistema, comparável aos demais jogadores. E o time poderia ser visto como um subsistema que, junto com outros subsistemas, constituem o supersistema da confederação de futebol. *Podemos visualizar a energia fluindo no interior de cada sistema – jogador, time, confederação* – e também *fluindo entre os sistemas, entre seus subsistemas e os supersistemas em que estão organizados.*

Laszlo[7] propôs quatro princípios não-variáveis de organização ("invariáveis organizacionais") que, diz-se, caracterizam os sistemas naturais. Cada um deles é relevante para o princípio de androginia.

1. "*Sistemas naturais são conjuntos com propriedades irredutíveis.*" Laszlo diferencia entre "conjuntos" e "agregados". No mundo suborgânico, podemos dizer que o átomo é um conjunto, um inteiro, uma estrutura distinta. Sabemos que o átomo, enquanto conjunto, possui certas propriedades, e que essas propriedades não são redutíveis às propriedades de todas as suas partes reunidas. Se tomássemos o nêutron, o próton e o elétron de um átomo de hidrogênio e os combinássemos de maneira arbitrária, é improvável que reconstituíssemos o átomo de hidrogênio. As propriedades de um átomo são iguais às propriedades de suas partes *mais* as relações exatas das partes dentro da estrutura.

No nível orgânico, podemos considerar a personalidade humana como um sistema. As características ou atributos peculiares a um indivíduo não são, em si, únicas; mas a maneira como interagem, sim. É isso que torna cada personalidade um todo distinto. Masculinidade e Feminilidade no ser humano são duas propriedades irredutíveis, distintas e diferentes, cuja interação produz um determinado dinamismo. No nível superorgânico, os sistemas também interagem como conjuntos que se comunicam com outros conjuntos. Se os automóveis e times de futebol são entidades funcionais, o mesmo pode ser dito de governos nacionais ou sistemas ecológicos.

2. "*Os sistemas naturais mantêm-se em um ambiente em transformação.*" Embora as partes constituintes de um sistema possam mudar para se adaptarem a mudanças no seu ambiente, o sistema em si possui uma estupenda capacidade de sobreviver em circunstâncias adversas. No mundo suborgânico, ao ser bombardeado por elétrons, o átomo "excita-se" quando absorve a energia extra vinda de fora, irradiando o "potencial de excitação" quando retorna ao seu estado normal. Os organismos vivos interagem com o meio ambiente mediante canais de entrada e saída que promovem o intercâmbio de ar, água, alimento e resíduos, e transmitem informações sensórias e comunicação. Esses organismos mantêm-se por si. Freqüentemente se recuperam quando danificados, e a essa recuperação damos o nome de "cura" e "regeneração". É evidente que acabam se desgastando com a idade e morrendo, mas geralmente não antes de se perpetuarem através de uma forma de super-recuperação chamada "reprodução". De

modo que podemos dizer que o organismo humano é capaz de se restaurar quando o seu fluxo de energia diminui. Através de diversos meios, da medicina ao relacionamento humano (a psicoterapia seria um exemplo disso), é possível estabelecer uma relação mais produtiva das energias Yang e Yin. Cada um, agindo sobre si mesmo ou interagindo com pessoas prestativas, pode ficar "bom" depois de haver "adoecido", o que vale dizer que somos capazes de obter ordem a partir da desordem interior. Macho e fêmea, homem e mulher também recebem energia um do outro e descarregam energia um no outro. Isso pode ocorrer em diversos níveis: no plano intelectual, novas idéias são sintetizadas; no plano criativo, novos artefatos; no nível procriativo, novos seres humanos. Tudo isso ocorre como uma resposta à sensação de doença, estresse ou tensão. Muitas das características de adaptação do mundo orgânico têm paralelos no campo superorgânico, onde governos persistem embora as entidades de governantes e governados possam mudar, e onde florestas persistem embora cada árvore possa envelhecer, adoecer e morrer.

3. "*Os sistemas naturais criam-se como reação aos desafios do seu ambiente.*" Esta terceira constante é a mais vital para a nossa discussão. Laszlo, ao descrever este processo como "autocriatividade", não está se referindo a alguma misteriosa qualidade inata em entidades com "espírito" ou "alma". Sua noção de autocriatividade é mais modesta: o princípio que está por trás do desenvolvimento evolucionário. Se os sistemas naturais apenas mantivessem o *status quo* diante de toda a gama de circunstâncias que encontram, não haveria evolução nem progresso nem mudança. Mas não é isso que acontece: os sistemas naturais desenvolvem novas estruturas e funções para compensar as ameaças do meio ambiente ou para aperfeiçoar sua maneira de reagir a ele.

Há, essencialmente, dois tipos de mudança que devem ser diferenciados. Existe a mudança pré-programada, como a que ocorre na evolução e crescimento de um embrião no útero da mãe. Todas as informações que o feto precisa para prosseguir em seu desenvolvimento foram codificadas em seus genes pela molécula de DNA no momento da concepção. Sua progressão ao longo de caminhos estabelecidos é típica do processo de "ontogenia". O outro tipo de mudança é a "filogenia", a evolução da espécie de uma geração a outra. É através da filogenia que a natureza avança criativamente e os sistemas se transformam ao reagirem ininterruptamente com outros sistemas. Vivemos um processo contínuo de combinar, separar e recombinar as energias Masculina e Feminina, destilando e excluindo cada vez mais a dissonância (caos) e produzindo cada vez mais harmonia (ordem). No campo biológico, as transformações são conhecidas como "mutações", e algumas são mais bem-sucedidas que outras. Laszlo as compara com a estréia de uma peça na Broadway: se tiver sucesso, permanecerá bastante tempo em cartaz; caso contrário, fechará logo após a estréia.

A pergunta fundamental que se faz é: A evolução tem alguma finalidade, cumpre algum desígnio, caminha para algum produto ou estágio final? Existe algum plano geral que todas as coisas, por natureza, buscam realizar? Ou é tudo uma questão de chance e de tentativa e erro?

A consistência dos modelos e leis descobertos pela observação e pela reflexão parece nos levar a concluir que existe algum vastíssimo plano global para o universo, um plano que determina as linhas gerais de desenvolvimento. Compreender plenamente a natureza do universo continuará sendo impossível, pois nossa capacidade de entendimento é limitada pelos sentidos e pelo intelecto de que somos dotados, ou, em outras palavras, pela natureza das informações codificadas na dupla hélice da nossa estrutura genética. De modo que, num sentido, nós vamos desabrochando cegamente de acordo com um plano que não elaboramos. Além disso, podemos observar que o universo inteiro, das partículas atômicas às galáxias, faz o mesmo.

Mas, num outro nível, nós, enquanto indivíduos, estamos em todos os momentos das nossas vidas num processo de mudança. De modo que, pelo menos num certo grau, vivemos como se planejássemos essas mudanças. É como se estivéssemos sempre – em todos os nossos instantes de vigília, e mesmo em nossos sonhos – numa bifurcação do caminho, decidindo se é melhor seguir por aqui ou por ali para cumprir as exigências da sobrevivência ou para atingir nossas metas a longo prazo. Num sentido, somos determinados pela nossa constituição e devemos atuar dentro das limitações dessa constituição. Num outro sentido, estamos livres para planejar nossas vidas e para criar meios para superar muitas das nossas limitações. Podemos planejar, e parece que o nosso planejamento faz diferença. A evolução da tecnologia tem sido um meio de nos prepararmos para as vicissitudes da existência num mundo em transformação, mas não é o único. A evolução da consciência é um outro meio de modificar nossa existência e modo de vida, mas é um meio que permaneceu afastado durante vários séculos das áreas de interesse dos cientistas naturais do mundo ocidental que só hoje começam a voltar os olhos nessa direção novamente.

4. "*Os sistemas naturais são interfaces coordenadas na hierarquia da Natureza.*" Para encontrar nosso lugar na hierarquia da natureza, nós nos concebemos como seres humanos individualizados. No interior de cada corpo humano funcionam diversos subsistemas orgânicos: o respiratório, o digestivo, o neurológico, e assim por diante. Em cada um desses subsistemas há outros subsistemas que funcionam segundo modelos estabelecidos, e assim até chegarmos às células, que também podem ser vistas como compostas de subsistemas do mundo suborgânico: as moléculas e os átomos. A hierarquia expande-se igualmente para além da nossa individualidade. Somos subsistemas em sistemas sociais como a família, e as famílias são subsistemas de comunidades, até toda a raça humana ser vista como um supersistema sob o qual todos os sistemas de agrupamentos humanos estão ordenados. No entanto, a raça humana é também apenas um subsistema, em termos de vida animal, como a vida animal é um subsistema do sistema dos organismos vivos. E assim vai, cada sistema da hierarquia incorporando os sistemas abaixo dele e todos constantemente sob pressão interna e externa. Os sistemas que se adaptam às mudanças evoluem, enquanto que o vigor daqueles que não conseguem se adaptar vai diminuindo até finalmente desaparecer.

As mudanças que ocorrem na evolução dos sistemas parecem ser resultado de um planejamento, isto é, parecem tentar se conformar ao modelo do todo. As adaptações fracassadas perecem, como os dinossauros da história ou os gigantes antediluvianos que, "uma vez", povoaram a terra. Ratos ignorantes, na ânsia de obter alimento, aprendem a usar os labirintos construídos por psicólogos experimentais, participando de um movimento evolucionário impulsionado por uma energia evolucionária que impele todos os movimentos e todas as mudanças. O efeito disso é que sistemas anteriormente autônomos tornam-se subordinados a um controle superior, sem no entanto privarem-se completamente da sua autonomia. Os sistemas se incorporam em supersistemas: clãs em tribos, tribos em comunidades, comunidades em cidades-Estado, cidades-Estado em federações, federações em nações, nações em famílias de nações. Um processo semelhante ocorre também nos níveis suborgânico e supra-orgânico. A energia que impele o processo evolucionário tende a organizar os sistemas na direção de uma crescente complexidade e de uma maior cooperação entre sistemas semelhantes. Os sistemas podem se combinar entre si, formando sistemas de nível mais elevado, embora suas unidades mínimas permaneçam e continuem exercendo suas funções essenciais. A força e o poder provenientes do bom funcionamento de uma organização de sistemas criam aquele dividendo extra de sinergia que permite que ela sobreviva onde sistemas menos bem organizados ou entidades separadas não poderiam existir isoladamente. Esse é o significado implícito do ditado *United we stand, divided we fall* ("Unidos perseveramos, divididos tombamos"). O universo é o Um, o todo, o supersistema dentro do qual todos os outros sistemas estão coordenados. O universo é o sistema derradeiro; não podemos sair dele. Um ser humano é, em última análise, um sistema interface coordenador nos múltiplos níveis da hierarquia da natureza.

Laszlo resume a concepção sistêmica da natureza assim:

> . . . A concepção sistêmica da natureza é uma concepção de harmonia e equilíbrio dinâmico. O progresso vem de baixo, sem qualquer determinação vinda de cima e, portanto, é ao mesmo tempo definitivo e ilimitado. Para não sermos excluídos, precisamos nos adaptar, e isso significa caminhar juntos. Temos a liberdade de escolher nosso caminho de progredir; todavia, essa liberdade é confinada dentro dos limites da sua compatibilidade com a estrutura dinâmica do todo.[8]

De um ponto de vista humano, a chave da adaptação consiste em reconhecer que, embora cada indivíduo seja um sistema contido em si mesmo, ninguém poderia sobreviver por muito tempo sem estar aberto a uma contínua infusão de energia vinda de fora do sistema. Assim como dependemos de ar, de alimentos, de água, de bens materiais e de comunicação, também somos psicologicamente dependentes de outras pessoas para a infusão de novas idéias, de novos relacionamentos, de novos amores. O Feminino no homem (*anima*) e o Masculino na mulher (*animus*), outrora sistemas autônomos internos dos seres humanos, subordinaram-se ao controle da totalidade da psique, que foi chamada *Self*, sem contudo perderem sua autoridade. Mas o *Self* não é um sistema fechado. Como William Blake nos relembra, "Todas as divindades residem no peito humano".[9]

Mudemos agora de registro, deixando de lado este esboço de uma abordagem científica contemporânea, e passemos para uma passagem dos *Capítulos Interiores* de Chuang Tzu, o sábio taoísta do século VI A.C., que também refletiu sobre essas questões:

> Um bote oculto numa ravina e uma rede de pescar escondida num pântano parecem estar bem guardados. À meia-noite, porém, pode vir um homem forte que porá tudo nas costas e sumirá com o bote e a rede. Mas se você esconder o universo no universo, não há como perdê-lo. Essa é a realidade máxima.[10]

A ciência moderna concorda com os sábios antigos do Oriente, ainda que empregue termos muito mais sofisticados e complexos para expressar que o que mantém o universo coeso é aquele misterioso e não-individualizado algo que chamamos "energia". Isso, no entanto, parece nos remeter a um dualismo matéria/energia, à crença de que a matéria refere-se a "coisas" e a "energia" àquilo que move as coisas. Do ponto de vista do ser humano, só é possível observar *diretamente* as operações que *parecem* ser desse tipo. De fato, a mecânica newtoniana tinha por pressuposto que a física consistia na mera descrição de fatos experimentais ou naquilo que se pudesse deduzir de tal descrição. A ciência moderna, no entanto, foi muito além; hoje nós sabemos, como Einstein ressaltou, que o cientista físico só chega às suas teorias por meios especulativos. Nossa natureza humana determina o que somos capazes de apreender.

Se pudéssemos chegar a um ponto arquimediano fora do universo, poderíamos observá-lo em sua totalidade – onde ele começa e onde termina. Mas como isso é uma impossibilidade, visto que somos parte integrante deste sistema "total", só podemos ampliar nossas percepções utilizando quaisquer dispositivos que tivermos a engenhosidade de inventar, do mais poderoso microscópio ao telescópio de maior alcance. Da nossa perspectiva no interior da Via Láctea, as galáxias distantes se afastam de nós. O universo se expande mais rapidamente do que a nossa capacidade de conceber mecanismos para explorá-lo. E quanto mais nos aventurarmos além do pequenino campo de conhecimentos que nós, como indivíduos, podemos abarcar, quanto mais caminharmos em direção ao *Mysterium Tremendum*, que para a maioria parece ser eternamente incompreensível, compreenderemos melhor o sentimento expresso por T. S. Eliot:

Ó escuro escuro escuro. Todos mergulham no escuro,
Nos vazios espaços interestelares, no vazio que o vazio
inunda. . .
Eu disse à minh'alma, fica tranqüila, e deixa baixar o
escuro sobre ti,
Pois que aí tudo será treva divina. Como num teatro,
As luzes se apagam para a troca de cenários
Com um côncavo ribombo de asas, com um movimento de treva
sobre treva.* [11]

Nós percebemos matéria e energia como separadas; porém, através das especulações dos cientistas contemporâneos, passamos a nos dar conta de que matéria e energia são inseparáveis. Não são entidades diferentes, mas dois aspectos da mesma. Dizem-nos que as concepções da física moderna são inteiramente novas. Todavia, essas teorias, quando as ouvimos com o nosso ouvido interior, ecoam temas vagamente lembrados ouvidos muito, muito tempo atrás.

A noção de que não há nada estático, nada permanente, mas apenas o fluxo de um implacável e incessante processo, com tudo se originando, crescendo, deteriorando-se, desaparecendo e renascendo em outra forma – essa visão totalmente dinâmica da vida individual e do universo é um conceito fundamental

* Tradução de Ivan Junqueira, em T. S. Eliot, *Poesia* (Rio de Janeiro, Nova Fronteira, 1981), pp. 210-211 (N. T.).

do hinduísmo mais recente. A qualidade ilusória da matéria, quando vista por alguém que conseguiu superar sua subjetividade, é a essência do conceito de Maya. Na dança cósmica de Shiva, todos os atributos e criaturas do mundo vivente são interpretadas como lampejos momentâneos dos membros do corpo do Senhor da Dança.[12]

De onde vem tudo isso, essa energia sempre presente, sempre fluindo, que permeia o universo? George Gamow sustenta a teoria do *Big-bang* [o "Grande Estouro"] para explicar a criação do universo, ou seja, a idéia de que foi uma grande explosão primordial há muitos bilhões de anos atrás que iniciou todo o processo. Nas especulações de seu livro, *The Creation of the Universe*, Gamow fala de um tempo em que toda a matéria do universo estava concentrada numa massa inacreditavelmente densa de matéria, que ele designou com o termo *Ylem*, palavra grega para designar a matéria primordial. A temperatura e pressão de *Ylem* tornaram-se incrivelmente elevadas, até que houve uma contração e, em seguida, uma expansão e uma explosão inimaginavelmente monstruosas. Pouco a pouco, as estrelas foram se coagulando a partir do pó e dos gases em expansão, enquanto o universo continuou se expandindo, prosseguindo no movimento comunicado à matéria pela explosão inicial. Gamow acredita que esse movimento jamais cessará.[13]

A razão nos indica que há algo impróprio num conceito segundo o qual tudo se expande para fora sem que haja qualquer menção a um retorno para dentro. Isso dá margem a toda uma nova gama de especulações. Os próprios físicos instigam a especulação pois, com todo o seu conhecimento, eles próprios admitem não ter qualquer resposta definitiva. E também especulam, muitas vezes chegando às suas hipóteses por meio de *insights* intuitivos ou de saltos da consciência, ou mesmo através de soluções que lhes são apresentadas pelo processo inconsciente que se manifesta nos sonhos. Ouso assim permitir que minhas especulações corram livremente, criando as minhas próprias metáforas para os fogos energéticos que mantêm o universo fervilhando e se transformando. Não devemos supor automaticamente que a teoria mais recente é necessariamente a melhor. Recordo-me da observação de Laszlo de que entre os experimentos evolucionários – como entre as peças da Broadway – os mais bem-sucedidos são os que têm as maiores chances de permanecer mais tempo em cartaz. Poderíamos acrescentar que algumas teorias antigas, como os dramas clássicos, estão sendo revividas e voltam a cativar grandes platéias.

A *segunda lei da termodinâmica* afirma que a entropia, a medida da desordem de um sistema, tende a permanecer constante ou a aumentar com as mudanças ocorridas dentro do sistema. Entretanto, como o físico experimental Franz Exner mostrou já em 1922, este princípio foi deduzido através de experimentos com fenômenos *macroscópicos*, e sua aplicação ao mundo microscópico não é mais justificável com base na experiência. Quando conseguimos nos libertar das limitações impostas pelos fenômenos e condições observáveis diretamente, indícios e palpites para nossas especulações parecem emergir de alguns dos mitologemas mais antigos que curiosamente persistiram ao longo dos milênios, enquanto que as "verdades" de ciências mais primitivas foram suplantadas pelos frutos de pesquisas mais recentes. Embora o universo devesse estar parando de acordo com o princípio de entropia, e as pessoas devessem estar se exaurindo

O "ANTIUNIVERSO"
(A 4ª DIMENSÃO)

"O ASPECTO NEUTRO DO
LUGAR SAGRADO"

PRIMA MATERIA
EN SOF
CHAOS CONFUSUM

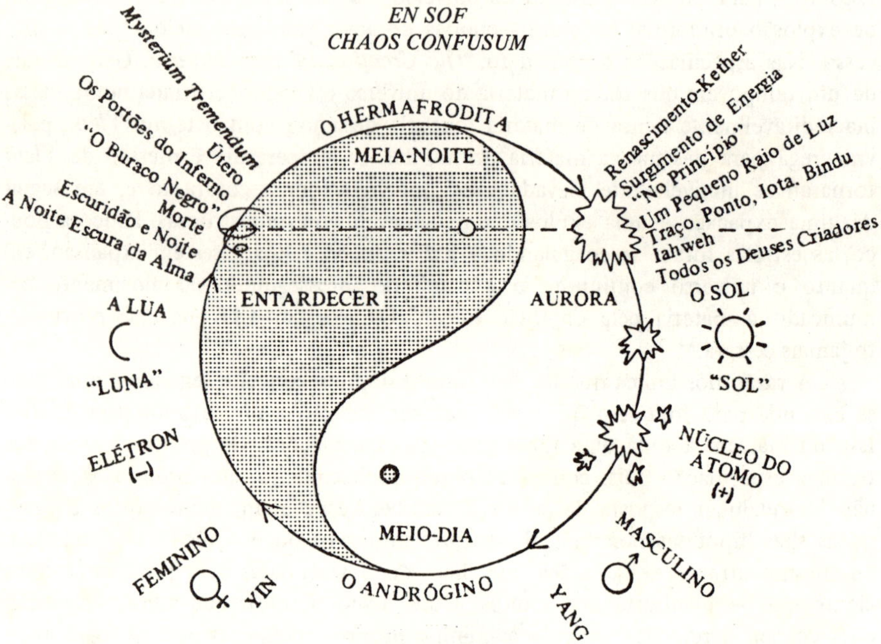

SHIVA-SHAKTI
MISTERIUM

CONIUNCTIONIS
(A CONJUNÇÃO DOS
CONTRÁRIOS)

Quando o Yang atinge sua força máxima, o poder escuro do Yin nasce nas suas profundezas. Pois a Noite começa ao meio-dia, quando o Yang se rompe e se transforma em Yin.

I Ching

O UNIVERSO COMO NÓS O CONHECEMOS
(A 3ª DIMENSÃO)

muito mais rapidamente do que acontece, e a ordem devesse estar constantemente sendo invadida pela desordem, justamente o oposto parece estar ocorrendo. Mesmo o princípio de conservação da energia é de pouca valia aqui. Se há algo observável ocorrendo no universo é o seu incitamento: continuamos aprendendo um pouco mais rapidamente do que esquecemos; as estruturas da sociedade vão se tornando mais complexas e mais delicadamente coordenadas; estamos descobrindo como substituir as fontes esgotadas de energia reciclando ou descobrindo novas fontes; sabemos planejar antecipadamente a reconstrução de comunidades dizimadas por catástrofes naturais; e muitas vezes conseguimos reparar até mesmo os danos causados à terra pelo homem, sua mais inteligente e mais egoísta criatura. *Ao que tudo indica, o universo está se estimulando, e não o contrário.*

Os físicos constatam que hoje é impossível falar sobre conceitos modernos de energia somente em termos da termodinâmica. Ao contrário de Helmholz, eles já não acreditam que a energia total do universo seja constante, ou que o que a entropia consome não pode ser recuperado. Deixou de haver a antiga reverência pelo "equilíbrio" quando discutem energia. A vida não existe num estado de equilíbrio. Agora o equilíbrio é definido como um estado termodinâmico no qual não ocorrem mudanças macroscópicas. Não sabíamos disso antes de os físicos começarem a estudar os fenômenos microcósmicos, pois em nada do que podemos observar diretamente no mundo ao nosso redor ocorrem mudanças macroscópicas de energia. Antes de os físicos começarem a investigar os fenômenos microcósmicos, parecia ser possível existir num universo de sistemas estanques relativamente estáticos. Mas descobriu-se que há mudanças subatômicas. Se pudéssemos observar um sistema com um microscópio eletrônico, veríamos que há uma constante movimentação de partículas elementares. Entretanto, o movimento em uma direção é exatamente o mesmo que o movimento na direção oposta, produzindo a impressão de que não há movimento algum. Mas este movimento, esta discretíssima oscilação, é a própria essência da energia. Como acaba se anulando, esse movimento não é visível quando observado macroscopicamente. É por isso que a energia produz um fluxo incessante, eterno, chamado *vida*. Sem esse fluxo há equilíbrio, e equilíbrio equivale a morte.

A centelha que surgiu no vazio além do tempo não se ofuscou; pelo contrário, tornou-se mais brilhante. O universo obteve a sua energia dessa centelha, ou assim acreditavam os filósofos da antiguidade e outros que sustentaram essa crença imperecível através dos séculos. Talvez a teoria do "Grande Estouro" seja apenas a versão recente de um antigo mito. A grande explosão de Gamow talvez tenha irrompido da centelha de luz que surgiu no Princípio dos princípios, no caos que era informe e vazio, antes de o universo adquirir existência. Se há matéria e antimatéria, se há luz e escuridão, não seria concebível falarmos de universo e "antiuniverso"? E não seria essa outra maneira de dizer que, se o que caracteriza o universo é a tendência à ordem, então a característica do "antiuniverso" seria a tendência à desordem? O "antiuniverso" seria então o caos, pois o caos é caracterizado pela ausência de forma e de ordem. No momento em que o caos se concentrou o suficiente para expelir de si uma forma, mesmo que fosse apenas um ponto invisível de luz com energia suficiente para penetrar as trevas abissais, o Princípio do universo estava ocorrendo – e a duração desse momento talvez tenha de ser medida em bilhões de anos. A arte, em sua intuição, freqüentemente precede a ciência.

> Pois nesse Período a Obra do Poeta Finda, e todos os Grandes
> Eventos do Tempo principiam e são concebidos nesse Período,
> Em um Instante, uma Pulsação da Artéria.
>
> *William Blake*[14]

A antiga teoria "etérica" dos classicistas hoje não parece tão improvável como uma maneira de conceitualizar o processo de criação. Refiro-me à criação como um processo e não como um evento, por motivos que veremos em breve. Imaginemos que o antiuniverso, o caos, não seja uma entidade separada do universo, mas sim um aspecto complementar do universo tal como ele é normalmente concebido pela mente humana. Assim sendo, se a concepção de universo envolve a interação de energias negativas e positivas, então o antiuniverso, ou caos, pareceria corresponder ao "aspecto neutro do lugar sagrado". Se a energia no universo tal como nós o conhecemos proveio do caos que não podemos conhecer, não é possível que retorne a esse caos?

Em termos da experiência humana, o sol, observado do nosso ponto privilegiado aqui na terra, é visto como a fonte direta da energia terrestre. Esta observação aparece repetidas vezes nas mitologias de diversos povos, que associam o sol ao deus-sol: a fonte de energia e, portanto, a fonte e o criador da vida e do mundo. A ciência contemporânea afirma que, no campo suborgânico da microfísica, a energia solar manifesta-se no núcleo do átomo. Em termos energéticos, podemos conceber essa energia emergente como carregada de carga positiva.

Outra maneira de descrever o fluxo da energia saindo da fonte em que é gerada seria denominá-la Masculina. Não estamos aqui concebendo tal designação em termos sexuais, mas claramente como a descrição de uma certa qualidade de fluxo energético. Ela é Masculina no sentido em que um chafariz é Masculino: possui as qualidades de expelir, impelir, disseminar e dissipar-se. Esse fluxo Masculino de energia se exauriria por completo se o processo continuasse indefinidamente. Porém, em seu desenrolar, torna-se parte de um processo que não se esgota e sempre encontra um meio de se recuperar. É um processo comparável ao da "circulação da luz" dos taoístas. A energia Masculina, Yang, quando começa a diminuir, vai gradualmente fluindo para a sua oposta, até ser assumida pela energia Feminina, Yin. Se a energia Masculina se derrama em sua prodigalidade, a energia Feminina junta, recolhe e acumula. O princípio de energia Feminina poderia ser visto como tendo carga negativa, na medida em que ela existe em relação complementar à carga positiva do princípio de energia Masculina. Outra maneira de conceitualizá-la seria dizer que a energia Feminina flui ao longo do arco côncavo do círculo, assim como a energia Masculina flui ao longo do arco convexo. O Feminino é o fluxo interno de energia, complementando o fluxo externo de energia do Masculino. Em termos microfísicos, a energia Feminina seria representada pelo elétron e a energia Masculina pelo núcleo do átomo.

É como se o universo inteiro estivesse praticando o Yoga do Duplo Cultivo. Como no taoísmo, não estamos falando aqui de uma verdadeira dualidade, mas de uma Unidade que existe por causa da complementaridade dos dois princípios que se definem mutuamente:

> Sob o céu, todos vêem o belo como belo porque existe o feio.
> Todos reconhecem o bem como bem porque existe o mal.
> Portanto, ter e não ter surgem juntos.
> O difícil e o fácil se complementam.

O longo e o curto contrastam entre si.
O alto e o baixo repousam um sobre o outro.
A voz e o som se harmonizam.
A frente e o verso se seguem um ao outro.* [15]

As energias Masculina e Feminina também se seguem uma à outra e também são mutuamente essenciais; no entanto, há uma nítida distinção entre ambas. De qualquer ponto que pudermos imaginar o caminho circular, a energia sempre parece estar no processo de mover-se do Masculino para o Feminino, do Sol para a Lua, da luz para a escuridão. A duração do processo não precisa ser considerada, mas sim a idéia de que o fluxo é contínuo. O processo é praticamente instantâneo quando nos referimos à velocidade da luz, e praticamente sem fim quando nos referimos ao tempo de vida de uma estrela. Mas mesmo a vida individual de uma estrela tem um começo e um fim, e entre um e outro a estrela está submetida a um processo evolucionário.

Os astrofísicos acreditam hoje que o *buraco negro* possa ser um dos produtos finais da evolução estelar. As estrelas, como os outros sistemas, tendem a tornar-se cada vez mais complexas e mais densas com o passar do tempo. "Acredita-se que os 'buracos negros' são tão densamente concentrados que a curvatura do espaço-tempo (que é sempre proporcional à massa numa dada região) iguala-se à curvatura da superfície."[16] Laszlo explica como a luz, de acordo com a teoria da relatividade, "percorre o caminho mais curto, e o caminho mais curto é determinado pela geometria do espaço-tempo de uma dada região qualquer. Nas cercanias de um buraco negro, o caminho mais curto é um círculo em torno da estrela. Conseqüentemente, a luz – e qualquer forma de massa-energia – jamais escapará de um buraco negro".[17] O buraco negro obtém seu nome do fato de, a distância, não ser observável. Se percebemos tridimensionalmente o universo manifesto, então a dimensão etérica, introduzida pelo buraco negro, é o espaço quadridimensional. Se concebermos o buraco negro como o lugar onde a energia entra do lado Feminino receptivo e de onde é então transformada numa força criativa Masculina, reconheceremos aqui o antigo conceito de "aspecto neutro do lugar sagrado".

A imagem do estado final da matéria no universo como um estado superintegrado de energias, expresso numa estrutura altamente ordenada que acaba por atingir um *status quo* ao término de um longuíssimo ciclo, é uma imagem difícil de ser concebida, por quem não se sente à vontade no campo da astrofísica. Aqueles de orientação mais filosófica acharão interessante notar que, na Idade Média, havia imagens alquímicas que intuitivamente expressavam idéias notavelmente semelhantes a esse tema contemporâneo. As especulações do intelecto humano tendem a ser de natureza repetitiva, ainda que cheguem a resultados diferentes por partirem de diferentes tipos de dados. As "formas" arquetípicas permanecem as mesmas, mas o seu "conteúdo" difere conforme a época.

Os alquimistas de outrora compreendiam que na sua *opus* estavam lidando com princípios complementares que precisavam ser submetidos a um processo serial contínuo de unificação e separação. Uma das maneiras de imaginarem

* Veja *Tao Te King* I:2 (N. T.).

a interação dos elementos cruciais do processo era falando do "Sol" e da "Lua" (*Sol* e *Luna*). O sol representava o ouro, que por sua vez era um símbolo de luz, de vigor, de energia, de poder e de todos os múltiplos elementos e princípios associados a essas idéias. A Lua, da sua parte, era escura e receptiva, a fonte da vitalidade e o refúgio em momentos de dificuldade ou necessidade. O sol era personificado na figura do Rei, a Lua na da Rainha. Juntos formavam a clássica *sizígia* alquímica (um par cuja existência é mantida pela sua complementaridade essencial). O par celestial às vezes era descrito como Salomão e a Rainha de Sabá – Salomão sendo o rei cujo nome era associado ao Sol, enquanto a negra Sabá era a Rainha das trevas. O casamento arquetípico do Feminino e do Masculino ocorria quando a casta, sábia e rica Rainha de Sabá não desejava entregar-se a ninguém exceto ao Rei Salomão. O simbolismo é evidente em Penoto, autor do *Theatrum Chemicum*, que escreve:

> Eis a terra virgem: dê-lhe um marido digno. Ela é a Rainha de Sabá, cujo rei precisa ser coroado com um diadema. Onde o encontraremos? Vemos, como o sol celeste, iluminar com seu esplendor todos os outros corpos; o sol terreno ou mineral fará o mesmo quando estiver em seu próprio céu, que se chama "Rainha de Sabá", que veio dos confins da terra para contemplar a glória de Salomão. . .[18]

A energia masculina, associada à luz, começa a esvaecer, quando encontra a "casta, sábia e rica" energia Feminina – que corresponde a esse estado denso superintegrado caracterizado pelo negrume (a teoria do "buraco negro"). O Masculino une-se então ao Feminino, ou o penetra, de onde retorna ao "útero". Só que agora a energia está organizada de maneira diferente da de antes, quando emergiu por conta própria. O que nascera do *chaos confusum* foi subjugado ao princípio da ordem. O velho rei, *Senex*, representa o *status quo* que precede o novo nascimento, o nascimento do "jovem rei" na alquimia; ou, em nossos termos, a transformação de energia em um universo que prossegue sempre recriando-se.

Voltamos mais uma vez à concepção científica da evolução cósmica. Com os buracos negros, que possuem a fantástica densidade de mais de um bilhão de toneladas por centímetro cúbico, atingimos os limites da integração estrutural das massas e energias no cosmos. "Precisamente as mesmas forças que acabam por atingir um *status quo* no final do longo ciclo de evolução agem como forças organizadoras, produzindo estruturas intricadas e complexas nas fases iniciais. No setor físico da evolução, elas dão origem às muitas variedades de átomos que populam as vastas imensidões do cosmos. A evolução dos átomos ocorre num processo de interação."[19]

E assim, como diz Laszlo num de seus momentos mais amenos, "o ritmo continua". O ciclo é vivenciado simbolicamente repetidas vezes, podendo ser encarado microcósmica ou macrocosmicamente, racional ou mitologicamente. Mas seu modelo é consistente, não importa como o concebamos: o princípio está sempre além dos mais longínquos vôos da imaginação, encoberto em trevas, num estado confuso que é identificado com o Caos (porque tudo está nele) ou com o Nada (porque não podemos imaginar algo destituído de forma). A potencialidade que está encoberta pelos véus do mistério sofre algum tipo de mudança, alguma troca de energia, na qual o absoluto vazio ou a totalidade absoluta teria se coalescido numa centelha ou raio, no ponto infinitesimal ou na explosão que fez surgir o universo. Tudo dá no mesmo, pois como podemos falar do tamanho da centelha quando não havia nada com a qual compará-la, e ninguém para efetuar a comparação? A energia irrompe; e, no nosso sistema solar, sua fonte parece ser o sol. Se decompusermos essa energia em seus componentes elementares, sua irrupção será descrita como o núcleo do átomo – ou, em termos psicológicos, como o princípio Masculino. O princípio Masculino, ao percorrer o ciclo, depara-se com o princípio Feminino, ao qual se funde. Nesse processo, a qualidade do fluxo é alterada: a carga positiva torna-se negativa. E as partículas elementares correspondentes são os elétrons. Ao ser completado o círculo, a energia que explodiu como "sol" foi agora congregada e condensada até atingir os limites máximos de condensação no "buraco negro". Vem mais uma vez o caos, e mais uma vez o processo se repete.

O milagre é que nós, seres humanos, nos tornamos cientes de que esse processo ocorre e, além disso, estamos cientes de que nós mesmos somos parte desse processo.

18

A ENERGIA E A EVOLUÇÃO DA CONSCIÊNCIA

A questão é "se a realidade inteira é um organismo ou uma máquina".

Weston Labarre

ORGANISMO: Uma entidade que possui existência independente de seus elementos ou que é mais fundamental que eles; e que possui partes ou membros distintos cujas relações e poderes ou propriedades são determinados pela sua função no todo.

Webster's International Unabridged Dictionary

Da perspectiva da consciência evolucionária, o universo é um organismo. O Tao é o Caminho pelo qual toda a vida, em pulsações alternadas, se move por todo o universo vivente. O Yang avança para fora; o Yin retorna para dentro. Diástole e sístole; a energia pulsa ritmadamente, ampliando as cavidades do coração de escuridão até que ele esteja repleto de caos. O coração então se contrai, e um raio de luz é forçado a sair. Começou a circulação da luz; a vida está em andamento.

A criança pergunta, "De onde vim?" Quando cresce e se torna mais curiosa, indaga, "Como é que o universo passou a existir?" Houve uma explosão cósmica, o Grande Estouro descrito no mito contemporâneo da criação? Ou terá se originado como *bindu*, a minúscula gota da tradição hindu? Teria nascido de algum raio infinitesimal que fulgurou da coroa de *Kether*? Ou irrompeu do Ovo Órfico, o ovo do mundo? Em que recipiente a energia evolucionária era contida? Qual recipiente se rompeu, deixando a vida livre para evoluir das miríades de partículas dispersas à organização em sistemas e hierarquias de sistemas de complexidade gradualmente crescente?

Não importa o nome que atribuímos ao misterioso processo que deu origem ao universo antes do princípio do tempo. A capacidade de tornar-se ciente deste processo é uma qualidade inata da psique humana, e podemos conhecê-la quando vivenciamos as dimensões arquetípicas do nosso ser. É o Caminho e o Verbo, é a Luz e o Tao. É o sopro de Deus transformando um monte de pó num organismo vivo. Foi chamado de *ch'i*, de *prana*, de *pneuma* e de *ruach*, e também de espírito santo. Mas é energia em todas as suas manifestações. Como existe na psique gerando a consciência humana, não parece necessário buscar provas da sua realidade, nem aceitá-la de boa-fé. O processo de evolução manifesta-se na evolução da consciência; o processo é a sua própria evidência de existir.

O universo parece ter um propósito quando visto de uma perspectiva evolucionária, isto é, parece estar passando de uma relativa simplicidade para uma relativa complexidade, de um caos relativo para uma ordem relativa. Quando visto como um sistema fechado – do ponto de vista da progressão linear num espaço limitado de tempo – a complexidade parece muitas vezes desmantelar-se e a ordem parece degenerar-se em confusão. Mas numa concepção mais ampla do universo como um sistema aberto, onde o tempo é cíclico e o espaço é ilimitado, podemos reconhecer um princípio ordenador orientando o funcionamento de toda a criação. Esse princípio prevalece em todo o universo, e como os seres humanos fazem parte do universo, o princípio opera também em nós. O princípio opera em e por si mesmo: não é necessário informar ao embrião como ele deve organizar-se no útero para nascer como um ser humano.

Todos sabem crescer, dançar, brincar e fazer amor; é o princípio atuando. A sociedade, contudo, julga necessário informar os seres humanos como devem conduzir seu processo interno de organização que culmina no comportamento sexual. É isso que tem sido feito em todo o mundo, particularmente na cultura judeu-cristã, onde uma vasta artilharia de leis sexuais e imperativos sexuais foram instituídos – como se visassem proteger o ser humano do mais perigoso inimigo imaginável. O inimigo, conforme podemos entrever numa leitura cuidadosa das muitas teorias sexuais fundamentadas na religião e na psicologia, não pode ser outro senão a sexualidade desenfreada, pois a sexualidade há muito é considerada a mais poderosa geradora e condicionadora de emoções e comportamentos. Aqueles que pretendem proteger a moral pública presumem ser imprescindível guardar o poder da sexualidade e, para tanto, promulgaram suas leis e censuras, suas convenções e punições para o não cumprimento das convenções. Mas nem por isso todos hoje cumprem a "antiga moralidade": o desprezo completo por ela tem levado à amoralidade; a rebelião ostensiva contra ela tem levado à imoralidade. Tentativas de se criar uma verdadeira "nova moral" permanecem raras em nossa época.

Em outras áreas da vida humana que não a expressão direta da sexualidade genital, parece possível agir de maneira muito menos moralista, opinativa e condenatória. Parece haver mais objetividade em praticamente qualquer outra área, por exemplo, quando falamos em termos gerais sobre o desenvolvimento humano. O biólogo acompanha o crescimento do embrião do momento da concepção até o nascimento, e julga que as transformações de energia ocorrem por ocorrer, obedecendo a um processo que ousam descrever como lógico. O pensador racionalista ocidental acrescenta e adiciona causas e efeitos, chegando assim a uma pretensa explicação dos fenômenos. A abordagem mitológica tende em geral a ser expressa numa terminologia metafísica e religiosa, e é capaz de aceitar que certos milagres ocorrem e que certos eventos não podem ser explicados senão por analogia e referência simbólica. A nova abordagem evolucionária à consciência irá além de todas estas concepções, mas não rejeitará nenhuma. Irá sintetizar os novos *insights* da ciência (que, por sua vez, incorporam *insights* anteriores) com os *insights* essenciais da religião mística. A abordagem evolucionária servirá de base para um novo entendimento da sexualidade que vai além tanto das noções racionais quanto das noções românticas. É sobre tal alicerce que qualquer teoria realmente nova da sexualidade terá que ser edificada.

Hoje podemos ver que a sexualidade pode ser discutida em termos bastante diferentes, dependendo das opiniões provirem de uma concepção mecanicista-causalística do espaço e do tempo – como em Freud e no jovem Jung – ou de uma concepção simbólica conforme está exemplificada em certas religiões, ou ainda de uma concepção unificada que inclui as duas anteriores e vai além delas. A primeira seria defendida pelos racionalistas, a segunda pelos mitologistas e a terceira por aqueles que caminham rumo à nova consciência evolucionária. É desta terceira concepção que nos ocuparemos ao voltar agora a nossa atenção para o lugar da sexualidade no futuro.

A consciência evolucionária anuncia uma nova era; nasce com ela e ajudará a moldá-la. Tem havido evolução nesses milênios todos sem que os seres humanos se dessem conta do papel ativo que desempenham nela. Hoje estamos começando a compreender que o como nós vivemos e o que nós fazemos têm um efeito profundo sobre forças que outrora considerávamos inexoráveis. Não somos apenas os produtos da criação; somos também co-criadores. Esse nosso potencial de afetar o curso do futuro provém da nossa capacidade de fazer escolhas conscientes. A capacidade de escolher depois de um processo de reflexão, em que pesamos os valores e consideramos as metas a longo prazo, é uma característica distintiva dos seres humanos. Outros organismos também fazem escolhas, não há dúvida, mas suas escolhas geralmente são meras reações a estímulos imediatos. Um cachorro corre para receber o seu dono logo que este surge na esquina. Os pássaros não ficam indiferentes quando vislumbram amoras maduras numa árvore. Os peixes buscam águas mais profundas quando as da superfície ficam quentes demais. As plantas conseguem direcionar suas raízes ao pressentirem a presença de umidade nas proximidades. Porém, somente os seres humanos são capazes do tipo de raciocínio reflexivo em que as eventuais conseqüências dos seus atos são avaliadas *antecipadamente*, e em que os impulsos são refreados, não por causa de uma expectativa de recompensa ou punição imediata, mas por causa da atitude latente com que cada um encara a si mesmo e o lugar que ocupa no mundo.

Nossas atitudes têm sofrido um processo contínuo de aperfeiçoamento em decorrência do *feedback* que obtemos das nossas percepções do mundo exterior e das nossas próprias sensações corporais. Tendemos a transpor estas últimas para uma terminologia psicológica, e falamos de pensamentos, sentimentos e intuições como processos mentais. Não importa como optemos por interpretar nossas percepções de nós mesmos, toda experiência é a experiência de um organismo total: nós mesmos. E toda experiência, entre outras coisas, nos permite ver que somos capazes de escolher e que, na realidade, estamos eternamente numa bifurcação da estrada decidindo qual caminho tomar. Através dessas escolhas, participamos ativamente de nossa evolução pessoal e, num grau considerável, estas escolhas também nos permitem moldar o nosso mundo.

Suponha que alguém lhe apresente a seguinte proposta: "Você agora tem a capacidade de eliminar da face da terra todo ser humano que hoje vive, e poderá criar no lugar do homem uma nova raça com todas as características necessárias para construir uma nova sociedade de acordo com qualquer plano que venha a idealizar." Além disso, suponha que todo o dinheiro que possa vir a precisar estará à sua disposição, e que todo o equipamento técnico desenvolvido pela ciência estará disponível com instruções sobre como operá-lo. E, ainda, suponha que você terá o poder de descartar quaisquer tradições ou leis antigas e ultrapassadas que pudessem interferir com a liberdade de aplicar todos os meios a seu dispor para criar o tipo de mundo que você desejasse ter. Como seria o seu mundo?

Trata-se, evidentemente, de uma pergunta metafísica que transcende as possibilidades práticas do mundo material. Uma única vida seria insuficiente para realizar essa tarefa, mesmo que pudéssemos conceber e planejar esse superprojeto. Entretanto, sabemos que daqui a cem anos, quando praticamente ninguém que hoje vive ainda estará na terra, esta pergunta metafísica terá a sua resposta coletiva, ainda que não individual. Homens e mulheres terão escolhido seus parceiros e gerado os filhos que queriam para povoar o novo mundo. Por preceito e por exemplo, as pessoas terão ensinado às gerações subseqüentes como operar esse mundo do futuro. As lições de como o novo mundo deve ser operado terão se desenrolado de acordo com as idéias da geração anterior, estivesse ou não ela consciente da natureza das suas idéias. Também os edifícios que teremos construído, a terra que teremos exaurido ou fertilizado, os sistemas de informação que teremos instalado ou permitido que sejam impostos a nós, a política que teremos votado e a moral que teremos defendido, tudo isso irá contribuir para a bagagem cultural e intelectual com que os filhos que houvermos concebido e criado continuarão planejando a vida do sistema humano.

Gostemos ou não, estejamos cientes ou não, somos nós que projetamos o nosso futuro e o futuro da vida neste planeta. Trata-se de uma grave responsabilidade. E a sexualidade desempenha um papel significativo nesta responsabilidade, pois o modo como a exercemos, e com quem a exercemos, e se escolhemos ou não ser pais e mães, são aquelas antigas questões terra-a-terra das quais depende nada mais nada menos que o futuro do mundo. A situação atual difere das do passado porque hoje temos mais controle sobre nossa sexualidade do que jamais tivemos e porque *estamos cientes do quanto podemos controlar nossa sexualidade e das ramificações de todas as maneiras em que a controlamos*. A sexualidade do passado era muitas vezes apregoada como uma questão moral. Hoje ela *é* uma questão moral, mas não pode ser apregoada porque os fatores envolvidos são quase todos novos e ainda não existem convenções ou leis que considerem a nova consciência que vai despontando na Era de Aquário.

Os conceitos de energia do século XIX eram adequados quando as pessoas raciocinavam em termos do modelo tridimensional da física newtoniana e da psicanálise ortodoxa. Freud e Jung, especialmente durante o tempo em que Jung trabalhou sob a influência de Freud, tomaram seus conceitos de energia psíquica emprestados das idéias prevalecentes sobre energia na física do seu tempo. Eles nada sabiam sobre energia tal como ela é concebida hoje; simplesmente tomaram os modelos científicos contemporâneos e tentaram convertê-los metaforicamente em sistemas psíquicos. A analogia de Freud para a energia física era a energia psíquica, que ele chamou de *libido*. Para Freud, a *libido* era fundamentalmente sexual, e a sexualidade era vista como o agente motor da psique humana. Jung, reagindo contra essa ênfase centralizante na sexualidade, considerou o conceito estreito demais para explicar todos os fenômenos psicológicos com que se deparava. Instruído como era em religião e filosofia, e com um interesse mais do que casual pelo oculto, Jung foi incapaz de aceitar inequivocamente a visão limitada de energia que parecia satisfazer seu colega mais velho de outrora. Assim, ele ampliou o conceito de *libido* para incluir *toda* energia psíquica, independentemente de ela se expressar em termos sexuais ou não. Jung distinguia entre as maneiras características pelas quais a energia psíquica pode ser expressa, mostrando como ela poderia encontrar diversos canais pelos quais fluir. Além disso, para ele, os canais alternativos – por exemplo, a imaginação criativa ou a experiência religiosa – eram forças motivadoras fundamentais que conferiam à energia psíquica, a *libido*, sua qualidade específica. Jung não via a criatividade ou o sentimento religioso meramente como energia sexual sublimada, e sim como experiências de fato e de direito, capazes de constituírem canais válidos pelos quais a energia psíquica genérica poderia fluir.

Tanto Freud como Jung estavam trabalhando a partir de um arcabouço teórico pré-einsteiniano, embora Jung fosse amigo de Einstein e tivesse alguma idéia da direção que suas especulações estavam tomando. Os modelos do início do século XX eram modelos de sistemas fechados. Freud aprendera sua física com Helmholz – que a quantidade total de energia do universo é constante, que o universo é um sistema fechado e que não é regenerado – para quem a energia no interior de um sistema fechado nunca é criada ou destruída. O sistema poderia ser o universo inteiro, ou um único ser humano. Com relação à energia psíquica, isso significava que, se a energia fosse canalizada numa direção, não poderia ao mesmo tempo fluir na direção oposta. Ou, se fluísse em ambas as direções ao mesmo tempo, o que fluísse em uma direção necessariamente diminuiria o volume ou intensidade do que fluía na outra direção.

Que Jung concordava com Freud sobre isso, especialmente no início, fica evidenciado pelos seus conceitos de tipos psicológicos, caracterizando as atitudes individuais como introvertidas ou extrovertidas. Na medida em que se é extrovertido, não se pode ser introvertido; e na medida em que se é introvertido, não se pode exercer a extroversão. O mesmo ocorreria com as funções psicológicas. Jung caracterizou como contrários o "pensar" e o "sentir", e afirmou que uma pessoa do "tipo pensante" teria necessariamente um "sentir" inferior, havendo pouca probabilidade do seu sentir vir a ter uma atuação significativa. Similarmente, ele proclamou como funções opostas a "intuição" e a "sensação", expressando a opinião de que alguém com a tendência intuitiva de perceber as coisas holisticamente, o "tipo intuitivo", jamais chegaria a dominar perfeitamente os detalhes, que é a província do "tipo sensível". Entretanto, a experiência não chega a confirmar sua tese – que, aliás, baseou-se em leis da física que se revelaram não mais adequadas para descreverem uma ampla gama de fenômenos físicos do que as suas equivalentes psicológicas. Minhas próprias observações da tipologia psicológica das pessoas com quem trabalho analiticamente levam-me a concluir, desde que eu consiga esquecer os resultados objetivos dos testes, que algumas delas são capazes de atuar superiormente nas duas funções que Jung teria considerado "opostas" e, portanto, incompatíveis. Na realidade, constatei que aqueles indivíduos que melhor intuíam o que iria acontecer em seguida eram muitas vezes os mesmos que não deixavam escapar um único detalhe de impressão sensória. Essa combinação de intuição e sensação é, evidentemente, o que torna grande um bom detetive.

Jung, mestre do paradoxo que era, embora operando em muitos aspectos a partir de um modelo de "sistema fechado", possuía não obstante um tipo de presciência intuitiva da possibilidade de haver outros sistemas além do seu. Ao contrário de Freud, estava sempre disposto a admitir que qualquer que fosse a convicção que pudesse defender, sempre havia a possibilidade de estar errado. De modo que Jung mantinha uma atitude provisional frente ao sistema psicológico mecanicista-causalístico de Freud. Ele reconhecia o valor desse sistema, mas deixava aberta uma brecha para outras possibilidades. Talvez isso tenha sido um resultado do seu prolongado interesse pela antropologia e pela religião comparada, que lhe ensinou que sempre há outras maneiras de encarar os fenômenos, e que sempre há outras conclusões possíveis a partir de um mesmo conjunto de dados. Ao estudar as religiões primitivas da Melanésia, por exemplo, sua atenção voltou-se para a noção de *mana* – aquele algo, de natureza psíquica, cuja eficácia é extraordinária. Embora não haja nada "divino" associado ao *mana*, ele confere às pessoas energia e poderes mais intensos, que emanam de uma fonte misteriosa, fora do indivíduo, de uma maneira inexplicável por critérios racionais. De observações como estas – e Jung buscou-as em toda parte – ele desenvolveu a sua perspectiva "energética" como uma posição complementar ao ponto de vista "causalístico" de Freud. Em seu ensaio, "Sobre Energia Psíquica", Jung escreveu:

> A incidência quase universal do conceito primitivo de energia é uma expressão clara do fato de que, mesmo num nível incipiente da consciência humana, o homem sentiu a necessidade de representar de maneira concreta o dinamismo que sentia nos eventos psíquicos. Se, portanto, enfatizamos em nossa psicologia o ponto de vista energético, isso está de acordo com os fatos psíquicos que foram gravados na mente humana desde os tempos primordiais.[1]

Jung parece ter estado ciente das claras limitações de se conceber o organismo humano como um sistema fechado. Ele aparentemente reconheceu a prevalência dos sistemas abertos, que são movidos por energia vinda de fora. Nenhum sistema pode operar a menos que receba energia de fora de si, seja ele uma célula humana, um avião ou o próprio universo. Daí a necessidade de se postular algo como o "antiuniverso" no capítulo anterior. No instante em que se fecha o sistema, ele começa a se deteriorar e a morrer. Porém, não é isso que parece estar ocorrendo no universo, como os físicos vêem observando.

Freud, no entanto, ainda operava a partir de um contexto anterior. Ele era dependente não só das concepções científicas da sua época e de épocas imediatamente precedentes, como também da tessitura moral de toda a civilização judeu-cristã. Ele, e a maioria dos psicólogos que seguiram seus passos, até os dias de hoje, basearam suas teorias na concepção materialista-mecanicista que buscou na antiguidade seus paralelos psicológicos e filosóficos. O sentimento de *possessividade* nas relações humanas, para o qual fomos programados, provém da noção de que o que eu tenho é meu, e de que aquilo que eu dou ou me é tomado já não é meu para auferir ou aproveitar. Esta idéia é tão básica que podemos encontrá-la nos Dez Mandamentos, que começam e terminam com preceitos nela baseados. O primeiro Mandamento insiste que toda devoção deve ser dirigida ao Senhor que tirou os hebreus da Terra do Egito. "Não terás outros deuses diante de mim", para que a energia não seja desviada do "Deus ciumento" com quem a aliança deve ser feita. E o décimo Mandamento proíbe cobiçar a propriedade de nosso vizinho, que é limitada, e que serve como um símbolo para a energia limitada nela contida.

O mesmo vale também para todas as idéias referentes ao adultério. Este permanece sendo o único fundamento universal para o divórcio, e baseia-se na teoria de que quando o amor (i.e., a energia sexualmente direcionada) flui numa direção, ele não está disponível para fluir em qualquer outra direção. Por isso o poeta William Blake foi tão revolucionário quando pôs as seguintes palavras na boca de Oothoon, a personificação da mulher que ama livremente:

> Pai dos Ciúmes, maldito sejas na terra! . . .
> Até que a beleza esvaeça de meus ombros, enegrecida, abortada.
> Uma sombra solitária lamentando às margens da não-entidade.
> Eu clamo: Amor! Amor! Amor! ditoso ditoso Amor! livre como
> o vento montês!
> Será Amor o que sorve o outro como a esponja sorve água,
> Que tolda com ciúmes suas noites, com lamúrias todo o dia,
> Tecendo-lhe uma teia de velhice, e ele, grisalho e encanecido, atroz,
> Até seu olhar nausear-se diante do fruto que pende diante de si?
> Assim é o amor-próprio, que tudo inveja, um horripilante esqueleto
> Com olhos acesos vigiando o gélido leito conjugal.[2]

Freud formulou uma teoria da sexualidade pioneira, original e ousada, e apresentou-a como um sistema racional nos termos do pensamento científico do seu tempo. Jung já não era tão apegado a considerações racionais, sendo capaz de dar ouvidos tanto às vozes de dentro como à de fora do seu sistema. Seu envolvimento com a religião e com os sistemas simbólicos de todas as religiões permitiu-lhe evadir a teia temporal e ver o universo *sub specie aeternitatis* (sob o aspecto da eternidade), uma expressão que ele gostava de empregar. Fica claro aqui que ele estava pensando num sistema aberto, num sistema que, por mais vasto que fosse, permitia que algo além dele pudesse ser imaginado. Jung prezava as oportunidades de especular sobre questões incognoscíveis e, portanto, manteve sua mente aberta a despeito do vigor com que expressava suas idéias. Isso se aplica, é claro, às suas concepções de sexualidade, com o resultado de nunca ter formulado uma teoria rigorosa da sexualidade.

A teoria sexual de Freud era baseada na ciência biológica do seu tempo e ele, conseqüentemente, padeceu por ter se enredado nos preconceitos e enganos da época. Um exemplo crucial disso é a sua asserção de que, *para começar, éramos todos bissexuais*. Essa era a noção então prevalecente e, de fato, o conceito clássico da bissexualidade embrionária inata de todos os vertebrados só veio a ser contestado nos últimos trinta anos. Boa parte das teorias de Freud eram baseadas no "truísmo" de uma bissexualidade uterina. Ainda concordando com ele, a maioria dos teóricos atuais da sexualidade não tem levado em consideração as recentes descobertas sobre a diferenciação sexual do embrião que contrariam este truísmo. Estou me referindo aqui à bissexualidade fisiológica, pois foi um conceito *biológico*, e não psicológico, que serviu como justificativa para as teorias psicossexuais formuladas por Freud e seus seguidores. A premissa básica de Freud nasceu da idéia de que o embrião humano não-diferenciado é congenitamente bissexual e que, após a diferenciação, as estruturas masculina e feminina se desenvolvem de maneira desigual, com uma ou outra dominando. Portanto, conclui ele, todos nós permanecemos bissexuais em maior ou menor grau.[3] Freud entendia que o pênis e o clitóris evoluem a partir da mesma estrutura embrionária, apenas que o clitóris é mais rudimentar. Isso levou-o à interessante conclusão de que as mulheres são sexualmente incompletas em comparação com os homens. É extraordinário que tal conclusão tenha sido aceita por tanto tempo por tantos homens, a despeito do fato de que somente as mulheres são capazes de conceber, gestar, parir e amamentar uma criança. Neste ponto, a insistência de Freud e seus seguidores, para não falar nos seus antecessores, é apenas mais um exemplo do provérbio que afirma que o simples fato de alguém ser convincente não significa necessariamente que está certo.

A embriologia comparada moderna acrescentou novas informações biológicas que tornam obsoletos os tradicionais conceitos psicanalíticos que sugerem a inferioridade da sexualidade feminina; entretanto, estes novos conceitos ainda estão por ser integrados numa teoria psicológica. A divulgação das mais recentes descobertas deveu-se mais às pressões do Movimento das Mulheres do que a qualquer grande mudança de atitude na corrente principal da psiquiatria ou da psicanálise.

De acordo com as recentes descobertas no campo da embriologia, não começamos a vida como bissexuais. O embrião, no início, não é bissexual como se pensava outrora; nem é não-diferenciado. O embrião é feminino. Embora o sexo genético seja determinado na concepção, todos os embriões humanos se desenvolvem como mulheres até a quinta ou sexta semana da vida fetal, quando então os genes sexuais começam a exercer sua influência. Se o sexo genético for masculino, os gametas migram para onde serão os testículos, onde estimulam a produção de uma substância que, por sua vez, induz o desenvolvimento do andrógeno, o hormônio sexual masculino. É o andrógeno que restringe o crescimento do sistema reprodutor feminino e induz o embrião a desenvolver-se ao longo de linhas masculinas. Na décima segunda semana, o sistema reprodutor masculino já está firmemente estabelecido e a reversão dos tecidos não pode mais ocorrer – embora a supressão do seu crescimento e da sua função possa vir a ocorrer mais tarde na vida. Se o sexo genético for feminino, tudo é diferente. Os gametas chegam aos ovários, mas nenhuma substância indutora é necessária para estimular a produção de estrogênio. A mulher simplesmente se desenvolve conforme determina a sua estrutura feminina genética congênita – ao contrário do homem, cuja diferenciação precisa ser adquirida. Embora os biólogos estejam cientes de que nós todos éramos mulher no princípio, provavelmente muito tempo há de passar antes que a influência de tais descobertas leve os teólogos a se disporem a produzir uma versão do Gênesis em que Adão é tirado de Eva.

Se não há evidência que comprove a *bissexualidade estrutural* do embrião, qual seria então a origem do *conceito de bissexualidade* que é a base do nosso comportamento? Enquanto a virilidade e a feminidade são determinadas geneticamente, a masculinidade e a feminilidade estão sujeitas às alterações hormonais. Em ambos os sexos há uma produção contínua de substâncias estrogênicas e andrógenas, embora com a preponderância de umas ou de outras. A mistura particular em cada indivíduo parece estar ligada à posição específica que ele ocupa num *continuum* que vai do extremo de uma poderosa masculinidade muscular ao extremo da mais delicada feminilidade. Todavia, diferindo do de outros animais, o código genético humano requer que haja certa proporção de cada hormônio, com o resultado de homens e mulheres não serem muito diferentes. Em outras espécies, o desequilíbrio hormonal é tal que os machos e as fêmeas às vezes nem parecem pertencer à mesma espécie.[4]

Tendo em vista estas informações, parece que talvez haja, afinal, algum fundamento biológico para a bissexualidade, ou para as variações na propensão sexual de cada homem e de cada mulher. Se o equilíbrio de hormônios masculinos e femininos afeta o equilíbrio da masculinidade/feminilidade de uma espécie para outra, parece razoável supor que variações menores numa mesma espécie produziriam indivíduos que, na mesma proporção, se afastariam das normas sexuais. Portanto, poderíamos esperar encontrar nos homens uma gama perceptível de "masculinidade", alguns tendendo a ser mais e outros menos "masculinos" em decorrência da sua distribuição hormonal. Nas mulheres também a distribuição hormonal teria efeitos semelhantes. E poderíamos esperar encontrar ainda indivíduos nos quais o equilíbrio entre substâncias andrógenas e estrogênicas seja tal que os predisporia a uma pacificação mais fácil com o seu elemento contrassexual. Não é claro exatamente como o equilíbrio hormonal afeta o comportamento sexual, mas há motivos para se crer que existe uma inter-relação. Inversamente, poderíamos conjecturar que o comportamento e as atitudes também têm um efeito sobre a produção hormonal.

Jung não se deixou enredar na cilada da "bissexualidade biológica" com a mesma intensidade que Freud, embora ao conceber o papel da mulher na sociedade ele tenha sido consideravelmente influenciado pelo seu meio ambiente. Contudo, mesmo neste caso ele permaneceu ciente do potencial excepcional de certas mulheres – como confirma o grupo invulgarmente forte de mulheres talentosas que foram suas discípulas e, mais tarde, suas colegas e fundadoras do movimento junguiano nos Estados Unidos e no resto do mundo. Não há dúvida de que Jung descortinou novos terrenos quando separou os conceitos de sexo e de gênero, e pôde ver o Masculino desvinculado da virilidade e o Feminino desvinculado da feminidade. O Masculino desvinculado da virilidade era para ele o *animus* na mulher; o Feminino desvinculado da feminidade era para ele a *anima* no homem.

As descrições que Jung faz das qualidades irritantes e antipáticas da *anima* e do *animus*, e que despertam tanta resistência da parte de quem as lê hoje, são justamente aquelas qualidades pessoais fadadas a surgirem num estado rude e não-lapidado, por terem sido por tanto tempo reprimidas e impedidas de desenvolverem-se naturalmente. Ao observarmos as qualidades desagradáveis do animus negativo nas mulheres, é importante termos em mente que até o final da primeira metade do século XX – apesar do desenvolvimento de uma sociedade industrial cuja produtividade não dependia mais da força bruta dos homens – a tradição predominante ainda era a de os homens realizarem os principais trabalhos físicos, comerciais e profissionais no mundo, enquanto as mulheres permaneciam protegidas de tudo isso, desempenhando seu trabalho no lar, cuidando dos filhos ou atuando em profissões auxiliares, assistenciais ou nutrimentais.

Como secretárias, professoras e enfermeiras, elas desempenhavam um papel prestativo ou nutrimental. Essas áreas eram domínio quase exclusivo das mulheres, assim como os negócios, o comércio, a produção intelectual e a política eram domínio quase exclusivo dos homens.

Não é de se admirar, portanto, que a *anima*, o Feminino no homem, tenha sido tão oprimido e rejeitado quanto o *animus* ou elemento Masculino na mulher. Era tão pouco "apropriado" que o homem ficasse em casa, vestisse um avental e preparasse o jantar para a família quanto era a mulher tornar-se executiva numa grande empresa. De modo que as qualidades nutrimentais, do homem, que residem na *anima* da sua personalidade, tinham de ser excluídas do seu dia-a-dia. Por exemplo, um homem se sentiria culpado apenas por *desejar* vestir roupas coloridas ou poder chorar abertamente. Vemos nisso quase uma recapitulação, no plano contemporâneo e pessoal, da antiga e coletiva rejeição do culto das deusas-mães por parte das tribos patriarcais que se assentaram em regiões agrícolas férteis após suas andanças por desertos áridos. A *anima*, oprimida e sem poder expressar-se no homem, foi como que represando energia, energia represada que deverá eventualmente irromper de maneira negativa quando a tensão que a retém se tornar grande demais. Foi provavelmente por isso que Jung percebeu nos homens a *anima* nos instantes em que ela rebentava os grilhões que a reprimiam, quando de fato aparecia então como mau humor, petulância, lassidão ou argumentatividade irracional. Da mesma forma, o *animus* nas mulheres tornava-se mais óbvio quando aparecia em suas formas negativas, teimoso, pedante e dogmático.

É em virtude de ter formulado isso no início da sua carreira que Jung recebeu tantas críticas daqueles que têm lutado pela igualdade de oportunidades e condições para seres humanos de ambos os sexos. Aqueles que têm tentado derrubar os estereótipos sexuais vêem em Freud, e também em Jung, caracterizações específicas do que é "masculino" e do que é "feminino", e percebem como tais caracterizações foram associadas a expectativas sociais de como devemos nos comportar como homens e como mulheres.

Uma vez que Freud não foi além dessas caracterizações conceituais, sua teoria sexual deixou de ser relevante numa sociedade em que as mulheres não são mais *forçadas* ao seu tradicional papel de gênero. Desde que as mulheres se tornaram capazes de controlar suas próprias funções reprodutoras, não há mais qualquer motivo biológico para prosseguirem no seu tradicional papel na sociedade. Trata-se de uma opção viável, certamente; mas, à medida que a crescente competência das mulheres em áreas fora do lar vai sendo mais geralmente reconhecida, vamos nos dando conta de que elas também têm outras opções viáveis.

O dividendo inesperado do Movimento das Mulheres, um dividendo cujo impacto pleno ainda não se fez sentir, é o efeito que uma concepção mais ampla dos papéis e das potencialidades da mulher tem tido sobre os homens. À medida que a mulher se torna mais proficiente no mundo fora do lar e das "profissões assistenciais", por adquirir e exercer uma variedade sempre crescente de habilidades, ela começa a prestar uma contribuição financeira cada vez maior para a família. O resultado inevitável, *se a família puder ser preservada até que essa tendência amadureça*, é que o homem terá aliviado o fardo esmagador de precisar dedicar a maior parte das suas horas acordado a sustentar uma esposa dependente e os filhos. Isso promete criar oportunidades para que os homens ponham em prática outros aspectos da sua constituição psicológica, além da racionalidade, do gerenciamento, da competitividade e de todas as outras "virtudes viris". Ao mesmo tempo, a mulher, outrora protegida das maquinações dos altos escalões políticos e econômicos, e dos usos construtivos do intelecto, começa agora a ter liberdade, tempo, espaço e dinheiro para desenvolver ao longo de linhas positivas os aspectos do "animus" da sua natureza.

No nível prático e racional, Jung talvez tenha sido o porta-voz da época e lugar onde viveu e realizou seu trabalho principal, ou seja, a Suíça da primeira metade do século XX. Mas, como ele mesmo reconheceu ainda adolescente, Jung possuía uma personalidade "número um" e uma personalidade "número dois". A número um era a racional e científica, a personalidade egóica presa ao seu meio e defendendo as tradições deste. Foi a personalidade número dois, no entanto, que o tornou verdadeiramente grande. Foi o seu aspecto transpessoal que rompeu as fronteiras temporais e espaciais, envolvendo-se com as mensagens que permeiam os símbolos de outras épocas, num pacto secreto com a Idade Média, personificada por *Fausto*, cujo legado obviamente tocara Goethe em seu âmago.[5] Esta personalidade explorou a mitologia grega e teutônica, as tradições do gnosticismo, os livros secretos do Egito antigo, a alquimia medieval; levou-o aos mais variados lugares: ao Japão e ao Zen, ao Tibete e ao *O Livro Tibetano dos Mortos*, à China, ao *I Ching* e ao *O Segredo da Flor de Ouro*; e até impeliu-o para a Índia, a fim de aprender sobre o Yoga e para sudoeste dos Estados Unidos a fim de discutir processos indígenas de cura com um velho curandeiro. As excursões da personalidade número dois não incluíram apenas paisagens longínquas, mas também as paisagens internas de inúmeras pessoas – ocasiões em que Jung era capaz de penetrar a vida simbólica da alma e expô-la à vista.

Numa fase posterior da sua vida, e especialmente em suas obras sobre alquimia e os paralelos alquímicos de processos psicológicos, Jung conseguiu enxergar a psique de uma nova maneira: como um sistema aberto. Sua concepção de inconsciente era uma concepção aberta, havendo espaço não só para o esquecido e o desconhecido mas também para o Nada eternamente incognoscível que é mãe e pai do universo vivo. De um lado, ele descobriu que a psique humana individual tem raízes na psique coletiva da cultura. Somos filhos não apenas de nossos pais; somos também filhos da nossa época. De outro lado, verificou que o inconsciente do indivíduo está arraigado no inconsciente coletivo. Trazemos conosco não apenas os impulsos e repressões de nossas histórias pessoais, mas também o peso de séculos de tradições, crenças, temores e expectativas. Jung viu que o nosso comportamento e nossas atitudes são condicionados não somente pelos nossos pais e pelos membros da nossa geração, mas também pelos nossos genitores arquetípicos – aqueles que se fazem conhecer nos mitos, os reis e as rainhas, os deuses e as deusas, o sol e a lua, os demônios e as musas.

A alquimia, com seu processo contínuo de separação e fusão, tornou-se o motivo condutor da sua vida. Conseqüentemente, muito do que Jung falou a respeito da alquimia tem relação com seus conceitos de sexualidade humana.[6] A alquimia busca preparar um precioso composto a partir de substâncias que, em sua forma original, são contrários incompatíveis. Através do estudo dessas substâncias e de como elas atuam numa variedade de circunstâncias, seria teoricamente possível fundir as suas qualidades de maneira a se produzir um medicamento mágico, um elixir capaz de curar todos os males humanos, de prolongar a vida humana e, idealmente, até de conceder imortalidade. Seja como for, obter-se-ia produtos de uma espécie diferente. Os contrários, quando finalmente destilados, conteriam a essência do Feminino (*anima*) e a essência do Masculino (*animus*). Cada elemento da díade, não importa se um ser humano real ou se uma representação simbólica do ser humano como substância química, deveria ser primeiro unido ao seu contrário interior e em seguida ao seu parceiro exterior num *casamento místico* – cuja progênie seria o filho espiritual, chamado *filius philosophorum* (filho do filósofo), um andrógino, diferente de qualquer outra criança nascida da carne.

A meta da *opus* alquímica, o filho dos filósofos, corresponde ao elixir, à pedra filosofal, à pérola de grande preço, ao corpo diamantino, à meta da perfeição espiritual. Enquanto *perfeição*, permanecia como um ideal jamais a ser alcançado; entretanto, o caminho rumo a este ideal leva à *inteireza* e à *integridade*, que envolvem o encontro dos contrários – escuridão e luz, prazer e dor – quando há lhaneza e sensibilidade. O significado é o mesmo que o da minúscula pílula dourada que era o objetivo do Yoga do Duplo Cultivo no taoísmo. A alquimia, à sua maneira, é esse Yoga, já que a *opus* é executada por um casal – o adepto e a sóror, unidos numa finalidade comum – cuja importância é absolutamente idêntica para a tarefa. Esta tarefa, na descrição de Jung, consistia primeiro na diferenciação e depois na união dos princípios Masculino e Feminino, atuando em suas analogias materiais.

A exploração do simbolismo alquímico foi a grande *opus* da vida de Jung, pois estabeleceu os fundamentos espirituais de uma maneira diferente de encarar o Masculino e o Feminino. É verdade que, no que tange às suas opiniões sobre os homens, as mulheres e as suas qualidades sexuais, ele permaneceu preso à sua época e à sua sociedade. Seu gênio foi ter conseguido elevar-se acima desses estereótipos na sua busca do Masculino e do Feminino arquetípicos. Ele foi capaz de enxergar intuitivamente os princípios muito antes de haver qualquer aplicação prática para eles nos relacionamentos humanos. Nesse sentido, ele foi como Demócrito, que discorria sobre o átomo na Grécia antiga quando poucos lhe davam ouvidos. Jung, que há muito tem sido subestimado como cientista e como filósofo, começa finalmente a ser ouvido. Ele nos oferece uma maneira de se encarar a sexualidade humana que é congruente com a abordagem dos sistemas abertos. Reconheceu cedo na vida que a sexualidade é apenas *um* caminho para se expressar, corporal e espiritualmente, aquela energia universal que está encarnada no corpo vivo de todo ser humano, passível de um número infinito de potencialidades de transformação. Todavia, nada funciona sem a dinâmica da interação dos contrários, e é isso que é androginia: a interação rítmica do Masculino e do Feminino na psique individual. Se o problema dos contrários for resolvido no interior de cada um de nós, teremos dado um passo para compreendermos melhor o embate de todos os contrários – entre seres humanos e entre os sistemas mais amplos a que todos pertencem.

19

RUMO A UMA NOVA TEORIA DA SEXUALIDADE HUMANA

Uma nova teoria sexual está na ordem do dia por causa da óbvia dissolução da antiga ordem e das antigas convenções. As psicologias que perpetuaram a antiga ordem, tentando manter a sexualidade sob paradigmas morais ou racionais, estão rapidamente caindo em desconsideração, enquanto psicologias mais recentes surgem oferecendo liberdade sexual e independência das forças inibidoras que nos mantinham sob controle em anos passados. As novas psicologias bombardeiam-nos com experimentos em percepção sensorial, estilos de vida alternativos e todo tipo de parafernália, exaurindo-nos e fatigando-nos. A sexualidade vai se tornando cada vez mais importante no que se refere ao prazer e cada vez menos significativa no que se refere aos seus valores. E mesmo que os mascates do sexo continuem apregoando seus deleites, muitas vezes até o prazer se esvai. Desde que as pessoas adquiriram controle quase total sobre seus processos de reprodução, a sexualidade já não está mais necessariamente associada ao casamento e à família. Nenhum senso de compromisso é hoje exigido quando as pessoas se transam sexualmente. As antigas leis foram rejeitadas, mas não se encontrou nenhum substituto adequado. A maioria das pessoas vai se tornando indiferente à vivência emocional da sexualidade, ou ingressam num niilismo sexual em que tudo é experiência e tudo vale.

Nossa fadiga é resultado de raciocinarmos de maneira antiquada, isto é, em termos de sistemas fechados nos quais a entropia se instaura em decorrência do dispêndio excessivo de energia – no caso, de energia sexual. Diante de nós temos a profecia de William Blake, "Se pudéssemos limpar as portas da percepção, tudo se revelaria ao homem tal qual é: infinito" – pois, verdadeiramente, as portas que outrora foram apenas entreabertas pelas disciplinas religiosas esotéricas estão hoje escancaradas pela física moderna, pela biologia molecular e por outras ciências. No entanto, nossas atitudes perante a sexualidade, instigadas e incitadas por quase toda psicologia contemporânea, permanecem defasadas, como Blake também anteviu ao escrever, "Pois o homem fechou-se em si mesmo, e vê todas as coisas pelas estreitas frestas da sua gruta".[1]

Nossa geração ainda sofre com os excessos da Era de Peixes, durante a qual os racionalistas mantiveram o princípio Masculino numa posição dominante e o princípio Feminino subordinado a ele. Os homens que davam primazia ao seu lado verbal-cognitivo, e que eram extrovertidos no pensar e agressivos no agir, foram os homens que controlaram as posições importantes; e as mulheres bem-sucedidas no mundo eram aquelas consideradas bem dotadas das chamadas qualidades "masculinas". Nas áreas da vida onde a visão mitológica ainda era permissível – música, teatro, literatura, fantasias de todos os tipos, a mídia com seu forte apelo emocional – o princípio Feminino prevaleceu. Mas o Feminino era ou terrível, assustador e incompreensível, ou frívolo, inconseqüente e pertinente apenas aos aspectos menos sérios da vida.

Uma boa relação interdependente entre um homem e uma mulher foi se tornando cada vez mais rara na nossa sociedade; ainda mais raro era ver o princípio Masculino e o princípio Feminino atuando juntos harmoniosamente num único indivíduo. Fomos ensinados que o importante é manter uma atitude consciente que seja coerente com as expectativas do nosso sexo; os papéis de sexo e os papéis de gênero não eram diferenciados um do outro. Na sociedade ortodoxa tradicional, tal atitude exigia a supressão do elemento contrassexual, ou pelo menos a sua canalização para áreas restritas e aprovadas socialmente. Portanto, inúmeras pessoas, embora de natureza congenitamente andrógina, acabaram sendo incapazes de realizar muitas de suas potencialidades, pois isso teria sido visto como "inapropriado" nos círculos que freqüentavam.

Segue-se que, na escolha de um companheiro, éramos atraídos por pessoas com quem esperávamos vivenciar, ainda que substitutivelmente, os aspectos do nosso próprio ser que o mundo nos coibia. Essa pessoa em geral era do sexo oposto, embora não necessariamente. Infelizmente, na maior parte das vezes, a expectativa de que ela preencheria o vazio da nossa personalidade não chegava a ser correspondida – já que os outros raramente se comportam como nós imaginamos ou precisamos que o façam. Inúmeros relacionamentos naufragaram por serem baseados na ilusão e em desejos irreais. Não havia mais os laços antigos para manter o casal unido, e a ligação romântica não era suficientemente duradoura para conservá-lo junto.

Nenhuma teoria da sexualidade jamais é formulada, e nem poderia sê-lo, sem ser testada na relação íntima das vidas humanas. Não é minha intenção tentar elaborar uma nova teoria sexual, pois acredito que isso deva ser obra de muitas cabeças juntando suas experiências e sua sabedoria num intercâmbio aberto. No entanto, depois de muito lidar com a dor, a disfunção, as preocupações e as curiosidades das pessoas com que trabalho analiticamente no que tange a questões sexuais, acabei tendo de descobrir uma perspectiva pessoal que talvez tenha certas implicações teóricas. Minha experiência, sentada numa poltrona de analista numa sala onde segredos são partilhados e sentimentos e pensamentos ocultos são expostos à vista, forneceu-me uma fartura de informações sobre como as pessoas pensam acerca da sexualidade e de toda a sua amplitude de significados. Posso compreender por que Jung é tão freqüentemente citado como tendo dito que, quando as pessoas lhe traziam questões sexuais, elas invariavelmente acabavam se revelando questões religiosas, e quando lhe traziam questões religiosas, elas invariavelmente se revelavam questões sexuais. Se, portanto, minha resposta às perguntas arquetípicas referentes a tópicos tão familiares como heterossexualidade, homossexualidade, bissexualidade, celibato, viuvez, masturbação e criatividade, parece apontar para uma teoria da sexualidade, eu só posso dizer que minhas opiniões aqui apresentadas são extremamente provisórias, e oferecidas mais como um estímulo para o leitor pensar do que como uma defesa de posição.

Não obstante, sinto que, se pretendo expressar a minha androginia dispondo-me a reagir com todas as partes do meu ser a tudo o que é dito a mim, devo também me dispor a elaborar algumas afirmações de natureza teórica. Devo ousar dar expressão externa àquilo que recebo e assimilo. Todavia, permaneço ciente dos perigos de se dizer coisas demais cedo demais quando reflito sobre as conseqüências da errônea suposição de Freud quanto à origem biológica bissexual dos seres humanos, ou sobre Jung ter inconscientemente incorporado os estereótipos sexuais da sua época nas primeiras conceituações de *anima* e *animus*. Por outro lado, quem não ousa fazer afirmações e exprimir opiniões, por mais interinas e provisórias que sejam, que discordem das idéias populares atualmente, não pode esperar avançar na vanguarda da nova consciência.

Tudo indica que qualquer nova teoria sexual elaborada para os anos vindouros terá de incluir a sexualidade num contexto muito mais amplo do que tem sido praxe modernamente no Ocidente. A nova era em que estamos ingressando exigirá o abandono de um enfoque estritamente pessoal e de posições egocêntricas, e a aceitação de uma perspectiva transpessoal e de uma orientação universal. A nova consciência está fundamentada num entendimento profundamente sentido de que estamos no universo, de que somos do universo e de que, portanto, o universo é e está em nós mesmos. Se pudermos nos reconhecer como organismos íntegros e indivisíveis, e ao mesmo tempo como elementos essenciais de um sistema maior, então nossa interioridade estará para a nossa exterioridade como o convexo está para o côncavo. A interioridade, denominada "psique", e a exterioridade, denominada "mundo", podem *parecer* estar em oposição uma com a outra; mas, de uma perspectiva mais abrangente, talvez pareçam apenas dois sistemas, um subsistema contido num outro sistema maior.

Por mais paradoxal que possa parecer, o novo modelo de consciência sexual terá de voltar-se para dentro pois, se quisermos nos perceber como seres cósmicos, teremos que descobrir a natureza da nossa própria essência. Se concebermos o indivíduo como um microcosmos dentro do macrocosmos, esta idéia perde a sua estranheza; é como colocar uma gota de sangue sob um microscópio para descobrir como é o sangue do corpo inteiro.

Sempre que a sexualidade foi vista somente como uma forma de relação interpessoal, os estudiosos passaram a se ocupar principalmente da natureza da comunicação entre as pessoas. Este é um modelo voltado para fora. A comunicação pode ser de diversos tipos; a verbal é apenas uma forma. Mesmo na área da comunicação verbal existem muitos níveis de significado, e ainda mais níveis de ocultamento ou subversão de significado. No domínio da sexualidade existem ainda todos os comportamentos não-verbais que também podem ser chamados comunicação – desde o contato, o confronto, o conflito e a cooperação num cenário lúdico ou profissional, até o campo de batalha do corpo, ou o paraíso do corpo, qualquer que seja o caso, no coito sexual. Da maneira como os terapeutas tratam os problemas sexuais, a pergunta geralmente feita é, "Quem faz o que, para quem, e por quê?" Um dos motivos de sempre ter parecido razoável e atraente tratar a sexualidade como uma relação simplista sujeito-objeto é que dessa forma sempre existirá um bode expiatório à disposição a quem atribuir nossa incapacidade de manter um relacionamento.

A maioria dos terapeutas afirma denunciar essa "bode-expiatorização" ou "projeção sobre o outro" quando trata pessoas com problemas sexuais. Porém, mesmo que o parceiro deixe de ser acusado, e mesmo que questões não resolvidas com os pais ou com as idéias parentais ou com as imagens parentais sejam resolvidas, a meta de quase toda psicoterapia continua sendo tão conservadora quanto sempre foi: ajudar o paciente ou pacientes identificados a obter e manter um relacionamento "correto" com um parceiro. Espera-se que assim advenha um senso de bem-estar. Livre dos conflitos sexuais, o indivíduo supostamente terá à sua disposição a energia da libido, que outrora era tolhida, e poderá dirigi-la para canais mais "construtivos". O ego terá conquistado um senso de autonomia, de acordo com essa linha de raciocínio e, conseqüentemente, o indivíduo conduzirá seus relacionamentos futuros com maior eficácia. Esta psicologia centrada no ego é essencialmente adaptativa, e visa propiciar meios pelos quais o indivíduo, aprendendo a relacionar-se pacificamente com outro ser humano, aprenderá a harmonizar-se com a sociedade. Se a sua personalidade essencial não se conformar perfeitamente com as exigências da sociedade em que vive, então geralmente prescreve-se uma "análise reconstrutiva" ou, se o tempo for curto, uma "modificação de comportamento". A psique problemática é tratada como um organismo mal-adaptado que precisa ser persuadido ou abalado até atingir uma normalidade aceitável ao mundo.

Não é necessário reiterar aqui as premissas básicas dessas psicologias da sexualidade que têm como meta a evolução do indivíduo até uma relação heterossexual madura, estável e não-aproveitadora. Elas pressupõem uma norma explícita que corresponde a um padrão coletivo. Seu processo de evolução envolve o fortalecimento do ego, da coragem e da auto-suficiência na criança ou no jovem de maneira a permitir que rompa o incestuoso círculo familiar. Elas reconhecem a necessidade de o indivíduo assassinar simbolicamente a mãe ou o pai, ou ambos, a fim de superar o poder e o controle que a imagem parental tem sobre a sua vida. Somente depois de realizado isso é que o jovem pode aventurar-se para fora do porto seguro do lar e da família, e enfrentar um mundo problemático, onde estabelecerá relações de acordo com a sua própria maneira de ser e não baseadas na consangüinidade.

A culminância dessa evolução ocorre quando se atinge o que é coletivamente considerado uma vida sexual "normal" – e, quanto mais se aproximar do ideal monogâmico heterossexual, melhor. Nessa perspectiva, a "perversidade polimorfa" de Freud pertence efetivamente ao âmbito da infância, sendo que mais tarde será chamada de "promiscuidade" e será vista com desconfiança, especialmente quando praticada por mulheres de classe média. A homossexualidade e a bissexualidade depois da puberdade são consideradas patológicas, e a masturbação é, na melhor das hipóteses, um mal necessário. O sexo grupal e o acasalamento indiscriminado são vistos como vestígios de uma adolescência protendida. E dificilmente há um lugar para o celibato legítimo neste modelo.

O modelo freudiano de consciência era extrovertido na medida em que buscava a explicação para as origens dos traumas, neuroses e ansiedades infligidos ao organismo por algo externo. A concepção de Freud disseminou-se por quase toda a psicanálise e suas versões popularizadas nos impingem imagens de bebês desamparados e de crianças sendo magoadas pelas pessoas ao seu redor até conseguirem desenvolver meios de se defenderem ocultando sua verdadeira natureza de todo o mundo, até de si mesmas.

A tônica do modelo da teoria do aprendizado, desde seus primórdios no início deste século com J. B. Watson até as formulações contemporâneas mais sofisticadas de B. F. Skinner e outros, também é a extroversão. A criança e o adulto são sempre vítimas daquilo que aprendem da sociedade. São treinados a seguir padrões de comportamento impostos de fora; esses padrões são assimilados e condicionam-nos a se comportarem de determinadas maneiras até que alguém mais sábio e mais poderoso consiga modificar-lhes o comportamento extinguindo os antigos padrões e substituindo-os por novos.

Alguém poderia comentar superficialmente que o modelo de funcionamento psicológico de Jung não foi um rompimento particularmente radical com o de Freud. Assim como o seu colega mais idoso, Jung viu o ego como mediador entre os elementos inconscientes da psique e as exigências e expectativas do mundo. Para Freud, no entanto, o valor maior estava no mundo, "lá fora", e na remoção das obstruções surgidas como dinossauros vindos do passado, bloqueando o caminho para o futuro. Seu ideal de crescimento seria caracterizado pelo aperfeiçoamento das relações humanas. Uma psicologia voltada para fora é como uma parábola, passando de um estado de consciência inferior ou mais primitiva, atingindo a maturidade e a plenitude sexual, para então, com energia reduzida, retornar à direção de onde partiu, rumo a uma menor consciência, à velhice e à morte. Uma vez passado o ápice, o esforço do indivíduo para aumentar sua consciência tende a atrair cada vez menos o interesse do psicanalista. O mesmo acontece com psicólogos de tendências behavioristas, que lidam mais sintomaticamente com seus clientes. Uma vez alcançado o objetivo – os sintomas amenizados ou a doença curada – o cliente é despachado para enfrentar o mundo exterior da maneira que lhe for pertinente.

No pensamento de Jung, o ego participa da mesma luta, mas sua valência é diferente: ele enfatiza as profundidades abissais e inescrutáveis do inconsciente. Este processo psicológico talvez pudesse ser descrito como uma espiral. O ego vai girando numa espiral ascendente, e às vezes retraça seus passos em giros descendentes ao percorrer novamente o círculo do tempo, do espaço, dos eventos e das interações – e também aquele outro mundo escuro e profundo da vastidão eterna. O ego gira em torno do eixo central, que é vivenciado não como o próprio ser e sim como um princípio norteador. Mas não um princípio norteador pessoal, e sim a *axis mundi*, a circunvolução do mundo. Jung denominou este princípio norteador de "Self", que não é apenas um ponto de referência pessoal, mas uma orientação do indivíduo diante de tudo o que o rodeia até os mais extremos limites.

Jung reconheceu que qualquer abordagem psicológica que não postulasse um centro mais forte que o ego não se sustentaria quando o ego se deparasse com algum embate invencível. O exemplo clássico de tal embate é a nossa inevitável capitulação para a morte, embora haja outras capitulações menores durante toda a vida. Em lugar de uma psicologia centrada no ego, Jung introduziu uma psicologia na qual o ego circungira [*circumambulates*] o Self – uma mudança análoga à que os astrólogos tiveram que enfrentar quando Copérnico apresentou suas novas noções e a antiga visão geocêntrica do universo foi confrontada com uma visão heliocêntrica. A dinâmica do ego seria conduzida pelo seu relacionamento com o Self, assim como o movimento da terra é conduzido pela sua relação com o sol. É possível confiar neste Self como um tipo de Absoluto nebuloso, "um círculo cujo centro está em toda parte e sua circunferência em lugar nenhum". Este "centro" paradoxal no espaço infinito, e de espaço infinito, era aceitável desde que as pessoas depositassem sua fé em Deus ou na Ciência ou na esperança de Paz ou no triunfo do Poder. Mas hoje parece que um universo com um "sol" ao centro é tão insustentável quanto um em que a "terra" é o centro.

> Girando e girando num vórtice crescente
> O falcão já não ouve o falcoeiro;
> Tudo desmorona; o centro não mais se sustenta;
> Mera anarquia é solta sobre o mundo, e uma
> Indistinta maré sanguinolenta. Em toda parte
> Finda a cerimônia da inocência;
> Os melhores carecem de toda convicção, enquanto
> Os piores estão cheios de apaixonada veemência.
>
> *W. B. Yeats*[2]

Estes versos de Yeats descrevem a situação no final da Era de Peixes. Não há centro algum no mundo "lá fora" que possa ser um modelo suficientemente poderoso para dar forças ao indivíduo que se defronta com os mistérios do inconsciente. Não há centro algum "lá fora" para prover o sustento do indivíduo que quer desenvolver sua capacidade de amar, de ser apuradamente sensível às necessidades do outro e às do seu próprio ser. O Self, tal qual é simbolizado na *axis mundi*, é intelectual e impessoal. Ou, se concebido em termos religiosos, será provavelmente tão numinoso que sua luz branca se tornará um fogo gélido. Uma experiência mais pessoal e mais humana do Self em toda a sua inteireza se faz necessária.

Nesta nova Era de Aquário, as pessoas estão se afastando das antigas sínteses psicológicas, egocêntricas ou abstratas demais para darem conta da condição humana que corre o risco de perder o seu senso de humanidade. Ansiamos hoje por uma maneira totalmente nova de ser, na qual o tratamento dos sintomas – seja do indivíduo, seja da sociedade – não será tão importante quanto as relações de energia dentro de cada um de nós e entre todos nós e o nosso ambiente global. A chave para a nova consciência é a capacidade de integrar-se ao fluxo, ao processo, e de dedicar-se ao intercâmbio dinâmico de energia que ocorre ininterruptamente no sistema aberto a que pertencemos. No sistema aberto, as pessoas são consideradas organismos completos – cada um de qualidade única e singular – e os indivíduos são vistos como fatores do processo, gerando a energia que faz a sociedade avançar. Não precisamos mais nos ver como exclusivamente "masculinos" ou exclusivamente "femininos"; somos seres íntegros nos quais as qualidades opostas estão sempre presentes. Não se trata meramente de uma hipótese, mas de um importante princípio norteador que afeta todos os aspectos da vida, como me foi permitido verificar com as pessoas com quem trabalhei terapeuticamente.

O andrógino é um símbolo do Self por excelência. Mais do que isso, porém, o andrógino é uma *representação em forma humana* do princípio da integridade e da inteireza. Cada um de nós, enquanto andrógino, possui um conjunto único e singular de qualidades: o seu próprio arranjo programado no código genético das moléculas de DNA. É um programa presente já no nascimento, que arma e prepara o indivíduo para enfrentar as instâncias da experiência de uma maneira específica. A intercalação entre a dupla hélice dos dons naturais e experiência no mundo é o que estrutura o nosso desenvolvimento evolucionário, tanto no que se refere aos modelos de crescimento quanto às nossas reações aos eventos da vida. Entretanto, se dissermos que o andrógino é apenas um certo tipo de pessoa estaremos revelando que nada entendemos. *A androginia é o produto de uma dinâmica fundamentada na aplicação de energia num sistema orgânico aberto com uma interface para um universo aberto.*

As longas excursões mitológicas que empreendi pela ubíqua formação da androginia mostram como é importante este princípio da natureza humana, e como esteve presente ao longo da história da consciência humana. É verdade que o potencial andrógino individual tem sido freqüentemente relegado, e ainda mais freqüentemente reprimido, em particular no mundo ocidental. Mas ninguém precisa obrigatoriamente criá-lo ou assimilá-lo; não é sequer necessário que trabalhemos em cima dele. O potencial andrógino está presente em todos, e sua expressão irá variar conforme o arcabouço da personalidade de cada um de nós.

O andrógino existe, e está presente em cada um de nós. Mas como poderei descrevê-lo? É difícil descrever um sentimento que é tão parte do nosso ser que mal estamos cientes dele. É como se as moléculas do nosso ser dançassem juntas sem se tocar. Para alguns, isso pode parecer uma idéia nova; para outros, é tão antiga quanto a dança mística do Homem-Mulher-Deus, Shiva, que atua em meio ao círculo ígneo como o Destruidor daquilo que envelheceu e já foi preservado por tempo demais, rumo ao caos primordial do qual brotará sempre uma nova criação.

Alguém poderia perguntar: E como nos tornamos andróginos? A resposta é que nós não nos tornamos andróginos; nós já somos andróginos. Basta sermos nós mesmos. Não é necessário *aprender* como. Isso pode parecer a coisa mais fácil do mundo mas, para uma sociedade que se tornou perita em manipular, forçar e condicionar a psique a adaptar-se a um mundo que aparentemente exige essa adaptação, talvez haja muito a *desaprender* no processo.

Quando as energias deixam de estar represadas ou de serem obrigadas a seguir canais "apropriados", o cerne andrógino que todos nós seres humanos possuímos poderá vir à tona e propiciar-nos uma nova desenvoltura de estar-no-mundo e de estar-com-nós-mesmos. A transferência de energia entre as constelações de contrários – seja entre o racional e o mitológico, o ego e o *animus-ou-anima*, o Yin e o Yang, ou qualquer que seja a designação que usarmos para as energias Feminina e Masculina – ou seja, deslocamento de energias outrora consideradas separadas, irá ocorrer tão rapidamente, tão suavemente, que a oscilação será praticamente indiscernível. Teremos uma situação dinâmica no microcosmos, e as energias irão impulsionar ativamente o organismo humano. Porém, visto da perspectiva do ser humano como um macrocosmos, haverá uma aparência de equilíbrio. Sem qualquer sentimento de disjunção, poderemos ser ao mesmo tempo ternos e firmes, flexíveis e fortes, ambíguos e precisos, concentrados no raciocínio e difusos na apreensão cognitiva e perceptiva, capazes de acalentar e de orientar, de doar e de receber. Será como ouvir um dueto magistralmente interpretado por um pianista e um violinista, quando deixamos de ouvir os instrumentos separados para ouvir a interação harmoniosa entre eles. A androginia deve ser vivenciada como uma conversa em que cada frase é construída sobre a totalidade do que foi dito anteriormente, e não como uma sucessão de breves discursos alternados. Numa interação andrógina, o indivíduo está ciente do funcionamento simultâneo do aspecto intuitivo (pelo qual é capaz de apreender conjuntos inteiros) e do aspecto sensível (em que cada diminuto elemento de uma situação é visto e sentido em sua relação com a totalidade).

Esta não é uma descrição de um estado corriqueiro hoje em dia, mas sim de um ideal de *fusão* rumo ao qual a nova consciência talvez esteja caminhando. Na realidade atual, diante da desintegração dos antigos costumes, inúmeras pessoas se encontram num estado menos de fusão do que de *confusão*. Com o colapso dos modelos sexuais tradicionais, as pessoas ficaram livres para experimentar; diversas vezes, porém, acabam se vendo em grandes dificuldades e buscam ajuda para sair do emaranhado labirinto do sexo e da alma. Muitas das que ainda pretendem estar confortavelmente instaladas nos papéis heterossexuais convencionais, na realidade não estão. Há muita confusão em torno de quem pertence a qual categoria sexual.

Uma das questões mais cruciais que qualquer nova teoria da sexualidade deve enfrentar são os rótulos geralmente aplicados à sexualidade – heterossexualidade, homossexualidade, bissexualidade – e o significado relativo destes termos. Apresento isso como uma única questão, e não como três questões distintas, porque na minha prática analítica é assim que ela, via de regra, aparece, ainda que embrenhada em complicações. A maioria das pessoas estão convencidas de que "pertencem" a uma destas três categorias, de que são por natureza heterossexuais, homossexuais ou bissexuais, e de que têm de aceitar o que são. Ou, caso não consigam se aceitar como membros de uma categoria fixa, atribuem-se a tarefa de se modificarem para que possam se enquadrar numa delas. Com este propósito, estão dispostas a utilizar qualquer meio, desde o condicionamento aversivo até o rompimento de todos os vínculos com o pai ou a mãe supostamente responsável pelo fato de serem algo que não desejam ser. Acredito que essas categorias sexuais, quando usadas como rótulos, fixam na mente uma idéia que não deveria ser fixa, mas extremamente fluida. Nós só estamos encapsulados numa categoria quando deixamos que isso aconteça conosco.

Seria de se esperar que este não fosse um grande problema para pessoas que atingiram sua maturidade sexual na década de 60, quando a revolução contraceptiva já ocorrera. Seria ainda menos de se esperar que estes rótulos houvessem permanecido uma questão premente na década de 1970, que presenciou o advento dos movimentos de liberação feminina e de liberação *gay*, de um vigoroso movimento feminista, da legalização do aborto e de uma tendência cada vez maior à paridade social e econômica entre os sexos. Todavia, em minha prática analítica, verifico que o problema da "identidade sexual" é uma preocupação profundamente arraigada até mesmo para a geração do pós-guerra, cujas atitudes sexuais foram em grande parte formadas quando ainda eram crianças, inadvertidamente incorporando as concepções de seus pais. De modo que é apenas esta geração – condicionada no nível *inconsciente* pelos antigos padrões morais, mas que no nível *consciente* tenta aplicar os novos padrões – que se encontra tão freqüentemente em profundo conflito interior. Seus pais, sabendo em quais critérios éticos se basear, talvez consigam encarar a "nova moralidade" com mais objetividade. No entanto, quando se trata de introduzir mudanças em sua própria vida, alguém nascido antes da Segunda Guerra dificilmente poderá contar com o apoio de outros membros da sua geração, que nunca participaram de terapias de grupo nem de "encontros" em que se aprende a expor seus sentimentos e medos em público. De modo que tais indivíduos ainda precisam enfrentar suas situações pessoais com um senso de terrível solidão, e por isso muitos deles procuram a psicoterapia com problemas dilacerantes para saberem que tipo de pessoa realmente são e como poderão dar expressão a essa realidade. Talvez se sintam isolados e esquisitos, não sabendo que muitas das pessoas com quem convivem socialmente e com quem jamais pensariam em discutir seus dilemas sexuais ou espirituais partilham secretamente dos mesmos problemas e das mesmas confusões.

Como os arquétipos são potenciais inatos para o ser humano atuar de maneiras específicas, eles permanecem em grande parte inconscientes, e o que sabemos da problemática arquetípica chega até nós via pensamentos, sentimentos e experiências corpóreas. Não há pensamento sem o cérebro humano, embora o que sabemos sobre a estrutura e funcionamento do cérebro seja insuficiente para explicar a natureza de todo o pensamento. Não há emoção, nem sentimento, nem sensação sem o envolvimento do corpo inteiro, incluindo o cérebro, é claro – embora o que sabemos da estrutura e funcionamento do corpo também seja insuficiente para explicar todas as emoções, sentimentos e sensações. Não encontraremos os arquétipos examinando o cérebro, como também não é examinando o cérebro que encontraremos qualquer pensamento. Este fato foi comprovado por fisiologistas do cérebro, entre eles o eminente neurocirurgião Wilder Penfield, o primeiro a explorar com eletrodos cada parte do córtex cerebral de uma pessoa consciente. Penfield escreveu sobre "o mistério da mente", que aqui parece ser a entidade responsável pelos fenômenos da consciência e pelos arquétipos do inconsciente. Depois de quarenta anos explorando as complexidades do cérebro, Penfield concluiu:

> Os médicos, cuja tarefa é tratar o ser humano com um todo, concebem-no de maneira singular. Há muito que estão cientes da inexplicada dicotomia (a separação funcional) entre mente e corpo. Na realidade, aprenderam que devem, como diz o refrão, "tratar a mente como tratam o corpo". Eles estão bem cientes de que corpo, cérebro e mente constituem a criança. Os três desenvolvem-se juntos e, no entanto, parecem permanecer separados com o passar dos anos. Corpo, cérebro e mente, numa espécie de simbiose ontogenética, percorrem a vida juntos. Cada um é inútil sem os outros dois, mas é a mente que toma a iniciativa de explorar o meio ambiente.[3]

Temos, portanto, de considerar o princípio da androginia fora do domínio dos arquétipos, do domínio da mente, e verificar quais são as suas manifestações na experiência humana, que inclui o ser humano total – com o seu corpo, o seu cérebro e também as suas reflexões sobre seus próprios processos vitais. Por isso, falarei agora de indivíduos específicos, a fim de mostrar como as dúvidas acerca da identidade sexual começam a formar certos padrões, e como a androginia tem se manifestado nesses padrões. A androginia é inata em cada um de nós, mas geralmente são as circunstâncias ambientais que induzem um comportamento homossexual ou bissexual. Às vezes, mas nem sempre, esses tipos de comportamento representam a resolução de um conflito entre a insistência de a psique atuar androginamente e as exigências de uma sociedade sexista, na qual as diferenças sexuais das pessoas permanecem mais importantes do que aquilo que têm em comum enquanto seres humanos.

A fim de compreendermos a interação entre a constituição psicológica e o impacto das forças do meio ambiente, será útil considerarmos situações e experiências individuais. Os "indivíduos" que irei discutir serão apresentados como exemplos de experiências bastante comuns. Suas descrições foram modificadas para preservar-lhes o anonimato, mas os eventos descritos foram experiências reais.

20

ANDROGINIA VIVENCIADA NA HOMOSSEXUALIDADE, NA BISSEXUALIDADE E NA HETEROSSEXUALIDADE

O caso do sr. A mostrará como um homem, por não vivenciar sua natureza andrógina interior, acabou recorrendo à psicoterapia, embora ele mesmo não estivesse ciente da existência de um elemento arquetípico em suas dificuldades. O sr. A estava dilacerado entre polaridades que não tinha a menor idéia de como reconciliar. O problema sexual que pairava logo abaixo da superfície não foi a sua queixa inicial.

O sr. A procurou terapia por estar preocupado com uma depressão que já o vinha incomodando de longa data mas que recentemente se agravara sem qualquer motivo aparente. Para complicar ainda mais as coisas, ele passara a consumir uma quantidade mais do que moderada de bebidas alcoólicas numa tentativa de superar os sentimentos depressivos – e isso também começara a preocupá-lo. Ao chegar em casa depois do trabalho, geralmente tomava vários coquetéis, e muitas vezes continuava bebendo até a noite. Por tudo o que aparentava externamente, o sr. A era um bem-sucedido executivo empresarial, esbelto e bonitão, ativo na sua igreja e comunidade, casado e com dois filhos no colégio. Um observador menos atento não o julgaria um homem perturbado. Mas o sr. A tinha profundas preocupações acerca da sua sexualidade. Ele vivia obcecado pela atração que sentia por homens mais jovens, um sentimento que não lhe parecia, de maneira alguma, compatível com seu estilo de vida correto e convencional; nem lhe parecia que pudesse estar relacionado com alguma infelicidade especial que pudesse detectar em seu casamento.

O histórico pessoal do sr. A mostrou que ele tivera um relacionamento muito próximo com um irmão mais velho, com quem dividira a cama até os doze anos de idade e que o induzira às explorações sexuais e à masturbação mútua – que ocasionalmente se repetiram após a puberdade. Os pais nada perceberam ou nada quiseram perceber; seja como for, não pareciam interessados em nada relacionado com o sexo. Quando o tema surgia nas conversas familiares, a atitude dos pais era mudar de assunto. O sr. A cresceu com a impressão de que as relações sexuais de seus pais (seu parâmetro de relações heterossexuais) eram, na melhor das hipóteses, algo desagradável. E descobriu, independentemente de qualquer influência parental contrária, que com alguém do seu próprio sexo era possível gozar um prazer furtivo. No colégio, e ainda mais na faculdade, viu-se dividido entre a perspectiva de vir a assumir o papel esperado de marido e chefe de família ou de sucumbir ao que considerava a "fraqueza" dos encontros homossexuais. Nesta época da sua vida, tais encontros aconteciam principalmente na sua fantasia, embora em algumas poucas ocasiões se houvessem consumado apressadamente, acompanhados de sentimentos de culpa. Com o tempo, ele se adaptou ao mundo heterossexual. Quando o vi pela primeira vez, havia praticamente esquecido que mantivera relações homossexuais periódicas; o único resquício delas era seu persistente interesse atual por homens mais jovens.

Enquanto conversávamos sobre seus hábitos de bebida, verificamos que todas as tardes, quando ia chegando perto de casa, ele começava a sentir-se um pouco inquieto e apreensivo. A princípio, disse que não sabia por que, mas logo acabou reconhecendo em si um conflito entre o desejo de obter a mesma satisfação que obtinha antigamente nas relações homossexuais da juventude e o sentimento cada vez mais forte de que estava se fingindo de heterossexual para sua esposa. Ele tinha a convicção de que, se ela viesse a descobrir a sua verdadeira natureza, não iria mais querer morar com ele. Quanto mais ia se conscientizando disso, mais aumentava a sua ansiedade e, com ela, o consumo de álcool. Num dado instante, cheguei a comentar que talvez fizesse mais sentido ele arriscar-se a explorar a realidade da sua obsessão com uma possível homossexualidade do que continuar despencando rumo ao alcoolismo.

Foi então que a natureza da sua confusão começou a se esclarecer. O sr. A estava obcecado com a noção de que, se cedesse ao seu desejo de ter sexo com um homem, ingressaria de alguma forma num mundo do qual não havia retorno: ele deixaria de ser um heterossexual e se tornaria um homossexual. Deixaria de ser aceitável para sua esposa e, todavia, se permanecesse casado, não poderia tornar-se aceitável aos homens de quem queria se aproximar sexualmente. Ele imaginou a esposa deixando-o, os filhos perdendo o respeito por ele, a família sendo destruída pelo escândalo, ele sendo despedido do emprego. A vida se tornaria apenas uma seqüência de catástrofes. Amaldiçoou o irmão, a quem culpou como sendo a causa de tudo.

Quando passamos a conversar sobre o significado dos termos "heterossexualidade" e "homossexualidade", tive de recorrer à minha formação teórica para formular minhas próprias idéias. Não quero com isso dizer que confiei em alguma teoria que me houvesse sido ensinada, mas sim que recorri a informações obtidas de uma variedade de fontes – entre as quais, e principalmente, as pessoas com que vinha trabalhando e as descobertas das pesquisas mais recentes. Percebi que estes termos têm sido definidos e descritos de diversas maneiras. Havia pouco que a Associação Americana de Psiquiatria voltara atrás na sua concepção oficial da homossexualidade como "patológica", e isso apesar dos protestos de uma grande e eloqüente minoria de seus membros. Estava claro que qualquer nova definição teria de ser flexível, dada a diversidade de situações individuais. Parecia claro que a homossexualidade não é uma característica determinada geneticamente. Uma maior produção de hormônios do sexo oposto talvez pudesse afetar a virilidade ou feminilidade da estrutura geral do corpo, mas o fato é que o comportamento homossexual não se restringe a pessoas com uma configuração física específica. No caso do sr. A, não havia nenhum sinal de efeminação no seu corpo ou no seu jeito. Como acontece com todos nós, ele possuía características de personalidade que poderiam ser associadas a qualquer um dos sexos, mas o efeito geral da sua aparência e da sua personalidade era o de um homem normal e bem-ajustado.

A propensão que a energia tem de se mover em uma variedade infinita de modos e direções tem algumas implicações importantes com as preocupações sexuais do sr. A. Ele precisaria saber que *todos* estão sujeitos a uma contínua oscilação entre o tipo Masculino e o tipo Feminino de fluxo energético. Tendo tido boas relações sexuais com membros de ambos os sexos, o sr. A pôde ver que lhe era possível atuar com qualquer um dos tipos de energia dominando. Sua própria experiência lhe mostrara um potencial andrógino na maneira de ser, embora ele não estivesse *psicologicamente* preparado para reconhecer isso. Sua formação não lhe fornecera um modelo para libertar-se da prisão do gênero – o que era igualmente verdade para sua esposa e para a formação dela. A esposa do sr. A esperava sempre que ele iniciasse as relações sexuais e que fosse o mais ativo dos dois, enquanto se contentava com um papel quase inteiramente passivo-receptivo. Por causa de suas fantasias com homens, o sr. A normalmente sentia-se pouco à vontade no papel exigido pela esposa e, para compensar isso, sentia-se duplamente obrigado a desempenhar a parte do macho dominador e controlador. Porém, em parte por causa de suas experiências anteriores de passividade e de recebimento do ato amoroso, e em parte porque sua vida profissional exigia um comportamento do tipo dominador e controlador, ele queria e precisava de um tipo diferente de experiência sexual da que vinha tendo. Mais ou menos inconscientemente, ele ansiava por ser abraçado da maneira como lembrava ter sido nas escapadelas sexuais despreocupadas da juventude. Alguns drinques antes e depois do jantar haviam ajudado a aparar as arestas do seu conflito, mas agora ia ficando claro que o álcool não só não resolveria coisa alguma, como estava se tornando um problema ainda mais sério que o sexual.

Perguntei-me como o sr. A conceberia o seu fluxo energético. Em sua mente, a energia é sexual pela sua própria natureza. Seguia-se disso que a energia sexual deveria ser categorizada como heterossexual ou homossexual. Se, como homem, sua energia flui em direção às mulheres, você é heterossexual; se em direção aos homens, você é homossexual; e se estivesse aparentemente disponível tanto para homens como para mulheres, você acabaria paralisado, pois a energia era finita e só pode seguir em uma ou em outra direção. Além disso, o sr. A estava convicto de que, se integrasse a comunidade heterossexual, seria necessariamente excluído da companhia dos homossexuais, e vice-versa. Isso resume a sua atitude, conforme ele mesmo a expôs. Entretanto, seus *sentimentos* eram bem outros. Seus sentimentos, decorrentes da sua energia, eram capazes de ser despertados igualmente por homens e por mulheres. Suas energias sexuais podiam fluir em ambas as direções; bastaria que ele descobrisse como suspender suas inibições relativas à intimidade com homens.

Pareceu-me que o sr. A se via enclausurado num sistema fechado. Ele precisava descobrir que a energia não é um bem escasso que diminui na mesma proporção que a quantia despendida, mas que, em circunstâncias favoráveis, a energia pode regenerar-se. Não são poucos os que sabem que, quanto mais se ama, mais se é capaz de amar – ao passo que quanto mais inibimos o amor, mais incapazes de amar vamos nos tornando. O medo de amar é talvez uma das influências mais destrutivas com que podemos nos deparar. Ao discutir com o sr. A os seus sentimentos, não levei em consideração que em sua situação era necessário distinguir entre o amor e a sua expressão sexual, pois aquilo sobre o qual conversávamos não era bem um desejo de gratificação hedonista nem uma vontade de explorar e se aproveitar de outro indivíduo. Estávamos lidando, sim, com a expressão de um desejo humano de estar do lado receptivo da troca de carinho, compreensão e camaradagem. Este desejo pode, é claro, assumir forma sexual, mas "amoroso" talvez seja um termo melhor, e assim a sexualidade seria apenas um dos contextos em que as energias geradas amorosamente podem ser vivenciadas. Evidentemente, a sexualidade não é a única maneira de expressar a energia gerada pelo amor — outras possibilidades existem, com seu próprio valor e significado, e podem ser vivenciadas em lugar da expressão sexual do amor, ou como um acréscimo a ela.

Se o sr. A aceitasse a idéia de que a energia pode ser expressa sexualmente ou não-sexualmente, ou que pode ser expressa ao mesmo tempo sexualmente e através de outros canais, ficaria mais fácil dar o passo seguinte. Existe, afinal, a possibilidade de que essa energia que flui livremente possa expressar-se sempre que for atraída, isto é, na intimidade com membros do próprio sexo, com membros do sexo oposto ou, como uma terceira alternativa, com membros de ambos os sexos. Nesse ponto tornou-se necessário considerar o seu potencial bissexual. A bissexualidade não é estranha para aqueles que reconhecem a polivalência da sua sexualidade e que apreciam uma variedade de experimentações sexuais por nenhum outro motivo que não elas próprias. Mas a bissexualidade como uma forma possível de relacionamentos duradouros, tratada com desvelo no contexto do amor e constituindo a base de um compromisso sério, ainda está por ter muitos defensores eloqüentes. Não vem ao caso se achamos o comportamento bissexual aceitável para o nosso estilo de vida; parece-me apenas que a bissexualidade, enquanto atitude psicológica, mereceria ser considerada por qualquer um que busca ampliar a sua consciência e a consciência de si mesmo. Levantei a questão da bissexualidade com o sr. A.

No contexto da androginia, a bissexualidade pareceria ser uma alternativa perfeitamente natural através da qual expressar a sexualidade. Não quero com isso dizer que as duas outras alternativas carecem do potencial para satisfazer o aspecto interpessoal do impulso em busca da inteireza e da integridade. O sr. A, que a essas alturas provavelmente estava mais predisposto do que a maioria das pessoas a identificar-se com a perspectiva do homem andrógino, começou a cogitar a idéia de que talvez a bissexualidade estivesse em maior harmonia com a tendência natural do seu fluxo energético, ou pelo menos com o modo como este fluxo havia sido dirigido — considerando-se a sua formação e a sua situação atual. Livre de achar que qualquer experiência homossexual faria dele um "homossexual", ele considerou a possibilidade de arriscar uma exploração deste aspecto da sua natureza. Ciente da sua necessidade de reforço, eu lhe lembrei que ele não perderia sua identidade enquanto pessoa se empreendesse o experimento que estava contemplando.

Não é necessário detalhar o que houve em seguida, mas apenas afirmar que ocorreram algumas experiências sexuais com homens que, a princípio, tiveram a qualidade obsessiva que seria de se esperar, mas que logo perderam sua qualidade sobrepujante inicial. Não demorou muito até que ele descobrisse que o que precisava não era tanto da experiência das relações homossexuais em si, e sim da possibilidade de expressar através da sexualidade a sua terna receptividade a que fora negada um escoadouro propício. Seu aspecto Feminino precisava reagir à sexualidade ativa de alguém que lhe permitisse às vezes apenas ser, de maneira passiva, enquanto o outro desempenhava o papel mais ativo. O problema surgira como tendo uma natureza sexual, mas na realidade a sexualidade era um sintoma de uma condição que tinha causas que se estendiam muito além.

O sr. A vivia seus dias muito do lado do "sol", com pouca oportunidade para retrair-se na sombra. Praticamente, não havia oportunidade para ele dar liberdade de expressão ao seu lado sensível. Esse aspecto fora constantemente reprimido. No trabalho, era forçado a se conformar no modo de vestir, nos parâmetros organizacionais, na exatidão das questões técnicas. No seu cargo, *ele* se sentia pouco importante; havia-lhe sido impingido que só contava o que ele pudesse vir a fazer pela empresa. Sua posição de supervisor exigia uma constante negação do sentimento humano.

Voltando para casa no final da tarde, o *rito de passagem* evocava os "espíritos", o sacramento alcoólico necessário para se passar do mundo da luz para as trevas. Porém, em vez de encontrar-se com o Feminino direta e abertamente, o sr. A nele se afogava. Rejeitando agora o seu lado racional, ele adotaria para si o não-racional, *tornando-se* o lado feminino da sua natureza. É como se entrasse no mundo mítico, nas florestas selvagens das montanhas perto de Tebas, onde outrora habitavam as fabulosas Mênades, companheiras de Dioniso. Essas mulheres haviam deixado seus lares em troca de uma temporada cultuando o deus metade-homem metade-mulher, em busca de bacanais, de gáudio e, às vezes, de destruição. Da mesma forma, o sr. A estava encantado pelo deus da bissexualidade e pela bissexualidade do deus. Ele tanto mais apreciava a sua bissexualidade quanto mais sentia a vida exigindo apenas uma maneira masculina de agir, no trabalho e no lar. Via a esposa como uma mulher que preenchia todos os estereótipos femininos e que exigia dele o cumprimento do papel masculino – que não se julgava capaz de desempenhar. A idéia de ter relações sexuais com ela foi se tornando cada vez mais repugnante, enquanto ansiava por descansar e viver a sua graça, a sua beleza e especialmente a sua passividade nos braços de um homem.

O sr. A se atolara num sistema de consciência estritamente masculina, e sua psique sofredora era causa de um penoso conflito exigindo-lhe que concedesse o devido tempo ao lado feminino – o que ele se recusava a fazer. De modo que estava constantemente sob estresse psíquico e, não sabendo como aliviá-lo, recorreu ao álcool para amortecer a dor e os sentimentos inominados de perda e alienação.

Uma importante maneira através da qual o sr. A conseguia lidar com esta complexa situação interior e exterior era reconhecer que ele havia se identificado com o *papel* que desempenhava no mundo. O que vale dizer que estava inconsciente da sua *persona*, a máscara psíquica que usamos para enfrentar o mundo. Sua *persona* era uma exasperante camada de laca que ele se sentia incapaz de remover. É como se fosse parte dele. Ele era incapaz de admitir qualquer ternura ou meiguice no seu mundo de trabalho; a única coisa que importava era ver aprovadas as demonstrações de lucros e perdas. A mesma frieza e impiedade que sentia dentro de si ele também via ao seu redor em todo lugar que ia. A angústia interior era projetada sobre o seu ambiente.

Dizer que ele vivia um "pânico homossexual" por temer e desejar um determinado tipo de relacionamento seria simplista e reducionista. Em nada o ajudaria atribuir o início de seus problemas à sua antiga relação com o irmão. Todos estão expostos ao germes da homossexualidade, assim como somos diariamente expostos ao vírus do resfriado e às células cancerosas em nossos corpos. Mas os potenciais perigosos são ativados em alguns e não em outros. Parece-me, portanto, que uma possibilidade a ser considerada na formulação de uma nova teoria sexual deve ser a de que algumas das pessoas que ficam perturbadas, adoecem ou se desequilibram emocionalmente talvez sejam vítimas de uma interrupção do fluxo de energia que deveria mover-se livremente entre os contrários Masculino e Feminino em cada um de nós.

O sr. A começou a melhorar quando percebeu que não precisava se ver necessariamente como vítima de um mundo que o obrigava a assumir unilateralmente um de seus aspectos. Ele mesmo poderia, se quisesse, abrir o espaço necessário para o outro lado, desde que assumisse a responsabilidade de cultivá-lo. O sr. A começou a abdicar do seu desejo de ser autoritário e controlador, e descobriu onde se rompera a vida sexual com sua esposa. Verificou ainda que era possível modificar significativamente esse relacionamento. Nem sequer precisou de palavras para fazê-la saber quais mudanças na maneira de ambos se relacionarem aliviariam a tensão que sentia e enriqueceriam o modo como se tratavam. A qualidade do fluxo energético sofreu uma mudança gradual. O sr. A foi se tornando mais relaxado, mais em paz consigo mesmo. Quando a questão de qual rótulo atribuir à sua sexualidade tornou-se importante para ele, viu que poderia discuti-la com a esposa, sem excluir seus sentimentos e suas percepções. Sem qualquer esforço especial, a bebida foi perdendo seu caráter compulsivo. A capacidade de o sr. A efetuar escolhas autônomas nessa área aumentou depois que percebeu que havia sido capaz de fazê-lo no âmbito da sua sexualidade.

Seria exagerado dizer que, sem maiores dificuldades, o sr. A chegou a uma solução pacífica da sua identidade sexual. Sob diversos aspectos, graças ao seu desenvolvimento ideológico, ele conseguiu encarar esses problemas sob um prisma razoável. Passou a ter uma visão muito mais ampla do seu potencial energético. Tornou-se também bem mais consciente do fluxo e refluxo das energias, e da necessidade de vivenciar ambos os tipos de movimento: o ativo, progressivo, que busca o outro; e o passivo, regressivo, tendendo na direção do caos criativo. Ambos são necessários para a dinâmica da vida.

Também é necessário reconhecer que existem forças inibitórias, que parecem bloquear a dinâmica da energia. Sempre que há um bloqueio psicológico que nos impede de fazer o que pretendemos, é sinal que as forças inibitórias estão atuando. Os desejos naturais sempre tiveram que ser inibidos. Isso aprendemos cedo na vida com nossos pais, que agem como os promotores e conservadores dos valores antigos — que, evidentemente, são os seus próprios valores. Nós internalizamos esses valores antigos antes de termos idade suficiente para saber o que aconteceu conosco. Esta inflexibilidade interior, que Freud denominou "superego", age em nós como Mefistófeles no Fausto, como "pai de todos os impedimentos", buscando interromper e interferir no nosso progresso. Contudo, acaba nos empurrando justamente em direção ao progresso. Ela busca causar mal, mas de uma maneira estranha e imponderável, acaba por nos fazer bem.

O segundo caso que irei discutir refere-se ao problema criativo de uma mulher que se afastou de uma sociedade tradicional e sexista para encontrar uma existência mais livre para si numa relação amorosa com outra mulher. Também aqui a questão das energias é importante, pois quando não se permite que estas encontrem os seus gradientes naturais, o indivíduo passa a atuar num nível muito abaixo do seu potencial, ou alguma mudança radical no seu padrão de vida torna-se premente. Muitas mulheres trocaram o Movimento de Libertação Feminina, que buscava uma igualdade com os homens, por uma sociedade feminista quase segregada. O que segue é a experiência de uma jovem que, como tantas outras mulheres de vinte e poucos anos, tomou certas decisões radicais em sua vida.

B é uma jovem mulher, bastante atraente, que hoje ostenta uma aparência meiga e suave associada a uma tremenda vitalidade, em contraste com a sua aparência na primeira vez que a vi, tensa e nervosa, a testa enrugada, o olhar morto. Ela recentemente deixou o marido, após cinco anos de um casamento aparentemente satisfatório, e agora está vivendo uma relação lésbica. Essa mulher, que precisava de tempo e espaço em casa para levar adiante sua carreira como artista *free lance*, estivera casada com um homem excepcionalmente solidário. Ele colocava as necessidades dela acima das suas próprias na maioria das ocasiões, e fazia exigências mínimas em relação a si mesmo. Todavia, apesar da cooperação e do apoio do marido, que se esforçava por fazê-la sentir-se melhor, B vivia deprimida, atribuindo isso ao bloqueio de suas energias criativas. Não estava conseguindo combinar a espontaneidade das idéias com a disciplina necessária para comunicá-las, cumprir os prazos e satisfazer seus clientes. Ela disse que, no cômputo geral, tinha pouco a reclamar, que sua vida era suficientemente segura. Mas faltava uma chama em seu casamento: quase nada sentia pelo marido, não estava particularmente interessada em manter relações sexuais com ele e, quando o fazia, havia pouquíssima sensação da sua parte. Estava sempre irritadiça e mal-humorada com o marido, mas isso não provocava nenhuma reação da parte dele, nem aguçava a sua receptividade.

B contou que antes do casamento, e também em diversas ocasiões durante o casamento, mantivera relações sexuais com dois tipos de homens: aqueles de natureza excepcionalmente meiga e gentil, e aqueles de disposição instável, às vezes parecendo extremamente doces, às vezes tendo um comportamento bizarro no limiar da paranóia e ocasionalmente passando para a violência e o abuso físico. Investiguei sua história pessoal. B era a mais jovem de um casal de irmãos. Seu irmão, dois anos mais velho, fora o modelo para ela se transformar numa menina turbulenta, com modos de rapaz. Aos oito anos, era capaz de trepar em árvores e jogar beisebol suficientemente bem para ser incluída no time do irmão e de seus amigos. Muitas vezes tinha que se esforçar para acompanhar os meninos, mas escondia o cansaço e acompanhava o ritmo deles.

Algo crítico aconteceu quando tinha onze anos. O grupo de meninos com quem seu irmão brincava a usou para o que aparentemente chegou a ser uma curra violenta – enquanto o irmão permanecia de lado, observando. Sua memória desse fato era nebulosa; havia certa confusão para saber se de fato resistira desde o começo ou só mais tarde, mas o fato é que finalmente acabou fugindo em pânico. Ela se recordava vividamente da desgraça que fora ter sido traída pelo irmão. Depois disso houve um longo período em que se manteve afastada de todos os rapazes, mas como também não tinha nenhuma amizade especial com as meninas, passava boa parte do tempo sozinha. Só começou a sair com namoradinhos quando foi para a universidade. Ela invariavelmente selecionava homens que achava que poderia controlar, mas ocasionalmente se ligava a alguém imprevisível. Com os homens mais brandos, raramente mantinha relações sexuais e, quando o fazia, raramente chegava ao orgasmo. Com os outros, quando se tornavam esquisitos ou ameaçadores, ela desempenharia o papel masoquista e conseguia chegar ao orgasmo.

Casou-se com um homem afetuoso mas passivo, e ingressou num relacionamento aparentemente estável, ainda que pouco excitante. Não demorou até que se sentisse internamente sem vida, não havendo praticamente nada que o marido pudesse fazer que despertasse suas emoções. E com suas pinturas as coisas eram igualmente desanimadoras. Começou a fumar maconha todos os dias, acreditando que o trabalho criativo que realizava num estado alterado de consciência era de qualidade superior. Ninguém mais, porém, partilhava da sua opinião e, como conseqüência, viu-se recebendo cada vez menos encomendas. Durante esse período, B começou a considerar que não deveria ter se casado, pois era provável que fosse "naturalmente homossexual".

À medida que essa noção ia assumindo maiores proporções, B foi se afastando ainda mais do marido. Deixou o quarto de casal para ir dormir em seu estúdio, mas mesmo lá se sentia constrangida. Foi nessa época que suspendeu temporariamente a terapia. Vários meses depois, voltou e me fez um balanço atualizado do que acontecera em sua vida. Ela começara a freqüentar um grupo de feministas radicais, e algumas delas apoiaram seu crescente desejo de deixar o marido. Saiu de casa então, e instalou-se num apartamento próprio. Pouco tempo depois encontrou e estabeleceu uma ligação com uma mulher lésbica. Foi pouco depois de as duas mulheres estarem vivendo juntas que eu voltei a ver B. Quaisquer reservas que eu pudesse ter quanto ao seu abandono sumário do casamento e a súbita relação intensa com sua nova companheira, eu não pude negar que sua aparência se modificara extraordinariamente. Seus traços haviam se tornado mais suaves, mais relaxados. Seu novo corte de cabelo lhe caíra muito bem, ao contrário dos cabelos soltos e sem forma que costumava usar anteriormente. Seus olhos brilhavam, sua postura ficara mais ereta, seu porte cheio de energia e exalando autoconfiança. Antes mesmo que dissesse qualquer coisa eu já sabia que estava feliz, amando e gozando um tipo de liberdade que nunca antes conhecera na vida.

Ela me contou o quanto se sentiu aliviada depois que deixou de se ligar sexualmente a homens — que ela sempre considerara, na melhor das hipóteses, problemáticos. Curiosamente, foi descobrir em sua amante todas as qualidades de disciplina e iniciativa que as mulheres via de regra esperam dos homens. Além disso, essa mulher percebera e entendera o anseio de B poder ser sensual da tradicional maneira feminina, sem medo que alguém viesse se aproveitar dela, como os homens haviam feito no passado. Conseqüentemente, como amante, essa mulher foi capaz de fazer B conhecer êxtases inimagináveis de prazer sexual, que ela julgara serem impossíveis de atingir com um homem.

Mas tive de me perguntar: será que B era realmente homossexual? Ela mesma não tinha nenhuma dúvida a respeito, e gostava de identificar-se como tal.

Eu já não tinha tanta certeza, apesar de ela afirmar que só viera a ter suas primeiras experiências sexuais verdadeiramente satisfatórias com uma mulher. Parece-me que a energia polivalente que a forma sexual às vezes assume traz consigo a potencialidade de ser expressa com ambos os sexos, até as primeiras experiências na vida deflexionarem-na para um ou para o outro. Quando B era criança, com pouco contato com outras meninas da sua idade, sua sexualidade natural fluiu para os garotos com quem brincava. Mesmo a traumática experiência de ser violentada não chegou a bloquear inteiramente sua capacidade de relacionar-se com homens mais tarde.

Cabe aqui uma reflexão sobre um interessante paralelo entre a maneira como B tentou vivenciar sua sexualidade adulta e as práticas das lendárias Amazonas da antiguidade. B, assim como aquelas mulheres de um passado fabuloso que proclamaram sua independência do mundo dos homens, crescera desconfiando desde cedo dos homens e acreditando na fraqueza inata do sexo que no mundo inteiro estava investido do maior poder. Assim como suas ancestrais no espírito, a vida sexual de B fora marcada por episódios com os homens mais loucos e selvagens, em que ela visava principalmente satisfazer seus próprios fins. Mas, é claro, tudo isso lhe era inteiramente inconsciente. Sua finalidade principal era provar que poderia encontrar seu caminho independente tão bem quanto qualquer homem, que poderia arrebatar a sua vida das constrições do lar e do marido, e vivê-la estritamente segundo seus próprios termos. Em vez da antiga paixão pela caça partilhada pelas filhas de Ártemis, B apreciava a excitação dos mundos da criação e da competição, mundos que ela conseguia combinar em sua carreira de artista comercial. Todavia, sua rejeição da vida convencional, do seu casamento, serviu apenas para intensificar as energias disponíveis e, sendo uma pessoa altamente sensual, pôde dar vazão a esse aspecto do seu ser de maneira segura e tranqüila, isto é, com outra mulher. A alternativa teria sido o isolamento e, à luz do que foi dito sobre sistemas fechados, é compreensível que B tenha tomado o caminho mais dinâmico.

Estaria correto categorizar B como homossexual? Em minha mente, eu não conseguia dar a resposta esperada e talvez óbvia a essa pergunta. Tendo em vista sua história pessoal, eu não podia ter certeza de que sua maneira de se relacionar com a outra mulher implicava no abandono da sua maneira feminina natural, como tão freqüentemente se espera da rejeição dos papéis tradicionais de gênero. Talvez agora, pela primeira vez, B estivesse começando a vivenciar sua sexualidade *como mulher*. No passado, os homens com quem se relacionara haviam cumprido das mais diversas maneiras a imagem feminina. Eles eram ou delicados e complacentes, ou emotivos e irracionais, ou essencialmente passivos mas propensos a um comportamento histérico quando provocados. B fora incapaz de tolerar relacionamentos com homens possivelmente porque, de uma maneira invertida, seu modo de agir diante deles estava mais próximo do que poderíamos imaginar como homossexual. O que vale dizer que a qualidade da sexualidade dos seus homens era tão semelhante à sua própria que um relacionamento com eles não poderia ser chamado de "heterossexual" em nenhum outro nível que não o puramente fálico.

Por outro lado, o relacionamento de B com sua companheira era claramente um relacionamento com alguém de espécie diferente. A natureza feminina de

B estava cativada pelo elemento masculino da outra mulher. Este masculino, este *animus*, era expresso na maneira mais completa de ela se relacionar com B. Essa mulher fora mais ativa no começo do namoro e era ela quem tomava a iniciativa das relações sexuais, acalentando B com gentileza, como se fosse uma virgem inocente (o que, psicologicamente, ela era). Essa mulher também era ativa nas suas indagações e motivações intelectuais, fazendo críticas construtivas ao trabalho de B. Foi ela quem sugeriu que as duas vivessem juntas, oferecendo-se também para assumir a maior parte da responsabilidade financeira do novo lar.

Os conceitos estereotipados normalmente associados às palavras "homossexualidade" e "heterossexualidade" têm certamente que cair por terra diante das experiências reais de pessoas como estas. Se os seres humanos forem libertados, ou puderem se libertar, dos confinamentos de sexo e gênero, poderão se aproximar amorosamente muito mais das pessoas *enquanto pessoas*, considerando-se as necessidades e os desejos de cada um. Mas a relutância em abandonar as antigas convenções permanece forte, e podemos sentir a tenacidade das concepções preponderantes: todo homem precisa ter uma mulher, e toda mulher o seu homem; de outra forma, estarão em erro, em pecado ou em doença. Tais convenções surgiram em sociedades que precisavam se perpetuar gerando uma prole numerosa. Desperdiçar sêmen era um crime contra Deus e a humanidade. Mas hoje, na era das vasectomias, dos implantes de contraceptivos anuais e do aborto legalizado, os antigos argumentos deixaram de ter qualquer razão social de ser. Não obstante, continuamos raciocinando como antigamente; e quando os motivos para tal deixaram de ser válidos, recorremos a racionalizações.

Um outro exemplo servirá para mostrar como, na era da androginia, é necessário eliminar a categorização das pessoas com base nas suas preferências por parceiros sexuais num dado momento qualquer. C é um jovem que completou recentemente seu curso superior e ocupa agora o seu primeiro emprego. Ele foi estudar numa grande universidade vindo de uma cidadezinha do sul dos Estados Unidos, onde fora criado da maneira convencional. Seus pais ambicionavam tremendamente que ele entrasse numa universidade de renome. Haviam conseguido pressioná-lo a concentrar-se em seus estudos durante o colégio, resultando no fato de ele ter tido pouquíssima experiência de namoro e nenhuma relação sexual antes de entrar na faculdade. Quando chegou à universidade, sentiu-se deslumbrado pela grandiosidade e sofisticação que encontrou. E isso durante uma época em que o movimento de liberação *gay* estava se tornando particularmente eloqüente no campus. Antes que C pudesse reunir coragem para procurar amigos por conta própria, ele se viu sendo convidado a freqüentar reuniões e festas patrocinadas por homens que, aberta e jubilosamente, identificavam-se como homossexuais. Não demorou muito até que C começasse a fazer parte dessa turma, e logo estava participando de suas atividades e sentindo-se bastante à vontade entre eles. C estava convencido de que sempre fora homossexual, e que tivera a sorte de encontrar-se num ambiente que o encorajava a "expor-se" e a "ser ele mesmo". Manteve uma série de relações homossexuais com diversos homens, adquirindo um fascínio quase compulsivo por parceiros sexuais negros. O quanto essa atividade toda, especialmente no que tange aos negros, era uma rebelião contra os valores de seus pais (que ele passou a ver como extremamente constritores) é um tema digno de conjecturas.

O problema que surgiu após a formatura, quando assumiu seu primeiro emprego, foi que C começou a sentir-se isolado e insulado em sua homossexualidade. A maioria dos homens com quem trabalhava eram casados ou estavam saindo com mulheres. Ele hesitava em fazer amizades, pois estava plenamente convencido de que, se encontrasse com algum deles depois do serviço, sua homossexualidade seria descoberta e ele cairia no ostracismo. Ao mesmo tempo, ansiava por sentir-se tão à vontade com as mulheres quanto seus colegas de trabalho aparentavam ser, ao menos pelo que podia julgar das conversas de escritório. Porém, de acordo com as regras do jogo, ou se é heterossexual ou se é homossexual. C continuou encontrando-se com homens nos bares *gay* e a relacionar-se com a turma da liberação *gay* da faculdade, embora já não fizesse parte efetiva do ambiente e começasse a sentir-se meio velho e deslocado. Em tais situações, ele se atinha firmemente ao credo de que tentar estabelecer relações no mundo não-homossexual seria um gesto de capitulação aos valores do Sistema. O fato de estes valores serem os mesmos valores de seus pais certamente reforçava a sua convicção.

Entretanto, persistia uma vontade de cruzar a barreira perfeitamente visível entre a sociedade homossexual e a sociedade heterossexual, e de viver uma vida mais de acordo com a sua infância e adolescência, da qual ele tinha poucos motivos psicológicos para se afastar. Este anelo explodiu de uma maneira curiosa e inesperada. Numa viagem a negócios para uma cidade distante, C cruzou inesperadamente com um de seus amigos de faculdade que se proclamava homossexual convicto. Esse amigo sugeriu que fossem a um clube privado onde "valia tudo". C aceitou o convite, e viu-se imerso num clima fantástico de carnaval, onde as pessoas ostentavam todos os tipos e graus de fantasia ou de nudez, e casais e grupos de todos os tamanhos praticavam juntos e separados todos os tipos possíveis de estimulação e copulação. Não havia nenhuma fronteira sexual; homens transavam com homens e com outras mulheres ao mesmo tempo, e as mulheres faziam o mesmo, havendo casais e grupos só de homens, e casais e grupos só de mulheres, e pessoas passando livremente de um grupo para outro, como dançarinos ébrios num balé composto por um coreógrafo insano.

A natureza chocante dessa experiência aniquilou em C quaisquer constrições teóricas quanto aos papéis sexuais. Ele se deu conta de que o seu comportamento anterior na comunidade homossexual não fora menos isento de convenções, no seu próprio contexto, do que a vida de seus pais. O estereótipo homossexual que ele vivenciara era diferente do estereótipo homossexual da sua formação familiar, mas em ambas as situações havia igualmente pouco espaço para desvios da "norma". Depois de observar e participar daquela noite de orgia, C começou a pensar que, se *aquilo* podia acontecer, qualquer coisa poderia acontecer, bastando estar aberto. Até mesmo a possibilidade de assumir um relacionamento sexual estável e comprometido com uma mulher, de casar e ter uma família, já não era tão impossível quanto ele imaginara. Deixou de sentir-se sem opções. Naturalmente, foi preciso certa coragem da sua parte para agir com base em seus novos sentimentos, e houve alguns falsos começos. Mas não muito tempo depois, este jovem fez a transição de um comportamento homossexual para um heterossexual. No seu caso, o ingresso na homossexualidade fora uma etapa em seu desenvolvimento psicológico e sexual. Isso não significa dizer que há uma identidade necessária entre homossexualidade e imaturidade, nem entre heterossexualidade e maturidade. Mas no caso de C esta passagem foi certamente uma evolução.

Embora tal situação possa parecer especificamente contemporânea, uma associação arquetípica é possível. Ela nos traz à mente um antigo ritual que ainda hoje é praticado nas ruas da velha Delhi. Miguel Serrano descreveu a procissão ao longo da fantasmagórica rua Chandni Chowk, em honra ao deus andrógino Elefanta, que alguns dizem ser hermafrodita.

> Subitamente, tem início a dança do fogo. Esta dança é executada por jovens rapazes usando seios artificiais, conhecidos como os dançarinos hermafroditas. Sua dança começa de forma lenta e insinuante, enquanto balançam os seios e os quadris; mas pouco a pouco, à medida que aumenta o ritmo do grande tambor, vão atingindo um estado de frenesi. Seus olhos faíscam, seus pés descalços batem no asfalto empoeirado e seus braceletes de metal tilintam. Carregam nas mãos tochas acesas e, ao entrar em transe, enfiam o fogo na boca, pulam sobre ele, pisam nele, abraçam-no e o devoram – tudo isso diante do olhar sereno e impassivo dos espectadores. Esses hermafroditas executam essa dança desde a infância, de modo que há muito se acostumaram ao fogo. Treinados pelos outros membros da tribo, eles são bastante respeitados e prestigiados por isso. Mas há também algo perturbador e triste a respeito desse espetáculo, pois esses rapazes não alcançaram a paz. O fogo externo que eles brandem não é capaz de fundir os contrários que eles representam. Há grande diferença entre o deus hermafrodita Elefanta e os meninos hermafroditas de Chandni Chowk. Enquanto o primeiro superou a própria virilidade, estes últimos a negaram.[1]

21

ANDROGINIA VIVENCIADA NA MASTURBAÇÃO, NO CELIBATO E NO CASAMENTO

Ao prosseguirmos nossa reflexão sobre o impacto da androginia em qualquer nova teoria da sexualidade humana, devemos levar em conta o grau de extroversão ou introversão de cada indivíduo, pois isso determina, em grande parte, a maneira como ele buscará relacionar-se com si mesmo e com os outros. O andrógino paira suspenso entre duas dinâmicas: de um lado, o seu desenvolvimento interior; de outro, a sua percepção de si mesmo face a tudo o que está no universo fora do seu corpo. Ao lado introvertido da nossa natureza defrontam-se problemas referentes à energia que flui por outros canais que não os interpessoais; por exemplo, as dúvidas e dilemas em torno da masturbação, da criatividade, da viuvez e da velhice. Ao lado extrovertido acorrem as questões de solidão dentro do casamento, ou de alienação em meio a um grupo ou organização. Comentarei ambos os aspectos.

Se a androginia se manteve submersa ao longo dos séculos, a masturbação também foi igualmente ubíqua e quase tão secreta. Uma vez que a prática da masturbação é tão disseminada a ponto de ser inequivocamente "normal", decorrem disso algumas dúvidas lógicas: Por que a inibição interior tão generalizada e difundida em torno da masturbação? Por que sempre houve tantas proibições contra a masturbação nas sociedades convencionais? É sabido que a masturbação é não só uma parte natural da infância, como também pertence ao repertório sexual dos adultos. Independentemente de haver envolvimento com outros tipos de atividade sexual, a masturbação continua a desfrutar de uma popularidade universal. Se, como afirmam pessoas esclarecidas, ela é perfeitamente natural e todos a praticam, por que foi objeto de tantas moralizações, frustrações e sentimentos de culpa? Qual é a natureza do poderoso ímpeto masturbatório que tem levado filhos a desafiar os pais e os piedosos negarem a autoridade da igreja, pelos simples prazer e excitação da coisa?

Parece-me que o prazer físico e o alívio de tensão que a masturbação pode ocasionar são apenas uma parcela do que está envolvido. O fato de a masturbação ser tão prevalecente e de conseguir tão infalivelmente provocar deleite, ou pelo menos alívio, prova que alguma importante necessidade humana é satisfeita por seu intermédio. A vergonha que tão freqüentemente rodeia a masturbação provém não do ato em si, mas da consciência de se haver transgredido as proibições que há em torno dela.[1] O elo com a androginia deve estar aparente: da mais tenra infância, passando pela juventude, até a maturidade, a masturbação é um ato de auto-afirmação cujo objetivo é a busca da independência.

O impulso masturbatório surge na infância. A princípio, o bebê desconhece qualquer outro objeto que não sua mãe. Ela é o seu primeiro objeto de amor. Mesmo antes de haver amor, a mãe é a fonte de calor, de alimento, de cuidados e de carinho. Somente na ausência dela é que se descobre que a mãe é algo separado, e não uma parte do ser ou corpo da criança. O bebê logo aprende que a mãe precisa ser chamada, persuadida, apaziguada, aplacada. E quando ela não está por perto e o bebê fica sozinho, ele tem tempo e oportunidade de explorar-se a si mesmo, aprendendo assim os limites do próprio corpo, cujos membros passam a adquirir realidade. As mãos se estendem para pegar coisas. Há uma boca na qual o alimento pode ser colocado, e uma sensação agradável no estômago quando a comida desce. Os órgãos genitais estão lá para serem descobertos, e também as sensações prazerosas que se pode obter deles.

A masturbação e as proibições em torno dela podem ser vistas no contexto das lendas que se contam sobre a Árvore do Conhecimento, onde é abordada a questão do potencial do indivíduo tornar-se independente de Outro mais poderoso que ele. Existe a proibição de comer o fruto dessa árvore porque Adão e Eva, comendo dela, aprenderiam os segredos da vida carnal – que estão associados aos segredos da criatividade. Tal conhecimento os tornaria como deuses, isto é, poderosos e independentes. O Deus do Gênesis supostamente não queria que isso acontecesse. Mas Deus, em seu aspecto seguro – isto é, como Satã – quer que as pessoas sejam livres e poderosas, mesmo correndo o risco de perderem o Paraíso. O Deus que proíbe que se coma o fruto da árvore que torna os seres humanos conhecedores do bem e do mal talvez tenha medo que os humanos passem a acreditar na auto-suficiência se forem capazes de satisfazer suas próprias necessidades sexuais através da automanipulação. Plenos em si mesmos, as pessoas teriam menos incentivos para ingressar no mundo, estabelecer relações com seus semelhantes e assim fundar sociedades.

Isso não significa dizer que, através da masturbação, todas as necessidades sexuais possam ser satisfeitas, nem que ela seria preferível se isso fosse possível. Na maioria dos casos, é uma maneira pouquíssimo satisfatória de saciar essas necessidades, sendo as pessoas as criaturas sociais que são e precisando, como precisam, de relações sociais. Ainda assim, existem momentos em que é necessário ao indivíduo aliviar pressões e tensões; se isso for conseguido por meio da masturbação, talvez se evite uma explosão emocional. Não é preciso ter medo. Talvez não se queira um alívio obtido desta maneira; talvez se prefira uma expressão sexual com outra pessoa. Mas o fato é que ninguém precisa ser obrigado a sacrificar a própria independência – se as coisas chegarem a isso – simplesmente pela necessidade de ter um parceiro para o sexo. Somos livres para escolher quando a masturbação pode ser uma opção.

Por que então transgredir a proibição de se masturbar é motivo de tanta culpa e de tanta vergonha? Os tabus que rodearam por tanto tempo esse ato talvez expliquem isso em parte, já que injunções bíblicas contra o derramamento do sêmen também estão presentes em diversas formas em outras culturas. Essas proibições não são explicitamente dirigidas contra a masturbação. O pecado do onanismo, conforme é narrado no Gênesis 38:8-10, é na realidade o do *coitus interruptus*, mas a separação entre sexualidade e procriação parece ser o elemento comum e é provavelmente por isso que o pecado de Onã está também associado à masturbação. O desperdício de sêmen também é proscrito nas práticas do Yoga Kundalini, no ritual tântrico de Maithuna e no yoga taoísta do Duplo Cultivo. Todos advertem contra a ejaculação do sêmen, pois acreditava-se que os fluidos sexuais traziam consigo a essência da força vital. A noção amplamente aceita de que existe um canal que parte dos testículos, sobe pela coluna vertebral ou a rodeia, até chegar ao cérebro, deu força à idéia de que se as energias sexuais fossem dissipadas haveria efeitos deletérios sobre o cérebro, isto é, sobre a consciência. Que esta idéia, que não possui fundamento na anatomia humana, tenha sido parte tão integrante do senso comum de tantos lugares por todo o mundo sugere que se baseia em material arquetípico. A interpretação, evidentemente, também pode ser feita no nível simbólico, e é isso que ocorre em certas práticas esotéricas.

Porém, se quisermos entender a experiência masturbatória do indivíduo, será importante considerar as manifestações dos modelos arquetípicos na sua vida pessoal. As motivações interiores dos pais também não devem ser relegadas, pois são eles os mais propensos a imporem as tão difundidas proibições contra a masturbação. Quando os pais não a proíbem, geralmente há pouca ou nenhuma inibição interna por parte da criança. Seria a imposição de frustrações sobre os filhos pelos pais expressão das próprias frustrações destes últimos, que não têm como expressá-las adequadamente de outra forma? Seriam os pais prisioneiros de um relacionamento sexual longe de satisfatório, desejando secretamente possuir a chave da auto-satisfação e da auto-realização que negam aos filhos? Esse tipo de necessidade, e essa maneira de tentar satisfazê-la, serão necessariamente negados pelo pai ou mãe que não estiver preparado para assumir os riscos envolvidos no seu próprio problema de sexualidade não satisfeita. Em jogo, tanto para os pais como para os filhos, está o risco da expulsão do paraíso – o lugar onde tudo o de que precisamos é providenciado para nós e onde somos bem considerados pelos deuses que cultuamos. O desafio da auto-suficiência é tentador, mas traz consigo o risco da solidão. Ainda assim, Satã está sempre pairando por perto, oferecendo suas carícias sedutoras.

A experiência de um homem de trinta e poucos anos com uma obsessão de natureza arquetípica talvez sirva para descrever como alguém viveu este problema de maneira intensamente pessoal. D tinha uma fantasia masturbatória persistente. Ele se imaginava nu na janela do seu apartamento observando uma menina colegial em seu quarto do outro lado da rua. D acompanharia todos os movimentos da garota, cada vez mais excitado à medida que ela lentamente ia se despindo. Ainda a espiá-la, ele se masturbaria até atingir o clímax. Não era tanto a garota em particular que o fascinava; era a sua idade. E pôde me dizer por quê. D achava que havia sido uma pessoa muito sexual quando estava no colégio; as auto-estimulações eram freqüentes. Em retrospecto, considerava esse o período em que se sentiu mais vivo sexualmente.

Ele me descreveu sua primeira relação sexual. "Alguns garotos mais velhos me convidaram para uma 'festinha', na qual uma menina de quinze anos aceitaria transar com todo o mundo que quisesse. Eu estava um pouco nervoso. Eles disseram para eu observar uma vez a fim de aprender o que deveria fazer. Fiquei observando um pouco, sentindo-me totalmente constrangido, até que decidi deixar de olhar e experimentar eu mesmo. Eu sabia que não conseguiria chegar ao clímax, e de fato não cheguei. Fiquei simplesmente deitado em cima dela e nada acontecia. Até que, não muito tempo depois, peguei uma garota e fiquei acariciando-lhe os peitos, me excitando. Não passamos disso, mas quando cheguei em casa fui me masturbar. Foi a primeira vez que me lembro de ter me masturbado até atingir o orgasmo. Foi uma tremenda sensação. Pela primeira vez, *eu me senti no controle da minha sexualidade.*"

Mais tarde, D freqüentou prostitutas, com quem teve suas primeiras experiências sexuais de verdade. Ele iria de carro até uma cidade vizinha onde obteria cinco minutos de sexo; depois, durante toda a semana, se masturbaria com fantasias da prostituta. Casou-se alguns anos depois, mantendo um relacionamento razoavelmente bom, mas não particularmente envolvente, com a esposa. Isso era verdade em todos os aspectos da sua intimidade, inclusive o sexual. Mas permaneceu casado a despeito das tensões que surgiam, encontrando válvulas de escape que, segundo me disse, tornavam seu casamento suportável. Essas válvulas de escape incluíram um ou dois casos com mulheres, com quem pôde sentir-se emocionalmente próximo; mas houve também muitas prostitutas e encontros de bar com quem era possível manter uma atividade sexual sem compromissos. A respeito desta prática constante, ele comentou: "Eu ainda imagino que estou fazendo sexo com menininhas inocentes, mesmo que esteja com prostitutas. Fico fantasiando que estou lhes dando lições sobre sexo. Sinto-me mais seguro quando acredito que elas não estarão me comparando com ninguém mais. Não quero dizer comparar apenas o meu desempenho sexual, mas também a qualidade dos sentimentos, da confiança."

Percebi que suas fantasias masturbatórias com meninas muito jovens eram regressivas, no sentido de levarem-no de volta ao ponto onde começara a tomar conhecimento da sua sexualidade. O fato de ter sido abandonado pelo pai aos dez anos de idade e de passar a depender excessivamente da mãe – que, no entanto, exigiu que assumisse muito cedo o papel de adulto – foram obstáculos que o impediram de investigar como um adolescente qualquer o mundo da sexualidade ativa. Não tinha diante de si a imagem de nenhum homem de verdade; pelo contrário, sua mãe sempre tecia comentários depreciativos a respeito do pai. Nem recebeu apoio de ninguém para aprender a resistir às exigências descabidas da mãe. Para D, toda mulher madura era algo formidável, enquanto que, com uma meninota inocente de catorze ou quinze anos, ele ainda poderia ter alguma esperança de sucesso.

Todavia, ele nunca podia estar certo disso. Se ao menos fosse possível sentir os sentimentos tanto do amante como da garota amada. . . Se ele ao menos pudesse ter certeza dos sentimentos sexuais dela, e se ao menos ela pudesse ter certeza dos sentimentos dele, então um encontro sexual perfeito aconteceria. Mas como ele poderia ter *certeza* de que a sua parceira seria absolutamente sensível às suas mais ternas necessidades, e de que ele estaria igualmente atento às dela, a menos que pudesse ser ao mesmo tempo o homem e a mulher? O arquétipo do andrógino surge nesse momento das profundezas esquecidas além da consciência, invocado pela sua necessidade de segurança e auto-suficiência. Este arquétipo, profundamente oculto no inconsciente, deu provas da sua existência através das imagens da fantasia masturbatória.

Entretanto, na vida real desse homem, a experiência de uma relação verdadeiramente livre e verdadeiramente amorosa não existia. As relações sexuais com a esposa eram cheias de dúvidas: Será que conseguiria satisfazer as exigências dela? Se conseguisse, ou mesmo se não conseguisse, será que a esposa poderia ajudá-lo a alcançar a liberação que vem de se renunciar ao ego nesta que é a mais íntima das situações humanas, visto que a sua confiança nela era parcial?

As relações sexuais semifortuitas de D com outras mulheres eram motivo de muita culpa. Teria de admitir que estava desapontando a esposa? Será que precisava de outros relacionamentos para firmar a sua própria potência? Na realidade, o sexo extraconjugal que ele vinha tendo era apenas moderadamente proveitoso do ponto de vista da liberação emocional. E era desastroso no sentido de preencher qualquer tipo de necessidade espiritual. A masturbação e as fantasias que a acompanhavam tinham, por sua vez, um aspecto positivo: permitiam que os dois lados adolescentes deste homem se unissem, o jovem magoado e a virgem inocente. Este é um exemplo de como a masturbação pode permitir que se recupere uma incipiente integridade pessoal que foi perdida em algum momento da infância, a saber, a união interior da reação Masculina e da reação Feminina implícita no arquétipo da androginia. Para isso ser possível, depende muito do grau em que a consciência participa do ato.

A masturbação não é, e provavelmente nunca será, a forma ideal de expressão sexual, mas há momentos em que ela é melhor do que um relacionamento errado. Há momentos em que ela também serve como uma fase regressiva de transição, de uma expressão insatisfatória de sexualidade para uma fase anterior do desenvolvimento pessoal, em que erros foram cometidos ou oportunidades foram desperdiçadas. Retornar a esta fase através da fantasia masturbatória pode ajudar o indivíduo a reorganizar um amadurecimento masculino distorcido, como neste caso, ou um amadurecimento feminino distorcido em moldes semelhantes numa mulher. Lá atrás, no ponto em que o amadurecimento unilateralmente masculino ou feminino foi distorcido, existe a oportunidade de vivenciar em fantasia outras maneiras pelas quais a situação problemática poderia ter sido resolvida, pondo um fim às questões que tenham permanecido sem solução. Isso funciona melhor quando se percebe e se reflete sobre os conteúdos da fantasia, pois é aí que o indivíduo descobre que pode tornar-se ciente dos seus processos inconscientes, observando como eles agem através das fantasias masturbatórias. É também aí que ele descobre que é capaz de nortear sua própria evolução se prestar atenção consciente à sua vida fantasiosa.

A masturbação é capaz de proporcionar a experiência intensa de sermos amante e amado ao mesmo tempo. Esta experiência pode ser plena se for acompanhada de fantasias curativas, isto é, de fantasias que promovam a integridade. E pode ser um estímulo à criatividade, como nos lembra a mitologia egípcia, na qual a criação provém de um ato masturbatório.[2] Aqui estão combinados o dar e o receber, a atividade e a receptividade.

A masturbação também pode promover um senso de autonomia pessoal, dependendo das condições em que ocorre. Primeiro, na adolescência, como uma maneira de conhecermos nossas reações sexuais, preparando-nos para a iniciação na experiência sexual plena; segundo, na idade adulta, no caso de alguém incapaz de atingir o orgasmo devido à ansiedade decorrente de uma eventual perda de controle; terceiro, nos relacionamentos sexuais maduros, quando por algum motivo o coito sexual é impossível ou inadequado às necessidades de um ou de outro parceiro; e, quarto, em períodos de isolamento sexual, seja por desígnio próprio ou por necessidade, quando se torna importante manter um senso de inteireza e sensibilidade diante de uma dupla intimação: a da tensão física e a da necessidade psicológica de união.

Há uma grande liberdade em saber que podemos ser íntegros na vida interior, e que essa inteireza não precisa depender absolutamente de um relacionamento com outra pessoa. Isso não significa dizer que nós todos devemos preferir a masturbação às relações sexuais. O importante é que, se estivermos abertos à possibilidade de nos masturbarmos e ao valor da masturbação, relacionarmo-nos sexualmente com outra pessoa torna-se uma questão de opção e não uma questão de necessidade. E quando ocorre esse relacionamento, terá o caráter vigoroso da união de dois indivíduos independentemente potentes. A alternativa seria um relacionamento menos livre por causa da premência da necessidade de cada um pelo outro.

A masturbação é um recurso interior ao qual se pode recorrer apenas raramente, embora continue sendo parte do repertório sexual do andrógino. E alguém poderia perguntar: como é que ela difere da masturbação que todos praticamos de vez em quando, com maior ou menor freqüência? A diferença é que a masturbação que pertence à experiência do andrógino é praticada *conscientemente*. Seus motivos são compreendidos e aceitos e ela é acompanhada de uma fantasia tal que a alma possa participar da experiência do corpo sem culpa ou vergonha. Além disso, não há nela nenhuma qualidade compulsiva que tão freqüentemente acompanha a masturbação. O andrógino sabe que "ser ele mesmo" inclui a liberdade de fazer muitas coisas – entre elas, a de ser o amante de si mesmo.

Se a masturbação pode ser vista como a expressão de um ímpeto de se tornar independente das outras pessoas e também de se libertar de uma imagem autoritária de Deus, o celibato pode ser visto como uma forma de dar expressão à sexualidade de uma maneira que testifique um senso de profundo compromisso espiritual a um Deus transcendente. Há uma grande diferença entre essas duas maneiras de se ser "sozinho", mas a natureza andrógina do indivíduo pode e deve estar presente em ambas.

O celibato é o compromisso de abster-se de relações sexuais, ou o voto de contrair matrimônio. Já perguntei a diversos padres católicos romanos o que significa para eles o celibato. Embora concordassem que significava viver num estado não-conjugal, um achava que implicava não se manter relacionamento íntimo algum com quem quer que seja, homem ou mulher, enquanto outro achava que os relacionamentos amorosos são permissíveis no celibato, até mesmo com a possibilidade de uma certa expressão sexual, desde que o relacionamento pessoal não interferisse com a dedicação principal ao trabalho religioso. Fiquei com a impressão de que a maioria das pessoas sob voto de celibato se situariam em algum ponto entre estas duas posições, estando mais ou menos dispostas a manterem relacionamentos afetuosos e calorosos que não fossem explicitamente sexuais.

Se o compromisso do padre E ao ideal celibatário puder ser entendido em termos do seu relacionamento interior com o Feminino, talvez possamos compreender como é possível um sacerdote viver como andrógino. Padre E era muito devotado ao seu trabalho como professor universitário e pesquisador. Seu interesse erudito pela vida atrapalhava o seu progresso na hierarquia da igreja por causa de algumas considerações "políticas" que ele se recusava a aceitar. Embora fosse um homem de considerável competência intelectual e bastante respeitado em seu campo, Padre E estava impossibilitado de dedicar o tempo que gostaria para formular suas idéias e colocá-las por escrito. Com profunda tristeza, ele comentou comigo, "Minha criatividade foi frustrada pelos superiores". Entendi isso como querendo dizer que seus superiores exigiam da sua parte o cumprimento de um determinado papel, e que esse papel não lhe proporcionava tempo ou liberdade suficiente para perseguir seus próprios interesses. No entanto, ao dar essa interpretação do que carecia em termos de realização pessoal dentro do contexto do celibato, Padre E indicou que reconhecia o papel do Feminino interior ou, no termo de Jung, da *anima*. Em suas próprias palavras, "Se não distinguirmos a anima como o ventre da criatividade, ela não poderá frutificar e tornar-se produtiva. Os padres e demais religiosos têm que estar abertos ao Feminino em si mesmos para poderem transmitir a idéia mística. O Espírito no homem é o princípio Masculino vindo de Deus, e é ele que pode fazer a *anima* produzir resultados. Com sua Masculinidade, o homem deve proteger e promover o filho do seu espírito, e também compreender e sustentar a Mãe que o gerou". Jung acreditava que as mulheres são naturalmente mais receptivas ao Espírito de Deus através de sua Feminilidade, e que o homem místico relaciona-se com o Espírito através da sua *anima*. Padre E estava agudamente ciente das duas qualidades de energia que havia dentro de si, e conseguia vivenciar a inter-relação de ambas como harmonia interior, ainda que se sentindo frustrado em sua vida exterior por poder dedicar tão pouco espaço ao trabalho intelectual. Só recentemente ele começou a compreender que, na sua vida celibatária como andrógino, sua contribuição provém não tanto do que faz quanto da maneira de ser. A androginia não depende do que fazemos, mas do que somos.

A sra. F é uma mulher casada com três filhas. Em sua vida espiritual, contudo, ela se aproxima muito do ideal celibatário. Há ainda nela uma qualidade virginal, como se permanecesse intocada pelas dificuldades da vida, embora cumpra de bom grado as obrigações normais que ocupam um mulher com família. Ela comentou comigo que até recentemente as mulheres tinham apenas duas escolhas: ingressar na vida monástica ou viverem como esposas e mães. Ela acredita que, mesmo hoje, quando uma mulher já pode escolher qualquer profissão, espera-se que ela se esqueça da vida profissional quando está em casa com a família. F, no entanto, encontrou um lugar para si, um pequeno canto da sua casa onde, de acordo com ela, "posso me sentir inteira, completa; onde todo o meu ser atua simultaneamente, harmoniosamente". Todos os dias ela reserva tempo para a contemplação e a meditação. Chegou a hesitar em comentar isso comigo, explicando que tais momentos eram muito intensos e muito distantes do resto da sua vida. Disse-me que não gostava do termo "místico", por ter sido usado e abusado. Por outro lado, confessou-me compreender e sentir afinidade com S. João da Cruz e com Sta. Teresa de Ávila. Ela era diferente das outras mulheres que conhecia, e aceitara essa verdade a seu respeito, como aceitara a realidade do seu envolvimento com o Espírito. Tudo isso pertencia a uma vida separada e a um profundo relacionamento interior. Apesar disso, continuava tendo, como mulher, o que chamava de "amigas de cozinha", além de manter suas amizades familiares. Estes relacionamentos estavam baseados nas coisas do dia-a-dia, e participava deles com a sua experiência do que, nesses círculos, uma mulher é: dona-de-casa, esposa e mãe.

Num outro plano de existência, ela vivia uma vida que era o oposto complementar da do padre E. Assim como ele, F tornara consciente a presença viva do elemento contrassexual da alma, através do qual também adquirira consciência da sua androginia interior. Tanto ela como o padre E haviam alcançado um profundo senso de realização, desvinculado de qualquer ligação sexual, que testificava a sua inteireza e liberdade interiores. Ambos haviam atingido esse estágio de desenvolvimento depois de viverem um período de suas vidas em que, externamente, haviam se conformado às definições comuns de gênero. Isso não se modificara fundamentalmente, mas ambos agora progrediam em seu desenvolvimento interior – que se estendia para além de como a sociedade os via, e era totalmente independente disso. Um era padre, a outra uma mulher casada; no entanto, ambos encontraram sua androginia mediante uma forma de celibato espiritual.

Num casamento em que marido e mulher dividem as tarefas e as responsabilidades conforme os ditames tradicionais, em que cada um cumpre os papéis "apropriados" na sociedade, é inesperado que a questão da androginia possa surgir de maneira chocante e dolorosa. Entretanto, justamente porque esta questão se mantém tão absolutamente inconsciente, seus efeitos subterrâneos sobre a personalidade às vezes irrompem das maneiras mais inesperadas. É isso o que aconteceu com G, um homem extremamente bem-sucedido em termos convencionais, e que era considerado um "perfeccionista" na maneira como conduzia seu trabalho e sua vida pessoal. Se ele exigia muito dos outros, exigia ainda mais de si. Todos os que o conheciam concordavam que G era uma pessoa extremamente intelectualizada, extremamente competente em assuntos técnicos e um racionalista absoluto. Era casado e tinha três filhos exemplares. Viera fazer análise para compreender e tentar resolver suas freqüentes dores de cabeça, para as quais nenhuma causa orgânica fora encontrada.

Um episódio importante ocorreu quando saí de férias, e me foi narrado quando voltei. G estava atravessando um estágio da análise que exigia que enfrentasse algumas qualidades em si mesmo que não se conformavam com a sua imagem do que gostaria de ser. Nesse processo, surgiram naturalmente certos sentimentos negativos com relação a mim que, de maneira bastante inconsciente, misturaram-se com alguns sentimentos negativos com relação à sua esposa e à sua mãe – sentimentos que ele nem de longe jamais chegara a reconhecer em sua verdadeira intensidade. A ausência da analista justamente num momento em que desejava conversar com ela trouxe todos esses sentimentos ocultos à tona, ainda que a natureza deles não fosse aparente. Numa dessas noites, G acordou de repente, ao lado da esposa que ainda dormia, e sentiu-se terrivelmente só. Era uma solidão extremamente dolorosa, a solidão de um homem, caracterizada pelo sentimento de que "nenhuma mulher jamais poderá compreender o que eu sinto". Ele tinha plena certeza de que as mulheres viviam a vida de uma maneira totalmente diferente que a dos homens, e que a possibilidade de comunicação entre homens e mulheres era pequena e superficial. Num exagero típico da depressão, os sentimentos pessoais de G sobre as três principais mulheres da sua vida haviam sido generalizados de modo a incluir todas as mulheres, e ele estava sentindo o grande e universal fardo de ser homem. Sentia que há muito tempo, ainda na infância, fora deserdado de algo que todas as mulheres sabem. Imaginava as mulheres ligadas à terra, como que se arrastando pelo chão, enquanto ele tinha que andar ereto – em todos os sentidos da palavra. Sentia que havia sido cortado do mundo físico e material no qual as mulheres se sentem tão à vontade, de uma maneira análoga ao isolamento da mulher no mundo intelectual. Não suportou mais ficar na cama ao lado da esposa, e levantou-se. Sentindo a necessidade de tomar uma chuveirada, foi até o banheiro, onde começou a sentir um ódio tão intenso da mãe que teve vontade de vomitar no chuveiro ou de matá-la. Seus pensamentos pareciam retorcer-se no seu estômago.

Desceu as escadas, pegou um copo de leite e ficou chorando sobre a mesa da cozinha. "Senti que a vida não é sobre a vida – que a vida é sobre a morte. Enquanto não reconhecermos que a morte está sempre próxima, nada de importante poderá acontecer comigo." Ele queria conversar comigo, sua analista, mas nem isso lhe era possível. Julgou que conseguiria sobreviver até minha volta. Não acreditava que pudesse enfrentar a situação sozinho. De modo que, em desespero, decidiu que a única coisa a fazer era conversar com a esposa. Foi para cima e acordou-a. Disse-lhe que se sentia explorado por ela. Admitiu que ela fazia quase tudo o que lhe era exigido, mas muitas vezes ela gastava dinheiro em coisas de que não precisava sem o consultar. E, embora mantivesse a casa em ordem, raramente limpava as marcas de sapatos dos rodapés ou arrumava os armários. Contou que se sentia manipulado por ela – que sempre se sentira manipulado pelas mulheres: "se forem boazinhas comigo, elas conseguem o que desejam". Disse para a esposa que ela sempre conseguira o que quisera dele. Para sua grande surpresa, a esposa respondeu que ela vinha se sentindo manipulada por *ele*! Ela reclamou que ele ganhava o dinheiro e podia decidir como gastá-lo, enquanto ela tinha de descobrir exatamente como agradá-lo se quisesse ter algo para si mesma.

Isso provocou em G uma súbita descoberta: jamais lhe ocorrera que pudesse ser culpado do próprio ato que atribuía às mulheres, a saber, a manipulação. Examinou seu passado e observou que mal saíra do rabo da saia da mãe e caíra no rabo da saia de outra mulher, a esposa. Agora, pela primeira vez, dava-se conta que a história tinha um outro lado. E dispôs-se a discuti-lo com a esposa que, pela primeira vez, discutiu o assunto diretamente com ele. Decidiram se concentrar no modo como lidavam com o dinheiro. Ele sempre sentira que, já que o ganhava, o dinheiro era seu para gastar; e que dava para a esposa o que ela precisava quase como um gesto de benevolência. Ela retrucou que achava o seu trabalho em casa igualmente valioso. Depois de muitas horas, encerraram a discussão decidindo dividir o dinheiro que ele ganhava ao meio, que cada um pagaria metade das contas da casa e das despesas familiares com a sua metade, e que cada um poderia utilizar o saldo conforme preferisse. Se ele quisesse usar a sua porção para viajar e ela quisesse usar a sua para entreter as amigas (decisões como estas sempre haviam sido motivo de briga), teriam o privilégio de fazer o que bem desejassem.

Quando me narrou este episódio, G acrescentou importantes informações complementares. Disse que nunca quisera conversar com a esposa sobre seus problemas, provavelmente porque sua mãe jamais lhe dera ouvidos e porque ele não confiava que as mulheres pudessem dar atenção ao que se passava na mente de um homem. Disse também, "A hora em que eu mais odeio minha mulher é quando vejo minha mãe surgindo através dela". Lembrou-se de que sua mãe conseguira que ele deixasse de usar fraldas aos nove meses de idade. E viu que isso significava que ela agira cedo demais para separar o ego do Self, em vez de permitir que o ego languescesse no Self. Percebeu que isso provavelmente explicava o seu perfeccionismo – não havia outra maneira de conseguir o que queria da mãe. E comentou com tristeza, "Nunca se pode simplesmente 'boiar' quando se é perfeccionista; é preciso estar sempre nadando com todas as forças".

G. estava quase pedindo desculpas quando disse, "Sei que chegamos a um entendimento sobre o dinheiro, mas sei também que o dinheiro não é o nosso verdadeiro problema". É como se G sentisse que uma descoberta importante sempre precisasse ter uma natureza muito mais intelectual. Eu respondi que, pelo contrário, o dinheiro *era* o cerne dos problemas com sua esposa por causa do que o dinheiro simbolizava para ele. Em seu acordo financeiro com a esposa, G pela primeira vez dava ao Feminino igual valor. Ele conhecia o provérbio, "desde que os fenícios o inventaram, o dinheiro é a forma mais sincera de indicar valor". De modo que o que ele fizera em termos simples e concretos – primeiro, ouvindo a mulher e dando a ela a oportunidade de verdadeiramente ouvi-lo; segundo, agindo com base nos resultados desse colóquio verbal – foi relacionar-se ao mesmo tempo com a mulher que existia na sua esposa e com o Feminino em si mesmo. Da sua solidão, provocada pela alienação do Feminino, veio a descoberta que permitiu a reunião com o Feminino e o início do reconhecimento da sua androginia.

22

ANDROGINIA VIVENCIADA NA VIUVEZ, NA VIDA CRIATIVA E NA VELHICE

Viúvos e viúvas costumam enfrentar problemas bastante específicos para se adaptarem a uma solidão que não escolheram e que em muitos casos lhes sobreveio de repente, sem que estivessem absolutamente preparados para isso. Embora cada um tenha de sofrer à sua maneira, quero falar aqui da mulher que se vê sozinha após a morte do companheiro e que talvez venha a precisar de ajuda para desenvolver seu potencial andrógino interior. Minha experiência com viúvos é consideravelmente menor, provavelmente por serem em menor número, e também porque qualquer viúvo que queira casar-se de novo parece ser assediado por mulheres interessadas de todas as idades. O mesmo não vale para a viúva, especialmente quando não é mais jovem, dada a proporção estatística entre homens e mulheres mais idosos.

A mulher que definiu a si mesma e à sua personalidade em termos do seu relacionamento com um homem é a que mais sofre quando tem de enfrentar a viuvez. Ao contrário da mulher divorciada, não optou deliberadamente pelo caminho da autodeterminação: não houve um preparo para viver sem o homem que era seu companheiro; não houve um período de questionamento da validade do seu relacionamento com ele; não houve insatisfação com a sua condição de esposa; nem houve uma evolução consciente para adquirir aquela independência que é necessária para alguém decidir pôr um fim a um relacionamento crucial e permanecer sozinha. A viúva é obrigada a encarar a perturbação de um equilíbrio que, bem ou mal, estava funcionando para ela.

O término de uma relação pela morte muitas vezes priva a mulher da escolha consciente de preparar-se para a solidão. Ao ter de assumir inesperadamente uma função de inteireza, de integridade, da androginia – função que outrora dividia com o marido – ela verifica que não cumpriu as etapas necessárias para encarar essa mudança com algum senso de segurança. Descobre que, embora não tenha se modificado interiormente, sua situação social no mundo sofreu uma modificação drástica. Para começar, ela provavelmente estava acostumada a viver numa "sociedade de casais" e, de repente, não pertence mais a esse tipo de grupo. Começa então a sentir-se uma pária. Houve, por certo, muitas visitas obsequiosas após o enterro, e os cartões de condolências continuaram chegando nas semanas subseqüentes. Ela continua sendo convidada a sair, a princípio para o mesmo tipo de festas que costumava ir antes, nas quais, porém, acaba sentindo de maneira aguda que *ele* está faltando. Sozinha, não se encaixa mais, e sente-se esquisita tendo como par alguém que nada significa para ela. Se for difícil para ela ser anfitriã e anfitrião ao mesmo tempo, ou se a vida lhe exigir tanto que se torna penoso entreter convidados, seus convites para sair começarão logo a minguar. Passa então a visitar apenas os amigos mais íntimos, especialmente naquelas ocasiões em que eles não convidam mais ninguém. Mas dá-se conta de que precisa agir com cautela nesses momentos: se se mostrar muito charmosa, atraente, vivaz ou inteligente, irritará a esposa do casal e será acusada de aproveitar-se da hospitalidade oferecida; se, contudo, se mantiver discreta demais, poderá tornar-se maçante ou, o que é pior, inspirar piedade. Se ao menos pudesse ser ela mesma. . . Mas não pode, pois arrancaram-lhe metade do que ela foi, e sua dor ainda permanece evidente demais.

Na cerimônia de núpcias tradicional, homem e mulher prometiam amar, honrar, acalentar e respeitar um ao outro "até que a morte nos separe". Já ouvi muitos sermões de casamento que falavam da natureza do amor, do significado de duas pessoas honrarem-se mutuamente, e da importância de se acalentar e respeitar quem se ama. Mas não creio que jamais tenha ouvido um clérigo usar como tema a iminência implícita da morte ou a importância de ambos viverem cada dia, cada momento de uma relação conjugal cientes de que devem ser tão íntegros consigo mesmos que, quando ocorrer a inevitável separação, amanhã ou daqui a cinqüenta anos, estejam preparados. *Sozinho vim ao mundo e sozinho deixarei o mundo. Bendito o nome do Senhor*. Estas palavras deveriam constar de toda cerimônia nupcial.

Não é apenas o companheiro amado que deve ser respeitado e acalentado quando começamos ou vivemos uma relação. Também temos de respeitar e acalentar a nossa própria solidão. A solidão deve ser respeitada, acalentada e preservada – e este último talvez seja o aspecto mais difícil de um casamento. Temos de fazer infindáveis concessões para nos adaptarmos às necessidades do outro e da nova unidade social. Temos de renunciar a uma certa parcela de autonomia, pois quando duas pessoas estão muito próximas os limites da personalidade de cada um tornam-se mutuamente restritivos. Ainda assim, uma solidão harmoniosa pode e deve existir quaisquer que sejam as mudanças em nosso estado civil. Às vezes essa solidão só pode existir como um processo interior. Tempo e espaço precisam ser abertos para ela.

Mas como isso funciona? Como preservar o cerne andrógino em meio ao casamento, à criação e educação dos filhos, a uma vida cujas principais decisões são partilhadas? Muitas esposas acostumam-se no casamento a enfrentar os problemas perguntando-se, "O que *ele* vai achar disto?" E muitas vezes a outra pergunta igualmente importante é relegada, "O que *eu* acho disto?" A mulher que não preserva sua individualidade não está dando o devido valor aos seus sentimentos. Não os considera tão importantes quanto a aprovação que poderá obter do marido. Além, é claro, da questão de manter a "paz" na família.

Quando ainda era recém-casada, eu tinha um provérbio bíblico favorito: "Melhor um pedaço de pão seco com tranqüilidade do que uma casa cheia de banquetes e discórdia" (*Provérbios* 17:1). Depois que cheguei a um certo entendimento comigo mesma enquanto pessoa, descobri que já não me sentia dessa maneira. Pelo contrário, atraía-me mais um dos *Provérbios do Inferno* de William Blake: "Melhor assassinar um bebê no berço do que nutrir desejos sem agir."

Brutal? Aparentemente, se o entendermos ao pé da letra, mas Blake tipicamente exagera para dizer o que deseja. O "bebê" simboliza a personalidade emergente, que muitas vezes é sufocada pelas cordas da autodepreciação. Devemos acalentar e respeitar não só os nossos aspectos que são aceitáveis para o nosso companheiro, mas também aqueles que surgem autonomamente do mais profundo âmago do nosso ser.

A menos que a criança interior, o homem-criança que tem dentro de si, seja acalentada pela mulher durante todos os seus dias e anos como esposa e mãe, ela não terá em si mesma o princípio Masculino interior capaz de proporcionar, de uma maneira refinada, um contraponto para o seu lado Feminino. A discreta autoridade exercida pela presença *consciente* da polarização contrária interior faz com que a mulher saiba que por mais – ou por menos – que possa receber de seu homem em termos de amor, apoio e companheirismo, ela terá dentro de si uma base sobre a qual existir sozinha. Estará pronta quando a hora vier, e essa hora chega mais cedo do que tarde para a maioria das mulheres. Ela terá discernido seus próprios interesses e necessidades, bem como os de sua família. Terá explorado seus talentos e descoberto maneiras de usá-los criativamente, obtendo prazer e fazendo-os trabalhar em seu favor. Com a morte do marido, sua perda e sua dor poderão ser enormes; mas não surgirá um abismo sem fim se estiver preparada. Pelo contrário, haverá apenas um espaço vazio, que a sua nova liberdade permitirá preencher com a essência carinhosamente cultivada do seu próprio ser.

Num casamento, é prático e necessário que as tarefas e responsabilidades sejam divididas entre marido e mulher. Porém, quando essa divisão de atividades é transposta para a vida interior de ambos, os resultados no caso de falecimento de um ou de outro podem ser catastróficos. Quando um dos cônjuges pensa pelos dois e o outro vive por ambos o lado emocional e sentimental, quando um é o que pensa e o outro é o que pacifica, cria-se uma situação em que uma boa esposa será uma má viúva. Teria sido melhor se ela houvesse se preocupado mais consigo enquanto pessoa e menos com a sua condição de esposa, pois a pessoa que é irá acompanhá-la até o seu último dia aqui na terra. Se houver feito isso, estará preparada para o *dia do juízo* – uma metáfora para todos os dias em que nos examinamos e determinamos se estivemos seguindo caminhos que são os nossos próprios.

A mulher viúva encontra-se numa posição em que é praticamente forçada a desenvolver seus poderes criativos para preencher a parte vazia da sua existência com algo que a faça sentir-se inteira novamente. Mas, se conseguir, atingirá um novo nível da sua evolução consciente.

Todavia, muitas mulheres buscam realizar o seu potencial dentro do contexto de um relacionamento amoroso com o marido ou com outra pessoa. Aqui o caminho é menos claro que o da viúva, pois a mulher apaixonada talvez se veja diante de um tipo específico de conflito quando tiver que ponderar, de um lado, sua produtividade enquanto ser criativo independente e, de outro, sua sensibilidade às necessidades egóicas de um homem que depende dela como sua amante, musa e arrimo.

O dilema da mulher criativa numa relação amorosa foi expresso com plangência por Anaïs Nin no terceiro volume de seus *Diários*. O trecho abaixo foi escrito numa época em que ela estava com Henry Miller, e também fazendo análise com Martha Jaeger:

> Jaeger... alcançou uma verdade desconhecida de todo analista homem: a culpa por criar, que é tão forte na mulher. A criação ligada à feminilidade é uma ameaça a ela. Uma ameaça ao relacionamento com o homem.
>
> Numa mulher que gosta tanto do homem quanto eu, torna-se paralisante. O feminino e o maternal protegeram e nutriram; não provocaram destruição ardente, nem fizeram revolução em prol de novos mundos. Eu sinto culpa por escrever sobre aqueles que amei, por expor o caráter do pai. Henry jamais avaliou as conseqüências de seus retratos escritos. Mas eu sinto que são um perigo para o amor...
>
> Eu considerava o trabalho de Henry muito mais importante que o meu próprio.
>
> Tentei delir minha criação com uma esponja, tentei afogá-la, pois o meu conceito de devoção e os papéis que precisava desempenhar conflitavam com o meu eu criativo.
>
> Eu opunha a criação, a sua sinceridade e a sua revelação àquilo que há de oculto e dissimulado em mim. Criação e revelação ameaçam os meus amores; ameaçavam os papéis que o meu amor me obrigava a desempenhar. No amor, eu desempenhava um papel a fim de dar a cada homem o que ele precisasse ou quisesse, ao preço da minha vida. Mas na criação eu revelaria o que sou, ou toda a verdade...
>
> Mas Jaeger sorri. Culpa. Culpa em toda parte...
>
> Não pretendia roubar a criação do homem, nem suas idéias, nem seu pão. Criação e feminilidade pareciam incompatíveis. O ato *agressivo* da criação...
>
> Criar parecia-me uma tamanha afirmação da minha parte mais forte que eu não seria mais capaz de conceder a todos os que amo o sentimento de serem eles os mais fortes; e assim me amariam menos...
>
> Os homens temem a força da mulher. Sempre estive profundamente ciente da fraqueza dos homens, da necessidade de protegê-los de mim mesma...
>
> Eu me aleijei...
>
> Eu me agrilhoei espiritualmente.[1]

Nin escreveu aqui como uma mulher extremamente feminina, sem confiar o suficiente no outro lado do seu ser. No entanto, apesar de toda a sua relutância inicial em assumir-se como uma pessoa plenamente autônoma em sua criatividade, o seu *daimon* acabou por expressar-se nesse lamento do aspecto não-realizado do seu ser. Mas com isso trouxe esse aspecto ao plano da consciência. Poderíamos perguntar se, como parte da sua vida interior, a comunicação secreta que manteve durante tantos anos com seus *Diários* não teria sido uma confissão de infidelidade para com o deus que implantara nela o espírito criativo. Se assim for, a publicação dos *Diários* foi uma proclamação pública de um ato de fé no espírito criativo e uma união com esse espírito. A publicação pode ser vista como prova do despontar da sua androginia, após um longo período flutuando pelas trevas do rio subterrâneo.

Hoje, Anaïs Nin captou a imaginação de toda uma nova geração de mulheres. Nascidas numa época posterior à de Nin, as novas mulheres brandiram contra a servidão espiritual bem menos delicadamente que ela. As mulheres criativas de hoje aparentemente precisam atravessar uma fase de raiva e revolta contra os homens que, a seu ver, as oprimiam. Têm de assumir uma posição contra eles, e muitas vezes de modo vociferante.

Foi contra protestos igualmente ásperos, mas numa época anterior, que Jung levantou a voz para criticar o *animus negativo* na mulher. Todavia, no processo de se afirmar e de aprender a dizer 'não' pela primeira vez, uma mulher pode aprender muito. Se estiver suficientemente empenhada em expandir sua consciência, talvez venha a descobrir que nem toda opressão vem de fora, nem vem apenas dos homens, nem vem do mundo. Boa parte da opressão é interior. Ao menos em certo grau, a mulher foi constrangida porque deixou-se constranger, muitas vezes em nome do amor. Este é um estágio que muitas mulheres criativas têm que atravessar. Em algum ponto ao longo do caminho elas terão de aprender que não podem viver de uma maneira que as faz sentir que a maior parte de suas energias são despendidas em prol de uma outra pessoa. O resultado disso poderá ser como o desespero de uma mulher que me revelou, "Tudo em mim parece ir para cumprir a imagem do que eu deveria ser, mas nunca há o suficiente para isso; por mais que eu me esforce, inevitavelmente acabarei fazendo algo que é errado aos olhos dele". Outra mulher, tendo ido mais além, disse, "Uma mulher que se esteja tornando independente não pede ajuda. Ela tem de se esforçar sozinha. Tem de insistir no seu próprio espaço. Mas no final acaba descobrindo que há outros que poderiam tê-la ajudado a resolver as coisas, e reconhecido suas necessidades, se ela as houvesse expressado. Ela passa então a se ver num contexto mais humano, junto com outros seres humanos. E descobre que não precisa ser *sempre* aquela que faz". De modo que, depois da raiva inicial, um senso de equilíbrio passa a prevalecer.

Reconhecer, entender e aceitar nossa androginia congênita pode ser igualmente um problema para o homem criativo e produtivo, mas a forma que assumirá será bem diferente. É o caso de um certo executivo muito bem-sucedido, líder em assuntos comunitários, que sempre empregava os mais recentes métodos e técnicas para persuadir e influenciar as pessoas a cooperarem em seus projetos. Ele administrava uma enorme organização, na qual tudo expressava a sua vigorosa personalidade. Embora nos últimos anos houvesse começado a ser criticado por exigir demais das pessoas e por querer demais o poder, ele atribuíra isso à inveja de seus colegas menos capazes. Entretanto, as pressões externas para que produzisse vinham se acumulando e, junto com as críticas dos outros e com as suas próprias autocríticas, haviam atingido um tal ponto que ele foi acometido por uma inquietante depressão. E decidiu procurar ajuda terapêutica. Em seus momentos de introspecção, e instigado pela terapia, começou a ver o quanto manipulara as pessoas e como sempre insistira em decidir o que os outros deveriam fazer. Ele esperava que seus subordinados o obedecessem automaticamente, e estava tendo dificuldade para reconhecer que eles também tinham suas necessidades próprias e a sua própria individualidade. Quando se deu conta disso, seu desespero aumentou. Mas então teve o seguinte sonho: "Estou caindo num poço escuro e profundo, girando e caindo, caindo, caindo na escuridão. Finalmente, chego a um lugar macio, e a cor ao meu redor é de um castanho-avermelhado."

Imediatamente vi nisso um equivalente psicológico do movimento de uma estrela moribunda que, depois de consolidar todas as suas energias num estado inconcebivelmente denso de complexidade organizada, é finalmente engolida pelo buraco negro do universo, pelo caos. Não manifestei minha impressão; perguntei-lhe apenas como ele sentia o sonho. "Estou muito cansado. Vim para persuadir as pessoas a fazerem as coisas a meu modo, para dar-lhes uma perspectiva. Tenho estado ocupado demais com uma tarefa impossível. Estou chegando a um lugar do qual quero sair. Pela primeira vez, quero enfrentar o vazio que há dentro de mim. Quero reconhecê-lo e confessá-lo, quero reconhecer o meu próprio caos." Perguntei-lhe então o que isso significaria em termos do seu estilo de vida. "Preciso assumir uma posição tal que as pessoas à minha volta possam escolher o que fazer. Esta sensação é tão inédita para mim que não sei exatamente o que significa. Meu trabalho tem sido dizer aos outros o que fazer. Vejo que não tenho sido capaz de ouvi-los. Preciso começar a encorajá-los a serem eles próprios e a encontrarem suas expressões." Nas semanas seguintes, este homem descobriu que, em vez de despender tanta energia tentando modificar os outros, poderia retrair-se um pouco e começar a refletir – conseguindo assim tempo para atracar-se com os seus próprios problemas e para permitir-se crescer internamente. Mas precisava antes resolver sua compulsividade e sua tendência de sobrecarregar-se com tarefas que, a seu ver, só ele poderia realizar. Percebeu que, a menos que reduzisse consideravelmente suas infinitas obrigações, que a menos que a gigantesca massa que se ia avolumando diminuísse, não haveria espaço para nada de novo germinar. Em suas palavras, "Na minha cabeça, eu sempre pensei que não tinha a capacidade de lidar com conceitos e idéias, que quando Deus preparou o meu molde isso foi deixado de fora. Eu era bom apenas para ser um homem de ação. Agora sinto que há outras opções. Quero abrir espaço para elas. Quero primeiro lidar com essa massa. Vou precisar de muita cooperação das outras pessoas, pois não vou mais carregar todo o fardo sozinho. Não vou mais ter medo de mostrar fraqueza, de mostrar que não sou onipotente. Vou me expressar como todo o mundo. E também vou ouvir. Preciso dar tempo para que o que está dentro de mim tome sua própria forma, cresça da sua própria maneira, no seu próprio ritmo". Enquanto falava, eu podia bem imaginar o novo ser que ia tomando forma dentro dele, como um embrião num útero castanho-avermelhado no fundo do poço.

Muito cedo em nossas vidas, deixamos para trás a união confusa e não-diferenciada com a mãe, e descobrimos nossa identidade sexual como macho ou fêmea. Evoluímos, abandonando o "hermafroditismo psicológico" de quando éramos bebês. E no processo de fortalecimento do ego surge a tendência de polarizar os sexos: a mulher, a de desenvolver uma feminilidade diferenciada; o homem, a de desenvolver uma masculinidade diferenciada. Esta tendência, via de regra, supera a tendência para a androginia. Não obstante, a androginia exerce um efeito inercial tão poderoso que, apesar de todas as tentativas de se elaborar um conceito de sexualidade madura baseado no comportamento polarizado de acordo com as normas sexuais, pessoas imaginativas e criativas de todas as idades têm cruzado as fronteiras que delimitam os papéis de gênero.

Na velhice, quando já provamos nossa identidade e estabelecemos nossa posição no mundo, já não há tanta necessidade de viver de acordo com padrões coletivos. Esta é uma época em que aqueles que alcançaram as finalidades objetivas a que se propuseram estão agora prontos para se voltarem para dentro e ser mais o que realmente são e menos o que o mundo espera. Isso, evidentemente, é verdade tanto para os homens como para as mulheres.

A mulher de idade, vivendo sozinha, possui uma potencialidade especial para vivenciar sua verdadeira natureza andrógina. Para começar, ela é capaz de trazer consigo a imagem de Sofia-sabedoria, a companheira da alma – se houver se preparado durante a vida. Isso significa que, ao longo do caminho do envelhecimento, ela terá cumprido os ritos de passagem pertinentes: a cisão de uma parte do seu elemento masculino na puberdade, juntamente com os embaraços e inabilidades da adolescência, em sua busca de um novo equilíbrio; as transformações femininas que a terão levado à jovem idade adulta; a maturidade que envolve o reconhecimento do *animus* e do seu poder; a individualização feminina que precisa da harmoniosa inter-relação no círculo do Yin-Yang; e, finalmente, na velhice, a capacidade de dissolver todos os limites e viver como andrógina.

Uma mulher linda e cheia de agilidade ocupa grande parte do seu tempo escrevendo, e fazendo desabrochar e frutificar as plantas do seu belíssimo jardim nos montes da Califórnia. Ela talvez seja a típica mulher sábia e idosa, por ser tão integral e singularmente ela mesma. Elsa Gidlow só é velha no número de anos que viveu. A qualidade da sua experiência, que a levou a um estado de saúde e vibração aos setenta anos, é expressa em suas próprias palavras:

> Quem conseguir gozar da perspectiva de um lugar elevado ao escalar uma montanha, verá que o terreno íngreme lá embaixo tem de cima um aspecto mais brando. O que pareciam desfiladeiros intransponíveis parecem agora riachos; as depressões e declividades nivelam-se, revelando seu semblante sereno. Poderão ser apontados ao longe os locais de crise agoniada, onde tudo o que alimenta o corpo e a alma se esvaía – ou assim se pensava – ou onde a morte levou embora um companheiro há muito amado (será que conseguirei prosseguir sozinha?). À distância, vê-se o lodaçal dos labores e do suor; mas agora vêm à mente as íris florescendo, e os carmins e as libélulas azuis que nossos olhos turvos de lágrimas mal reconheceram, embora o coração murmurasse agradecimentos em meio à sua azáfama. A própria montanha parece diminuir ao mesmo tempo que seduz e fascina. Por que eu a escalava? Eu, uma mulher sozinha, quando até mesmo os médicos haviam advertido: seu coração não é suficientemente forte. (Eles estavam enganados: a força nasce quando se precisa dela.)[2]

E conclui suas reflexões com um pensamento que pode bem ser uma imagem para meditarmos sobre a sabedoria da androginia conforme é vivenciada em nossa época:

> Se você me perguntar por qual filosofia eu vivi e vivo, só poderei dizer que ela se aproxima do que os chineses conhecem como taoísmo. Estar sempre atenta, e saber sempre reagir à fluidez e às mudanças que ocorrem dentro e fora desta entidade transitória chamada Elsa Gidlow. Sentir que sou uma só com o mundo natural, e confiar nele como eu conheço e confio em meu próprio ser. Aceitar o Mistério, a Origem Incognoscível, sem precisar fixá-lo, sem querer dar-lhe um nome. Agir sempre do meu âmago, doando-me e ofertando-me aos outros e às circunstâncias, sem nada forçar, nem ninguém obrigar. Estar ciente de que entre os elementos (arbitrariamente denominados) "masculinos" e "femininos" de mim mesma, interagindo como numa dança, nem um nem outro predomina. Amar a vida estando pronta para renunciar a ela. Ir adiante.[3]

23

O CAMINHO DA CORRENTE QUE FLUI

O andrógino possui um conhecimento secreto. É secreto porque, pela sua própria natureza, não pode ser partilhado, nem ensinado, nem sequer mencionado. É o conhecimento que provém de trabalharmos em nós mesmos rumo a níveis de consciência nos quais os contrários do nosso ser se tornem aparentes. Aprendemos assim a reconhecer a oscilação interna entre as modalidades Masculina e Feminina de ser, e a ouvir com o ouvido interior a música da sua interação. Essa música só pode ser ouvida no silêncio, quando os ruídos do mundo são abafados temporariamente e a superfície de reflexão se volta para dentro.

A diferenciação do Masculino e do Feminino dentro de cada um de nós permite que flua a energia dinâmica, a fagulha que salta entre os pólos positivo e negativo da nossa existência. A apreensão cognitiva e perceptiva *consciente* dessas forças internas, de sua incessante separação e reunião, é uma parte essencial do desenvolvimento interior do andrógino. Chega-se a ela essencialmente sozinho. Antes de tudo, é preciso que tenha ocorrido o matrimônio interior. Embora as tradições esotéricas ofereçam modelos para o *hieros gamos*, este casamento pode ser celebrado sem modelos. Basta que a pessoa se aceite como um ser total e completo – de outra forma, cada um ficará buscando outro alguém que possa preencher-lhe os espaços vazios interiores, tornando-se assim vítima da sua própria dependência emocional.

Alguém que tenha chegado a um entendimento consigo mesmo, que seja capaz de conceber a vida pessoal como uma minúscula partícula, inteira em si mas em permanente contato com a totalidade que está fora e além dele, poderá se relacionar com outras pessoas sem medo de perder-se nas relações ou de tornar-se dependente delas. Poderá vivenciar em si mesmo o processo constante de separação e reunião como etapas necessárias no processo de vida que leva à androginia. Frances Wickes descreveu o isolamento interior que existe quando a jornada rumo à androginia *não* é empreendida:

> . . . sem separação e discriminação, a unidade permanece apenas inconsciente; e sem interação e reunião, haverá somente oposição e belicosidade, ou o contentamento ou descontentamento amorfo, de uma vida pela metade na qual a mente ignora o coração ou o coração permanece inconsciente de qualquer significado, até mesmo do próprio significado do amor.[1]

É estranho que as palavras de Frances Wickes tivessem vindo à minha mente justo quando eu começava a chegar ao fim desta obra. Fui buscar o seu último livro, *The Inner World of Choice*, para copiar a citação acima. Era um livro que eu não lia há vários anos; mas, por algum motivo insondável, eis que eu estava com o volume em mãos. No instante em que eu o coloquei sobre a mesa, o livro abriu-se na contraguarda e, na caligrafia de Wickes, estavam inscritas essas palavras: "Para o dr. e sra. Richard E. Singer. Com saudações e os mais calorosos votos de sucesso e felicidade para sua vida em Chicago. Frances G. Wickes." Isso provavelmente foi escrito nos últimos meses antes da morte desta sábia mulher que continuou escrevendo até os noventa anos, que vivia só e que, no entanto, mesmo durante a sua última doença continuou ajudando e servindo as pessoas que iam visitá-la. Eu fui uma das pessoas que recebeu essa cortesia. Seus votos de felicidade haviam chegado alguns meses antes do falecimento do meu marido, uma perda que iria me impelir na busca pessoal de um casamento interior. As palavras de Wickes pareceram estranhamente sincrônicas quando surgiram pela primeira vez na minha vida, e o mesmo se repetia agora. Os anos intermediários abarcaram o período em que fui me tornando cada vez mais ciente da androginia. Encarei isso de maneira bastante literal, a começar pela mudança de identidade, de "sra. Richard E. Singer" para "June Singer". E também encarei o fato simbolicamente, buscando no rosto de todos que eu conhecia indícios que talvez me revelassem onde eu encontraria meios para curar a ferida que se abrira em mim. Houve ofertas de ajuda, expressões de amor vindas de pessoas íntimas, e um apoio considerável. No entanto, logo percebi que eu tinha a minha própria viagem solitária a realizar, e que os territórios a serem desbravados estavam dentro de mim, onde todo conhecimento que eu poderia vir a ter já estava presente, esperando ser reconhecido.

Como o avião ao final da viagem transcontinental que, tendo alçado vôo e elevado-se às alturas, finalmente retorna à terra, também o corpo de uma pessoa sempre retorna à terra, à Mãe que lhe deu à luz. Da escuridão saímos, sozinhos; e à escuridão voltamos, um a um. O corpo, outrora um organismo vivo e pulsante funcionando como um todo, torna-se subitamente um amontoado de elementos químicos que já não atuam mais na sublime harmonia de movimento de antes. Algo que era não é mais. Este algo é o processo dinâmico que caracteriza cada vida individual.

O que torna tudo diferente, depois que a respiração cessa e o coração deixa de bater, é a interrupção do intercâmbio recíproco, consciente e inconsciente, com o mundo ao nosso redor. Quando o bebê emerge da escuridão do útero e inspira ar pela primeira vez, está repetindo à sua maneira o mitologema primordial: *Deus modelou o homem-mulher original de argila do solo, que permaneceu um torrão de barro até que Deus insuflasse em suas narinas o hálito da vida e ele começasse a respirar, tornando-se um ser vivo*. Da mesma forma, cada vida individual começa com uma troca de energia com a atmosfera circundante. Se estivéssemos completamente encerrados na gruta que é o nosso corpo, ele apodreceria e se decomporia. Na rítmica inalação e expiração da respiração, todos nós praticamos ininterruptamente um Yoga, uma união com o Espírito, com o Divino, com a Natureza, com o Universo. Cada criatura finita assume sua forma no infinito informe por breves lapsos no ciclo do tempo. Isso se dá pelo processo da respiração, que pode ser entendida como um ato simbólico, um ato sobre o qual podemos contemplar e meditar, para que saibamos ao que estamos indissoluvelmente unidos.

Respirar é, todavia, mais do que um ato simbólico; é também um processo corporal — visível, palpável, mensurável. Quando a consciência adormece, mal estamos cientes de respirar, exceto quando intervimos no processo. Se em algum momento ocorrer de ficarmos ofegantes, a respiração torna-se a coisa mais importante para nós, uma questão de vida e morte. Assim sabemos que o corpo é um recipiente para a consciência. É através dos órgãos dos sentidos no corpo que podemos saber o que acontece conosco e o que acontece no mundo ao nosso redor. Quando estes órgãos dos sentidos são bem desenvolvidos — seja mediante dons naturais extraordinários, seja mediante um árduo treinamento em atenção perceptiva e cognitiva, seja através de ambos — falamos de "experiência paranormal" ou "consciência superior". Independentemente do mais que possa estar envolvido — e eu aqui não pretendo perscrutar este mistério — permanece o fato de que é no corpo que a consciência desponta e de que é no corpo que ela se move para ampliar sua apreensão cognitiva e perceptiva — partindo da sua base no ego individual até alcançar seu âmbito potencial no Self universal. Isso não significa dizer que a consciência esteja limitada ao corpo; mas não me é possível aqui especular sobre o que jaz além destas fronteiras.

A qualidade da androginia é igualmente vivenciada no corpo e na consciência pois, afinal, a consciência está centrada no corpo durante nossa vida senciente. Cabe, portanto, perguntar como é que a androginia se expressa no corpo e através dele. A vivência corpórea do andrógino é de alguma forma diferente?

Sabemos que o corpo, em si mesmo e por si mesmo, é masculino ou feminino; é a maneira como nos movemos, como atuamos no corpo e através dele que define o andrógino. Nossos movimentos decorrem da nossa experiência interior, que é arcana e misteriosa. A capacidade de passarmos de um modo de consciência ativo e inquiridor para um modo aberto e receptivo expressa-se na linguagem corporal muito mais do que nas palavras. Por exemplo, se imaginarmos uma conversa em que um homem e uma mulher estejam tentando chegar a um entendimento e em que ambos estejam atuando na capacidade de andróginos, veremos que, inicialmente, um apresentará uma idéia e o outro a incorporará, sendo isso perfeitamente visível nas atitudes corporais do primeiro — que se inclinaria, atribuindo poder à sua afirmação, usando as mãos como indicação de intenção, o olhar direto e penetrante, a postura firme e talvez até momentaneamente rígida. A atitude do outro seria mais relaxada, aberta ao primeiro, ouvindo-o, refraseando e verificando o que lhe é dito. Em seguida, numa mudança natural e espontânea, os papéis se invertem e aquele que estava ativo se tornaria receptivo, enquanto que o seu companheiro aproveitaria a deixa e daria prosseguimento ao processo. A corrente fluiria e refluiria.

A expressão corporal da androginia encontra sua expressão máxima no ato sexual quando este é praticado no espírito da consciência evolucionária. Neste ato, combinam-se as potências inerentes na união do Masculino e Feminino cósmicos, e as potências geradas na união de dois seres humanos, em cada um dos quais é celebrado o "casamento místico". A androginia expressa-se no coito através de uma dissolução da identidade de gênero, um rompimento de fronteiras, que confere a cada mulher e a cada homem a liberdade de ser quem naturalmente é. É algo semelhante ao contraponto musical, em que duas melodias independentes combinam-se numa única textura harmônica que retém o caráter individual de ambas. O Masculino busca, penetra, impele e toma de assalto os portais de jaspe; o Feminino cede diante dele e, no instante seguinte, esgueira-se de sob o Masculino e passa a afagá-lo numa tensa quietude. E assim interagem ou dançam juntos num torvelinho de intensidade sempre crescente. É indiferente quem inicia e quem prossegue; tudo é fluido e depende do momento. Esta expressão sexual é concebida internamente; é um caleidoscópio de sentimentos que orientam os parceiros por todo o espectro sempre variável da mandala sensual. Nada se faz que seja bom ou mau, certo ou errado; há apenas uma série de infinitas variações em rápida alternância em torno da interação dos contrários, de modo que a sensação suscitada é derradeiramente uma de suavidade e brandura. Mas não a brandura do torpor; pelo contrário: é a brandura elástica e poderosa da cobra que serpenteia, às vezes lentamente, mas sempre contendo em si a velocidade potencial do raio – com a pequena língua trêmula e dardejante que expressa a volatilidade da qual consiste o cosmo.

Como as energias Masculina e Feminina do andrógino são *combinadas* mas não *confundidas*, cada pessoa pode consumar sua individualidade singular através da androginia. O trabalho a ser realizado para diferenciar as diversas maneiras pelas quais uma experiência pode ser levada a cabo, isto é, a discreta mistura das diferentes energias na combinação mais desejável e propícia numa determinada situação, torna possível que o indivíduo desponte multifacetado, fluindo de dentro de si mesmo e refletindo de uma infinidade de maneiras o que está fora. Esta é a imagem do andrógino que, partindo da figura do hermafrodita, evoluiu através de um processo de muitos estágios de meditação interior e prática no mundo. O hermafrodita, simbolizado na alquimia por "Mercúrio" e formado da *prima materia*, foi transformado no "Filho do Filósofo", no "ouro" filosófico ou no "corpo diamantino". Enquanto arquétipo, o andrógino existe potencialmente em cada ser humano que se empenha em encontrá-lo e realizá-lo. Na vida de cada um, a androginia é a meta da individualização pessoal. Nas relações entre pessoas que internalizaram conscientemente sua androginia, o amor sexual ou sublimado (isto é, "tornado sublime") torna-se eletrizante em sua excitação, produzindo uma energia ilimitada, que pode ser voltada para dentro e para cima, ou ser expelida num fluxo controlado, ou irromper por meio do orgasmo galáctico. Ou pode também avolumar-se até determinada intensidade, encontrando então o seu ritmo oceânico, aquietando-se lentamente como os ruídos marítimos que vão se afastando de quem adormece à beira-mar ouvindo o quebrar das ondas.

No andrógino, o Dois não se perde no Um. É mais como Nicholas Berdyaev vislumbrou:

> A união dos sexos tem quatro membros, e não dois; sempre implica uma complexa união entre o elemento masculino de um e o elemento feminino do outro, e entre o elemento feminino do primeiro e o elemento masculino do segundo. A vida mística do andrógino é consumada, não num ser bissexual, mas na união quadripartida de dois seres.[2]

O poder da sexualidade andrógina é intensificado, pois em seu próprio âmago oculta-se o germe do seu contrário: silêncio, solidão, retraimento, assexualidade. Embora dois seres humanos estejam fisicamente entrançados, ou talvez *por causa* disso, cada movimento de um ou do outro torna-se um momento de uma experiência total. Assim como na imagem do T'ai Chi, ainda que os dois elementos sejam na realidade um único, inteiro e circular, cada uma das metades aninhada na outra é também inteira e contém em si o germe do seu contrário. Esta semente é quiescente, raramente percebida, e apenas guarda o mistério da germinação. O que a traz à vida é a ativação da força vital, do *ch'i*, o sopro, na essência Yin que há na força Yang do homem, e da essência Yang que há na força Yin da mulher. Aquilo que os taoístas chamam de fluido Yin e fluido Yang é fabricado dentro de cada um de nós independentemente, e cada um de nós pode manter esses fluidos dentro de si, nutrindo-se deles, sozinho. Mas essas substâncias preciosas só frutificam se tiverem um escoadouro, uma maneira de se oferecer ao universo que está fora de nós aquilo que temos dentro e que nos pertence. O andrógino poderá, às vezes, sentir-se completo, pleno em si mesmo ou de si mesmo. Este é o seu aspecto assexuado. E há paz nisso. Porém, a menos que encontre alguma expressão no trabalho ou nos relacionamentos humanos, na oração ou na arte, tenderá à entropia, como sempre ocorre com um sistema fechado.

Cada um, em sua própria maneira de viver, descobre alternativas para expressar a energia vital que flui para dentro e para fora de nós todos. O Yin da mulher é o estar grávida da semente de Yang que remexe dentro dela; o Yang do homem é também como uma gravidez, com a semente do Yin. Mais cedo ou mais tarde haverá um parto, e a nova energia se manifestará. Muitas vezes, quando o processo psíquico interior é inconsciente, sua expressão assume uma natureza sexual de nível estritamente pessoal. Isso significa que a experiência amorosa é sentida quase como algo autônomo: as pessoas "se apaixonam", algo lhes "acontece", e subitamente vêem-se presas numa teia de emoções a envolvê-las e aos outros. Toda a atenção recai sobre os indivíduos e sobre a interação mágica entre eles. Este é o "amor romântico", a respeito do qual livros, peças, óperas e filmes são realizados. Ele é cativante, encantador, enobrecedor, inspirador e exaustivo. Entretanto, ainda que possua a capacidade de promover um senso de tranqüilidade e de bem-estar, o amor romântico também tende, inevitavelmente, à entropia, porque nele a energia vai sendo descarregada pouco a pouco, até que a paixão se dissipa por si. Isso porque o amor romântico se torna um sistema fechado quando as duas pessoas envolvidas fundem suas realidades psicológicas numa só, aglutinando-se num relacionamento que revolve em torno do seu próprio centro.

Se por um lado a experiência do amor andrógino inclui uma reflexão interiorizante, que nos ajuda em nosso autoconhecimento, por outro lado ele não permanece fechado em si mesmo. O amor andrógino estende-se além do relacionamento interpessoal que denominamos "amor romântico", embora possa perfeitamente incluir os mais ternos e profundos sentimentos por uma pessoa em particular. Mas *a natureza do amor andrógino é essencialmente transpessoal*. Esta é a sua característica distintiva, independente do que mais possa incluir ou abranger. A dimensão transpessoal da experiência absolutamente humana que chamamos "amor" é o conhecimento íntimo – tornado consciente em cada célula do nosso corpo e do nosso ser – de que somos trazidos à vida e mantidos vivos pela "corrente da androginia".

O andrógino não tenta submergir as diferenças, pois reconhece que as polaridades existem no tempo linear, mas que são ilusórias quando o tempo é concebido como cíclico e eterno. O andrógino aceita os paradoxos, e os vive, sabendo que, como criatura finita, muitas vezes não poderá ver além das *aparentes* contradições que nos assediam a cada passo. Portanto, o andrógino pode viver no presente imediato sem perder o senso da eternidade. O andrógino pode também ter como centro um determinado lugar e, no entanto, saber que esse lugar é um mero grão de pó num planeta que rodopia pelo espaço.

O andrógino sabe que o princípio dominante é o da *união*, agindo continuamente para superar a *separação*, mas sabe também que a separação é tão essencial para a vida quanto a união. Os mitos da antiguidade nos vêm à mente. Quando nossos pais andróginos primordiais se deitaram juntos num abraço sem fim, éons infindos rolaram e pouco mudou; mas quando o "corpo único" foi desmembrado, o mundo da Criação passou a existir. Surgiram então as forças do Amor e da Discórdia, forças que ainda continuam se encontrando e se afastando, concebendo uma progênie que perpetua a qualidade de ambas. O andrógino reconhece a presença desses dois contrários internos, e é igualmente capaz de intimidade com o Amor e com a Discórdia. A androginia exige a liberdade de atuar de um ou de outro lado da nossa natureza, como uma maneira preponderante de ser; todavia, a androginia também reconhece a responsabilidade de estarmos cientes de que sempre existe o outro lado, que precisa ser levado em consideração no movimento a longo prazo rumo à união.

O andrógino está em contato com a enormidade de energia que existe e se move dentro de nós e em toda a nossa volta. Ele ou ela sabe como é assustador permitir que essa energia flua de qualquer maneira, sem tentar direcioná-la para um canal preestabelecido; sem saber se, na busca do outro, ela assumirá forma espiritual ou sexual; sem conhecer seus limites ou sua direção; e sem saber se ela é forte ou fraca. Quão mais fácil não seria pensarmos em energia como algo limitado que, se usada aqui, não pode ser usada lá! Mas isso seria produto de raciocinarmos em termos de *sistemas fechados*, e um ser humano não é um sistema fechado. Todo organismo tem uma dupla interface cósmica: com o universo maior e com o átomo. A energia flui não só dentro do sistema, mas também entre sistemas.

O andrógino está ciente de que todo evento no interior do corpo humano afeta todos os outros aspectos do indivíduo, seja numa perspectiva fisiológica, seja numa perspectiva psicológica. Isso significa que o que quer que alguém faça com seu corpo – o que ingere como alimento, os exercícios que pratica, os tipos de estímulos a que se expõe, como e com quem transa sexualmente – todo evento terá uma significação profunda sobre a totalidade, pois a energia da totalidade não respeita fronteiras. Da mesma forma, tudo o que uma pessoa fizer não permanecerá isolado dentro dos limites da sua estrutura física, mas afetará, no mais amplo grau imaginável, todos os outros eventos que ocorrem e ocorrerão em qualquer parte da terra. Esta afirmação talvez pareça extravagante mas, uma vez aceita a proposição do inter-relacionamento sistemático de todas as coisas, torna-se impossível isentar alguma faceta da nossa vida dos seus efeitos sobre a totalidade. Se isso for verdade, então cada um de nós é diretamente responsável, em certa medida, pelo destino do mundo e pelo curso do futuro – é uma responsabilidade tremenda, sem dúvida, mas nem por isso menos real.

Para trazer a questão a um âmbito mais pessoal, eu freqüentemente penso no tanto que a minha vida foi afetada pelos pensamentos, comunicações e comportamentos de outras pessoas; e me ocorre que tudo o que chega a ser aparente é apenas um fragmento minúsculo da totalidade de influências a que eu estive submetida inconscientemente ao longo dos anos. Considero-me feliz por ter havido tantas fortes influências positivas na minha vida, provenientes das mais diversas fontes, e percebo também que toda dor e sofrimento que pareciam ter caído sobre mim por obra das "circunstâncias" foram, na realidade, resultado do inter-relacionamento de toda a existência.

Há alguns perigos em se aceitar a androginia como o princípio norteador. Nós vivemos, a maioria de nós, utilizando apenas uma pequenina fração da energia que nos estaria disponível se, durante boa parte do nosso tempo, não houvesse tanto conflito entre as necessidades do inconsciente e os desejos e vontades que espicaçam as nossas horas conscientes. Quando a energia outrora circunscrita ao inconsciente é liberada pelo despertar em nós da presença de um poderoso arquétipo, sentimos surgir repentinamente uma violenta sensação de poder. Jung descreveu a díade de perigos que pode resultar disso em seu ensaio, "As Relações entre o Ego e o Inconsciente".[3] De um lado, há uma intensificação da consciência egóica, uma crescente autoconfiança, uma sensação de que se sabe tudo e de que se está em perfeita sintonia com o inconsciente. A tendência é, então, assumir responsabilidades para as quais não se está preparado, e querer promover um ponto de vista pessoal para o qual os outros talvez não estejam dispostos ou preparados para ouvir. Quando essa exuberante autoconfiança ultrapassa todos os limites do razoável, um escrutínio analítico poderá revelar que, por detrás do otimismo, jaz um desamparo muito mais profundo, para o qual o otimismo é uma compensação imperfeita e ineficaz. Do outro lado, o perigo é justamente o oposto: diante dos conteúdos poderosos do material inconsciente que vem à luz, o indivíduo sente-se impotente e insignificante. A sua autoconfiança se esvai e ele se resigna a ser totalmente passivo frente às forças da natureza e da sociedade. Contudo, esta reação pessimista ao tomar consciência do material inconsciente poderá estar encobrindo um desejo arrogante de controlar e uma bravata impetuosa.

Estes são os dois extremos de reação que alguém pode ter quando um arquétipo se revela como experiência viva. Quando o arquétipo da androginia é vivenciado como uma tendência inconsciente que se tornou consciente, o indivíduo quase sempre se depara com a díade dos perigos do entusiasmo esperançoso e da reticência temerosa. É como se estivesse num barquinho tentando seguir as correntezas de um rio caudaloso que se agita numa passagem estreita. Ele tenta manobrar o bote, evitando as pedras de um lado e a água rasa do outro. Se for homem, terá medo de avançar demais na direção do Masculino, mas também cuidará para não se aproximar demais do Feminino. A mulher permanecerá mais próxima da margem Feminina, mas irá preferir ficar em algum ponto no meio do rio. Ambos estarão empenhados em manter o equilíbrio, e ambos evitarão, a qualquer custo, a possibilidade de caírem na água. Obviamente, o caminho de ambos será cheio de tensão e do medo de perderem o equilíbrio. Mas não há como manter controle contínuo diante de uma força arquetípica. A solução não está em seguir uma rota entre os dois contrários.

Qual é então? Androginia não é tentar adestrar a relação entre os contrários, mas simplesmente fluir entre eles. Não somos obrigados a navegar as correntezas; podemos nos *tornar* as correntezas. Não é preciso fazer outra coisa que não fluir entre o Masculino e o Feminino, tocando em ambos, cedendo a todos os obstáculos e, assim, superando-os, com a energia se acumulando enquanto segue sua tendência natural. O indivíduo que se tornou andrógino – o rio oculto que veio à tona – é capaz de encontrar o seu próprio nível e de deixar sua impressão sobre o mundo sem qualquer esforço especial para fazê-lo. A água é dócil e suave; todavia, desgasta a rocha. É forte porque não se opõe à natureza, nem a natureza se opõe a ela. Assim pode ser com quem escolher o caminho da androginia.

Curiosamente, porém, se conhecermos nossas limitações e fluirmos com elas, conheceremos concomitantemente as habilidades e talentos com os quais poderemos influir e marcar a evolução. Assim como é importante fluir com as nossas limitações naturais, também é necessário fluir com as nossas capacidades de pensar, de planejar e de agir no interesse do futuro. O andrógino participa conscientemente do processo evolucionário, reformando o indivíduo, reformando a sociedade e reformando o planeta através de um processo ininterrupto de escolhas. As escolhas disponíveis podem ser divididas em dois tipos essenciais, que eu chamarei de *escolhas duras* e *escolhas brandas*. As *escolhas duras* são aquelas em que optamos por alterar os acontecimentos do ponto de vista do ego e do poder, em que optamos por modificar as coisas no intuito de adequá-las aos nossos desejos e em que optamos por utilizar nossos poderes ao máximo para chegarmos ao topo. Esta é uma maneira de ser centrada no ego, é a maneira de ser do *individualista*, cujo brado de guerra é: "E eu?" O resto do mundo que se dane. É o caminho da competição, da política de poder, do esforço para ser conhecido e reconhecido.

A *escolha branda* é a maneira de ser do andrógino. Esta opção nasce da perspectiva em que o *indivíduo* (em contraste com o *individualista*) se vê como apenas um elemento de uma totalidade ordenada por um princípio que foi chamado de *Self* e de muitos outros nomes, mas que é essencialmente inominável. A *escolha branda* existe quando estamos sensíveis aos anseios desse *Self*, da maneira como são expressos nos ritmos da natureza e no senso de harmonia interior que provém do fato de estarmos em sintonia com eles. Se a paz interior existe, ela existe na corrente que flui, no Tao – por cima, em torno e através de quaisquer obstruções, "o caminho do curso da água".

O ser humano não consegue ir realmente contra a natureza. Quando tenta, acaba ficando enfastiado, frustrado e desencorajado no decorrer do processo. Consegue apenas retorcer-se, contorcer-se e distorcer-se quando se recusa a aceitar a realidade de que é uma combinação de limitações e de potencialidades. Consegue apenas tornar-se indolente e apático quando se recusa a escolher aquilo que é vitalizante. Consegue apenas diminuir sua potência quando tenta evitar participar e influir nos desígnios da evolução. Não obstante, o desenvolvimento evolucionário da consciência humana irá prosseguir, incitado por mutações, metamorfoses, riscos e planejamento, estejamos ou não dispostos a participar dele. Na medida em que as pessoas se tornam conscientes da sua inteireza e integridade poderão rejubilar-se em evoluir. E na medida em que se concebem como seres fragmentados e isolados num mar revolto, irão vivenciar a vida como uma tempestade.

Vida é processo; processo é vida. Ou nos empenhamos em participar da vida o mais conscientemente possível, ou seremos arrastados por ela, esperneando, em prantos, e sentindo-nos vítimas. Neste último caso, viveremos em desespero existencial, ou tentaremos encontrar maneiras de preencher nossos dias com tantos negócios e trivialidades que não nos daremos conta de que estamos morrendo a cada minuto que passa. No primeiro caso, porém, estabeleceremos vínculos com uma consciência fluida e vital, percebendo nosso envolvimento íntimo com todo o universo. Entretanto, também neste caso estaremos morrendo a cada minuto que passa. Mas com uma diferença: estaremos cientes disso, aceitando tudo com uma sábia e deliberada tranqüilidade. E assim não teremos medo de voar.

A morte é aceita como natural, como uma coisa lógica a se esperar, como um dos muitos eventos de um ciclo que se repete eternamente: o despontar de algo da escuridão e do caos, o movimento de fluxo e refluxo entre as cargas positiva e negativa de energia, o fortalecimento e obtenção de poder, a posterior renúncia ao poder e aquisição de sabedoria e, afinal, o retorno ao caos gerador de vida. No decorrer de tudo isso, ainda que lentamente, a consciência evolucionária vai aumentando no mundo. E se a vida for realmente cíclica, como alguns acreditam, quem sabe se energias que coalesceram e formaram a nós, seres humanos, não se agruparão novamente em alguma outra configuração viva, que não terá nenhuma lembrança do passado?

Os que aceitaram a consciência evolucionária estão formando centros de energia em todo o mundo. Fazem parte de uma rede emergente de pessoas e de grupos que dá sustentação aos potenciais criativos que surgem como uma conseqüência do fluxo eterno entre o Masculino e o Feminino em cada pessoa. Os que vivem cada dia em consonância com esta percepção são os Novos Andróginos.

Os Novos Andróginos são apenas os últimos a se incluírem num bando disperso de peregrinos. Desde o início do tempo mítico, estes viandantes têm caminhado rumo ao Oriente. Seguem o *sol niger*, o sol negro, em sua jornada noturna pelos mares, atravessando lugares misteriosos invisíveis às pessoas do Dia. Os andarilhos percorrem um caminho muitas vezes percorrido; antes deles já passaram os bardos órficos, os astrólogos caldeus, os adoradores da Serpente, os cabalistas em busca da Árvore da Vida, os adeptos do Tantra e o velho filósofo chinês carregando um feixe de varetas de caule de milefólio. Alguns rostos podem ser reconhecidos: Cristo, Maria, Salomão, a rainha de Sabá, Shiva – o Senhor da Dança – e Shakti, Copérnico e Galileu, Einstein, Max Planck e Carl Jung. Além dos viajantes conhecidos, houve um número inimaginável de pessoas que não atingiram fama ou fortuna, mas não obstante persistiram em seu caminho.

Devem ter tido seus motivos, motivos da mente e do coração.

Epílogo

UM SONHO DA AUTORA

Depois de completar o manuscrito de *Androginia*, viajei para Nova York a fim de discutir o futuro do livro com meus editores. Na noite após esse encontro, tive o seguinte sonho:

Estou andando pelas ruas de Nova York há dias e noites, maravilhada com os contrastes – as Babéis estruturais de vidro e aço erguendo-se arrogantemente aos céus, os enormes sacos de lixo empilhados indistintamente em frente de edifícios mais e menos elegantes, os consumidores vestindo a última moda caminhando pela Quinta Avenida olhando as deslumbrantes vitrines das lojas e, na Broadway depois dos espetáculos, a aglomeração de prostitutas, de cafetões e de mascates de quadros baratos, de bugigangas e de quinquilharias. Vejo também um enorme cartaz no edifício do *The New York Times*, um painel de luzes vermelhas, brancas e azuis reluzindo sobre a multidão e proclamando sobre todos: *Presidente Ford diz que Nova York SOBREVIVERÁ*!

Entro numa farmácia. É uma loja decorada no estilo antigo, iluminada com lustres *art-nouveau* pendurados no teto. Dirijo-me à seção de receitas, onde um farmacêutico de idade incerta, um Doutor Fausto juvenil, mistura diversos pós e pesa-os em pequenas balanças. Há frascos de vidro e garrafas por toda parte, contendo substâncias de diferentes cores. Aproximo-me do farmacêutico, que parecia bastante entretido no que fazia, e peço, "O senhor teria um pouco de androginia?" Ele me olha surpreso, desculpa-se por um instante, e vai até os fundos da loja procurar nas prateleiras. Abre gavetas e olha nos escaninhos, lê os rótulos de diversas garrafas, até que volta e diz, "Sinto muito. Acho que o nosso estoque acabou. Não tenho certeza se chegamos a ter androginia na loja mas, se tínhamos, já acabou há muito tempo".

Acordei – ou ainda dormia – com esta vaga sensação de desapontamento, quase de dor. Eu sabia que seria inútil procurar em outras lojas, mesmo nesta cidade imensa onde todas as mercadorias e serviços imagináveis podem ser obtidos por um preço. E pus-me a refletir onde eu poderia obtê-la. Em que lugar do mundo poderia ser obtida a androginia?

Lembrei-me das antigas narrativas chinesas sobre a Alquimia Secreta, que era um outro nome para o Yoga do Duplo Cultivo. Esta arte teria sido praticada pelos adeptos taoístas da antiguidade, visando destilarem em seu próprio corpo um líquido dourado do qual poderia ser produzido o elixir da longevidade, e possivelmente da imortalidade, além de permitir a união com o Tao. Como é fácil imaginar, o propósito do Yoga Sexual era freqüentemente mal interpretado por aqueles pouco familiarizados com o fato de que a castidade era tão importante ao adepto que a praticava quanto para o monge celibatário. Na realidade, uma castidade mais perfeita ainda era exigida do primeiro, pois o monge podia ter pensamentos libidinosos ainda que na prática fosse casto; mas o adepto do Duplo Cultivo não poderia avançar na arte sem antes ter arrancado pela raiz toda a luxúria da sua mente. Mesmo assim, as autoridades governamentais não apreciavam as verdadeiras intenções dos adeptos, e costumavam tratar as comunidades de alquimistas sexuais como criminosos depravados.

Lembrei-me também de uma lenda que ilustra a ganância e a cegueira de algumas das mais altas autoridades.[1] Há muito tempo atrás, um renomado médico convenceu um certo juiz a soltar um mascate errante que fora preso e estava sendo cruelmente torturado na tentativa de extrair dele uma confissão. Pouco tempo depois, o mascate foi visitar o médico e, na sua gratidão, concedeu-lhe a fórmula secreta para destilar o elixir da imortalidade. O médico percebeu que estava fadado a tornar-se um recluso e decidiu ir viver numa montanha onde acabou adquirindo fama como o "Mago da Amêndoa da Pinha". Ele congregou em torno de si um bando de discípulos, instruindo-os nas artes da cura. Os que considerava mais aptos e mais devotados à sua vocação recebiam dele a fórmula secreta, em troca da qual prometiam que só a transmitiriam a determinadas pessoas. Mas um dia as autoridades acabaram ouvindo falar das atividades do Mago da Amêndoa da Pinha e o prenderam, alegando que ele praticava a medicina apenas como um meio de obter intimidades devassas com as mulheres peregrinas que buscavam os lugares santos da montanha. Por causa da sua influência, o Mago da Amêndoa da Pinha foi logo posto em liberdade, mas o episódio chamou a atenção do imperador.

Certo dia chegou do palácio imperial um eunuco exigindo a presença imediata do Mago da Amêndoa da Pinha diante do imperador para uma audiência. Ele foi levado ao palácio e tratado com todas as honras e deferência. O imperador deu ordens para que recebesse uma habitação com todo o conforto, um séquito de servos, e tudo o mais de que pudesse precisar. Em troca, recebeu a ordem de preparar o elixir da imortalidade para uso pessoal do imperador. Em vão o Mago alegou que o elixir não era algo que pudesse ser passado de mão em mão. O imperador, não acreditando, advertiu-o: "Você é modesto demais ou terrivelmente egoísta." E apresentou ao Mago um recipiente feito de jade verde imaculado que considerara adequado para o elixir. Insistiu que o Mago da Amêndoa da Pinha produzisse o elixir por ocasião do seu aniversário, e deu ordens para que fossem imediatamente providenciados quaisquer ingredientes de que o Mago pudesse precisar.

O Mago da Amêndoa da Pinha entrou em desespero, sabendo que, se revelasse o verdadeiro segredo, as acusações contra ele seriam confirmadas e ele voltaria a ser preso; porém, se não o revelasse, seria severamente castigado por incorrer no desagrado do imperador. Retirou-se aos seus aposentos. Os criados começaram a duvidar da sua sanidade mental quando observaram os livros e todo o equipamento alquímico acumulando pó, enquanto o Mago da Amêndoa da Pinha passava seus dias e noites atrás de portas fechadas com inúmeras jovens que ele discretamente incorporara ao seu lar pouco depois de chegar ao palácio.

No dia do aniversário do imperador, o Mago da Amêndoa da Pinha recolheu-se ao leito, alegando dores atrozes, e enviou mensagem ao imperador dizendo que a substância solicitada já fervia no crisol dos quatro elementos, mas precisava de mais tempo até estar perfeita. Acrescentou ainda que a pílula dourada ia tomando forma lentamente. Foi prolongado o ultimato dado ao Mago, e os criados acharam que agora ele se apressaria em voltar ao laboratório. Entretanto, o Mago não fez mais que trazer para seus aposentos outras auxiliares, e sua porta continuou fechada a todos os outros, não importava qual fosse a sua posição, enquanto procedia a acumular mais força Yin, antecipando o dia marcado para sua audiência derradeira com o imperador.

Na data estipulada, ele dirigiu-se à corte com o andar plácido e um sorriso nos lábios. Quando o imperador exigiu o frasco, o Mago retrucou com um semblante alegre, "Majestade, trago comigo a pílula dourada em sua forma perfeita. O crisol dos quatro elementos, a respeito do qual vos escrevi, não é outro que não o vosso próprio corpo e, como havia dito desde o início, o elixir não pode ser passado de mão em mão. Não obstante, poderei apresentar-vos a fórmula e é de se esperar que Vossa Majestade possais preparar a pílula mais rapidamente que eu, pois estais cem vezes mais bem preparado no tocante aos ingredientes". O imperador disse que não aceitaria desculpas, e exigiu que o Mago lhe informasse quais eram os ingredientes a que se referira, dos quais seria mais bem suprido que ele. "Eu me referia", respondeu o Mago, "ao número relativamente insignificante de minhas esposas." O imperador, interpretando a afirmação do Mago da Amêndoa da Pinha como uma alusão grosseira às suas muitas concubinas, ordenou que fosse expulso do reino. No instante em que os guardas correram para prendê-lo, o Mago, tendo completado a pílula na noite anterior e, portanto, alcançado a imortalidade, elevou-se do chão. Saudou o imperador com um adeus solene e flutuou pelos portões afora, ascendendo aos domínios superiores, onde os imortais que habitam as nuvens passam o tempo contemplando o Tao.

O imperador permaneceu lá embaixo, olhando pelos portões em total perplexidade, sem sequer desconfiar que, por ter sido precipitado e néscio, perdera a oportunidade de adquirir um conhecimento do maior valor. Por ter acreditado *literalmente* no que lhe fora dito sobre a possibilidade de obter a substância mágica através de esforço alheio, ele jamais chegou a compreender a verdade, que é *simbólica* em sua essência.

Nas horas tranqüilas e silenciosas da madrugada, antes de raiar o dia, subitamente me dei conta de que o meu sonho estava me dizendo em linguagem simbólica o que esses alquimistas de outrora, os sábios taoístas, já sabiam há muito tempo. Assim como os sonhos, os sábios também haviam ocultado seus segredos numa linguagem confusa. Aqueles que não conseguissem penetrar além das palavras e chegar até seu verdadeiro significado, não poderiam roubar ou abusar do conhecimento secreto. A preciosa pílula dourada, que era o grande segredo da longevidade, se não da imortalidade, não podia ser adquirida nem obtida por roubo ou trapaça. Quem a desejasse teria que fabricá-la por si mesmo. Eu sabia que teria de fabricar a minha "androginia" dentro de mim mesma, isto é, dentro de todo o meu organismo – que é corpo e psique, Feminino e Masculino. Os adeptos da antiguidade destilavam repetidamente as substâncias *Yin* e

Yang, usando seus frascos, jarros e chamas como alegorias através das quais poderiam dar forma visível a processos *interiores* – assim como eu, através das palavras, confiro uma *aparente* substância a idéias e sentimentos evanescentes que nunca poderão ser adequadamente transmitidos de maneira a serem *literalmente* compreendidos. O verdadeiro frasco é o corpo físico – que é formado por destilação e refinação, por separação e fusão, de tudo o que uma pessoa jamais foi e de tudo o que ela é. O fogo que produz a transformação é a paixão que um ser humano traz para a vida quando o Masculino interior e o Feminino interior se abraçam. Dessa união nascem a disposição e a vontade de transmutar experiência em significado, relacionamento em amor e egotismo na adoração do Espírito incorporado na matéria.

Não há nenhum caminho fácil. Não há nenhum manual de instruções. Embora muitas "panacéias" sejam oferecidas, ninguém pode produzir o elixir para o outro. Nem é preciso buscá-lo na Farmácia Cósmica, pois a Androginia não está à venda.

Olhe para dentro de você.

Referências Bibliográficas

INTRODUÇÃO

1. Albert Einstein, *Living Philosophies*, p. 3.
2. Albert Szent-Györgyi, *Introduction to a Submolecular Biology*, p. 123.
3. Lynn Margulis, *Origin of Eukaryotic Cells.*
4. Pierre Teilhard de Chardin, *The Prayer of the Universe*, p. 143.
5. Jacob Bronowski, *Science and Human Values*, p. 27.
6. Ibid.
7. Primeira Epístola de João, 4:12.

CAPÍTULO 1: Androginia Como Princípio Norteador da Nova Era

1. William Blake, "The Marriage of Heaven and Hell", *The Complete Writings of William Blake*, p. 151.
2. C. G. Jung, "Arquétipos e o Inconsciente Coletivo", *Os Arquétipos e o Inconsciente Coletivo*, C. W. 9, i, parágrafos 5-6.
3. Termo usado por Carolyn Heilbrun em *Towards Androgyny*.
4. R. Buckminster Fuller, "Time Present", *Synergetics, Explorations in the Geometry of Thinking* (trecho), *Harper's*, Março, 1975.

CAPÍTULO 2: Hermafroditas, Bissexuais, Andróginos e o Bloco Intato

1. S. Freud, "Análise Terminável e Interminável", *Complete Psychological Works*, 23, p. 252.
2. Susan Sontag, *Partisan Review*, XXXI, 4, pp. 518-19.
3. Mario Praz, *The Romantic Agony*, p. 301ss.
4. Mircea Eliade, *Mephistopheles and the Androgyne*, p. 100.
5. Arthur Waley, *The Way and Its Power, A Study of the Tao Te Ching and Its Place in Chinese Thought*, p. 178.
6. Alan Watts, *Tao: The Watercourse Way.*

CAPÍTULO 3: O Dois no Um: Patologia ou Mitologia?

1. C. G. Jung, *Dois Ensaios em Psicologia Analítica*, C. W. 7, parágrafo 437.
2. S. Freud, "A Psicogênese de um Caso de Homossexualismo em uma Mulher" (1920), *Complete Psychological Works*, 18, citado em Robert J. Stoller, "Facts and Fancies: An Examination of Freud's Concept of Bisexuality", em *Women & Analysis*, Jean Strouse (org.), p. 343.
3. S. Freud, op. cit., citado em *Women & Analysis*, p. 343.
4. Ibid.
5. Veja um estudo mais completo das concepções de Jung acerca da bissexualidade e do homossexualismo em C. G. Jung, "O Problema Amoroso de um Estudante", em *Civilização em Transição*, C. W. 10.
6. Mircea Eliade, *Rites and Symbols of Initiation*, p. 26. (A edição de capa dura chama-se *The Mysteries of Birth and Rebirth.*)
7. Ibid.

CAPÍTULO 4: O Fim das Divisões de Sexo e Gênero: Riscos e Desafios

1. C. G. Jung, *Dois Ensaios em Psicologia Analítica*, C. W. 7, parágrafo 330.
2. Ibid., parágrafo 331.
3. Ibid.
4. Ibid., parágrafo 336.
5. Ibid.
6. S. Freud, "Algumas Conseqüências Psicológicas da Distinção Anatômica entre os Sexos", *Collected Papers*, 5, citado em Phyllis Chesler, *Women and Madness*, p. 76.
7. S. Freud, *Novas Palestras Introdutórias à Psicanálise*, citado em Chesler, ibid, p. 76.
8. *Science News*, 102, 16 de dezembro de 1972.
9. Bruno Bettelheim, "The Commitment Required of a Woman Entering a Scientific Profession in Present Day American Society", em *Woman and the Scientific Professions*, Massachusetts Institute of Technology Simposium on American Women in Science and Engineering, citado em Chesler, op. cit., p. 77.
10. C. G. Jung, *Contribuições à Psicologia Analítica*, citado em Chesler, ibid.
11. M. Esther Harding, *The Way of All Women*, p. 69.
12. De "The Plays of Aeschylus", em *Great Books of the Western World*, 5, p. 88, trad. de G. M. Cookson.
13. C. G. Jung, "Os Estágios da Vida", *A Estrutura e Dinâmica da Psique*, C. W. 8.
14. Paul B. Baltes e K. Warner Schale, "Aging and I. Q.: The Myth of the Twilight Years", *Psychology Today*, 7, 10.
15. Jan Morris, *Conundrum*.
16. C. G. Jung, *Dois Ensaios em Psicologia Analítica*, C. W. 7, parágrafo 336.

CAPÍTULO 5: Em Meio ao Caos a Mulher Dançou

1. Robert Graves, *The Greek Myths*, p. 27.
2. William Blake, "Vala or The Four Zoas", *Complete Writings*, p. 355.
3. Heinrich Zimmer, *Myths and Symbols in Indian Art and Civilization*, p. 152.
4. Graves, op. cit., p. 30.
5. Ibid.
6. Ibid., p. 32.
7. Ibid., pp. 39-40.
8. Elizabeth Gould Davis, *The First Sex*, pp. 63-64.
9. Citado em Graves, op. cit., p. 36.
10. Erich Fromm, *The Art of Loving*, p. 55.
11. George Boas, "Prefácio", a J. J. Bachofen, *Myth, Religion and Mother Right*, p. xiii.
12. J. J. Bachofen, "Introduction to 'Mother Right' ", em *Myth, Religion and Mother Right*, p. 75.
13. Veja Robert Graves, *Adam's Rib and Other Anomalous Elements in the Hebrew Creation Myth*; veja também Erich Neumann, *The Great Mother* e *The Origins and History of Consciousness*.
14. Bachofen, op. cit., p. 73.
15. Joseph Campbell, "Introduction" a Bachofen, *Myth, Religion and Mother Right*, pp. liv-lv.
16. James Mellaart, *Çatal Hüyük*, p. 70.
17. Ibid., p. 60.
18. Ibid., p. 136.

CAPÍTULO 6: A Idade Áurea da Mãe e a Rebelião de seus Filhos

1. René Malamud, "The Amazon Problem", *Spring*, p. 5.
2. Ibid., p. 10.

CAPÍTULO 7: Monoteísmo num Sistema Patriarcal: Sua Desintegração em Politeísmo

1. Fabra d'Olivet, "Histoire Philosophique du Genre Humain", em Eduard Schuré, *The Great Initiates*, I, pp. 26-52.
2. J. J. Bachofen, *Myth, Religion and Mother Right*, p. 81.
3. Erich Neumann, *The Great Mother and The Origins and History of Consciousness.*

4. Uma tradição euvemerística que data do século IV a.C. na Grécia. Veja J. Seznec, *The Survival of the Pagan Gods*, p. 13.
5. C. G. Jung, "O Signo dos Peixes", em *Aion*, C. W. 9, ii, parágrafo 147.
6. Robert Graves, *Adam's Rib*, p. 16.
7. Ibid.
8. Ibid., p. 38.
9. Alexander Heidel, *The Babylonian Genesis*, uma tradução completa e comentada de todas as placas cuneiformes publicadas com as diversas histórias babilônicas da criação, p. 97.
10. Ibid., p. 18.
11. Ibid., p. 3.
12. Yehezkel Kaufmann, *The Babylonian Captivity and Deutero-Isaiah*, trad. de C. W. Efroymson, pp. 30-32.
13. James Hillman, *The Mith of Analysis*, p. 217.
14. Ibid., p. 238.
15. Ibid., p. 248.
16. C. G. Jung, *Psicologia e Religião: Ocidente e Oriente*, C. W. 11, Parte Um: A Religião Ocidental.
17. H. Richard Niebuhr, *Radical Monotheism and Western Culture*, p. 24.
18. Ibid., p. 32.
19. Ibid., p. 118.

CAPÍTULO 8: O Éden Revisto: O "Nós" Divino que Criou Pessoas

1. James Hillman, *The Myth of Analysis*, p. 275.
2. Charles Poncé, "An Alchemical Allegory; Notes Toward an Understanding of Genesis", *Maitreya* 5, p. 26.
3. S. L. MacGregor Mathers, *The Kabbalah Unveiled*, pp. 21-22.
4. *The Zohar*, I, trad. de Harry Sperling e Maurice Simon, p. 90ss.
5. Mircea Eliade, "Mephistopheles and the Androgyne", *The Two and the One*, pp. 104-5.
6. Poncé, op. cit., pp. 21-22.

CAPÍTULO 9: O Homem Zodiacal como Macrocosmos: O Modelo Astrológico da Psique

1. Idries Shah, *The Way of the Sufi*, p. 74.
2. *Jewish Encyclopedia*, II, "Astrology", p. 241.
3. Ibid., pp. 242-43.
4. Keith Thomas, *Religion and the Decline of Magic*, pp. 283-335.
5. Warren Kenton, *Astrology, The Celestial Mirror*, pp. 12-13.
6. Charles Poncé, *The Game of Wizards*, p. 27.
7. Thomas, op. cit., pp. 249-52.
8. C. G. Jung, "Sincronicidade: Um Princípio Não-Causal de Conexão", *A Estrutura e Dinâmica da Psique*, C. W., 8, parágrafo 901.
9. O Homem Zodiacal, página do manuscrito *Les Très Riches Heures du Duc de Berry*, francês, do início do século XV, reproduzido em Warren Kenton, *Astrology, The Celestial Mirror*, ilustração 43.
10. *The Five Books of M. Manilius*, citado em Poncé, op. cit., p. 67.
11. William Blake, "Auguries of Innocence", *Complete Writings*, p. 431.
12. Poncé, op. cit., pp. 59-60.
13. G. S. Kirk e J. E. Raven, *The Pre-Socratic Philosophers*, pp. 329-30, citado em Poncé, op. cit., p. 61.

CAPÍTULO 10: O Andrógino de Platão: Origens da Heterossexualidade e da Homossexualidade

1. Resumido de Platão, "Symposium", trad. de Benjamin Jowet, *Great Books of the Western World*, 7, p. 157.
2. Arthur Waley, *The Way and Its Power*, p. 141.
3. S. L. MacGregor Mathers, *The Kabbalah Unveiled*, p. 16s.
4. William Blake, "The Book of Urizen", *Complete Writings*, p. 222.

CAPÍTULO 11: A Mônada: Yod ou Iota – A Concepção Gnóstica da Queda

1. G. R. S. Mead, *Fragments of a Faith Forgotten*, p. 4.
2. "Hino da Alma", atribuído aos Gnósticos Naassênios, em *Philosophumena*, V, 10, 2, citado em Jean Doresse, *The Secret Books of The Egyptian Gnostics*, p. ix.
3. Titus Burckhardt, *Alchemy, Science of the Cosmos, Science of the Soul*, trad. William Stoddart, p. 17ss.
4. C. G. Jung, *Aion*, C. W. 9, ii, parágrafo 14.
5. Ibid., parágrafo 19.
6. Ibid., parágrafo 298.
7. Ibid., parágrafo 340, citando Monoïmus, nos escritos de Hipólito.
8. Ibid., parágrafo 340.
9. Ibid., parágrafo 345.
10. Ibid., parágrafo 322, citando E. A. Wallis Budge, *The Gods of the Egyptians*, I , p. 301ss.
11. William Blake, "The Marriage of Heaven and Hell", *Complete Writings*, p. 155.
12. Jean Doresse, *The Secret Books of the Egyptian Gnostics*, trad. Philip Mairet, pp. 203-4.
13. G. R. S. Mead, *Pistis Sophia (A Gnostic miscellany: being for the most part extracts from the books of the Saviour, to which are added excerpts from a cognate literature)*, pp. 1-95.
14. Jung, op. cit., parágrafo 307.
15. Mircea Eliade, "Mephistopheles and the Androgyne", *The Two and The One*, pp. 104-5.
16. Jung, op. cit., parágrafo 368.
17. Theodore Thass-Thienemann, *The Interpretation of Language, Volume II: Understanding the Unconscious Meaning of Language*, p. 329.
18. Ibid., p. 34.
19. Eliade, op. cit., p. 105.
20. Jung, op. cit., parágrafo 314, citando Epifânio.
21. Ibid., parágrafo 316.
22. Ibid., parágrafo 320.
23. *The Gospel According to Thomas*, (texto cópia, estabelecido e trad. por A. Guillaumont, H.-Ch. Puech, G. Quispel, W. Till e Yassah' Abd Al Masih), p. 17.
24. Ibid., p. 57.

CAPÍTULO 12: A Pedra Filosofal da Alquimia: O Andrógino Aprisionado na Matéria

1. Citado em John Read, *Prelude to Chemistry*, p. 54.
2. Citado por C. G. Jung, *Mysterium Coniunctionis*, C. W. 14, parágrafo 2.
3. Jung, *Aion*, C. W. 9, ii, parágrafo 248.
4. Ibid., parágrafo 249.
5. Ralph Metzner, *Maps of Consciousness*, p. 87.
6. Citado em Jung, *Psicologia e Alquimia*, C. W. 12, parágrafo 438.
7. Mircea Eliade, *The Two and the One*, pp. 107-8, citando *Corpus Hermeticum* II, 20, 21.
8. William Blake, "The Four Zoas", *Complete Writings*, p. 265.
9. Ibid., p. 264.
10. Citado por Jung em *Mysterium Coniunctionis*, parágrafo 137.
11. Ibid., parágrafo 329.
12. Jung, *Aion*, parágrafo 268.

CAPÍTULO 13: Adam Kadmon na Qabalah: A Árvore da Vida como Andrógina

1. Timothy Ferris, "The Universe as an Ocean of Thought: A Speculation of the Possibility of Interstellar Communication", *Harper's*, Julho, 1975, p. 40.
2. Gershom G. Scholem (org.), *Zohar, The Book of Splendor, Basic Readings from the Kabbalah*, pp. 27-28.
3. Ferris, op. cit., p. 38.
4. Charles Poncé, *Kabbalah, an Introduction and Illumination for the World Today*, p. 34ss.
5. Poncé, op. cit. p. 39. Poncé menciona a primeira edição em latim da obra seminal, *Sefer Yetsirah*, por Gulielmus Postellus, Paris, 1552. A primeira edição foi em Mântua, 1565, cujo texto foi acompanhado por cinco comentários supostamente escritos por Moisés Naimônides, Abraão B. Davi, Eleazer de Worms, Moisés Botarel e Saadia Gaon.

6. Essas questões são levantadas hoje por Herbert Weiner em *9½ Mystics: The Kabbala Today* (um sincero e apaixonado estudo da Qabalah conforme vivenciada por um grupo de iniciados que ainda mantém a tradição hoje), p. 40.
7. *En Sof, Ain Sof, Eyn Sof* e *Ayin Sof* são todas transliterações do hebraico, e são todas igualmente corretas. *En Sof* é usado aqui seguindo a tradução do *Zohar* para o inglês feita por Sperling e Simon, publicada pela Soncino Press.
8. *The Zohar*, I, trad. Sperling e Simon, p. 70.
9. Poncé, op. cit., p. 80ss.
10. Weiner, op. cit., p. 33.
11. Esta descrição segue a de Poncé em *Kaballah*, p. 134ss.
12. Weiner, op. cit., p. 109.
13. Siegmund Hurwitz, "Psychological Aspects in Early Hasidic Literature", *Timeless Documents of the Soul*, pp. 202-3.
14. *The Zohar*, III, 296a, citado em Hurwitz, op. cit., p. 203.
15. Gershom G. Scholem, *Major Trends in Jewish Mysticism*, p. 227, traduzido para o português como *A Mística Judaica* (São Paulo, Perspectiva, 1972).
16. Da gravação pela Orquestra Filarmônica de Nova York da *Sinfonia Kaddish*, cuja *première* foi em Tel Aviv a pedido de seu compositor, Leonard Bernstein, em 10 de dezembro de 1963.

CAPÍTULO 14: Purusha-Prakriti, Shiva-Shakti, Yab-Yum e Outras Manifestações do Oriente

1. Heinrich Zimmer, *Myths and Symbols in Indian Art and Civilization*, p. 123.
2. Ibid.
3. Do "Kena Upanishads", em *The Upanishads*, trad. e org. por Swami Nikhilananda, pp. 99-100.
4. Ibid., p. 113.
5. Ibid.
6. Philip Rawson, *The Art of Tantra*, p. 207.
7. Gopi Krishna, *Kundalini, The Evolutionary Energy in Man*, pp. 7-10.
8. Agehananda Bharati, *The Tantric Tradition*, p. 202.
9. Carl Friedrich von Weizsäcker, "Introdução" de Gopi Krishna, *The Biological Basis of Religion and Genius*.
10. Bharati, op. cit., p. 200.
11. Rawson, op. cit., pp. 9-10.
12. Mircea Eliade, "Mephistopheles and the Androgyne", *The Two and the One*, pp. 117-18.
13. Ibid., p. 118.
14. Eliade, *Yoga: Immortality and Freedom*, p. 254.
15. Ibid., p. 271.

CAPÍTULO 15: União Dinâmica no Tao

1. Chuang Tsu, *Capítulos Interiores*, p. 38.
2. *Leonardo Da Vinci*, edição comemorativa, p. 60.
3. *O Segredo da Flor de Ouro, Um Livro de Vida Chinês*, trad. Richard Wilhelm, p. 12.
4. John Blofeld, *The Secret and Sublime, Taoist Mysteries and Magic*, pp. 20-21.
5. Arthur Waley, *The Way and Its Power*, p. 227.
6. *I Ching, o Livro das Mutações*, prefácio de C. G. Jung, trad. de Richard Wilhelm, Ed. Pensamento, São Paulo.
7. Ibid., pp. 9-10.
8. James Hillman em *The Myth of Analysis*, e Irene Claremont de Castillejo em *Knowing Woman* e Richard Wilhelm em seu "Texto e Comentários" de *O Segredo da Flor de Ouro* são alguns exemplos onde esta obscuridade está presente.
9. *I Ching*, p. 10.
10. Blofeld, op. cit., p. 132ss.
11. Ibid., p. 132.

CAPÍTULO 16: Androginia em Movimento: o T'ai Chi e o Pincel Oco

1. Al Chung-liang Huang, *Embrace Tiger, Return to Mountain*, pp. 125-26.

2. Arthur J. Deikman, "Bimodal Consciousness", *Archives of General Psychiatry*, 25, pp. 481-89.
3. Michael S. Gazzaniga, "The Split Brain in Man", *Scientific American*, 217, 2, pp. 24-29.
4. Joseph E. Bogen, "The Other Side of the Brain: An Appositional Mind", *Bulletin of the Los Angeles Neurological Societies*, 34, 3, pp. 135-62.
5. G. William Domhoff, "But Why Did They Sit on the King's Right in the First Place?" *Psychoanalytic Review*, 56.
6. Bogen, op. cit.
7. Robert E. Ornstein, *The Psychology of Consciousness.*
8. Ornstein (org.), *The Nature of Human Consciousness.*
9. Ornstein, *The Psychology of Consciousness*, p. 67.
10. Ibid., pp. 62-63.

CAPÍTULO 17: A Dinâmica da Androginia: A Concepção Sistêmica

1. Hugh Kenner, "Bucky Fuller and the Final Exam", *The New York Times Magazine*, 6 de julho de 1975, pp. 10-12.
2. Ibid.
3. Ervin Laszlo, *The Systems View of the World*, p. 5.
4. Marcel Granet, "Le depôt de l'enfant sur le sol: Rites anciens et ordalies mythiques", citado em Mircea Eliade, *Myths, Dreams and Mysteries*, pp. 179, 167.
5. Eliade, *Myths, Dreams and Mysteries*, p. 179.
6. Laszlo, op. cit., p. 19.
7. Ibid., *passim*.
8. Ibid., p. 79.
9. William Blake, "The Marriage of Heaven and Hell", *Complete Writings*, p. 15.
10. Chuang Tsu, *Capítulos Interiores*, p. 123.
11. T. S. Eliot, "East Coker", *Four Quartets.*
12. Heinrich Zimmer, *Myths and Symbols in Indian Art and Civilization*, p. 131.
13. George Gamow, *The Creation of the Universe*, a clássica defesa popular da hipótese do "Big-Bang".
14. William Blake, "Milton", *Complete Writings*, p. 16.
15. Lao Tzu, *Tao Te King*, Ed. Pensamento, São Paulo, 1987.
16. Laszlo, op. cit., pp. 56-57.
17. Ibid.
18. C. G. Jung, *Mysterium Coniunctionis*, C. W. 14, parágrafo 533.
19. Laszlo, op. cit., pp. 67-68.

CAPÍTULO 18: A Energia e a Evolução da Consciência

1. C. G. Jung, *A Estrutura e Dinâmica da Psique*, C. W. 8, parágrafo 130.
2. William Blake, "Visions of the Daughters of Albion", *Complete Writings*, p. 194.
3. Mary Jane Sherfey, M. D., *The Nature and Evolution of Female Sexuality*, pp. 30-31.
4. Ibid., pp. 42-43.
5. C. G. Jung, *Memories, Dreams, Reflections*, p. 87.
6. As principais obras em que Jung trata da alquimia são: *Psicologia e Alquimia, Estudos Alquímicos, Mysterium Coniunctionis*, "Psicologia da Transferência" em *A Prática da Psicoterapia* (respectivamente, C. W. 12, 13, 14 e 16) e seu "Comentário" em *O Segredo da Flor de Ouro.*

CAPÍTULO 19: Rumo a Uma Nova Teoria da Sexualidade Humana

1. William Blake, "The Marriage of Heaven and Hell", *Complete Writings*, p. 154.
2. W. B. Yeats, "The Second Coming", *Selected Poems and Two Plays*, p. 91.
3. Wilder Penfield, *The Mystery of the Mind*, p. 86.

CAPÍTULO 20: Androginia Vivenciada na Homossexualidade, na Bissexualidade e na Heterossexualidade

1. Miguel Serrano, *The Serpent of Paradise: The Story of an Indian Pilgrimage*, pp. 19-20.

CAPÍTULO 21: Androginia Vivenciada na Masturbação, no Celibato e no Casamento

1. James Hillman, "Toward the Archetypal Model of the Masturbation Inhibition", *Loose Ends*, pp. 105-25.
2. "O termo latino *masturbo, -are*, que não é muito transparente em sua primeira parte (e pode também ser encontrado em *mas-culinus*), possui um sinônimo paralelo no substantivo *mas-carpio, -ionis*, 'masturbador'. A segunda parte desta última palavra pertence a *carpo, -ere*, 'arrancar' (como *carpet*, de *carpita*, significa algo 'arrancado') e denota também 'colher'. No grego, *karpos* significa 'algo colhido' e 'fruto colhido da árvore', enquanto *fruto*, de *fructus*, de *fruor, -ere*, também significa principalmente algo que deu prazer. O 'colher' o fruto da árvore parece ser simbólico do prazer auto-erótico, como na Bíblia, quando se colhe a maçã da árvore do conhecimento." De Theodore Thass-Thienemann, *The Interpretation of Language, Volume II: Understanding The Unconscious Meaning of Language*, p. 52.

CAPÍTULO 22: Androginia Vivenciada na Viuvez, na Vida Criativa e na Velhice

1. *The Diary of Anaïs Nin, Volume 3*, 1939-44, pp. 256-60.
2. Elsa Gidlow, "Seventy Plus Has Many Plusses", *Country Women*, 11 de julho de 1974.
3. Ibid.

CAPÍTULO 23: O Caminho da Corrente que Flui

1. Frances G. Wickes, *The Inner World of Choice*, p. 162.
2. Nicholas Berdyaev, citado por Charles Poncé em "Women, the Feminine and Alchemy: Notes from an Alchemical Journal", *Maitreya 4*, p. 32.
3. C. G. Jung, *Dois Ensaios em Psicologia Analítica*, C. W. 7, parágrafos 221-22.

EPÍLOGO: Um Sonho da Autora

1. Adaptado de John Blofeld, *The Secret and Sublime*, p. 137ss.

Bibliografia

AESCHYLUS. *The Plays of Aeschylus.* G. M. Cookson, trad., e reimpresso in *Great Books of the Western World,* 5. Chicago: Encyclopedia Britannica, 1952.

AVALON, Arthur. (*Sir* John Woodroffe). *The Serpent Power.* Madras, Índia: Ganesh and Company, 1958.

BALTES, Paul B., e SCHALE, K. Warner. "Aging and I. Q.: The Myth of the Twilight Years", *Psychology Today, 7, 10,* Março, 1974.

BETTELHEIM, Bruno. "The Commitment Required of a Woman Entering a Scientific Profession in Present Day American Society", *Woman and the Scientific Professions.* Massachusetts Institute of Technology Symposium on American Women in Science and Engineering, Cambridge, Mass., 1965.

BHARATI, Agehananda. *The Tantric Tradition.* Nova York: Doubleday Anchor, 1970.

BLAKE, William. *The Complete Writings of William Blake, with all the Variant Readings,* org. Geoffrey Keynes. Londres: The Nonesuch Press, 1957.

BLOFELD, John. *The Secret and Sublime: Taoist Mysteries and Magic.* Nova York: E. P. Dutton, 1973.

_________ *The Tantric Mysticism of Tibet.* Nova York: E. P. Dutton, 1970.

BOGEN, Joseph E. "The Other Side of the Brain: An Appositional Mind." *Bulletin of the Los Angeles Neurological Societies, 34,* julho, 1969.

BUDGE, E. A. Wallis. *The Gods of the Egyptians, I.* Londres, 1904.

BURCKHARDT, Titus. *Alchemy, Science of the Cosmos, Science of the Soul.* William Stoddart, trad. Baltimore: Penguin Books, 1972.

CAMPBELL, Joseph. *The Masks of God: Creative Mythology.* Nova York: The Viking Press, 1968.

_________ *The Masks of God: Occidental Mythology.* Nova York: The Viking Press, 1964.

_________ *The Masks of God: Oriental Mythology.* Nova York: The Viking Press, 1962.

_________ *The Masks of God: Primitive Mythology.* Nova York: The Viking Press, 1959.

CAPRA, Fritjof. *The Tao of Physics.* Berkeley: Shambhala, 1975. [O Tao da Física, Ed. Cultrix, 1988.]

DE CASTILLEJO, Irene Claremont. *Knowing Woman, a Feminine Psychology.* Nova York: G. P. Putnam's Sons, 1973.

CHESLER, Phyllis. *Women and Madness.* Nova York: Doubleday & Co., Inc., 1972.

CHUANG Tsu. *Inner Chapters,* Gai-Fu Feng e Jane English, trads. Nova York: Random House, Vintage Books, 1974.

COOK, Roger. *The Tree of Life: Image for the Cosmos.* The Art and Cosmos Series. Nova York: Avon Books, 1974.

DA VINCI, Leonardo. *Leonardo Da Vinci,* ed. comemorativa. Nova York: Reynal, 1956.

DAVIS, Elizabeth Gould. *The First Sex.* Nova York: G. P. Putnam's Sons, 1971.

DEIKMAN, Arthur. "Bimodal Consciousness", *Archives of General Psychiatry, 25.*

DEROLA, Stanislas Klossowski. *Alchemy: The Secret Art.* The Art and Cosmos Series. Nova York; Avon Books, 1973.

DOMHOFF, G. William. "But Why Did They Sit on the King's Right in the First Place?" *Psychoanalytic Review, 56.*

DORESSE, Jean. *The Secret Books of the Egyptian Gnostics*, Philip Mairet, trad. Nova York: Viking Press, 1960.

EINSTEIN, Albert. *Living Philosophies*. Nova York: Simon & Schuster, 1931.

ELIADE, Mircea. *Images and Symbols: Studies in Religious Symbolism*. Mairet, Phillip, trad. Londres: Harvill Press, 1961.

——— *Mephistopheles and the Androgyne*. Nova York: Harper & Row, 1965.

——— *The Two and the One*. Título da brochura, *Mephistopheles and the Androgyne*. Nova York: Harper Torchbook, 1969.

——— *Myths, Dreams and Mysteries*. Nova York: Harper & Row, 1960.

——— *Rites and Symbols of Initiation*. Nova York: Harper Torchbook, 1965. A edição encadernada tem o título de *Birth and Rebirth*. Nova York: Harper & Brothers, 1958.

——— *The Sacred and the Profane: The Nature of Religion*. Willard Trask, trad. Nova York: A Harvest Book, 1959.

——— *Yoga: Immortality and Freedom*. New York: Pantheon, 1958.

ELIOT, T. S. "East Coker", in *Four Quartets*. Nova York: Harcourt, Brace and World, 1943.

FASTEAU, Marc Feigen. *The Male Machine*. Nova York: McGraw-Hill, 1974.

FERRIS, Timothy. "The Universe as an Ocean of Thought: a speculation on the possibility of interstellar communication", *Harper's*, julho 1975.

FRAZIER, Allie, org. *Readings in Eastern Religious Thought: Hinduism*. Volume I. Filadélfia: The Westminster Press, 1969.

FREUD, Sigmund. *New Introductory Lectures in Psychoanalysis*. Nova York: W. W. Norton, 1933.

——— "Some Psychological Consequences of the Anatomical Distinction Between the Sexes", *Collected Papers, 5*. Londres: Hogarth, 1956.

——— "The Psychogenesis of a Case of Homosexuality in a Woman", 1920, *Complete Psychological Works, Standard Edition, 18*. Londres: Hogarth, 1955.

——— "Analysis Terminable and Interminable", *Complete Psychological Works, 23*. Londres: Hogarth, 1964.

FROMM, Erich. *The Art of Loving*. Nova York: Harper, 1956.

FULLER, R. Buckminster, em colaboração com APPLEWHITE, E. J. *Synergetics, Explorations into the Geometry of Thinking*. Nova York: Macmillan Co., 1975.

——— "Time Present", *Harper's*, março 1975.

GAMOW, George. *The Creation of the Universe*. Nova York: Viking Press, 1961.

GAZZANIGA, Michael S. "The Split Brain in Man", *Scientific American, 217*, agosto, 1967.

GIDLOW, Elsa. "Seventy Plus Has Many Plusses", *Country Women, 11*, julho, 1974, San Francisco.

GOSPEL According to Thomas. Texto copta, A. Guillaumont, H. T. Ch. Puech, G. Quispel, W. Till and Yassah'Abd Al Masih, trad. Nova York: Harper & Row, 1959.

GRANET, Marcel. "Le depôt de l'enfant sur le sol: Rites anciens et ordalies mythiques", na *Revue Archéologique*, 1922, republicado em *Études Sociologique sur la Chine*, Paris, 1953.

GRAVES, Robert. *Adam's Rib and Other Anomalous Elements in the Hebrew Creation Myth*. 1ª ed. americana (limitada). Londres: Thomas Yoseleff, Inc., 1958.

——— *The Greek Myths*. Nova York: Braziller, 1955.

HARDING, M. Esther. *The Way of All Women*. Nova York: G. P. Putnam's Sons, 1970.

HEIDEL, Alexander. *The Babylonian Genesis*. Tradução completa de todas as lâminas cuneiformes publicadas das várias histórias da criação, com comentários. Chicago: University of Chicago Press, 1963.

HEILBRUN, Carolyn G. *Towards Androgyny, aspects of male and female in literature*. Londres: Victor Gollanez, 1973.

HILLMAN, James. *Loose Ends*. Zurique: Spring Publications, 1975.

——— *The Myth of Analysis* (Studies of the C. G. Jung Institute, Zurique.) Evanston, Ill.: Northwestern University Press, 1972.

HUANG, Al Chung-Liang. *Embrace Tiger, Return to Mountain*. Moab, Utah: Real People Press, 1973.

HURWITZ, Siegmund. "Psychological Aspects in Early Hasidic Literature", *Timeless Do-*

cuments of the Soul. (Studies of the C. G. Jung Institute, Zurique.) Evanston, Ill.: North-western University Press, 1968.

JANTSCH, Erich. *Design for Evolution: Self-Organization and Planning in the Life of Human Systems*. Nova York: George Braziller, 1975.

Jewish Encyclopedia II (12 Vol.). Nova York e Londres: Funk & Wagnalls, 1901.

JONAS, Hans. *The Gnostic Religion*. Boston: Beacon Press, 1958.

JUNG, Carl G. *Collected Works*. Princeton: Princeton University Press, Bollingen Series XX. Org. por *Sir* Herbert Read, Michael Fordham, M. D., M. R. C. P., e Gerhard Adler, Ph. D. Traduzida por R. F. C. Hull.
V. 7. *Two Essays on Analytical Psychology*, 1953.
V. 8. *The Structure and Dynamics of the Psyche*, 1960.
V. 9, i. *The Archetypes and the Collective Unconscious*, 1959.
V. 9, ii. *Aion: Researches into the Phenomenology of the Self*, 1959.
V. 10. *Civilization in Transition*, 1964.
V. 11. *Psychology and Religion: West and East*, 1958.
V. 12. *Psychology and Alchemy*, 1953.
V. 13. *Alchemical Studies*, 1967.
V. 14. *Mysterium Coniunctionis*, 1963.
V. 16. *The Practice of Psychotherapy*, 1954.

________ *Contributions to Analytical Psychology*. Nova York: Harcourt, Brace, 1928.

________ *Memories, Dreams, Reflections*, registrado e organizado por Aniela Jaffé. Nova York: Random House, Pantheon Books, 1963.

________ Foreword and Commentary to *The Secret of the Golden Flower*, Trad. de Richard Wilhelm para o alemão (vertida para o inglês por Cary F. Baynes). Nova York: Harcourt, Brace and World, 1965.

KARDINER, Abram. "Report on a Meeting in New York of the American Academy of Psychoanalysis", *Science News, 102*, dezembro 16, 1972.

KAUFMANN, Yehezkel. *The Babylonian Captivity and Deutero-Isaiah*. C. W. Efroymson, trad. Nova York: Union of American Hebrew Congregations, 1970.

KENNER, Hugh. "Bucky Fuller and the Final Exam". *The New York Times Magazine*, julho 6, 1975.

KENTON, Warren. *Astrology, The Celestial Mirror*. Nova York: Avon Books, 1974.

KIRK, G. S. e RAVEN, J. E. *The Pre-Socratic Philosophers*. Nova York: Cambridge University Press, 1966.

KRISHNA, Gopi. *The Biological Basis of Religion and Genius*. Nova York: Harper & Row, 1972.

________ *Kundalini, The Evolutionary Energy in Man*. Nova Delhi: Ramadhar and Hopman, 1967.

KUHN, Thomas. *The Structure of Scientific Revolutions*. Chicago: University of Chicago Press, 1962.

LAO Tsu. *Tao Te Ching*. Gia-Fu Feng e Jane English, trads. Nova York: Random House, Vintage Books, 1972.

LASZLO, Ervin. *The Systems View of the World*. Nova York: Braziller, 1972.

LESHAN, Lawrence. *The Medium, the Mystic, and the Physicist: Toward a General Theory of the Paranormal*. Nova York: The Viking Press, 1966.

Les très riches heures du Duc de Berry, francês. Ilustração reproduzida em Kenton, *Astrology, The Celestial Mirror*.

LOVELL, A. C. B. *The Individual and the Universe*. Nova York: Harper and Brothers, 1958.

MALAMUD, René. "The Amazon Problem". Zurique: Primavera, 1971.

MANILIUS. *The Five Books of Manilius*. "T. C. trad. Washington: National Astrological Library, 1953.

MARGULIS, Lynn. *Origin of Eukaryotic Cells*. New Haven: Yale University Press, 1970.

MATHERS, S. L. MacGregor. *The Kabbalah Unveiled*. Londres: Routledge & Kegan Paul, 1957.

MEAD, G. R. S. *Fragments of a Faith Forgotten*. Londres: John M. Watkins, 1931.

________ *Pistis Sophia* (uma miscelânea gnóstica, em sua maior parte extraída dos livros do Salvador, aos quais foram acrescentados extratos de uma literatura cognata). Londres: John M. Watkins, 1921.

MELLAART, James. *Çatal Hüyük, a Neolithic Town in Anatolia*. Nova York: McGraw-Hill, 1967.

METZNER, Ralph. *Maps of Consciousness*. Nova York: Collier Books, 1971.

MORRIS, Jan. *Conundrum, from James to Jan*. Nova York: Harcourt, Brace, Jovanovich, 1974.

NEUMANN, Erich. *The Great Mother, an analysis of the archetype*. Nova York: Pantheon, 1955.

________ *The Origins and History of Consciousness*. Nova York: Pantheon, 1954. [As Origens e a História da Consciência, Ed. Cultrix, 1990.]

NIEBUHR, H. Richard. *Radical Monotheism and Western Culture*. Nova York: Harper & Row Torchbook, 1970. Ed. encadernada, Nova York: Harper, 1960.

NIN, Anaïs. *The Diary of Anaïs Nin V. 3, 1939-1944*. Nova York: Harcourt, Brace, Jovanovich, 1969.

D'OLIVET, Fabra. *Histoire Philosophique du Genre Humain*, in Eduard Schuré, *The Great Initiates, I*. Nova York: David McKay, 1913.

ORSTEIN, Robert E., org. *The Nature of Human Consciousness*. San Francisco: W. H. Freeman, 1973.

ORSTEIN, Robert E. *The Psychology of Consciousness*. San Francisco: W. H. Freeman, 1972.

PENFIELD, Wilder. *The Mystery of the Mind*. Princeton: Princeton University Press, 1975.

PLATO. *Symposium* (resumido), Benjamin Jowett, trad.; reed. pela *Great Books of the Western World*, 7. Chicago: Encyclopedia Britannica, 1952.

PONCÉ, Charles. "An Alchemical Allegory: Notes Toward an Understanding of Genesis", *Maitreya* 5. Berkeley, Calif.: Shambhala Publications, 1974.

________ *The Game of Wizards*. Baltimore: Penguin Books, 1975.

________ *Kabbalah, an Introduction and Illumination for the World Today*. San Francisco: Straight Arrow Books, 1973.

________ "Woman, the Feminine and Alchemy: Notes for an Alchemical Journal", *Maitreya* 4. Berkeley, Calif.: Shambhala Publications, 1973.

PRAZ, Mario. *The Romantic Agony*, Angus Davidson, trad., Londres, Nova York: Oxford University Press, 1970.

RAWSON, Philip. *The Art of Tantra*. Greenwich, Conn.: Nova York Graphic Society, 1973.

________ *Tantra: The Indian Cult of Ecstasy*. The Art and Cosmos Series. Nova York: Avon Books, 1973.

RAWSON, Philip e LEGEZA, Laszlo. *Tao: The Eastern Philosophy of Time and Change*. Nova York: Avon Books, 1973.

READ, John. *Prelude to Chemistry*. Londres: G. Bell and Sons, 1961.

ROSZAK, Betty e ROSZAK, Theodore, organizadores. *Masculine/Feminine: Readings in Sexual Mythology and the Liberation of Women*. Nova York: Harper Colophon Books, 1969.

SCHOLEM, Gershom G. *Major Trends in Jewish Mysticism*. Nova York: Schocken, 1954.

________ *Zohar, The Book of Splendor, Basic Readings from the Kabbalah*. Nova York: Schocken, 1963.

SERRANO, Miguel. *C. G. Jung and Hermann Hesse: A Record of Two Friendships*. Frank MacShane, trad. Londres: Routledge & Kegan Paul, 1966.

________ *The Serpent of Paradise: The Story of an Indian Pilgrimage*. Londres: Routledge & Kegan Paul, 1974.

SEZNEC, J. *The Survival of the Pagan Gods*. Nova York: Pantheon, 1953.

SHAH, Idries. *The Way of the Sufi*. Nova York: E. P. Dutton, 1970.

SHERFEY, Mary Jane. *The Nature and Evolution of Female Sexuality*. Nova York: Random House, 1972.

SPERLING, Harry e SIMON, Maurice, trads. *The Zohar*. Londres: The Soncino Press, 1956.

STOLLER, Robert J. "Facts and Fancies: An examination of Freud's Concept of Bisexuality", *Women & Analysis*. Jean Strouse, org. Nova York: Viking Press, Grossman Div., 1974.

SZENT-GYÖRGYI, Albert. *Introduction to a Submolecular Biology*. Nova York: Academic Press, 1960.

TEILHARD DE CHARDIN, Pierre. *The Prayer of the Universe*. Perennial Library, 1973.

THASS-THIENEMANN, Theodore. *The Interpretation of Language; Volume II: Understanding the Unconscious Meaning of Language*. Nova York: Jason Aronson, 1973.

THOMAS, Keith. *Religion and the Decline of Magic*. Nova York: Scribner's, 1971.

THOMPSON, William Irwin. *Passages About Earth: An Exploration of the New Planetary Culture*. Nova York: Harper & Row, 1973.

ULANOV, Ann Belford. *The Feminine in Jungian Psychology and in Christian Theology*. Evanston, Illinois: Northwestern University Press, 1971.

The Upanishads, Swami Nikhilananda, org. e trad. Nova York: Harper Torchbooks, 1963.

VANGGAARD, Thorkil. *Phallós: A Symbol and its History in the Male World*. Nova York: International Universities Press, 1969.

WALEY, Arthur. *The Way and Its Power, A Study of the Tao Te Ching and Its Place in Chinese Thought*. Londres: George Allen and Unwin, 1968.

WATSON, James D. *The Double Helix: A Personal Account of the Discovery of the Structure of DNA*. Nova York: Atheneum, 1968.

WATTS, Alan e ELISOFON, Eliot. *Erotic Spirituality: The Vision of Konarak*. Nova York: Collier Books, 1971.

________ *Tao: The Watercourse Way*. Com a colaboração de AL CHUNG-LIANG Huang. Nova York: Pantheon, 1975. [Tao - O Caminho da Água, Ed. Pensamento, 1990.]

WIENER, Herbert. *9½ Mystics: The Kabbala Today*. Nova York: Collier Books, 1973.

WHYTE, Lancelot Law. *The Universe of Experience: A World View Beyond Science and Religion*. Nova York: Harper Torchbooks, 1974.

WICKES, Frances G. *The Inner World of Choice*. Nova York: Harper & Row, 1963.

WILHELM, Richard, trad. *The Secret of the Golden Flower, A Chinese Book of Life*. Nova York: Harcourt, Brace and World, 1965.

________ *The I Ching or Book of Changes*. Cary F. Baynes, trad. Nova York: Pantheon, 1962.

WOSIEN, Maria-Gabriele. *Sacred Dance: Encounter with the Gods*. Londres: Thames and Hudson, 1974.

YEATS, W. B. *Selected Poems and Two Plays*. Nova York: Macmillan, 1962.

ZIMMER, Heinrich. *Myths and Symbols in Indian Art and Civilization*. Nova York: Harper Torchbooks, 1962.

________ *Philosophies of India*. Campbell, Joseph, org. Bollingen Series XXVI. Nova York: Pantheon Books, 1951.

The Zohar. Harry Sperling e Maurice Simon, trads. Londres: The Soncino Press, 1956.

Índice Remissivo e Onomástico